JN163628

天皇墓の政治民俗史

Iwata Shigenori
岩田重則

有志舎

天皇墓の政治民俗史

《目次》

Ⅱ

序――天皇墓の課題と比較史の方法

比較史の方法――通史の有効性　本書の課題は、古代から近現代までの天皇墓（てんのうはか）の全体像を、日本歴史の通史として明らかにすることにある。それにより、近現代天皇墓の特徴、および、古代・中世・近世の天皇墓の造営時点での特徴、さらには、近現代におけるその変容の意味を明らかにしていきたい。天皇墓との比較のために、将軍墓（しょうぐんはか）・庶民（しょみん）墓（はか）などをも対象とし、それらの意味をも明らかにするが、解明すべき対象の中心は天皇墓にある。

まず最初に、対象を天皇墓に集中させて、それを通史として解明することの、方法論的有効性について説明しておこう。

均等に時間を区分し、古い時代から編年史として通史を構成することは、たとえば、教科書、企画ものの講座シリーズなどがそうであり氾濫しているので、歴史の叙述とはそういうものであると自明視され、通史に対して疑問が持たれることは少ない。しかし、どのような課題であれ、それが現代的課題である限り、通史においても、その有効性が説明される必要がある。

ここでは、それをひと言でいえば、天皇墓という対象に限定し、比較史の方法により、古代・中世・近世・近現代を通してその存在形態を明らかにすることにあると考える。特定の対象を設定し、それを通史として叙述することは、その対象におけるある時代の存在形態を他の時代のそれと比較することを可能とさせ、その設定した対象における時代の特徴を抽出させる。意味は、相対的に照合されたとき、他との関係において発生する。天皇墓が分析対象であるとすれば、ある時代の存在形態は、他の時代のそれと比較されたとき、はじめて、その特徴を明らかにする。ある時代が扱われたのみでその特徴が明らかにされたとしているばあい、それは、無自覚な比較、自明視された先入観が、それを行なわせているにすぎない。意味の抽出には、自覚的な方法と分析基準の設定に基づく、対象における異なる時代との比較が必要であろう。

いまさらあえて言うまでもなく、過去を知り、また、それを再構成することは歴史を学ぶ起点ではあるが、それじたいは歴史学ではない。単なる過去の復原にすぎない。無目的・無自覚であっても過去の復原は行ない得る。それは日常生活のなかでも行なわれているかもしれない。歴史学の課題は、現代に生きる人間が、現代的課題に基づいて、ある特定の自覚的視点（思想をも含む）により、過去を体系的に整理し再構成することであろう。当然のことであるが、そこでは、現代的要請に基づいて、過去の歴史事象は切り取られ、再構成される。分析視点の違いによる再構成の偏差も生じる。また、現代的要請の変化にともない、切り取られるべき歴史事象、また、整理されるべき体系の変化が起こり得るのは当然である。

ただその際、扱う資料をも含めて、歴史事象の切り取り、選択の基準は、現代的要請を自覚化し、それを明示したうえで実行されるべきであろう。歴史事象を切り取る主体は、その切り取り、選択の基準を、自覚的に提示する必要がある。それは、強い課題意識に基づいたインテンシブな対象設定のばあいだけではなく、教科書、講座・シリーズなどで行なわれる通史においても同様であって、逆に、通史であればこそ、なおさら、通史として叙述することの有効性が説明されなければならない。

基準の設定と比較の方法——比較の組み合わせ　それでは、このような現代的課題に基づき、ここでの分析対象である天皇墓に即して、比較史として通史を構成するためには、具体的にどのような分析基準を選択し、また、具体的にどのような方法をとるべきであるのだろうか。

まずはその分析基準についてである。

現在、日本の葬法は火葬が一般化した。また、「今上」天皇（一九三三―、在位一九八九―）は、二〇一二年（平成二四）にはみずからの葬儀における火葬の希望、二〇一六年（平成二八）には生前退位の希望を表明した。これらの希望が実現すれば、これまでの近現代天皇墓は遺体槨納葬であったので、「今上」天皇は、近現代の天皇としてははじめて、在位中ではなく生前退位後、非天皇として死去し、その火葬墓が造営されることになる。また、現在の庶民墓はほぼ一〇〇％火葬になった。

このような現状をみたとき、一つめの分析基準として、葬法、特に、最終的処理形態が遺体なのか、それとも、火葬による火葬骨なのか、を設定できよう。これについては、さらにそれぞれにおいて、その処理が埋葬であるのか、それとも、埋葬ではなく石槨などへの槨納であるのか、このような下位カテゴリーをも設定できる。

二つめの分析基準として、宗教、その葬法がどのような宗教的行為によるのか、を設定できよう。ここでは大きく分けて、仏教、神道、儒教、の三種類の宗教による異同を確認していくが、なかでも、仏教的死者供養と神葬祭による死者への跪拝とは、宗教的のみならず政治的にも大きく意味が異なる。いっぽうでは、神葬祭は儒葬と深い関係がある。特に、現代的課題として考察するとき、近現代天皇墓の神葬祭は大きく留意されなければならない点でもある。また、古代・中世・近世の仏教的死者供養は、階層差にかかわらず、日本の葬送・墓制の形成に大きな役割を果たし、現在のそれらの原型は明らかに仏教的死者供養にある。現在、日本の葬送・墓制は多様化され、無宗教葬もあるが、形式的にいえば、いまだ仏教的死者供養がもっとも多数であろう。

このように、一つめの葬法、二つめの宗教、これらは歴史的蓄積のうえに現存し、確実に確認し得る現象でもある。ここでは、それらを、天皇墓の比較史のための分析基準として設定したいと考えている。

そのうえで、次の二点による比較史の方法をとりたいと考えている。

第一点として、すでに簡単に述べたような、時代差による比較である。ただし、それは、先入観やばくぜんとした固定観念ではなく、厳密な事実確認の上での比較として実行される。研究領域の細分化、特に、時代別の専門化は、たとえば、近世の現象を明らかにしていても近現代のそれを等閑視し、実質的には時代をまたいだ解明や比較を行なわせていない。扱われていない他の時代については、言及されたとしても、分析基準の異なる他者の研究による概観、また、ばくぜんとしたイメージで語られるくらいであろうか。そのような不確かさではなく、できる限りの事実確認に基づいて、同一の分析基準、方法論に基づき、時代ごとの解明と比較が行なわれ、それぞれの意味が抽出されるべきであろう。これを具体例によって説明すれば、近世天皇墓は地下施設として石槨を設営し（分析基準一つめの葬法）、そこへの仏教的死者供養による遺体槨納葬であるが、近現代天皇墓は同じように石槨への遺体槨納葬であるものの、神葬祭であった（分析基準二つめの宗教）。火葬ではなく遺体槨納葬である点については、近世天皇墓と近現代天皇墓は同じであるが、それを行なう宗教的行為は、前者が仏教的死者供養による「西方極楽」往生であるのに対して、後者は神葬祭による神聖視であった。火葬ではないという行為は同じであったが、そこで実行された宗教的行為はまったく異質であった。

第二点として、同じ時代を対象とした階層差による比較である。同じ時代の、たとえば、近世天皇墓と近世将軍墓との、また、近世天皇墓と近世庶民墓との比較といった、同一の時代の異なる社会的存在における比較である。墓という社会的行為が、階層差によって、どのような異同を持つのかを確認する作業である。これも具体例によって説明すれば、近世天皇墓の遺体槨納葬と近世将軍墓のそれとを比較すると、同じく仏教的死者供養でありながら（分析基準二つめの宗教）、厚葬であったのは、明らかに近世将軍墓であり、規模も大きく、遺体をおさめた木製棺をさらに銅棺に入れ石槨におさめていた。これに対して、近世天皇墓は遺体をおさめた木製棺を石槨におさめていた（分析基準一つめの葬法）。この近世天皇墓の遺体槨納葬のやり方は、たとえば、親藩・譜代大名クラスと類似していた。

その政治的意味については、あとで詳述するが、これを記号化して説明すると、第一点めの時代差による比較を縦軸p軸（period）とすれば、このような第二点めの階層差による比較を横軸c軸（class）として、縦軸p軸における比較と横軸c軸における比較を行ない、縦軸p軸と横軸c軸の接点において、天皇墓の特徴を抽出するということになる。

そして、その縦軸p軸、その横軸c軸、双方において、その分析基準は、あらかじめ設定した、一つめの葬法と二つめの宗教によっている。このように、あらかじめ分析基準を設定し、それにより異なる時代と比較、また、異なる階層と比較、それらを組み合わせ、はじめて対象となる天皇墓の時代ごとの意味が明らかとなり、それの総合として現代的課題としての、天皇墓の通史、全体像を理解することができると考える。

これを簡単にいえば、対象の意味を明らかにするための方法として、特定の分析基準に基づいた比較を選択し、そのうえでの総合的整理ということである。

用語と資料——用語と歴史語彙との峻別　いま、本書がとる比較史の方法について説明したので、次に、本書が使う用語と資料についての説明を行なっておきたい。ここでいう用語とは、分析概念というほどのものではなく、歴史事象において、一定程度共通項を示す内容をひとくくりにして表現する言葉のことである。ただしそれは、個別の歴史事象を示す歴史語彙を、分析のための一資料としてのみ扱い、それらを、分析方法として使われる用語と峻別するための作業でもある。歴史語彙は、その記号じたいが価値観を含有し、それぞれが意味内容を内包している。資料としての歴史語彙と、分析のための用語とは峻別されるべきであろう。

それを、本書におけるもっとも中心的な用語をもって説明すれば、天皇の墓は天皇墓、将軍の墓は将軍墓、庶民の墓は庶民墓といったように、いささか散文的な命名ではあるが、ごく単純に、実際の複数の歴史的現象を並列的にとらえ、それらをひとくくりにした用語設定を行なっている。

たとえば、これまで、天皇墓という用語は存在しない。使われてきたのは、歴史語彙でもある「陵墓」であり、それがそのまま用語として横すべりし、歴史語彙と用語が混同されてきた。そして、文献史学における古代・中世・近世・近現代、いずれの時代の天皇墓研究においても、この「陵墓」という言葉が氾濫してきた。しかし、「陵墓」というのは、第一義的には歴史語彙としての存在である。たとえば、昭和天皇墓は「武蔵野陵」と漢字表記されやまとことばでは「むさしののみささぎ」、大正天皇墓は「多摩陵」と漢字表記されやまとことばでは「たまのみささぎ」と読まれる。一九二六年（大正一五・昭和一）制定の皇室陵墓令（一九四七年廃止）では、天皇・皇后の墓は「陵」（第一条）、皇太子をはじめとする皇族の墓は「墓」（第二条）という語彙をもって示された。一九四七年（昭和二二）制定の皇室典範（現行皇室典範でもある）でも、これは継承され、天皇・皇后の墓は「陵」、皇太子など皇族の墓は「墓」という語彙をもって示されている（第二七条）。正確にいえば、このような制度上では、「陵墓」とは「陵」と「墓」であり、「陵」「墓」は実際に存在してきた歴史語彙であった。このような実際に存在してきた歴史語彙を、無検討のまま、分析のための用語としてスライドさせ、歴史語彙と用語を混同させてはならないということである。

また、「陵」「陵墓」（また「山陵」）という歴史語彙には、価値観、敬意を示す意味が込められている。「陵」「陵墓」は、墓の意味、山丘の意味だけではなく、これらじたいで「天子」「諸侯」の「みささぎ」を意味し［諸橋二〇〇一b：九〇二頁］［諸橋他編 一九八二b：一一〇三頁］、そのやまとことば「みささぎ」の「み」は「御」であり敬語表現でもある［日本国語大辞典第二版編集委員会編 二〇〇一：六五二頁］。学術用語は、特定の価値観から切り離すべきであろう。

さらにいえば、「陵墓」という個別の歴史語彙をそのまま学術用語として使うことは、それのみを突出させ、並行的に存在してきた他の墓との比較を不可能とする。比較史の方法においては、その分析のための比較を行なうためにも、比較可能な用語設定を行なう必要がある。こうした方法論的な意味においても、「陵墓」は不適切である。

本書では、このような理由により、歴史語彙をあくまで資料としてのみ理解し、それと分析のための用語とを区別する。そして、天皇の墓は「陵墓」ではなく天皇墓（皇族の墓は皇族墓）、将軍の墓は将軍墓（武士の墓は武士墓）、庶民の墓は庶民墓、という用語設定を行なった。このような価値中立的で並列的な用語設定こそが、対象に対する正確な認識と、方法論的適合性のために必要であろう。

それでは、比較史による天皇墓の解明にあたり、このような用語のなかにくくられる実際の資料は、どのように選択されるのがもっとも適切なのであろうか。

わたしたちは、現在に残るすべての遺物を、歴史資料として選択できる。文字として残存する文献資料といえども、それは文字（絵画なども含む）を記した紙（現在ではマイクロフィルム・データ化されたものも多いが）という遺物である。考古資料は地下に残存した物質としての遺物であろう。また、現在に存在する民俗資料は、現代の眼前に存在する過去から継続してきた遺物（無形の伝承も含めて）であろう。一般的な文献史学が自明視する文献資料がア・プリオリに歴史資料なのではなく、現存する性格の異なる多様な遺物を、解明すべき対象のために選択し、資料としての意味づけを行なったとき、それが歴史資料となる。あらかじめ資料が存在するのではなく、わたしたちは、課題の解明のために適切であると判断し選択した遺物を、資料という存在として意味を転換させているということである。

歴史資料というものをこのように考え、ここでは、次のような性格の異なる三種類の存在に対して資料としての意味づけを行ない、利用したいと考えている。

一つは、文献資料である。一般的な文献史学は「史料」という言葉を使うが、いま述べたように、文献資料だけが突出した存在なのではなく、これも多様な現存する遺物のうちの一つにすぎないので、あえて「史料」という言葉を使う必要はなく、他の資料と並列的に表現して文献資料という言葉でよいのではないかと考える。そして、この文献資料は、時間を均等に区分した編年史として歴史を再構成するばあい、年代測定をもっとも行ないやすい性格を持つ。

しかし、文献資料はそれじたいで状況全体を示すことは少なく、断片的であることをまぬがれ得ず、また、記された内容の信ぴょう性にも検討が必要となる。そのために、いわゆる「史料批判」によって、こうした、信ぴょう性の確認や、状況全体の再構成が行なわれてきた。

二つは、考古資料である。考古資料は、現代の地層（地表面）からみて地下へ、浅い地層から深いそれへ向かうほどに、新しい時代から古い時代への遺物を残存させる。残存した地下の遺物は過去の人間社会の部分にすぎず、さらに、発掘されるのは、そのうちの一部分にすぎない。そのような意味では、文献資料と同じく断片的である。しかし、発掘されたその部分については、その状況全体が眼前に登場する。わたしたちは、残された人為の一部であるとはいえ、その部分についてては状況証拠の全部を把握することが可能である。また、それは文献資料のような、文字という記号を媒介として過去をイメージするのではなく、発掘され眼前に広がった状況そのものから直接的に推測することが可能である。しかし、それは状況証拠であるために、文献資料がそれみずからでも行なっている現象の説明がなされることはない。あくまで、状況証拠から過去を推測し再構成することになる。

三つは、民俗資料である。考古資料が地下の遺物であるのに対して、民俗資料は地表面に現存する遺物である。一般的に、民俗資料といえば、調査協力者（インフォーマント・「話者」）からの聴取（ヒアリング・「聞き書き」）による口頭伝承、また、いわゆる民具がイメージされがちであるが、そうではなく、それは、眼前に広がる景観、物質を含めて、人為によった眼前の遺物と、口頭伝承・心意伝承のような無形の現存との総合でもある。そして、この民俗資料は、文献資料や考古資料のような、すでに過去完了形となった遺物ではなく、過去からの継続において現在進行形で現存しているので、おのずと過去を推測できるということになる。また、いわゆる民俗資料として理解されていなくとも、過去から継続している現在進行形の遺物は多い。そのような遺物についても、ここでは広義における民俗資料として理解できると考えている。しかし、民俗資料は、それにより過去を推測することは可能であるとしても、その継続性という性格により、それ単独では、文献資料のように編年史的な絶対年代を示すことはできない。また、なぜ、それが一過性の過去ではなく、継続性を持った過去なのかを説明することは難しい。しかし、民俗資料は、まさに眼前に存在する過去を示す状況証拠でもある。ありのままに、過去を推測させてくれる。

本書では、一つめの文献資料、二つめの考古資料、三つめの民俗資料、これらを、明らかにすべき課題に即して利用する。また、それらを単独で利用するだけではなく、いま述べたようなそれぞれの持つ資料的性格（長所と短所）を踏まえ、異なる性格の資料を組み合わせ、より確実な過去の再構成と比較を行ないたいと考えている。

いずれも、あとで分析の俎上に乗せる事例によりそれを説明すれば、たとえば、古代末から中世にかけての天皇の火葬場は文献資料では「山作所」と漢字表記される。いっぽう、現在の民俗資料では、火葬場および遺体埋葬地をヤマ（山）と呼ぶばあいがある。それにより、ヤマという文献資料と民俗資料とを照合し、その意味する内容を、単に火葬場および遺体埋葬地とするだけではなく、仏教的死者供養における「西方極楽」往生への入口と位置づけている。また、一九二六年（大正一五・昭和一）死去の大正天皇は、地下施設を造営するのではなく、すべてを地上施設とし、〈玄宮〉と名づけられた円形ドーム内の石槨にその遺体が槨納された。それを、文献資料によって再構成するとともに、現在、観察することのできるその外観および周辺の状況により確認し、その造営過程と円形ドームの実態を再構成している。この大正天皇墓のばあいは、いわゆる民俗資料ではないが、文献資料と現存する実在との照合により、その内容を確実に把握する。

考古資料の例をあげると、たとえば、近世、島原藩主深溝松平家は、江戸または島原で藩主が死去すると、その遺体を出身地の菩提寺本光寺（曹洞宗。愛知県額田郡幸田町深溝）まで移送し、境内墓地におさめてきた。一七三六年（享保二一）死去の二代島原藩主松平忠雄（一六八三―一七三六）の墓は、改葬の際、発掘調査が行なわれ、その地下施設の状態が明らかにされた。座位による石槨への遺体の槨納であった。いっぽう、その石殿造りによる地上施設は、現在でもその外観を確認することができる。これも、いわゆる民俗資料ではないが、造営当時から現在まで眼前に継続してきた遺物である。地下施設については考古資料により、地上施設については、眼前で観察できるその墓により把握することが可能となる。

分析基準による用語設定――遺体か火葬骨か―埋葬か槨納葬か　本書では、このように、用語と歴史資料とを峻別したうえで、明らかにする対象に対して、天皇墓・将軍墓・庶民墓などの用語設定を行なってみた。そのうえで、これら天皇墓・将軍墓・庶民墓を分析するために、さきに設定した分析基準により三種類の歴史資料を利用し、それぞれの性格を明らかにしていきたいと考えている。

これらのうち、分析基準の一つめの葬法、最終処理形態が遺体か火葬骨であるのか、について、もうすこし説明を行なっておきたい。

遺体にせよ、火葬骨にせよ、その最終処理形態にはさらに大きく二つの異なる形態があった。すでに事例を含めてすこしずつ述べてきたが、その遺体あるいは火葬骨が、埋葬されているのか、それとも石槨などで槨納葬にされているのか、そうした違いである。

そして、これらについても、単純な言葉で、遺体を土中に埋葬しているのであれば遺体埋葬、遺体を埋葬せずに地下施設として造営した石槨などに槨納しているのであれば遺体槨納葬、としてみた。これについては、火葬骨についても同じで、火葬骨を土中に埋葬しているのであれば火葬骨埋葬、火葬骨を石槨などに槨納しているのであれば火葬骨槨納葬、とした。

このように、遺体埋葬あるいは遺体槨納葬、火葬骨埋葬あるいは火葬骨槨納葬、という言葉を造語しているのには、もちろん理由がある。遺体を処理する葬法といえば、「土葬」という語彙が使われてきた。これも「陵墓」と同じく、ふつうの語彙である「土葬」を用語に横すべりさせている。しかし、現実には、遺体を土中に埋葬するいわゆる「土葬」とは異なり、遺体を地下施設として造営した石槨に槨納するばあいも多い。特に、近世の将軍墓（および大名墓）・天皇墓はその典型例といってよいだろう。また、地下施設ではなく地上施設として造営した石槨に遺体を槨納した大正天皇墓のような事例さえある。近世と近現代の庶民墓における遺体処理は、ふつう土中への遺体埋葬、一般的語彙における「土葬」であるが、将軍墓・天皇墓は、埋葬というよりも石槨への槨納、遺体槨納葬であった。

また、火葬骨の最終処理についていえば、現在一般的に普及しつつあるのは、石塔下の石槨（カロウトなどと呼ばれることもある）に、骨壺におさめた火葬骨を槨納する形態である。そのために、骨壺による火葬骨槨納葬がイメージされる。しかし、火葬骨の処理でも、中世庶民墓では火葬骨を土中に埋葬している事例が多い。また、現在でも、いわゆる「両墓制」地域で、かつての遺体埋葬が現代的火葬の普及により火葬骨の土中への埋葬にかわり、火葬骨を土中に埋葬する火葬骨埋葬が行なわれている事例がある。一般的語彙「土葬」といえば、遺体埋葬をイメージする。しかし、実際には、火葬骨も「土葬」されている。このように、一般的語彙によるイメージと現実の葬法とは齟齬があり、そうした齟齬による現実把握の誤りを防ぐためにも、設定した分析基準をさらに細分化し、遺体については遺体埋葬と遺体槨納葬、火葬骨については火葬骨埋葬と火葬骨槨納葬、という用語を設定している。

これらのほかに、葬送・墓制の理解のために、前もって説明をしておかなければならない用語として、いわゆる「両墓制」という用語の問題がある。これは、もともと民俗学が使用しそれが普及したものであり、遺体埋葬地点と石塔建立地点とが空間的に大きく離れている墓制を指している。そのうち、遺体埋葬地点は「埋め墓」、石塔建立地点は「詣り墓」という用語が使われてきた。しかし、「両墓制」用語で示された墓制を、適切な用語で表現すれば、それは、すでに指摘したように［岩田 二〇〇六：九四—一〇八、一二六—一二九頁］、遺体埋葬石塔建立墓制とでもいうべきであり、「両墓制」用語は不適切であろう。

ただし、本書では、あえて、この「両墓制」用語を使ってみた。その理由は、一つには、「両墓制」用語があまりに普及しすぎ、遺体埋葬石塔建立墓制という、聞き慣れない言葉を使っても、かえってわかりにくいと考えられるからである。もう一つは、あえて、この「両墓制」用語を使うことにより、この「両墓制」として知られる墓制はそもそもどのような墓制であるのか、それを明らかにするためでもある。火葬による中世天皇墓との比較、民俗的火葬墓制とでもいうべく、現代に普及した火葬以前から継続してきた火葬墓制との比較において、「両墓制」についての仮説を提出してみたいと考えている。

年代表記と人名表記——表記における基準の設定　最後に、本書における表記上の統一についてである。

一つめは、年代表記についてである。ここでは、時間を均等区分した編年史として通史を構成するにあたり、その年代表記の基準を西暦によった。ただし、これについては、若干の便宜的操作を行なっている。日本における太陽暦の採用は、太陰暦明治五年一二月三日を太陽暦明治六年一月一日にすることにより実行された。西暦は太陽暦によっているので、厳密にいえば、この明治六年時点で、はじめて、和暦を西暦に比定することが可能となり、和暦の日付と西暦の日付が一致するようになった。したがって、一八七三年（明治六）以降については、西暦と和暦は対応しているが、それ以前については、不対応である。

ふつう一八六七年（慶応三）と表記される年を例として、西暦表記と和暦表記の不対応をみてみよう。たとえば、王政復古の「沙汰」書が出されたのは太陰暦慶応三年一二月九日であった。この日を太陽暦西暦に換算すると年がかわって新年となり一八六八年一月三日であった。通常、王政復古は一八六七年（慶応三）と表記される。しかし、厳密にいえば、それは太陰暦和暦の慶応三年ではあるが、太陽暦西暦では一八六八年であった。食い違いが生じている。

一般的に行なわれてきた編年史の時間表記、西暦と和暦の対応関係は、太陰暦を太陽暦に換算しないで、和暦の年をそのまま西暦の年にあてはめてきた。厳密にいえば、西暦表記は太陽暦なので、仮に西暦を基準とする時間表記を行なうならば、太陰暦によった和暦から太陽暦への換算が必要になるが、きわめて煩瑣になることが予想されるので、それは行なわれてこなかったということである。本書でも、太陰暦によった和暦を、太陽暦によった西暦へと換算する操作は行なっていない。たとえば、一八六七年（慶応三）のように、和暦をそのまま西暦にあてはめる形態をとり、西暦を基準として和暦をカッコで並記して、西暦（和暦）とする時間表記とした。

二つめは、人名表記についてである。ひとりの人間が複数の名前を持つことがあるので、できるだけ、名前はひとつに統一した。特に、天皇の名前については、たとえば、昭和天皇（一九〇一—八九、在位一九二六—八九）というように、〇〇天皇という呼称に統一した。正確にいえば、昭和天皇という名前はその死後の命名であり、生前の名前は裕仁である。このような、死後の命名、諡号・追号は、生前の功績をたたえる意味があるので、そこには敬意が込められていると考える必要があるが、たとえば、昭和天皇を裕仁とし、「今上」天皇を明仁と記すと、誰のことなのか、かえってわかりにくくなる。また、古代末・中世から近世後期までは、〇〇天皇という呼称は一般的ではなく、〇〇院という呼称がふつうであったが、これについても〇〇院と記したばあい、統一性がなくなるので、すべてを〇〇天皇とした。さらにいえば、天皇としての在位期間の方が短く、上皇・法皇などと記されるばあいの方が多い天皇についても、上皇・法皇ではなく、天皇の呼称に統一した。

しかし、天皇以外については、できるだけ、生前の名前を活かすようにした。たとえば、江戸幕府第一代将軍徳川家康（一五四二—一六一六、将軍在職一六〇三—〇五）というように、官職・地位などを名前の前に記すようにした。これについては、皇后についても、たとえば、大正天皇（一八七九—一九二六、在位一九一二—二六）の皇后は九条節子（一八八四—一九五一）であり、その追号は貞明皇后であるが、貞明皇后と表記せず、大正天皇皇后九条節子というように、生前のもともとの名前によって表記した。

なお、固有名詞については、その名前には、その初出に、その読み方のルビを振るとともに、できるかぎりカッコで生没年を記した。

三つめは、歴史語彙・民俗語彙の表記方法についてである。歴史語彙や引用文については、カギカッコ「　」によってくくり、できるだけルビを振った。なお、歴史語彙については、三点のみ、意図的に、三角カッコ〈　〉によってくくった。それは、〈鳥居〉〈円墳〉〈玄宮〉の三点である。鳥居については、歴史語彙・民俗語彙として仏教的死者供養のための「鳥居」が存在しているため、神道の〈鳥居〉と区別するために、仏教的死者供養のための鳥居はカギカッコ「鳥居」、神道の鳥居を三角カッコ〈鳥居〉で区別した。〈円墳〉〈玄宮〉の三角カッコ〈　〉も、神道であることを示すためにそれを用いた。また、民俗語彙については、原則としてカタカナ表記とし、その初出時に、たとえば、サンマイ（三昧）というように、それに対応すると考えられる漢字表記を、カタカナ（漢字）としてカッコに示した。

＊特に注記しない資料は筆者調査によるものである。また、写真はすべて筆者撮影のものである。写真については、特に、その被写体が古い過去ではなく、現在の現象でもあることをわかりやすく理解してもらうために、できるだけ近年に撮影したものを選択し、キャプションのなかにその撮影年を明示した。

Ⅰ　古代——火葬墓制の形成

1　仏教受容と火葬のはじまり

縄文・弥生時代——墓制における階層差の発生　日本列島では、縄文時代、墓が存在するようになった。縄文時代の墓は、土壙墓(どこうぼ)・甕棺墓(かめかんぼ)などによる遺体埋葬、遺体の一次処理のみの単葬だけではなく、縄文後期・晩期には遺骨を土坑・土器棺などに入れ埋葬する複葬が行なわれていた。その遺骨については焼骨が行なわれるばあいもあった〔葛西　二〇〇二：九二―九三頁〕〔設楽　一九九三：二八―二九、三五―三七頁〕〔設楽　二〇一三：四六―四七頁〕。この遺骨の焼骨は、遺体の火葬であったとする理解もあるが〔石川　一九九八：八四―一〇六頁〕、遺体が腐食し遺骨となったものを焼く焼骨であった。縄文時代には、すでに、死者の遺体を一次的に処理するだけの単葬と、遺体の腐食によった遺骨またその遺骨の焼骨を二次的に埋葬する複葬、その二形態が行なわれていた。

縄文時代におけるこのような墓制が、縄文社会とどのようなかかわりあいを持っていたのであろう。縄文時代は、原始共産制といった社会構成史的な視点によらずとも、非階層社会であると理解されてきた。これに対して、生業・工芸・儀礼などに社会的分化を認め、縄文時代を階層社会としてとらえようとする議論もある。そこでは、縄文墓制における規模の大小、副葬品の多寡などが、階層差の証明とされる〔渡辺　一九九〇：一一三―一一七頁〕〔中

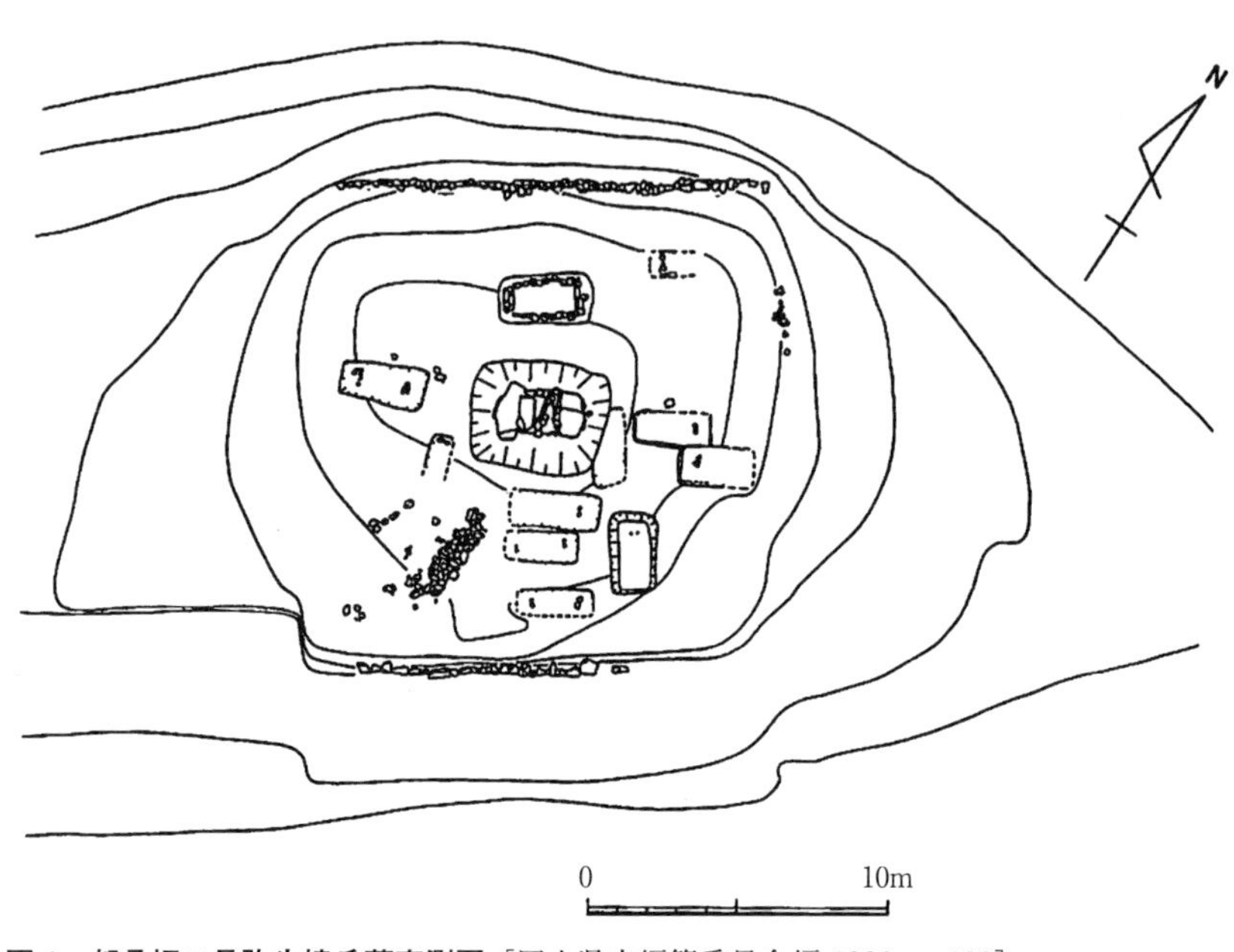

図１　都月坂二号弥生墳丘墓実測図〔岡山県史編纂委員会編 1986：p.120〕

村 一九九九：五七―六〇頁〕〔小林達雄 二〇〇〇：一一三頁〕。しかし、階層差による墓制の違いを明確に確認できる弥生時代・古墳時代に比べて、定説となっているわけではない。

弥生時代の墓は、大陸系と考えられる九州北部の支石墓、石棺墓・土壙墓・甕棺墓・木棺墓などの存在が知られる。また、弥生時代では、全体からみての割合は少ないが、縄文時代と同じく、遺骨を焼く焼骨もあり、複葬も行なわれていた。盛土を伴う方形周溝墓・墳丘墓は、方形周溝墓には方形の溝の内側に土壙墓・木棺墓などが配置され、墳丘墓では墳丘の下部に木槨・竪穴式石室が配置されているばあいもある〔金関・佐原編 一九九六：九一―一五九頁〕〔森岡 二〇一三：七〇―七九頁〕。副葬品の多寡、埋葬方法の厚薄により、階層差が認められるようになるのも弥生時代である。弥生時代中期後半、およそ二世紀後半以降、中国地方・近畿地方などに登場する墳丘墓については、古墳以前の首長墓と推定され、長辺六〇mを超える大型墳丘墓もみられるという〔常松

二〇一三：八九—九〇頁〕〔高野 二〇一三：一一二—一一三頁〕。

首長墓としてのこの弥生墳丘墓は、前方後円墳の前史と位置づけられ、首長の権威獲得のための「首長霊」の継承儀礼の場であったとされる〔近藤義郎 一九七七：一〇—一四頁〕〔近藤義郎 一九八三：一七五—二〇〇頁〕〔近藤義郎 一九九八：六四—七六、九九—一〇六頁〕〔都出 一九七九：一七—二五頁〕〔都出 二〇一一：四二—五四頁〕〔寺沢 二〇〇〇：二三八—二四六頁〕。そして、墓制史の視点からみたとき、この墳丘墓の重要性は、地域的な首長墓と推定されている墳丘墓に、前方後円墳に先立ち、竪穴式石室（あるいは竪穴式ふうの石室）および木槨が築かれていることであった。たとえば、図1の都月坂二号弥生墳丘墓（岡山県岡山市津島本町）は、尾根の丘陵部が盛土され、長辺約二〇m×短辺約一六mの墳丘のほぼ中央に、長辺約四・六m×短辺約三・七五mの方形墓壙が作られそのなかに竪穴式石室を設営している。竪穴式石室内には板状の石が積まれ、内部には高野槇質の木棺蓋部が残存していたという。竪穴式石室周辺には木棺埋葬の土壙墓一〇基、配石土壙墓一基が発掘されている〔岡山県史編纂委員会編 一九八六：一二〇頁〕。等高線にかこわれた中央部分、墳丘上部の中央に、竪穴式石室が造営されている様子がわかる。

木棺などに納めた遺体を土中に埋葬するのではなく、竪穴式石室を築きその内部に遺体を槨納する形態がはじめて日本社会に誕生していた。時期的にも大きな隔たりがあるので、あとで述べる、近世天皇墓における遺体槨納葬と、この弥生墳丘墓とを同質とすることはできないが、階層的に最上位の階層で、土中への直接的な遺体埋葬ではなく、土中に設定した石室への遺体槨納がはじまったことは、遺体槨納葬の全般的性質をとらえる上で、確認されておかれるべきことがらであろう。

前方後円墳と氏寺——権威の象徴　弥生墳丘墓から巨大な前方後円墳への展開は、地域的な弥生時代の首長から大和を中心とする広域な連合王権への展開を示しているといわれる。大王などの首長墓、前方後円墳の発生は三世紀前半とされ、たとえば、発生直後の典型的巨大前方後円墳、卑弥呼の墓と推定されることもある箸墓古墳（奈良県桜井市箸中）は全長約二八〇mもの大きさを持つ。前方後円墳は、後方の円墳部分に竪穴式石室を設営し、木棺などに納められた遺体をそこに置いた。その上は、弥生墳丘墓のように盛土されるが、前方後円墳も遺体を土中に埋葬するのではなく、石室の設営により遺体を槨納する形態であった。大王などの墓である前方後円墳は六世紀まで続き、その末期は大陸の影響を受けて、追葬可能な横穴式石室による槨納が行なわれる［寺沢 二〇〇〇：二五八―二六三、三〇〇―三〇五頁］［都出 二〇一一：九〇―九九、一三八―一四七頁］。

古墳時代の前方後円墳については、それを頂点とし庶民の土壙墓にいたるまでの墓制を階層別に整理し、初期国家論のための論証資料として利用する議論もあるが［都出 一九九一：一九―三〇頁］［都出 二〇一一：六八―七〇頁、一六六―一九三頁］、ここでは、弥生墳丘墓に続いて、古墳時代の前方後円墳でも、大王をはじめ最上位の階層にある被葬者が遺体槨納葬であったことを確認しておきたい。また、弥生墳丘墓にせよ前方後円墳にせよ、その墳丘上で死者儀礼、さらには、「首長霊」継承儀礼つまりは皇位継承儀礼が行なわれたことが推定されているので、遺体槨納葬にともなう地上施設は、階層的最上位者の権威の象徴であったと考えることもできる。

いっぽう、古墳時代は、弥生時代以上に墓制の階層差が拡大した時代であった。大王などでは巨大な前方後円墳が築造されるが、直葬による土壙墓が群集する集団墓地がみられ、そこでは、弥生時代に比べて副葬品が減少しているという。たとえば、大阪府高槻市狐塚古墳群からは、五世紀末から鎌倉時代に至る土壙墓と推定される約六〇〇基の土壙群が発掘されている。弥生時代には、集団墓地でもある程度の割合で木棺の使用があるが、この古墳時代の土壙墓には木棺がないために、いっそうの階層差の拡大が指摘されている［福永 一九八九：九八―一〇〇頁］。

大王などの墓としての前方後円墳は、六世紀から衰退し七世紀には消滅し、小規模な墳丘墓の横穴式石室・横口式石槨に遺体を槨納する形態へと変化する。これは、前方後円墳に代表される古墳時代の大王墓が、墓としての機能だけではなく権威の象徴でもあった二重の性格を持つことをやめ、墓としてのみ機能する墓制へと転換したことを意味する。前方後円墳の権威の象徴としての性格は、大王一族や有力な豪族がその氏寺として建立する仏教寺院がとってかわるようになるという［近藤義郎 一九八三：三七四―三八一頁］［都出 二〇一一：一四五―一四七頁］。
百済の聖明王（？―五五四、在位五二三―五五四）が仏像と経典を伝えたのが五三八年（欽明天皇七）［『上宮聖徳法王帝説』『元興寺伽藍縁起 并 流記資材帳』による］、あるいは、五五二年（欽明天皇一三）［『日本書紀』による］であったから、仏教による寺院・仏像・経典などは、その日本への伝来とともに、またたくまに、前方後円墳にかわる権威の象徴となっていた。[*1]

火葬のはじまり――僧道照の霊験譚　八世紀に入ると遺体の火葬がはじまる。遺体を保存するのではなく、遺体を破壊する人為的な処理、火葬を行ない、その火葬骨を埋葬また納骨するなどの葬法が展開されはじめる。記録上では、『続日本紀』、七世紀最後の年、七〇〇年（文武天皇四）の僧道照（六二九―七〇〇）の火葬がそのはじまりとされる。

道照は同年三月一〇日七二歳で死んだ。

「弟子ら、遺せる教を奉けて、粟原に火葬せり。天下の火葬此より始まれり」［黒板編 一九七九ａ：六頁］［青木他校注 一九八九：二七頁］［『続日本紀』の読み下し・ルビは青木他校注による―以下同じ］。

よく知られた記述である。僧道照は現在の奈良県桜井市粟原と推定される場所で火葬された。このあとには、次のような記述が続く。

「世伝へて云はく、「火葬し畢りて、親族と弟子と相争ひて、和上の骨を取りて斂めむと欲るに、飄風忽に起りて、灰骨を吹き颺げて、終にその処を知らず。時の人異ぶ」といへり」［黒板編 一九七九ａ：六頁］［青木他校注 一九八九：二七頁］。

霊験譚といってよいだろう。道照の遺骨をめぐって親族と弟子が争ったので、つむじ風が起こり、その遺骨は空中に巻き上げられ雲散霧消してしまったという。

それでは、死後もこのような霊力を持った道照とは、どのような僧侶であったのだろう。

『続日本紀』は、道照を、六五三年（白雉四）の第二回遣唐使によって入唐し、僧玄奘（六〇二―六六四）に師事した高僧として紹介する。玄奘は道照に対して禅定（真理を直観し三昧の境に達すること）を学ばせ、その別れに際して、舎利・経典を持たせた。また、玄奘は、西域から持ち帰った霊験あらたかな「鐺子」（三本足のなべ）を道照に渡し、道照はこの「鐺子」で煮た粥で病気を治し、襲いかかってきた「竜王」の災難をまぬがれることができたという［黒板編 一九七九a：五―六頁］［青木他校注 一九八九：二三―二五頁］。『続日本紀』によれば、道照は玄奘の愛弟子であり、そうであるがゆえに、強い霊力を秘めた僧侶であった。

その死から三〇〇年余が経過した、古代末、一〇三〇年（長元三）―四〇年（長暦四・長久一）ごろの成立と推定される『今昔物語集』巻十一の「道照和尚、亘唐、伝法相還来語」でも、僧道照は僧玄奘の弟子の高僧とされる。その死にのぞんで、周囲が光かがやいたという。「遂ニ命絶ル時ニ臨テ、沐浴シ浄キ衣ヲ着テ、西ニ向テ端座ス。其時ニ光有リ。房ノ内ニ満タリ」。そして、「夜ニ至テ、其ノ光房ヨリ出テ寺ノ庭ノ樹ヲ曜カス。久ク有テ、光西ヲ指テ飛ビ行ヌ。弟子等此ヲ見テ、恐テ怖ル、事無限シ。然ル間、道照西ニ向テ端座シテ失ヌ。定メテ知ヌ、極楽ニ参給ヒヌト」［池上校注 一九九三：二〇―二一頁］。『今昔物語集』は浄土信仰が一般的であった時代の成立である。高僧の道照は「極楽」へ往生したとされる。

このように、『続日本紀』『今昔物語集』における僧道照は、僧玄奘の弟子であることにより正統的な仏教者であり、また、霊験あらたかな高僧とされていた。

そのような高僧の道照が、『続日本紀』において、日本初の火葬として記録されていた。

日本初の火葬が、このような遣唐使派遣の霊験譚を持つ高僧であったこと、それは日本における火葬のはじまりがどのような性格を持つのかを、おのずと語ってくれる。火葬とは、正統的な仏教受容のひとつの形態であった。そしてそれにとどまらず、火葬は仏教寺院・仏像・経典などと同じく、階層的に最上位者の権威の象徴でもあったのではないかということである。

天皇の火葬のはじまり――持統天皇火葬の仏教的性格　はじめて火葬を行なった天皇は、七〇二年（大宝二）一二月二二日に死んだ持統天皇（六四五―七〇二、在位六八六―六九七）である。持統天皇は、六九七年（持統天皇一〇）、文武天皇（六八三―七〇七、在位六九七―七〇七）に譲位し、「太上天皇」（上皇）になってから五年後の死去であった。『続日本紀』によれば、その死去から火葬され遺骨がおさめられるまでの経過は次のようなものであった。

七〇二年（大宝二）

(1) 一二月二二日　死去。葬送を「倹約」するよう命じる「遺詔」あり。
(2) 一二月二三日　「殯宮」[*2]建設開始。
(3) 一二月二五日　四大寺（大安寺・薬師寺・元興寺・弘福寺）で「設斎」（法会で食事を供すること）を行なう。
(4) 一二月二九日　「殯宮」に遺体を安置。

七〇三年（大宝三）

(5) 一月一日　官人等が「殯宮」を参拝。
(6) 一月五日　四大寺で「設斎」を行なう。
(7) 二月一一日　「七七」（現在の四十九日の法事にあたる）のため四大寺と三三ケ寺で「設斎」を行なう。
(8) 四月二日　「百日斎」（現在の百ケ日の法事にあたる）の「御在所」を設営する。
(9) 一〇月九日　「御葬司」「造御竈長官」を任命。
(10) 一二月一七日　当麻真人智徳（？―七一一）が諸王・諸臣を率い「誄」[*3]をいう。「謚」を「大倭根子天之広野日女尊」とする。

⑾一一月一七日「飛鳥岡」で火葬を行なった。

⑿一二月二六日　天武天皇の墓「大内山陵」に追葬する［黒板編 一九七九a：一六―一九頁］［青木他校注 一九八九：六三―七五、三四六―三四七頁］。

持統天皇は約一年間におよぶ「殯」の期間、三度におよぶ四大寺での「設斎」を経て⑶⑹⑺、七〇三年（大宝三）一二月一七日「飛鳥岡」で火葬を行ない、一〇日後の二六日、夫でもあった天武天皇（？―六八六、在位六七二―六八六）の墓「大内山陵」に追葬された（『続日本紀』では「大内山陵」、『日本書紀』では「大内陵」と記されるが、以下「大内山陵」に統一する）。しかし、「殯宮」で行なわれる「誄」儀礼については、火葬直前に一度行なわれただけであった⑽。「殯」期間に行なわれた葬送儀礼は、「誄」よりも、四大寺での「設斎」、仏教儀礼の方が多かった。

このような持統天皇の葬送儀礼を、持統天皇の前の天皇であり、夫でもあった天武天皇のそれと比べてみよう。天武天皇は六八六年（天武天皇一五・朱鳥一）九月九日に死んだ。『日本書紀』によれば、その墓に遺体がおさめられるまでの経過は次のようなものであった。

六八六年（天武天皇一五・朱鳥一）

①九月九日　死去。

②九月一一日　「殯宮」起工。

③九月二四日　「殯」。大津皇子（六六三―六八六）、「謀反」。

④九月二七日　「殯宮」で「僧尼」、「発哭」*4。大海宿禰荒蒲（？―？）など「誄」をいう。

⑤九月二八日　「殯宮」で「僧尼」、「発哭」。直大参布勢朝臣御主人（？―七〇三）など「誄」をいう。

⑥九月二九日　「殯宮」で僧尼「発哭」。直大肆大三輪朝臣高市麻呂（?—?）など「誄」をいう。
⑦九月三〇日　「殯宮」で僧尼「発哭」。百済王良虞（?—七三七）など「誄」をいう。
⑧一一月一日　「殯宮」で皇太子草壁皇子（六六二—六八九）など「慟哭」。納言布勢朝臣御主人など「誄」をいう。「梵衆」「発哀」。

六八七年（朱鳥二・持統天皇一）
⑨一月五日　「殯宮」で皇太子など「発哀」。「梵衆」「発哀」。
⑩五月二二日　「殯宮」で皇太子など「慟哭」。隼人の首領など「誄」をいう。
⑪八月五日　「殯宮」に穀物を供え嘗を行なう。
⑫九月一〇日　「殯宮」で「設斎」を行なう。
⑬一〇月二二日　皇太子、公卿など国司・国造および百姓を集めて「大内山陵」を造る。

六八八年（持統天皇二）
⑭一月一日　「殯宮」で皇太子など「慟哭」。
⑮一月二日　「殯宮」で「梵衆」「発哀」。
⑯六月一一日　特赦。
⑰八月一〇日　「殯宮」で「嘗」を行なう。大友宿禰安麻呂（?—七一四）「誄」をいう。
⑱一一月四日　「殯宮」で皇太子など「慟哭」。諸臣「誄」をいう。五日蝦夷など「調賦」を負って「誄」をいう。
⑲一一月一一日　布勢朝臣御主人など「誄」をいう。「大内山陵」に葬る。〔黒板編　一九七八a：三八六—三九八頁〕〔坂本他編　一九六五：四八〇—四九三頁〕〔『日本書紀』の読み下し・ルビは坂本他編による〕。

このように、天武天皇のばあいは、「殯宮」での祭事がくりかえされたのち（③④⑤⑥⑦⑧⑨⑩⑪⑫⑭⑮⑰⑱）、「大内山陵」に葬られた。四大寺での「設斎」が中心であった持統天皇とは葬送儀礼そのものが異なっている。遺体を「大内山陵」におさめた天武天皇と、そこに火葬骨を追葬した持統天皇、同じ墓に葬られながら、両者には大きな違いがあった。

第一には、物理的にみれば、遺体をおさめた天武天皇が厚葬であるのに対して、火葬骨をおさめた持統天皇が薄葬であることである。持統天皇の薄葬（「倹約」）の命令があったためもあろう、「殯」期間が、天武天皇では二年以上であるのに対して、持統天皇では約一年間である。[*5] この「殯」期間をみただけでも持統天皇の葬送儀礼が天武天皇のそれに比べて薄葬であるのがわかる。「殯宮」で行なわれる「誄」などの儀礼回数についても、天武天皇の方が圧倒的に多い。

第二には、持統天皇の葬送儀礼は明らかに仏教的性格が強いのに対して、天武天皇はそうではなかった。といっても、天武天皇のばあいも仏教的性格が皆無ではなく、厳密にいえば、天武天皇の葬送儀礼から仏教的性格が付け加わっている。[*6]「殯宮」での「殯」儀礼の先触れのような形態で、「僧尼」の「慟哭」（④⑤⑥⑦）、「梵衆」の「発哀」（⑧⑨⑮）が行なわれている。しかし、その葬送儀礼の中心は「殯宮」での「誄」であり、仏教的性質は副次的である。これを第一の点と関連させてみれば、持統天皇の葬送儀礼にみられるような、火葬による天皇の葬送は、薄葬であると同時に、仏教儀礼の全面的な受容を意味すると考えてよいと思われる。

なお、この天武天皇と持統天皇の「大内山陵」と考えられている天皇墓は、鎌倉時代の一二三五年（文暦（ぶんりゃく）二・嘉禎（かてい）一）に盗掘された。その盗掘記録とされる「阿不幾乃山陵記（あおきのさんりょうき）」によると、その「陵形」は「八角」で「石壇」は「五重」であった。また、天武天皇のものと推定される棺内の遺体状況が記されているほかに、「銅ノ糸」で貫いた「琥珀御念珠（こはくごねんじゅ）」、数珠と推定される副葬品が記録されている［近藤瓶城編 一九〇二：三五五頁］。この数珠が、天武天皇の葬送に際しての副葬品か、それとも、持統天皇のそれに際しての副葬品か、特定はできないが、「大内山陵」の副葬品として「琥珀御念珠」があったことを確認しておきたい。

仏教伝来と火葬開始との時間的ズレ――仏教受容と律令体制　いま、『続日本紀』により七〇〇年（文武天皇四）僧道照と七〇三年（大宝三）持統天皇の火葬を、また、『日本書紀』により天武天皇の葬送儀礼を概観してみた。それらにおいて、確実に理解できることは、仏教受容の影響があったことである。

　しかし、僧道照と持統天皇による火葬のはじまりには、この仏教受容をめぐって、問題点も残されている。それは、この七〇〇年（文武天皇四）僧道照と七〇三年（大宝三）持統天皇の火葬が、仏教伝来から、五三八年説によれば約一六〇年以上、五五二年説によれば約一五〇年経っているという大きな時間的ズレがあることである。仏教伝来と火葬のはじまりはイコールではなかった。この事実をどのように理解すればよいのだろう［網干 一九七九a：一―八頁］。もちろん、『続日本紀』の叙述以外に、七〇〇年（文武天皇四）以前に火葬が行なわれていた可能性はあるが、行なわれていたとしても、それが濃厚であったとは思われない。火葬は、七〇〇年（文武天皇四）僧道照と七〇三年（大宝三）持統天皇以降、浸透していく現象であると考えられるからである。

　天武天皇と持統天皇の葬送儀礼との対照により明らかになったように、火葬のはじまりには、薄葬と仏教受容の影響があった。しかし、薄葬についても、六四六年（大化二）の大化の薄葬令から約五五年、仏教伝来からは約一六〇年以上あるいは約一五〇年が経過している。特に、仏教伝来からの時間的ズレは、仏教寺院・僧侶が一般化したあと、火葬が実行されるようになったことをも示している。

　これまで、この火葬のはじまりの原因について、(1)薄葬の影響（六四六年大化の薄葬令以降の薄葬の流れ）、(2)仏教の受容、(3)都市化への対応、(4)遠隔地死亡者の火葬骨による搬送・葬送、の四つの可能性が指摘されてきた。これらのうち、任地などでの死者を火葬骨とし京へ送り葬送を行なう(4)を有力視する説がある［上原 二〇一三：一七八―一八一頁］。この説によれば、火葬のはじまりは、宗教的・儀礼的原因によるのではなく、便宜的・物理的原因で火葬がはじまったという理解となる。
しかし、それではなぜ、『続日本紀』は、玄奘に師事し霊験譚を持つ僧道照の火葬をもってして、「天下の火葬此より始まれり」としたのであろう。物理的条件だけを重視すると、火葬開始のもっとも重要な根拠、僧道照の火葬の意味を無視することになる。火葬のはじまりについて、仏教受容は重要な要因であろう。*7

もちろん、それが純粋に宗教思想としての仏教受容なのか、それとも、政治的権威としての仏教受容であるのか、はたまた他の理由があるのか、それについての明確な解答を出すことは難しい。しかし、記録上とはいえ律令国家の正史『続日本紀』に記された火葬第一号が僧侶であったこと、しかも霊験あらたかな高僧であったこと、さらに、正史『続日本紀』に記された火葬第二号が退位し「太上天皇」になってからの死去であるとはいえ持統天皇であること、それらの意味は無視されるべきではない。特に、いまみてきたように、持統天皇は、死去してから火葬までの約一年間、「殯」が行なわれているが、そこでの儀礼は四大寺での「設斎」、仏教寺院における儀礼が中心である。天武天皇の「殯」とは大きく異なっていた。

火葬は、七〇〇年（文武天皇四）僧道照と七〇三年（大宝三）持統天皇からはじまったあと、律令体制下官位を持つ官人層に拡大していった。よく知られた例でいえば、七二三年（養老七）に死去した、『古事記』の撰者「従四位下勲五等」太安万侶（?—七二三）は、その火葬骨が土壙内の木炭槨内木櫃におさめられた［奈良国立文化財研究所飛鳥資料館編　一九七九：一八〇—一八一頁］。七二九年（神亀六）に死去した「従四位下」小治田安万侶（?—七二九）は火葬されて、その火葬地点に玉石を敷き粘土・木炭などを固め、そこに火葬骨を入れた木櫃をおさめていた［奈良国立文化財研究所飛鳥資料館編　一九七九：一八二—一八三頁］［角田　一九七九：九頁］。火葬骨は土中の木槨内などに蔵骨器におさめられ槨納されているばあいもある。発見・発掘された、墓誌を持ち火葬骨をおさめたこの時期の墓には律令体制下の官人が多く［田中和弘　二〇〇四：九七頁］、火葬は近畿地方だけではなく、地方の有力者にも拡大している［小林義孝 一九九九：八―一〇頁］［小林義孝 二〇〇四：三〇二―三〇四頁］。

火葬されたこのような被葬者をみたとき、古代の火葬とは、仏教受容の影響とともに、終末期古墳の終焉と同時の、天皇墓を含む薄葬に基づいた律令体制下の律令官人の墓制であったと考えられている［山本 二〇〇七：一四―一五、二七七―二八七頁］。古代国家では、天皇墓の転換によって、律令官人の墓制も影響を受けたという［黒崎一九八〇：一一三頁］。もちろん、終末期古墳の終焉によって、すべての墓制が火葬骨櫛納葬になったわけではなく、木炭槨（もくたんかく）・土壙墓（どこうぼ）などへの遺体櫛納・埋葬も多く、火葬骨櫛納葬はこうした墓制のうちの一種類にしかすぎない［安村二〇〇八：三一八―三二一頁］。しかし、七世紀後半終末期古墳により古墳時代が終わり、次なる時代、律令体制下の新しい墓制のひとつが火葬骨櫛納葬であったことは確実ではないかと思われる。

たとえば、近畿地方・関東地方でみられるこの時期の火葬骨櫛納葬のなかには、石積で保護された墳丘を持ち、しかし、その内部構造は石櫃内に火葬骨を入れた蔵骨器をおさめる形態がみられるという。こうした形態のばあい、古墳的性格が仏塔的性格と混淆しつつ火葬骨櫛納葬を行なう墓制ではないかと指摘されている［小林義孝 二〇〇二：三〇四頁］。このような、終末期古墳の終焉から火葬骨櫛納葬への移行の経過をみたとき、火葬をともなう薄葬とは、仏教受容の影響を受けつつ、律令体制下の官人層、天皇を頂点とする階層的上位層によって採用された墓制であったと考えることができよう。

日本における火葬墓制は、庶民生活のなかから内在的にはじまったのではなく、階層的上位者たち、政治的権力者によってはじめられ、同時に、それは仏教受容という宗教文化的性格を持っていた。そして、その実行は律令官人としての身分の象徴でもあった。

「殯」の終焉――仏教的死者供養の受容　持統天皇に続く天皇の死者は七〇七年（慶雲（けいうん）四）死去の文武天皇であった。文武天皇も持統天皇と同じく、火葬された火葬骨をおさめる形態であった。この文武天皇を最後にして、「殯宮」

を造営しそこで「誄」をいう葬送儀礼が終焉する。それにともない、仏教儀礼的要素が増加するだけではなく、葬送期間がいちじるしく短縮されるようになる。八世紀、七一〇年（和銅三）に遷都した平城京の時代は、天皇の葬送儀礼から「殯」がなくなり、急速に仏教儀礼化した時代であった。

「殯」期間は、いまみたように、天武天皇が約二年二ヶ月間、持統天皇が約一年間であった。長期間におよぶ例として、敏達天皇（五三八？―五八五？、在位五七二？―五八五？）が約五年六ヶ月間、皇極天皇（五九四―六六一、在位六四二―六四五、斉明重祚、在位六五五―六六一）が約五年三ヶ月間、短期間のばあいでも、孝徳天皇（五九六―六五四、在位六四五―六五四）が約二ヶ月間、欽明天皇（五〇九？―五七一？、在位五三九？―五七一？）が約四ヶ月間、推古天皇（五五四―六二八、在位五九三―六二八）が約六ヶ月間である。「殯」の長期化には、たとえば、天武天皇の死後、大津皇子の事件があったように、そのときどきの政治的影響が考えられるが、最短の孝徳天皇であっても約二ヶ月間である［青木他校註 一九八九：三四七頁］。ふつうの葬送期間からみると、明らかに長期間である。

「殯」が行なわれた最後の天皇、文武天皇は、七〇七年（慶雲四）六月一五日に死去した。「殯宮」が作られ、同年一一月一二日当麻真人智徳などが「誄」をいい、同日「飛鳥岡」で火葬され、同月二六日「檜隈安古山陵」に葬られた［黒板編 一九七九a：二九頁］［青木他校註 一九八九：一一四―一一七頁］。その死去から火葬まで約五ヶ月、火葬から葬送まで二四日間ある。文武天皇のばあいは、たとえば、天武天皇ではその約二年二ヶ月間の「殯」期間中にくりかえし行なわれた「誄」儀礼、継承者たちがくりかえした「誄」は、火葬当日の一回だけであった。「誄」儀礼については持統天皇も火葬当日の一回だけであった。「殯」にともなう「誄」は、火葬を受容した持統天皇・文武天皇のばあいは、「殯宮」が設営されながらも、実質的には儀礼的意味を失っていたものと考えられる。

天皇墓における火葬の受容とは、「殯」と「誄」の終焉でもあった。文武天皇の次の元明天皇（六六一―七二一、在位七〇七―七一五）以降は、「殯宮」の設営さえもが行なわれなくなる。*8

元明天皇は譲位から六年後の七二一年（養老五）一二月七日に死去した。生前の一〇月一三日「大和国添上郡蔵宝山の雍良岑に竈を造りて火葬すべし。他しき処に改むること莫れ」［黒板編　一九七九a：八八頁］［青木他校註　一九九〇：一〇二―一〇三頁］、一六日「その地には皆、常葉の樹を植ゑ、即ち剋字の碑を立てよ」［黒板編　一九七九a：八八頁］［青木他校註　一九九〇：一〇四―一〇五頁］として、火葬と火葬場所でのそのままの埋葬、石碑建立と常緑樹による墓上植樹を指示している。これが実際に行なわれていたとすれば、火葬骨埋葬にともなう、記録上はじめての墓上植樹ということになる。また、元明天皇はその葬送について、「その轜車・霊駕の具に、金玉を刻み鏤め、丹青を絵き飾ること得ざれ」［黒板編　一九七九a：八八頁］［青木他校註　一九九〇：一〇四―一〇五頁］ともいい、徹底した薄葬を指示している。

元明天皇の火葬と埋葬は、死去から六日後の一二月一三日であった。「殯」の終焉は、このような徹底した薄葬と葬送期間の短期間化をもたらしていた。

表1は、天皇墓で火葬がはじまった持統天皇から一〇六八年（治暦四）死去の後冷泉天皇（一〇二五―六八、在位一〇四五―六八）まで、合計二九人の古代天皇墓について整理したものである。古代末期の後一条天皇（一〇〇八―三六、在位一〇一六―三六）・後朱雀天皇（一〇〇九―四五、在位一〇三六―四五）についてはその死去から葬送までの期間が約三〇日間とやや長期化しているが、古代の天皇の葬送期間は、そのほとんどが一〇日間以内である。

元明天皇の次の元正天皇（六八〇―七四八、在位七一五―七二四）の火葬は、徹底した薄葬の元明天皇とはやや異なっていた。その死去は退位から二四年後の七四八年（天平二〇）四月二一日であった。七日後の二八日には「佐保山陵」で火葬された。『続日本紀』では火葬の記事のみであるが、元明天皇の事例から推定すれば、同日の葬送であったと思われる。元明天皇と同じく葬送期間は短期間であった。そして、「殯」がなくなり葬送が短期間化した

「殯宮」	「誄」	生前出家	死後供養 一周忌	葬送記事
○	○	—	—	『続日本紀』［黒板編 1979a：16, 19］
○	○	—	—	『続日本紀』［黒板編 1979a：29］
—	—	—	722 年（養老 6）年 12.7（「於京并畿内諸寺.（中略）設斎供也」）	『続日本紀』［黒板編 1979a：88-89, 95］
—	—	—	—	『続日本紀』［黒板編 1979a：196, 211］
—	—	—	749 年（天平 21・天平感宝 1・天平勝宝 1）5.2「太上天皇周忌也．請僧千五百余人於東大寺設斎焉」	『続日本紀』［黒板編 1979a：224-225, 231］
—	—	—	771 年（宝亀 2）8.4「高野天皇忌斎於西大寺」	『続日本紀』［黒板編 1979b：379, 394］
—	—	—	—	『続日本紀』［黒板編 1979b：323, 405］
—	○	—	782 年（天応 2・延暦 1）12.23「太上天皇周忌也．於大安寺設斎焉」	『続日本紀』［黒板編 1979b：478-480, 488］
—	○	—	—	『日本後紀』［黒板編 1978b：54-55］
—	○	*薬子の変 810 年（大同 5）9.12「剃髪入道」	—	『日本紀略』［黒板編 1985a：.293, 319］
—	—	—	843 年（承和 10）7.14「修嵯峨太上天皇周忌斎会」	『続日本後紀』［黒板編 1978c：136-137, 159］
—	○	—	—	『続日本後紀』［黒板編 1978c：102-103］
—	—	—	851 年（嘉祥 4）2.13「移清涼殿．為嘉祥寺堂．（中略）為仏堂」．3.20「修先皇御忌斎会於嘉祥寺．百官尽会」	『日本文徳天皇実録』［黒板編 1979c：3-4, 26-27］
—	—	—	859 年（天安 3・貞観 1）8.27「於雙丘寺．修田邑天皇周忌御斎会．親王公卿参集」	『日本文徳天皇実録』［黒板編 1979c：121］『日本三代実録』［黒板編 1978d：37］
—	—	879 年（元慶 3）5.4「太上天皇遷自清和院．御粟田院」．5.8「太上天皇落飾入道」	881 年（元慶 5）11.26「太上天皇．於染殿宮．設周忌御斎会」	『日本三代実録』［黒板編 1979d：451-452, 485-487, 506-507］
—	—	—	—	『日本紀略 後篇』［黒板編 1985b：65-66］

表1　火葬導入後の古代の天皇墓（アミフセは火葬された天皇）

№.	天皇	在位期間	死去年月日（死去地）	遺骸処理	火葬年月日（火葬地）	葬送年月日（葬送地）
1	持統	686-697	702年（大宝2）12.22	火葬骨	703年（大宝3）12.17（「飛鳥岡」）	703年（大宝3）12.26（「大内陵」）
2	文武	697-707	707年（慶雲4）6.15	火葬骨	707年（慶雲4）11.12（「飛鳥岡」）	707年（慶雲4）11.20（「檜隅安古山陵」）
3	元明	707-715	721年（養老5）12.7（「平城宮中安殿」）	火葬骨	721年（養老5）12.13（「大和国添上郡蔵宝山雍良岑」）	721年（養老5）12.13（「大和国添上郡椎山陵」）
4	元正	715-724	748年（天平20）4.21（「寝殿」）	火葬骨	748年（天平20）4.28（「佐保山陵」）	748年（天平20）4.28（「佐保山陵」?）＊750年（天平勝宝2）10.18改葬「改葬於奈保山陵」
5	聖武	724-749	756年（天平勝宝8）5.2（「寝殿」）	遺体	—	756年（天平勝宝8）5.19（「佐保山陵」）
6	孝謙（称徳）	749-758（764-770）	770年(神護景雲4・宝亀1)8.4(「西宮寝殿」)	遺体	—	770年(神護景雲4・宝亀1)8.17(「高野山陵」)
7	淳仁	758-764	765年（天平宝字9・天平神護1）10.23（「院中」）	遺体	—	＊淡路配流死去 772年（宝亀3）8.18「改葬廃帝於淡路」
8	光仁	770-781	781年（天応1）12.23	遺体	—	782年（天応2）1.7（「広岡山陵」）
9	桓武	781-806	806年（延暦25）3.17（「正寝」）	遺体	—	806年（延暦25）4.7（「山城国紀伊郡柏原山陵」）
10	平城	806-809	824年（弘仁15・天長1）7.7	遺体	—	824年（弘仁15・天長1）7.12（「楊梅陵」）
11	嵯峨	809-823	842年（承和9）7.15（「嵯峨院」）	遺体	—	842年（承和9）7.16（「山北幽僻之地」）
12	淳和	823-833	840年（承和7）5.8（「淳和院」）	火葬骨	840年（承和7）5.13（「山城国乙訓郡物集村」）	840年（承和7）5.13（「御骨碎粉．奉散大原野西山嶺上」）
13	仁明	833-850	850年（嘉祥3）3.21（「清涼殿」）	遺体	—	850年（嘉祥3）3.25（「深草山陵」）
14	文徳	850-858	858年（天安2）8.27（「新成殿」）	遺体	—	858年（天安2）9.6（「田邑山陵」）
15	清和	858-876	880年（元慶4）12.4（「円覚寺」）	火葬骨	880年（元慶4）12.7（山城国愛宕郡上粟田山）	880年（元慶4）12.7（「水尾山上」）
16	陽成	876-884	949年（天暦3）9.29（「冷然院」「即夕奉移円覚寺」）	遺体	—	949年（天暦3）10.3（「神楽岡東地」）

—	—	—	888年（仁和4）8.17「於新造西山御願寺．先帝周忌御斎会」	『日本紀略 前篇』［黒板編 1985a：530, 532］
—	—	899年（昌泰2）10.24月（「太上皇落髪入道」「今上欲幸仁和寺」）．925年（延長3）2.20「太上法王立理趣三昧念誦起請」	—	『日本紀略 後篇』［黒板編 1985b：5, 26, 32］
—	—	930年（延長8）9.29（「落御髪」「法名金剛宝」）	931年（延長9・承平1）9.24「於醍醐寺修先帝周忌法会」	『日本紀略 後篇』［黒板編 1985b：30］
—	—	952年（天暦6）3.14「太上天皇落餝入道」	—	『大日本史料 第一編之九』（［東京帝国大学編 1935：809, 838］）
—	—	—	968年（康保5）5.20「於雲林院修周忌御斎会」．	『日本紀略 後篇』［黒板編 1985b：100-101］
—	—	—	1012年（寛弘9・長和1）10.6「於妙覚寺奉為前冷泉院．周忌御斎会」	『日本紀略 後篇』［黒板編 1985b：227-228］
—	—	983年（天元6・永観1）3.22「新造御願円融寺供養．准御斎会」「儀式同雲林院御塔」．985年（永観3・寛和1）8.29「太上天皇依病落髪．法名金剛法」	992年（正暦3）2.6「奉為円融院法皇周闋御斎会」	『日本紀略 後篇』［黒板編 1985b：147-148, 155, 170, 172］
—	—	986年（寛和2）6.23「天皇密々出禁中．向東山華山寺．落飾」	—	『日本紀略』［黒板編 1985b：157-158, 216］
—	—	1011年（寛弘8）6.19「太上天皇落髪入道」	1012年（寛弘9・長和1）5.15「皇太后宮於枇杷殿修法華八講」．5.23「臨時御読経始」．5.27「於円教寺．奉為前一条院修周忌法会」．5.29「御読経了」	『日本紀略』［黒板編 1985b：223-224, 228］
—	—	1017年（長和6・寛仁1）4.29「三条院太上天皇依不予落餝」	—	『日本紀略』［黒板編 1985b：244］
—	—	—	—	『史料綜覧 巻二』［東京帝国大学文学部史料編纂掛編 1925：100-102］
—	—	1045年（寛徳2）1.18	—	『史料綜覧 巻二』［東京帝国大学文学部史料編纂掛編 1925：148-149］
—	—	—	—	『史料綜覧 巻二』［東京帝国大学文学部史料編纂掛編 1925：224］

日本史料』『史料綜覧』によった．作成にあたり，上野［1925：100-201］を参照しつつ，持統天皇から光孝天皇までは黒崎［1980：109］表「文献にみる8・9世紀の喪葬内容」を参照するとともに，死後供養一周忌については西山［1997：361-384］を参照した．

17	光孝	884-887	887年（仁和3）8.26（「仁寿殿」）	遺体	—	887年（仁和3）9.2（「小松山陵」）
18	宇多	887-897	931年（延長9・承平1）7.19（「仁和寺御室」）	火葬骨	931年（延長9・承平1）9.5（「大内山陵」）	931年（延長9・承平1）9.5（「大内山陵」）
19	醍醐	897-930	930年（延長8）9.29	遺体	—	930年（延長8）10.10（「山城国宇治郡山科陵」「醍醐寺北」）
20	朱雀	930-946	952年（天暦6）8.15	火葬骨	952年（天暦6）8.20（「来定寺北野」）	952年（天暦6）8.21（「醍醐寺東」）
21	村上	946-967	967年（康保4）5.25（「清涼殿」）	遺体	—	967年（康保4）6.4（「村上山陵」）
22	冷泉	967-969	1011年（寛弘8）10.24（「南院」）	火葬骨	1011年（寛弘8）11.16（「桜本寺前野」）	1011年（寛弘8）11.16（「奉安置件山傍．奉埋御骨了」）
23	円融	969-984	991年（正暦2）2.12	火葬骨	991年（正暦2）2.19（「円融寺北原」）	991年（正暦2）2.19（「置御骨於村上山陵傍」）
24	花山	984-986	1008年（寛弘5）2.8	遺体	—	1008年（寛弘5）2.17（「紙屋川上法音寺北」）
25	一条	986-1011	1011年（寛弘8）6.22（「一条院中殿」）	火葬骨	1011年（寛弘8）7.8（「北山長坂野」）	1011年（寛弘8）7.8以後（「暫奉安置円城寺」）
26	三条	1011-16	1017年（長和6・寛仁1）5.9（「三条殿」）	火葬骨	1017年（長和6・寛仁1）5.12（「奉葬三条院於石垣」）	＊『日本紀略』記述なし
27	後一条	1016-36	1036年（長元9）4.17	火葬骨	1036年（長元9）5.19（「浄土寺ノ西原」）	1036年（長元9）5.20（「浄土寺」）
28	後朱雀	1036-45	1045年（寛徳2）1.18	火葬骨	1045年（寛徳2）2.21	＊年月日不詳（「円教寺」）
29	後冷泉	1045-68	1068年（治暦4）4.19（「高陽院」）	火葬骨	1068年（治暦4）5.5（「船岡山ノ西北原」）	＊年月日不詳（「円教寺」）

＊主に『続日本紀』『日本後紀』『続日本後紀』『日本文徳天皇実録』『日本三代実録』および『日本紀略』より作成．『続日本紀』は黒板編［1979a, 1979b］，『日本後紀』は黒板編［1978b］，『続日本後紀』は黒板編［1978c］，『日本文徳天皇実録』は黒板編［1979c］，『日本三代実録』は黒板編［1978d, 1979d］，『日本紀略』は黒板編［1985a, 1985b］によった．これらに叙述のない部分は，適宜，『大

ためであろうか、薄葬の元明天皇とは異なり、仏教的死者供養、追善供養がくりかえされている。元正天皇の死去から火葬までの間に、大安寺・飛鳥寺での読経が行なわれ、七日ごとの京内寺院での読経が指示され、葬送後にも、七日ごとの国司の「潔斎（ものいみ）」と僧侶・尼の読経が指示されている［黒板編 一九七九a：一九五―一九六頁］［青木他校註 一九九二：五六―五七頁］。葬送を長期間にさせていた「殯」の終焉は、死去に際しての葬送を短期間にした。そしてそのいっぽうで、追善供養としての仏教儀礼を死後供養として定着させていた。

天皇の葬送儀礼における、このような仏教的死者供養については、八世紀はじめから九世紀末まで、持統天皇から光孝（こうこう）天皇（八三〇―八八七、在位八八四―八八七）までのそれを整理した研究でもすでに指摘されており［西山 一九九七：三六一―三七三頁］、天皇墓における火葬とは、「殯」の終焉だけではなく、仏教的死者供養の受容をも意味していることは確実であった。

仏教的死者供養の定着――「殯」にかかわる葬送儀礼の政治性　このように、持統天皇にはじまる火葬の受容は、天皇の葬送期間の短期化と仏教的死者供養を常態化させた。しかし、いったん受容した火葬は、これら持統・文武・元明・元正の四天皇にとどまりいったんは中断する。聖武（しょうむ）天皇（七〇一―七五六、在位七二四―七四九）から九世紀末の光孝天皇までは、淳和（じゅんな）天皇（七八六―八四〇、在位八二三―八三三）と清和（せいわ）天皇（八五〇―八八〇、在位八五八―八七六）を除いて、遺体埋葬であったか遺体槨納葬であったかは不明だが、再び、火葬ではなく遺体処理となっている［表1］。

しかし、この段階での遺体処理は、「殯」により葬送が長期間であった天武天皇までのそれとは大きく異なっていた。火葬ではないにもかかわらず、仏教的死者供養としての性格がいっそう強まっているのである。

その代表例として、徹底した仏教式で葬送儀礼を行なった聖武天皇の例をみてみよう。

聖武天皇は、七四一年（天平（てんぴょう）一三）国分寺（こくぶんじ）・国分尼寺（こくぶんにじ）建立、七四三年（天平一五）盧舎那大仏（るしゃなだいぶつ）造立を命令したように、仏教への帰依が深く、また、それによる国家鎮護を目ざしていた。この聖武天皇は七四九年（天平二一・天平感宝一・天平勝宝一）に退位し、七年後の七五六年（天平勝宝八）五月二日に「太上天皇」として死去した。四日には平城京七大寺（五大寺の大安寺・薬師寺・元興寺・興福寺・東大寺および法隆寺・弘福寺と考えられる）での読経、八日には「初七日」として七大寺での読経、一五日には「二七」忌として七大寺での読経が行なわれている。一九日に「佐保山陵」への葬送が行なわれるが、二二日には「三七」忌として京内の諸寺院で読経、六月四日には「五七」忌として大安寺で僧侶など千人余が「設斎」、一四日には「六七」忌として薬師寺で「設斎」、二一日には「七々」忌（四十九日）として興福寺で僧侶など千百人余による「設斎」が行なわれている［黒板編 一九七九a：二二四―二二六頁］［青木他校註 一九九二：一五八―一六五頁］。

死去から七日ごとに四十九日まで、京内諸寺院での仏教的死者供養がくりかえされた。それだけではなく、孝謙天皇（七一八―七七〇、在位七四九―七五八、重祚称徳在位七六四―七七〇）は、この間、聖武天皇の一周忌を予定し、六月一〇日には、諸国での仏殿・仏像・仏塔の造立を、「来年の忌日に必ず造り了らしむべし」と指示した。また、「七々」忌を行なった六月二一日の翌日二二日には、「明年の国忌の御斎を東大寺に設くべし」として一周忌を東大寺で行なうと指示、東大寺大仏殿の「歩廊」を造営するよう諸国に指示した。実際に、翌七五七年（天平勝宝九・天平宝字一）五月二日、東大寺で僧侶千五百人余の「設斎」により一周忌が行なわれた［黒板編 一九七九a：二二六、二三一頁］［青木他校註 一九九二：一六四―一六七、一八四―一八五頁］。

聖武天皇の死去と葬送儀礼に際しては、このような仏教的死者供養がくりかえされたが、いっぽうでは、僧侶に対しての保護も手厚かった。孝謙天皇は、七五六年（天平勝宝八）五月二四日には、聖武天皇を「看病」した「禅師」一二六人の課役の免除、鑑真（六八八―七六三）・良弁（六八九―七七三）を大僧都とした。また、仏教的服喪あるいは贖罪としてであろう、六月四日には一年間の殺生禁断を指示している［黒板編 一九七九a：二二五頁］［青木

他校註 一九九二：一六二―一六五頁］。

聖武天皇の死去と葬送儀礼は、仏教的死者供養が濃厚であった。それだけではなく、聖武天皇は「出家して仏に帰したまふ。更に諡（おくりな）を奉らず」であった［黒板編 一九七九ａ：二二五頁］［青木他校註 一九九二：一六〇―一六一頁］。聖武天皇は死後、仏になったので、「諡号（しごう）」は必要ないというのである。徹底した仏教への帰依であった。

しかし、このような聖武天皇における仏教への帰依をして、仏教教義の純粋な受容としてのみとらえることはできない。確かに、聖武天皇は徹底して仏教に帰依している。しかし、その一周忌までの追善供養は、東大寺に突出される京内七大寺などの寺院での大々的デモンストレーションでもあった。仏教および仏教寺院を利用した天皇の権威の発現といってよいだろう。そして、それを指示したのが、聖武天皇の継承者、孝謙天皇であった。いわば、天皇墓への火葬導入後、仏教的死者供養の積極的導入は、政治的には「殯」に代わる一種の継承儀礼としての機能を果たし、次期天皇への皇位継承を認知させる政治的意味をも持っていた。

そのような意味では、ここでの仏教的死者供養は宗教的だけではなく、明らかに政治的でもあった。前方後円墳およびそこでの継承儀礼、「殯」による長期間におよぶ継承儀礼が、天皇の権威の発現であったとすれば、律令体制下、それが新たに仏教儀礼として再構築されたのが、聖武天皇の葬送儀礼に象徴的に示される仏教的死者供養であったと考えてよいかもしれない。

それにしても、このように徹底した仏教的死者供養を行なった聖武天皇が、なぜ、火葬ではなかったのか、その課題は残る。しかもこのあと、淳和天皇・清和天皇の火葬を除いて、九世紀末までの天皇は遺体処理である。すでに指摘したように、火葬のはじまりには仏教受容の影響があった。しかし、かならずしも仏教イコール火葬ではない。日本における火葬は、火葬開始の時点では、仏教の影響によりながらも、かならずしも仏教イコール火葬ではない、という特徴を持っていた。

また、火葬と薄葬との関係についていえば、火葬を指示した淳和天皇・清和天皇のうち、淳和天皇が徹底した薄葬を指示しているものの、同じく薄葬を指示した嵯峨天皇（七八六―八四二、在位八〇九―八二三）は火葬ではなく遺体処理であった。このように、九世紀末までを概観したばあいでも、天皇墓は、仏教イコール火葬でもなく、火葬イコール薄葬でもなかった。日本における火葬受容の原因はひとつではなかろう。複数の原因が複合しているのではないか、そのように考えられるのである。

2　浄土信仰のなかの仏教儀礼的火葬

仏教的死者供養寺院の建立――天皇の葬送儀礼と特定寺院　しかし、こうした天皇墓と天皇の葬送儀礼における仏教受容と火葬受容のありようが、古代を通じて不変であったわけではない。一〇世紀後半・一一世紀前半の古代末まで徐々に変質をとげていく。

その変質を、『日本文徳天皇実録』『日本三代実録』『日本紀略』によりみていってみよう。

聖武天皇以降、天皇の墓制および葬送儀礼において、一周忌までを行なう仏教的死者供養は常態化していった［表1］。聖武天皇の次の孝謙天皇（重祚：称徳天皇）で天武天皇系はとだえ、次の光仁天皇（七〇九―七八一、在位七七〇―七八一）から天智天皇系へと転換、七九四年（延暦一三）には、桓武天皇（七三七―八〇六、在位七八一―八〇六）によって、平安京遷都が実行される。そうしたなかで、天皇墓とその葬送儀礼における仏教受容は、徐々に変質していく。仏教的死者供養のなかに、聖武天皇にみられたような鎮護国家的政治的デモンストレーションではなく、純粋宗教的な意味で仏教的性質を持つと推測される行為が増加してくるのである。

すでに、天皇墓附属の「墓寺」「陵寺」の形成という視点から指摘されてきているように［和田萃　一九八二・

一七〇―一七一頁〕〔西山 一九九七：三六一―三七三頁〕、天皇の仏教的死者供養のために、特定の寺院が設定される。九世紀後半に死去した仁明天皇（八一〇―八五〇、在位八三三―八五〇）、文徳天皇（八二七―八五八、在位八五〇―八五八）のばあい、現在でいうところの四十九日法要までは、持統天皇が四大寺で行なったように既存寺院を使用していたが、一周忌はそのための新造であったと考えられる寺院で行なわれている。

仁明天皇は、『日本文徳天皇実録』によれば、八五〇年（嘉祥三）三月二一日「清涼殿」で死去し、四日後の三月二五日「深草山陵」に葬られた〔黒板編 一九七九c：三―四頁〕。二七日にその「近陵七ヶ寺」で「七日」（現在の初七日）を、四月五日には「七ヶ寺」で「二七御斎会」を、一二日には「七ヶ仏寺」で「三七日御斎会」を、一九日には「七ヶ仏寺」で「四七御斎会」を、二六日には「七ヶ仏寺」で「五七御斎会」を、五月三日には「六七御斎会」を行ない、九日に「七々日御斎会」（現在の四十九日）を行なった。ただし、「七々日御斎会」は、寺院ではなく、「清涼殿を荘厳」にして、「金光明経地蔵経各一部及び新造地蔵菩薩像一躯を安置」し、百人の僧侶により行なわれた〔黒板編 一九七九c：四―一一頁〕。これらにより中陰が明けた。現在風にいえば、四十九日までの忌中の終了である。仁明天皇が死去した場所が「清涼殿」なので、この「清涼殿」が日常生活場所であるとともに、政務執行場所であったと考えられるが、そこで中陰が明ける「七々日御斎会」を行なっていた。そして、翌八五一年（嘉祥四）二月一三日、この「清涼殿」を「嘉祥寺」という寺院として移築する。「清涼殿を移し嘉祥寺堂」とし「仏堂」したというのである〔黒板編 一九七九c：二六頁〕。三月二〇日は仁明天皇の一周忌であった。この一周忌は「先皇御忌斎会を嘉祥寺に於いて修め」た〔黒板編 一九七九c：二七頁〕。一周忌は、仁明天皇時代の「清涼殿」を移築した「嘉祥寺」という寺院で行なわれていた。

文徳天皇は、『日本文徳天皇実録』『日本三代実録』によれば、八五八年（天安二）八月二七日「新成殿」で死去し、一〇日後の九月六日「田邑山陵」に葬られた〔黒板編 一九七九c：一二〇―一二一頁〕。九月三日に「近陵諸寺」

で「七日」を、その後四十九日までは、「近陵山寺」に僧侶一〇人、広隆寺に僧侶四〇人をおき、合計五〇人の僧侶で「転経念仏」を、「陵辺」に「沙弥」二〇人をおき、「大仏頂三昧」をおさめさせた。一〇月一六日は広隆寺で僧侶五〇人によって「七々御斎会」を行なった。このように、文徳天皇のばあいは、四十九日までは広隆寺を中心として仏教的死者供養を行なっていた。しかし、四十九日を行なった翌日の一〇月一七日、「陵辺」の「沙弥」二〇人を「雙丘寺」に住まわせた［黒板編 一九七八d：五―七頁］。文徳天皇の仏教的死者供養のために、「雙丘寺」という寺院が建立されていた。翌八五九年（天安三・貞観一）八月二七日、文徳天皇の「周忌御斎会」（現在の一周忌）はこの「雙丘寺」で行なわれている。

これら仁明天皇・文徳天皇のように、一周忌がそのために建立された専属の寺院で行なわれる形態、特定の天皇の仏教的死者供養のために特定の寺院が建立される形態は、九世紀後半から一〇世紀にかけて増加していく。『日本紀略』で概観すると、たとえば、八八七年（仁和三）八月二六日に死去した光孝天皇（八三〇―八八七、在位八八四―八八七）は、九月二日「小松山陵」におさめられ、翌八八八年（仁和四）八月一七日、新設の「西山御願寺」で「周忌御斎会」が行なわれた［黒板編 一九八五a：五三〇、五三二頁］。一〇世紀前半では、九三〇年（延長八）九月二九日に死去した醍醐天皇（八八五―九三〇、在位八九七―九三〇）は、一〇月一〇日「醍醐寺北」の「山科陵」（現在の「山科陵」は天智天皇墓で、醍醐天皇墓は「後山科陵」）におさめられ、翌九三一年（延長九・承平一）九月二四日、「醍醐寺」で「周忌法会」が行なわれている［黒板編 一九八五b：三〇頁］。

天皇の生前出家――僧侶となる「太上天皇」 古代末は、このような特定寺院建立による天皇の仏教的死者供養が増加しただけではなかった。譲位し「太上天皇」（上皇）となった天皇が法名を獲得し生前出家（法皇）する例が徐々に増加している［表1］。

その最初は、清和天皇ではなかったかと考えられる。厳密にいえば、八二四年（弘仁一五・天長一）七月七日に死去した平城天皇（七七四―八二四、在位八〇六―八〇九）が、『日本紀略』によれば、退位の翌八一〇年（大同五）九月一二日に「剃髪入道」となっているが［黒板 一九八五a：二九三頁］、これは薬子の変という権力闘争に関連すると推測されるので、ここでは除外しておく。清和天皇は、八八〇年（元慶四）一二月四日「円覚寺」で死去した。『日本三代実録』によれば、八七六年（貞観一八）一一月二九日に退位し「太上天皇」となり［黒板編 一九七九d：三八四頁］、三年後の八七九年（元慶三）五月四日、「清和院」から、「鴨川東」にあった「粟田院」に移る。この「粟田院」は当時右大臣の藤原基経（八三六―八九一）の別荘であった。そして、四日後の五月八日、「権少僧都法眼和尚」のもとで「落飾入道」となっている［黒板編 一九七九d：四五一―四五二頁］。その死去は、この生前出家から約一年半後の八八〇年（元慶四）一二月四日で、「粟田院」を「円覚寺」としたために、この「円覚寺」においてであった。さらに、清和天皇は、生前出家から死去までの約一年半の間に、「山城国貞観寺」から出発、「大和国東大寺」を経由し、畿内霊山・仏教寺院を「経廻礼仏」している［黒板編 一九七九d：四八五頁］。清和天皇は、退位後生前出家をして、仏教寺院などの巡礼を行なったのち死去していた。こうした生前出家と巡礼を、政治的デモンストレーションをみることはできない。仏教への帰依と考えてよいのではないだろうか。

次は、一〇世紀前半の例として宇多天皇（八六七―九三一、在位八八七―八九七）である。『日本紀略』によれば、宇多天皇は九三一年（延長九・承平一）七月一九日、「仁和寺御室」で死去した。すでに、八九七年（寛平九）七月三日退位し「太上天皇」となっていたが［黒板編 一九八五b：一、三二頁］、八九八年（寛平一〇・昌泰一）一〇月二四日、「落髪入道」となり、真言宗僧侶権大僧都益信（八二七―九〇六）により「三帰十善戒」を授けられ、「金剛覚」という法名を得た。また、一一月二四日には、東大寺で「受戒」している［黒板編 一九八五b：五頁］。宇多天皇は、生前出家をして、さらに、東大寺で正式に「受戒」しているので、正式な僧侶となり、その死去まで三〇年余を過ごし、仁和寺で死去したことになる。なお、宇多天皇も清和天皇と同じく火葬であった。

次は、一〇世紀後半の例として円融天皇である（九五九―九九一、在位九六九―九八四）。円融天皇も、清和天皇・宇多天皇と同じように退位したのちに生前出家をして、死去後火葬された。『日本紀略』によれば、円融天皇は、九九一年（正暦二）二月一二日死去した。九八四年（永観二）八月二七日に退位したが、退位の前年九八三年（天元六・永観一）三月二二日、新設の「円融寺」で、「御斎会」に准ずる形式で、天台宗僧侶大僧正良源（九一二―九八五）・天台宗僧侶権僧正尋禅（九四三―九九〇）が供養を行なう［黒板編 一九八五b：一四七―一四八頁］。「御斎会」とは、死去した天皇に対して行なう四十九日・一周忌などの追善供養を意味するので、円融天皇は生前、しかも在位中に「円融寺」を建立、「御斎会」に准ずる供養を行ない、みずからに対して逆修供養を行なったと考えることができる。そして、退位の翌九八五年（永観三・寛和一）八月二九日、病気のために「落髪」し、「金剛法」という法名を得た［黒板編 一九八五b：一五五頁］。死去したのが九九一年（正暦二）二月一二日であるから、生前出家をして約六年間生活し死去したことになる。死去したのちは、七日後の二月一九日、「円融寺北原」で火葬され、火葬骨は「村上山陵傍」に「置」かれた［黒板編 一九八五b：一七〇頁］。「置」と表現されているので、それを埋葬とみなしてよいかどうか、断定は控えなければならないが、火葬骨が火葬地から運ばれ、火葬地とは異なる場所で処理されていた。

清和天皇・宇多天皇・円融天皇、三者の生前主家をみると、清和天皇は巡礼と「円覚寺」建立とそこでの死去、宇多天皇は東大寺での「受戒」と「仁和寺御室」での死去、円融天皇は退位・生前出家前の「円融寺」での「御斎会」そして火葬地は「円融寺北原」であった。このように生前出家が特定寺院の建立ともかかわり、明らかに、仏教供養としての性格が強くなっている。

火葬地と火葬骨処理地点の分離――仏教的火葬の常態化　一〇世紀後半から一一世紀半ばまで、古代末は、やがて中世には常態化する天皇の火葬がふつうとなっていた［表1］。しかもそこには、いま円融天皇でみたように、火葬地と火葬骨の処理地点に明らかな分離がみられ、さらには、火葬にともなう葬送儀礼が形成されてきていた。

確認できる、この火葬地と火葬骨埋葬地の分離の最初は、九五二年（天暦六）八月一五日に死去し、八月二〇日に火葬された朱雀天皇（九二三―九五二、在位九三〇―九四六）であると考えられる［上野 一九二五：六頁］。『醍醐雑事記』によれば、九四六年（天慶九）に退位して「太上天皇」になっていた朱雀天皇は、九五二年（天暦六）八月一五日に死去した。八月二〇日、「山城来定寺北野」で火葬され、翌二一日、その「御舎利」は「醍醐寺東」におさめられた［中島編 一九三一：一二五頁］。

また、『日本紀略』によれば、一〇一一年（寛弘八）一〇月二四日に死去した冷泉天皇（九五〇―一〇一一、在位九六七―九六九）は、一一月一六日夜、「桜本寺前野において火葬」された。そして、「諸寺僧等」が参り、天台宗僧侶前大僧都院源（九五一―一〇二八）を「導師」として、法相宗僧侶権少僧都林懐（九五一―一〇二五）が「呪願」をして、木工頭源雅通（?―一〇一七）が「御骨」を持ち「山傍」で「御骨」を埋めていた［黒板編 一九八五b：一二七頁］。

これまで、『続日本紀』『日本後紀』『続日本後紀』『日本文徳天皇実録』『日本三代実録』では、天皇が火葬されたばあいでも、火葬場所と火葬骨埋葬場所との異同、火葬地をそのまま火葬骨埋葬地としているのか、それとも、両者が異なっているのか、さらには、火葬をめぐる葬送儀礼の内容については、その記述から理解することは難しかった。しかし、『日本紀略』に記されたこの冷泉天皇の葬送では、明らかに、火葬地と火葬骨埋葬地が異なり、僧侶が仏教的死者供養として火葬を主導していたことがわかる。火葬にともない、僧侶が追善供養を行ない、火葬後は収骨し、「御骨」を持ち埋葬している。古代末、僧侶が「導師」となり、仏教的死者供養として火葬を行なう天皇の葬送儀礼が形成されてきているのである。

火葬骨納骨のはじまり――仏教儀礼としての完成

さらにそれは、天皇の火葬骨を「山陵」に埋葬するのではなく、寺院堂塔への納骨さえも生むようになる。その最初は、一〇一七年（長和六・寛仁一）五月九日に死去した三条天皇（九七六―一〇一七、在位一〇一一―一〇一六）とされてきたが［上野 一九二五：六、一八八頁］、そうではなく、その六年前の一〇一一年（寛弘八）六月二二日に死去した一条天皇（九八〇―一〇一一、在位九八六―一〇一一）ではなかったかと考えられる。この一条天皇の火葬を含めた葬送儀礼、堂塔への納骨過程については、『日本紀略』だけではなく、藤原実資（九五七―一〇四六）の『小右記』、藤原行成（九七二―一〇二七）の『権記』、特に、後者には詳細な記録がある。

「太上天皇」として「一条院中殿」で死去した一条天皇の葬儀は、その死去から約二〇日後の七月八日であった。生前、一条天皇は「山陵」造営を認めず、薄葬を指示していた。そのためであろう、「山陵」は造営されずに、「円成寺」に小堂を新造し、そこに骨壺に入れた火葬骨がおさめられた。

その経過を『権記』によって確認してみよう。

火葬日の七月八日、火葬地「山作所」に一条天皇の棺を入れた「御輿」が運ばれた。この「御輿」は、「大床」の上に「五間小屋形」で、これに帷子をかけ、前後に「小障子」があり左右に「高欄」があるもので、夜に入ってから、それを、「一条院中殿」から引き出した。一条天皇の棺の前には、権左中弁藤原経通（九八二―一〇五一）・右中弁藤原重尹（九八四―一〇五一）が「秉燭」を持ち「供奉」し、「炬火」を持つ一二人のうち二人は「御輿」の後にしたがった。天台宗僧侶権僧正慶円（九四四―一〇一九）が「呪願」し、前大僧都院源が「導師」となり、「事」が終わってのち、「山作所」まで「御輿」を担いで行った。「山作所」では、「諸大夫」一五人が「秉火」を持ってこれを出迎えている。そして、「山作所」の「御竈所」で、前大僧都院源が「呪願」を行ない、「荼毘」にふした［増補「史料大成」刊行会 一九六五a：一六九―一七〇頁］。

翌七月九日が収骨である。「卯剋」（午前六時ごろ）火葬が終わった。「辰剋」（午前八時ごろ）までに「御骨」のところを掃除し、前大僧都院源・藤原行成などが「御骨」を拾い、それを四升ほどの「白壺」に入れた。そして、正念（?―?）という僧侶が「光明真言」を唱え、大蔵卿藤原正光（九五七―一〇一四）がその「白壺」を首にかけて、前大僧都院源が「円成寺」に持っていった［増補「史料大成」刊行会 一九六五a：一七一頁］。

『権記』を記した藤原行成があとで聞くには、一条天皇の火葬を行なった「御竈所」のなかに二つの「人魂」が落ちるのが見られたという。また、出棺後、「人魂」が西北の角を行くのが見られたという［増補「史料大成」刊行会 一九六五a：一七一頁］。

それでは、収骨されて「白壺」におさめられ、「円成寺」へおさめられた火葬骨はどのように処理されたのであろう。「円成寺」は仁和寺の塔西、僧房の南端にあった。この「円成寺」では、七月二〇日、「御骨」をおさめる小堂を造営した。この小堂は、一間四方板葺の「三昧堂」であった。この小堂内に一基の「厨子」を置き、そのなかに、「白壺」を入れた「桶」を安置し納骨が終わった。そして、東寺阿闍梨安尊（?―?）の代理、天台宗僧侶明救僧都（九四六―一〇二〇）を、「伴僧」六人とともに、この日から一年間奉仕させることにした［増補「史料大成」刊行会 一九六五a：一七二―一七三頁］。

火葬であった一条天皇のばあい、薄葬の指示のためか、「山陵」造営はなかった。その代わりに、仏教式で火葬をともなう葬送儀礼を行ない、火葬骨を「円成寺」内に新造した小堂におさめ、さらに、僧侶による一年間の仏教的死者供養を行なわせている。

もはや、火葬地と火葬骨処理地点の分離だけではなかった。「山作所」で仏教式に火葬を行ない、火葬骨を寺院に新造した小堂におさめている。火葬骨は埋葬されずに、寺院小堂内の厨子に納骨されていた。その後は、僧侶による仏教的死者供養が行なわれていた。古代末、一一世紀をむかえた時点で、天皇の葬送儀礼と天皇墓は、それが火葬によるにとどまらず、仏教寺院と僧侶が深く関与する純粋な仏教儀礼として存在するようになっていた。

そして、一条天皇以降、一一世紀半ばに死去した天皇墓は、いずれもこのような寺院への納骨であった。たとえば、後一条天皇（一〇〇八―三六、在位一〇一六―三六）は、一〇三六年（長元九）四月一七日に死去、五月一九日に「浄土寺ノ西原」で火葬され翌二〇日火葬骨は「浄土寺」に納骨された。後朱雀天皇（一〇〇九―四五、在位一〇三六―四五）も一〇四五年（寛徳二）一月一八日に死去、二月一八日に火葬され「円教寺」に納骨され、後冷泉天皇（一〇二五―六八、在位一〇四五―六八）も一〇六八年（治暦四）四月一九日に死去、五月五日に「船岡山ノ西北原」で火葬され「円教寺」に納骨されている［東京帝国大学文学部史料編纂掛編　一九二五：一〇〇―一〇二、一四八―一四九、二二四頁］。古代末、天皇墓は「山陵」を造営するのではなく、遺体を火葬し、火葬骨を仏教寺院堂塔へ納骨する、そのような様式が常態化していた。[*9]

浄土信仰――火葬による「西方極楽」往生　それでは、なぜ、古代における仏教受容が、葬送儀礼にせよ天皇墓にせよ、もともとは権力のデモンストレーションとしての性格をも持っていたのに対して、古代末までにそれが稀薄となり、仏教的死者供養としての性格を強め、さらには、火葬を常態化させるようになっていったのであろう。

それは、浄土信仰の普及にともない、地獄を忌避し、それとは対照的に「西方極楽」往生を希求する観念が浸透するようになっていたからであると考えられる。生前出家にみられるように、生前からの死後世界の模索、仏教への帰依による「西方極楽」往生の希求、そうした観念が天皇また周囲の貴族たちに根づくようになっていた。

そして、それは火葬をめぐる仏教的観念とも大きく関連していた。

日本最古の仏教説話集、弘仁年間（八一〇―八二四）にはすでに編纂されていた薬師寺僧侶景戒（？―？）の『日本霊異記』（『日本国現報善悪霊異記』）には、多くの死者蘇生譚が残されており、その蘇生譚では、火葬か否かが重視される。天皇ではなく、僧侶・庶民を主人公とするが、火葬をめぐる古代の霊魂観を伝えてくれるには充分であろう。

たとえば、中巻第七に、僧行基（六六八―七四九）を羨み誹謗した僧智光（七〇九？―七八〇？）の蘇生譚がある。僧智光はその臨終にのぞんで弟子たちに向かい、「我れ死なば焼くことなかれ。九日十日置きて待て」といい、その死を秘し火葬することをいましめた。死んだ僧智光は、地獄で閻魔王の使いと出会い、三日間、地獄の責苦を受ける。しかし、その責苦ののち、閻魔王の使いから蘇生を指示される。この使いがいうには、「行基菩薩を誹謗りき。其の罪を滅さむが為の故に請召すなり」「今は忽に還れ」であった。[*10] 蘇生した智光は、弟子たちに向かい、地獄の責苦を話し、以後、悔いあらためて、僧行基を敬うようになったという［出雲路校註 一九九六：六九―七三頁］。

僧智光の遺体は火葬されていなかった。そのために、肉体を失わずにいて、地獄の責苦の臨死体験ののち蘇生している。もっとも、この僧智光の蘇生譚のモチーフは、僧行基を聖者視する説話であって、肉体の重要性、肉体を消滅させる火葬の是非は明確ではない。

しかし、次の中巻第二十五の讃岐国衣女の蘇生譚は、火葬をめぐる肉体の有無の重要性を語ってくれる。

閻魔王の使いの鬼が、病気で死に臨んでいる讃岐国山田郡の衣女という名前の女のもとにやってきた。鬼は、この山田郡の衣女から饗応されたために、この女を冥界に連れて行くことをやめ、同じ衣女という名前の鵜垂郡の女を冥界に連れていった。死んで冥界に連れていかれる予定であった山田郡ではなく、死ぬべきではなかった鵜垂郡の衣女が死んで冥界に連れていかれたことになる。しかし、閻魔王はこの鵜垂郡の衣女が違う女であると見抜いた。そのために、鬼は再び讃岐国にあらわれ、山田郡の衣女を閻魔王のもとに連れて行った。この山田郡の衣女も死んだことになる。そこで、閻魔王は本来死ぬべきではなかった鵜垂郡の衣女を蘇生させようとした。ところが、この鵜垂郡の衣女は、「三日の頃を経て」「身を焼失」っていたために、蘇生することができず、閻魔王に「体を失ひて依るところ無し」と訴えた。そうしたところ、死んだ山田郡の衣女の身体があったので、「其れを得て汝の身とせよ」と指示し、鵜垂郡の衣女は山田郡の衣女の身体を借りて蘇生した。蘇生した衣女は、身体は山田郡の衣女であるが、中身は鵜垂郡の衣女であるために、父母は不思議に思ったが、結局、この衣女は父母を二人ずつ、二家の家財を持つことになったという*11［出雲路校註 一九九六：一〇〇―一〇一頁］。

このばあい、火葬されて肉体を失っていたために、蘇生できなかった。しかし、他の肉体を借りて蘇生している。この蘇生譚は、霊魂と肉体とを別物として分離させる意識が存在していることをうかがわせてくれる。仏教的な霊肉分離観念の発生である。肉体がなければ霊魂のままとなり、人間として復活することはできなかった。蘇生のためには肉体が必要であった。

この仏教的な霊肉分離観念、蘇生と肉体との関係は、時代的には、『日本霊異記』から大きく下るが、中世から近世初頭にかけての、下級仏教者による唱導文学、よく知られた説教節のひとつ「小栗判官」にもみられる。「小栗判官」では、閻魔大王が、毒殺された小栗判官と一〇人の家来たち（「殿原」）を、「冥途」から「娑婆」に戻そうとする。ところが、小栗判官は火葬されずに「土葬」であったが、一〇人の家来たちは火葬されていた。「十人の殿原たちは、御主にかかり、非法の死にのことなれば、これをば、体を火葬に仕り、体が御ざなし。小栗一人は、名大将のことなれば、これをば、体を土葬に仕り、体が御ざある」状態であった。そこで、閻魔大王は、「十人の殿原たち、悪修羅道へは、堕すべし。われらが脇立ちに、頼まん」といい、一〇人の家来たちは蘇生しようにも宿るべき身体がないので、「悪修羅道」で閻魔大王の脇立ちとするようにした。いっぽう、唯一、火葬されずに身体のあった小栗判官だけは、藤沢（神奈川県）の「明堂聖」で、餓鬼の姿で蘇生する。「餓鬼阿弥陀仏」とされた小栗判官は、熊野本宮（和歌山県）までの道行ののち、「湯の峯」に入り元の人間の姿に蘇生する［荒木・山本編注 一九七三：二三七―二四六頁］。

「小栗判官」の蘇生譚を儀礼分析すれば、小栗判官のみの蘇生（「土葬」）は、いっぽうでの一〇人の家来たちの死（「火葬」）を供犠とした再生であった。また、「餓鬼阿弥陀仏」の姿での道行は、死から生への完全な再生のための境界的空間・時間でもあった。しかし、ここで留意すべきは、このような物語の解釈論ではなく、「土葬」され肉体があった小栗判官は現世に蘇生し、いっぽうで、「火葬」され肉体がなくなった一〇人の家来たちが蘇生することができず、閻魔大王の両脇の存在として「悪修羅道」にとどまったことである。

日本仏教では、『日本霊異記』以来、現世への蘇生には、肉体が必要であった。しかし、これを逆にいえば、火葬による肉体の焼失とは、死者が完全に冥界の存在になることを意味していた。一〇世紀から本格化する仏教的な浄土信仰にのっとれば、火葬による肉体の焼失とは、死者の「西方極楽」への完全な移行であったということができよう。

長久年間（一〇四〇—四四）に僧鎮源（?—?）によって編纂された『大日本国法華験記』には、焼身自死による「西方極楽」往生の説話さえもある。その巻上第九「奈智山の応照法師」・第十五「薩摩国の持経の沙門某」、巻中第四十七「越後国の鍫取上人」は、「焼身成仏」とでもいうべき説話である。

たとえば、編者の僧鎮源が日本初の「焼身成仏」とする巻上第九「奈智山の応照法師」は、次のような物語である。法華経読誦によって修行する熊野奈智山の僧応照（?—?）が「西方極楽」往生を願い、断食のうえで「焼身成仏」する。

> 焼身の時に臨みて、新しき紙の法服を着て、手に香炉を執り、薪の上に結跏趺坐して、面りに西方に向ひ、諸仏を勧請して、発願して言はく、我この身心をもて法華経に供養し、頂をもて上方の諸仏を供養し、足もて下方の世尊に奉献す。（中略）即ち定印を結びて、口に妙法を誦し、心に三宝を信ず。乃至身体は灰と成りしも、経を誦する音絶えず、散乱の気色を見ず。煙の香臭からず、沈檀の香を焼くに似たり。微風頻に吹きて、音楽の声を調ぶるがごとし。乃至火滅えてより已後、余光猶し残りて、虚空に照曜し、山谷明朗なり［井上他一九七四：六四—六五頁］。

「焼身成仏」の最中は、好香・微風・音楽である。「西方極楽」を思わせる光景がえがかれている。第十五「薩摩国の持経の沙門某」のばあいは、「即ち身を焼くの間、風は吹かずといへども、煙は西に向ひて疾く行き趣きぬ。空は明かに晴るといへども、紫雲東に指して聳けり」〔井上他 一九七四：七二頁〕であった。

また、一〇九九年（承徳三・康和一）ごろ三善為康（一〇四九—一一三九）によって編纂された『拾遺往生伝』の巻中の五・一一・二三の三話も「焼身成仏」譚である。もちろん、「焼身成仏」譚をもってして、それをそのままの事実とすることは控えなければならないが、古代末から中世前半までに、遺体を火葬することが、「西方極楽」往生の条件とする観念が形成されていたと考えてよいだろう。[12]

古代末、一〇世紀後半から一一世紀前半にかけての天皇墓は火葬が常態化し、一条天皇のように、仏教式の葬送儀礼と火葬を経て、「山陵」造営をせずに、堂塔に火葬骨をおさめ僧侶が追善供養を行なうばあいすらあった。天皇における「西方極楽」往生を示す宗教思想の形成であったと考えることができよう。

持統天皇における火葬受容後、八世紀から九世紀前半までは、仏教イコール火葬でもなく、また、火葬イコール薄葬でもなかった。しかし、古代末にいたり、このような仏教的な浄土信仰の浸透と併行して、仏教式の葬送儀礼と火葬骨の寺院堂塔への納骨が形成されていた。[13] 火葬が浄土信仰とイコールとなり「西方極楽」往生のための要件となっていた。[14]

非天皇としての死——非皇位継承儀礼としての天皇の葬儀　このような仏教的な浄土信仰に基づく「西方極楽」往生の宗教思想の形成は、天皇が天皇として死去しその葬儀が行なわれたのではなく、天皇が前天皇また元天皇として死去し、非天皇としてその葬儀がいとなまれたことをも意味する。天皇の葬儀および墓制が、古墳時代から古代前半の前方後円墳におけるような皇位継承儀礼＝公的儀礼としてではなく、それとは異質な私的行事として行なわれるようになり、そうであるがゆえに、仏教教義に基づく「西方極楽」往生が可能となっていた。

これについては、古代末、一〇三六年（長元九）死去の後一条天皇を境として天皇の葬儀が公的行事から私的行事へと質的転換をとげたとする説［堀 一九九八：四九―六八頁］、中世前半、一一〇七年（嘉承二）在位中死去の堀河天皇（一〇七九―一一〇七、在位一〇八六―一一〇七）の葬送儀礼は非天皇としてであり、そうであるがゆえに浄土信仰が成立しているとする説［西口 一九八八：四二―四三頁］［西口 一九八九：八八―八九頁］、東坊城和長の『明応凶事記』（一四六〇―一五三〇）を中心に一五〇〇年（明応九）死去の後土御門天皇（一四四二―一五〇〇、在位一四六四―一五〇〇）の葬儀を分析しそこにおける私的イエ的性格を抽出する説があり［久水 二〇〇三：三〇八―三〇九、三二〇―三二三頁］［久水 二〇〇九：五二―五三頁］、これらの先行研究をふまえれば、天皇の死去と葬儀が古代末から中世を通じて私的性格を強め、同時に、仏教寺院・僧侶の管轄下に置かれ、それによる「西方極楽」往生が可能となっていたと考えることができる。

　退位して「太上天皇」、上皇・法皇になっている天皇の死去であれば、正式には天皇ではないので、その葬儀と墓制が非天皇として私的性格を持つことは自然であるが、急病・事故で退位が間に合わず、在位中に死去した少ない事例でも、古代末から中世にかけては、その葬儀と墓制は私的性格を持つようになっていた。すでに見たように、古代末、八八〇年（元慶四）死去の清和天皇以降、生前退位し、在位中ではなく「太上天皇」として死去する天皇が増えはじめ、中世に入ると、一一八五年（元暦二）壇ノ浦入水死去の安徳天皇（一一七八―八五、在位一一八〇―八五）、一二四二年（仁治三）転倒事故による死去とされる四条天皇（一二三一―四二、在位一二三二―四二）など在位中の死去はむしろ特殊であり、天皇のほとんどは退位後に上皇・法皇として死去していた。また、このあとで、その死去から葬儀さらには墓制について検討する堀河天皇のばあいは、急病による在位中の死去であった。しかし、皇位の象徴である三種の神器の移行はすみやかであった。そして、その三種の神器の移行ののち、「西方極楽」往生のための仏教的死者供養として葬儀が執行されていた。

　なお、こうした天皇の非天皇としての死去について、それを皇位継承という側面からみれば、天皇が在位中に死去するよりも、退位後の死去の方が、生命体としての死去にともなう空位時間を防ぐという意味では、いっそう合理的であろう。天皇が生前退位し、三種の神器の移行をともなう皇位継承を行なっていれば、実質的な空位時間を生じさせない。しかし、在位中の死去であれば、死去後の天皇は生命体として存在しなくなっているわけであるから、その皇位継承は、厳密にいえば、生命体ではない前天皇から、生命体である新天皇への皇位継承となる。確実に空位時間が発生する。

皇位継承という側面からみたばあい、天皇が非天皇として死去し、その葬儀が私的行事として執行されることは、空位時間を防ぎ、連続性をもって皇位継承を行なうという意味においては、むしろ合理的であると考えることができよう。

Ⅱ 中　世――天皇の「西方極楽」往生(1)

1 仏教的火葬儀礼の形成

仏教的な死――「西方極楽」を希求　古代末、地獄のありさまをえがき、それとの対比のなかで浄土をえがいた、源信（九四二―一〇一七）の『往生要集』成立は九八五年（永観三・寛和一）であった。源信は、その「巻中」のなかで、臨終に臨んでの重要な観念の三つ目として次のようにいう。

応に浄土を欣求すべし。西方極楽は、これ大乗善根界、無苦無悩の処なり。一たび蓮胎に託しぬれば、永く生死を離れ、眼には弥陀の聖容を瞻たてまつり、耳には深妙の尊教を聞き、一切の快楽、具足せずといふことなし。もし人、臨終の時に、十たび弥陀仏を念ずれば、決定してかの安楽国に往生す［石田校注　一九七〇：二一一頁］。

死後世界に「西方極楽」というユートピアをえがいていた。そして、その「西方極楽」へ行くためには、最期のとき、いまわのきわに「十たび弥陀仏」、一〇回の念仏「南無阿弥陀仏」をとなえるだけでよかった。

古代末から中世にかけて、このような「西方極楽」を希求する仏教的観念が、天皇だけではなく、貴族また上層武士にも一般化していた。いまわのきわの念仏「十たび弥陀仏」は、「西方極楽」往生の決定的手段であった。

一〇二七年（万寿四）一二月四日に死去した藤原道長（九六六—一〇二七）の臨終の場面はよく知られている。その死を予測して法成寺内の阿弥陀堂に入った道長は、西側の屏風を開け、九体の阿弥陀仏のもとで、手から糸を阿弥陀如来まで結び、念仏がとなえられるなか、死を迎えた。

『栄花物語』はその様子を次のように伝える。

> すべて、臨終念仏おぼし続けさせ給。仏の相好にあらずより外の色を見むとおぼしめさず、仏法の声にあらずより外の余の声を聞かんとおぼしめさず。後生の事より外の事をおぼしめさず。御目には弥陀如来の相好を見奉らせ給、御耳にはかう尊き念仏をきこしめし、御心には極楽をおぼしめしやりて、御手には弥陀如来の御手の糸をひかせ給て、北枕に西向に臥させ給へり［松村他編 一九六五：三二六—三二七頁］。

死にのぞんでの道長は、西方を向き「極楽」へ行くことしか考えていない。

死の瞬間は次のようであった。

> 御胸より上は、まだ同じ様に温かにおはします。猶御口動かせ給は、御念仏せさせ給と見えたり。そこらの僧涙を流して、御念仏の声惜まず仕うまつり給［松村他編 一九六五：三二八頁］。

道長はその死の瞬間までみずから念仏をとなえていた。

古代末、ときの最高権力者は、源信『往生要集』が説くように、いまわのきわに、「西方極楽」往生を願っていた。中世では、その全編が仏教的観念によってつらぬかれた『平家物語』をひもとくだけでも、「西方極楽」往生を希求する最上位の階層の人々をみることができる。一二四〇年（延応二・仁治一）ごろまでにその原型が作られたとされる『平家物語』の世界は、現世における「無常」観をも潜ませ、現世との対置の上で、「西方極楽」往生への強い希求をえがく。

まずは、貴族化した武家、平家の公達、薩摩守忠教の最期である。歌人でもあった平忠教（一一四四—八四）は、一一八四年（寿永三）二月、一谷で、源氏の武将、猪俣党の六野太忠純（？—？）に討たれた。『平家物語』は、薩摩守忠教を主人公とする語りで、その最期を次のようにえがく。

今はかうとや思はれけん、「しばしのけ、十念唱へん」とて、六野太をつかうで弓だけばかりなげのけられたり。其後西にむかひ、高声に十念唱へ、「光明遍照十方世界、念仏衆生摂取不捨」とのたまひもはてねば、六野太うしろよりよりよッて、薩摩守の頸を討つ［梶原他校注 一九九三：一七一頁］。

薩摩守忠教は、その最期にのぞんで、「南無阿弥陀仏」の念仏を一〇回となえ、さらに、「西方極楽」におもむくための経文「光明遍照十方世界、念仏衆生摂取不捨」をとなえ、首を討たれ死を迎えていた。源信『往生要集』が説いたとおりであった。

一一八五年（元暦二）三月、壇ノ浦での平家滅亡、神器をかかえての平時子（？—一一八五）と安徳天皇（一一七八—八五、在位一一八〇—八五）入水も同様である。平清盛（一一一八—八一）の妻でもあり、幼少の安徳天皇からすれば祖母でもあった平時子は、入水を前に安徳天皇に向かい次のようにいう。

君はいまだしろしめされさぶらはずや。先世の十善戒行の御ちからによッて、いま万乗のあるじとむまれさせ給へども、悪縁にひかれて、御運すでに尽きさせ給ひぬ。まづ東にむかはせ給ひて伊勢大神宮に御いとま申させ給ひ、其後西方浄土の来迎にあづからむとおぼしめし、西にむかはせ給ひて、御念仏さぶらふべし。この国は粟散辺地とて、心うきさかゐにてさぶらへば、極楽浄土とて、めでたき処へ具しまいらせさぶらふぞ［梶原他校注 一九九三：二九四—二九五頁］。

平時子が安徳天皇に向かっていうには、あなたは、前世の「十善戒行」、功徳によって、天皇になることができた。しかし、祖父平清盛の「悪縁」（南都焼き討ちなどの反仏教的行為を意味する）によりその運も尽きてしまった。まずは東方に向かって伊勢神宮を遥拝し、そのあと、西方に向かって念仏をとなえましょう。この現世から、「極楽浄土」というすばらしいところにへ行こうではありませんか。

平時子は安徳天皇を抱いて入水する。

山鳩色の御衣に、びんづらをゆはせ給ひて、御涙におぼれ、ちいさくうつくしき御手をあはせ、まづ東をふしおがみ、伊勢大神宮に御いとま申させ給ひ、其後西にむかはせ給ひて、御念仏ありしかば、二位殿やがていだき奉り、「浪のしたにも都のさぶらふぞ」となぐさめたてまッて、ちいろの底へぞ入給ふ［梶原他校注　一九九三：二九五頁］。

平時子（「二位殿」）と安徳天皇は、西方に向かい念仏をとなえ、壇ノ浦の底知れぬ海中に、「極楽浄土」を仮託して、神器とともに沈んでいった。

『平家物語』は平家滅亡で終わるのではない。

よく知られているように、「灌頂巻」、平清盛と平時子との娘、高倉天皇（一一六一―八一、在位一一六八―八〇）の妻であり、安徳天皇の母でもあった、建礼門院徳子（一一五五―九一？）の死によって終わる。平家滅亡後、建礼門院徳子は剃髪、京都郊外の大原、寂光院に住み、安徳天皇と滅亡した平家をとむらう。その死の年には諸説があるが、『平家物語』では一一九一年（建久二）であった。

女院御心ち例ならずわたらせ給ひしかば、中尊の御手の五色の糸をひかへつゝ、「南無西方極楽世界、教主弥陀如来、かならず引摂し給へ」とて、御念仏ありしかば、大納言佐の局、阿波内侍左右に候て、いまをかぎりのかなしさに、こゑもおしまずなきさけぶ。御念仏のこゑ、やう〳〵よはらせまし〳〵ければ、西に紫雲たなびき、異香室にみち、音楽そらに聞ゆ。かぎりある御事なれば、建久二年きさらぎの中旬に、一期遂におはらせ給ひぬ［梶原他校注　一九九三：四〇八頁］

滅亡した平家の「西方極楽世界」往生を願い、そして、みずからもがそこへの往生を祈念して、読経のなかでの最期を迎えていた。

『平家物語』の世界、滅びゆく平家、たとえば、薩摩守忠教、平時子と安徳天皇、そして、滅びた平家すべてを「西方極楽世界」へと導き、やがて、みずからも「西方極楽世界」へおもむくことで、全平家の「西方極楽世界」往生を完結させた建礼門院徳子、彼らはいずれも、源信『往生要集』がいうがごとく、いまわのきわの希求によって「西方極楽世界」往生をとげていた。

仏教的葬送儀礼の定型化――火葬骨処理地と仏教的死者供養地の分離　天皇墓における中世は、古代末に形成されてきた火葬と寺院への火葬骨納骨が、仏教儀礼として定型化された作法を完成させた時代であった。また、その形態を正確に再現することができる文献資料が、古代末以上に豊富に残存するのも中世からである。

その形態はおおよそ次のようなものである。

死を目前にした天皇は、僧侶による治癒のための読経をうける。しかし、その効果も出ないままに、いまわのきわの読経のなかで、ときには、道長がそうであったように、みずからも読経しつつ、「西方極楽」往生を希求する。死を迎えたあとは、「山作所」と呼ばれる火葬地に運ばれて火葬される。収骨された火葬骨は寺院堂塔などへ納骨されるが、いっぽう、残余火葬骨があったと推測される火葬地には石塔・塔婆などが建立され、ここが「山陵」として天皇墓と決められる。そして、七日ごと四十九日まで、また、一周忌などには、里内裏の寝殿（正殿）などで仏教的死者供養が行なわれる。

その代表的な例として、一一〇七年（嘉承二）七月一九日に死去した堀河天皇（一〇七九―一一〇七、在位一〇八六―一一〇七）の死去をみてみよう。その死および葬送・墓制は、藤原宗忠（一〇六二―一一四二）の『中右記』と、堀河天皇のかたわらにいた藤原長子（一〇七九?―?）の『讃岐典侍日記』によるだけでも、充分に再現することができる。

堀河天皇が発病したのは六月二〇日であった。容態が急変したのは七月一四日で、この日から僧侶による加持がはじまる。一七日には身体がむくみ聴力が弱り危篤となる。そうしたなか、翌一八日には、堀河天皇は護持僧賢暹（？—？）から「十善戒」をうける。これは、壇ノ浦に安徳天皇とともに入水する平時子が、安徳天皇にいった「十善戒行」と同じである。「十善戒」とは、「不殺生」「不偸盗」「不邪淫」「不妄語」「不綺語」「不悪口」「不両舌」「不貪欲」「不瞋恚」「不邪見」の一〇の戒であり、行動・発言・精神の三面にわたっての戒律である。この「十善戒」を前世に受けていたことにより、堀河天皇は天皇になることができたとされる。

「十善戒」を堀河天皇に受けさせた僧賢暹は次のようにいう。

> 十戒を前の世に受けさせたまひて、破らせたまはざりければこそ、この世にて十善の位長くたもち、仏法をあがめ一切衆生をあはれみさせたまふ心、いまだ、昔より今にいたるまで、かばかりの帝王おはしまさず。いとど、今宵の御戒のしるしに、すみやかに御悩消除消散して、百年の御命長くたもたしめたまへ［藤岡他校注一九九四：四一一—四一二頁］。

堀河天皇は、前世に「十善戒」を受けて仏教を尊ぶ人間であるために、天皇となることができた。さらなる今回の受戒により、余命の長久を願うというのである。

この「十善戒」については、先にみた、『平家物語』における安徳天皇入水がそうであった。平時子は、幼少の安徳天皇を抱き壇ノ浦に入水する際して、安徳天皇に向かい、あなたは「先世の十善戒行」によって天皇になることができた、しかし、平清盛の「悪縁」によってその命運は尽き滅びていく、そのようにさとし、海に沈んでいった。天皇の死直前の緊迫感のなか、皇位獲得が、前世における「十善戒」という、仏教的輪廻観によって説明されている。中世には、それほどまでに、日本の宮廷社会に仏教的観念が浸透するようになっていた。

この日、堀河天皇は、僧定海（一〇七四—一一四九）阿闍梨に指示して法華経を詠ませ、途中からみずからも唱和する。その声は、『中右記』では「頗以高」く〔東京大学史料編纂所編 二〇一四：九三頁〕、『讃岐典侍日記』では「いういう」としていたという〔藤岡他校注 一九九四：四一三頁〕。堀河天皇は、危篤状態であったにもかかわらず、力強く法華経を読んでいた。翌七月一九日、「卯剋」（午前六時ごろ）、堀河天皇の容体は「危急」となる〔東京大学史料編纂所編 二〇一四：九三頁〕。堀河天皇は、その死を自覚したのか、「いみじく苦しくこそなるなれ。われは死なんずるなりけり」といい、「南無阿弥陀仏、南無阿弥陀仏」ととなえる〔藤岡他校注 一九九四：四一五頁〕。やがて、僧侶などの祈祷のなか死去する。

『栄花物語』の藤原道長、『平家物語』の薩摩守忠教・安徳天皇・平時子・建礼門院徳子のように、堀河天皇も、いまわのきわに、みずからも読経し、また、周囲の読経のなかで死を迎えていた。

その死じたいがひとつの仏教儀礼であった。

ただし、天皇位の象徴である神器の継承はすばやい。堀河天皇死去の一九日のうちにそれは行なわれた。「戌時」（午後八時ごろ）、「神璽」「宝剱」は新天皇の鳥羽天皇（一一〇三—五六、在位一一〇七—二三）の「東宮御所」に移された〔東京大学史料編纂所編 二〇一四：九五頁〕。

『中右記』は堀河天皇の葬儀を次ように記す。

その死から三日後の二二日夜入棺、その葬儀を二四日にすることが決定された。棺には「槨」があり、これが棺の下部の台のようになっている。いっぽう、この二二日朝には火葬所である「山作所」の「行事」が決定された。葬儀は二四日夜「戌剋」からはじまった。「中殿」（清涼殿）で、「公卿」「殿上人」「侍読」「職事」「御乳母子」「御厨子所」「出納」「女房」「御乳母」「典侍」「掌侍」「御持僧」などの参列により、念仏がとなえられた。かれらのうち、「典侍」の一人は『讃岐典侍日記』の著者讃岐典侍藤原長子である。念仏が終わると、一条大路に「前火」を立て、「御輿長」「殿上人」一二人が輿に置いた棺を担ぐ。「山作所」までは、「黄幡」を先頭に、「炬火」を持った一二人、そのあとに、「公卿」「殿上人」などが続いた。火葬所である「山作所」は香隆寺の坤（南西）の方角の野で、「迎火」が焚かれ、そこに輿に置いた棺が到着した。ここで輿が撤去され、しばらく、「葬場殿」に棺は置かれた。このあと、棺には、「御手洗」「御膳」が供えられ、「御輿長」「殿上人」一二人が棺を担ぎ、火葬所に運び、ここで棺に「前火」を点けた。「荼毘」つまりは火葬を行なうのは、「生絹」の「冠額」を結んだ「殿上人」八人で、「公卿」などがそこに臨席した。そして、「黄幡」などを焼却し、火葬を行なっている間、僧侶が法華経を読経した［東京大学史料編纂所編 二〇一四：一〇三―一〇五頁］。

堀河天皇の火葬骨収骨は、翌二五日朝、「辰剋」（午前八時ごろ）であった。収骨された火葬骨は最初、香隆寺僧房に納骨された。いっぽう、火葬地にも石製塔婆が建立された。『中右記』は、この火葬地について、そこを「御墓所」として、「山陵」として作らせ、その「墓上」には「石率都婆」を立て陀羅尼経をおさめ土でおおったと記す［東京大学史料編纂所編 二〇一四：一〇七―一〇八頁］。

火葬地を墓つまりは「山陵」であると決定していた。

収骨は「公卿」「殿上人」によって行なわれた。火葬骨は「茶垸」に入れられ、「阿弥陀三尊」がある香隆寺僧房に安置された。ただし、これは円融天皇墓との関係で忌みがあり、三年間はこの香隆寺僧房におさめることになったためであった。そして、この二五日夕方、この香隆寺僧房で権大僧都定眞（?―?）により「公卿」「殿上人」などが参列して「初七日」「御仏供養」が行なわれた［東京大学史料編纂所編 二〇一四：一〇七―一〇八頁］。

その後、場所については明確な記述はないが、おそらくは堀河天皇の里内裏であった堀河殿[*15]においてであろう、八月三日に「第二七日」が「阿弥陀三尊」の絵をかけ読経が行なわれた。八月一〇日の「第三七日」も「阿弥陀三尊」の絵をかけ読経が行なわれ、同時に、尊勝寺・香隆寺・円宗寺・仁和寺・円教寺・法性寺・広隆寺の七ヶ寺での読経も行なわれた。これは、八月一七日の「四七日」も同様で、ただし、七ヶ寺ではあるものの、寺院が異なり、尊勝寺・香隆寺・醍醐寺・法成寺（ママ）・禅林寺・円融院・円乗寺での読経であった。このあと、「七七日」つまり四十九日までは、里内裏などでの仏教的死者供養のほかに、寺院はその都度異なるものの、七ヶ寺での読経が行なわれている。そして、八月二四日には「五七日」つまり三十五日の「御斎会」は、公卿などの参列のもとで、尊勝寺金堂で行なわれ、九月一日が「六七日」であった。「七七日」つまり四十九日は九月七日である。里内裏の堀河殿で公卿などの参列のもとで僧侶の読経が行なわれ、「皆金色（みなこんじき）」の「釈迦三尊」が安置されている［東京大学史料編纂所編 二〇一四：一一〇—一一三頁］。

他にも、四十九日まで、堀河天皇の仏教的死者供養はくりかえされたが、これらは、堀河天皇生前の生活・執務場所であった里内裏の堀河殿をはじめ仏教寺院で行なわれた。「御墓所」「山陵」とされた火葬地ではなかった。また、収骨した火葬骨を納骨した香隆寺僧房では、たとえば、「七七日」つまり四十九日の翌日、九月八日に公卿などが香隆寺に行き「仏経」供養を行なったが［東京大学史料編纂所編 二〇一四：一三五頁］、仏教的死者供養の中心である、中陰（ちゅういん）儀礼、七日ごと四十九日までは、火葬地つまりは墓でもなく、納骨地でもなく、このような火葬骨のない里内裏の堀河殿や仏教寺院でその葬送儀礼が行なわれていた。

墓ではない場所での仏教的死者供養であった。

仏教的多重死者供養の形成——仏教的霊肉分離観念の形成　古代末から、天皇墓は火葬骨処理が一般化していた。しかし、そこでは、火葬地が墓と認識されているのか、それとも、火葬骨を納骨した寺院堂塔などが墓と認識されているのか、資料的に確認することが難しかった。それについて、堀河天皇の事例では、墓と認識されているのは、最初は、収骨された火葬骨を納骨した寺院堂塔ではなく、残余火葬骨が残っていたであろう火葬地であった。*16 また、こうした墓とされた火葬地、および、香隆寺僧房という火葬骨納骨地がありながら、いっぽうで、仏教的死者供養はそれらではなく、里内裏のなかで、また、他の複数の仏教寺院で行なわれたことの方が多かった。

中世前半において、天皇墓とそれをめぐる仏教的死者供養は、

⑴火葬地

⑵火葬骨納骨地（寺院堂塔など）

⑶仏教的死者供養地（里内裏・仏教寺院など）

の三ヶ所、空間的に三分化し多重化するようになっていた。⑵⑶はそれぞれが複数ヶ所におよぶばあいもあったから、天皇墓において、火葬の一般化にともなう仏教的死者供養の定型化は、その供養地点を分化させそれを複雑に多重化させるようになったともいえよう。

仏教的多重死者供養とでもいうべく、複数施設において、ひとりの死者を多重供養する様式の形成であった。

すでにみたように、律令国家の完成期、たとえば、八世紀半ばの聖武天皇の葬送・墓制では、仏教寺院での仏教的死者供養がくりかえされた。すでに古代の天皇墓において、遺体処理地点とは異なる仏教寺院での仏教的死者供養が行なわれ、仏教的多重死者供養は形成されていたともいえる。しかし、その時期のそれは鎮護国家の政治性とでもいうべく、その仏教的死者供養が天皇の権威の顕現とでもいうべきデモンストレーションでもあった。中世はじめ、院政期から武士政権の抬頭の時代、天皇権力の相対的低下もあろう、天皇墓をめぐる仏教的多重死者供養の形成は、政治的権威の示威というよりも、堀河天皇の事例でみたように、その死以前からの「西方極楽」往生を希求する仏教儀礼のなかに存在していた。

その上での、天皇墓における、墓とされた火葬地点、火葬骨納骨地点と、仏教的死者供養地点の、明確な分離であった。これらの分離は、遺体・遺骨がない場所での仏教的死者供養をも出現させている。それを、火葬をともなう仏教的死者供養の定型化が生み出していた。それを霊魂観の視点からみれば、墓制における仏教的霊肉分離観念、肉体とは無関係に死者の霊魂を「西方極楽」往生させる霊魂観が、火葬の一般化とともに、形成されていたと考えるこ

ともできよう。

天皇墓とケガレ——二ヶ所の墓　それでは、『中右記』が堀河天皇の「山陵」、墓として、石製塔婆を置いた火葬地については、どのような仏教的死者供養が行なわれていたのであろうか。「山陵」と認識されているにもかかわらず、そこでの仏教的死者供養は少なく、また、この「山陵」じたいも粗末なものであった。

堀河天皇を火葬、収骨し、そこを墓として「山陵」と決定した七月二五日から七日後の八月二日、『中右記』の著者、藤原宗忠はそこをおとずれる。

彼は次のように記す。

先帝御墓所を参詣す、而して、山陵、頗る狭少なり、誠にもって不便なり［東京大学史料編纂所編 二〇一四：一〇九頁］［読み下し—引用者］。

宗忠は、そのあと、火葬骨を納骨した「御骨所」の香隆寺へも行き、堀河天皇の極楽往生のために念仏をとなえている。また、五日からは堀河天皇の中宮、篤子内親王（一〇六〇—一一一四）が香隆寺で「阿弥陀護摩」を行なうなど［東京大学史料編纂所編 二〇一四：一一三頁］、火葬骨納骨地の香隆寺では、堀河天皇に対する仏教的死者供養が行なわれた。

しかし、『中右記』で「狭少」で「不便」と記された、堀河天皇の火葬地イコール墓での仏教的死者供養は行なわれていない。『讃岐典侍日記』によれば、月命日の一九日の法要、忌中の終わる一周忌も、里内裏の堀河殿で行なわれ［藤岡他校注 一九九四：四三四—四三六、四三三—四四六、四五一—四五二頁］、堀河天皇墓はかえりみられることがない。

そのようなか、讃岐典侍藤原長子が、堀河天皇死去の翌一一〇八年（嘉承三・天仁一）、一周忌から約三ヶ月後の一〇月一〇日過ぎに堀河天皇墓をおとずれる。

その様子は次のようなものであった。

御墓に参りたるに、尾花のうら白くなりてまねきたちて見ゆるが、所がら、盛りなるよりもかかるしもあはれなり。「さばかりわれもわれもと男女のつかうまつりしに、かくはるかなる山のふもとに、なれつかうまつりし人一人だになく、ただひと所まねきたたせたまひたれども、とまる人もなくて」と思ふに、おほかた涙せきかねて、かひなき御跡ばかりだに、霧りふたがりて見えさせたまはず〔藤岡他校注 一九九四：四七六―四七七頁〕。

堀河天皇墓とされた火葬地には、おとずれる人もおらず、先の白い「尾花」、先端（「うら」）が白くなったススキが生えているだけであった。生前には、その周囲に誰もが集ってきた堀河天皇であったが、かつてのにぎやかな様子と、ススキだけにかこまれた墓の様子との大きな違いに、哀しみをあらたにして、とめどない涙のなかにいる讃岐典侍藤原長子であった。

そこで彼女が詠んだ歌のうちの一首は次のようなものである。

花薄（はなすすき） まねくにとまる 人ぞなき
煙（けぶり）となりし 跡ばかりして〔藤岡他校注 一九九四：四七七頁〕。

堀河天皇墓は、『中右記』では、「御墓所」「山陵」とされながらも、実質的には、捨て置かれた状態であり、火葬地の跡がススキにかこまれて残っていただけであった。

堀河天皇のばあい、その天皇墓は仏教的死者供養の対象となってはいなかったのである。里内裏の堀河殿また仏教寺院での盛大な仏教的死者供養とは対照的である。

いっぽう、「茶垸」におさめられ香隆寺僧房に納骨された、堀河天皇の火葬骨に対しての供養は、その後、どのようになっていったのであろう。この納骨は暫定的措置であった。その死去から五年後の一一一三年（天永四・永久（えいきゅう）一）三月二二日、仁和寺（にんなじ）に移される。源師時（もろとき）（一〇七七―一一三六）の『長秋記（ちょうしゅうき）』は、そのときの様子を次のように伝えている。

火葬骨を実際に運ぶ役割の人々には、ケガレ（穢れ）、死穢がかかる。

人々が香隆寺の庭に集まる。右宰相中将源顕雅（一〇七四―一一三六）・越後守藤原敦兼（一〇七九―?）・出雲前司藤原家保（一〇八〇―一一三六）・信濃前司大江広房（?―?）・式部大夫藤原仲光（?―?）が、火葬骨をおさめていた僧房堂に入り、彼ら五人のうち右宰相中将源顕雅が「御骨」をかけ、仁和寺に運ぶ。そのために、この五人は「三十日穢」となっている。いっぽう、治部卿源基綱（一〇五〇―一一一八）・大納言源雅俊（一〇六四―一一二二）・中納言藤原宗忠・越前前司藤原仲実（一〇六四―一一二二）・皇后宮権亮源顕国（?―?）・備前介源顕重（?―?）・少将藤原宗能（一〇八五―一一七〇）などの七人も、仁和寺の「山陵」予定地に行く。彼らのうち、藤原宗忠は『中右記』の著者であり、藤原宗能はその子である。しかし、仁和寺で「山陵」の「溝中」に行き、実際に火葬骨をおさめたのは、香隆寺から「御骨」を持ち出した五人であった。なぜならば、この五人が「穢人」であったからであり、彼らが酉時（午後六時ごろ）までに火葬骨と法華経四巻などをおさめ、「三重」の「石塔」を立てた。この火葬骨をおさめ石塔建立にたずさわった五人以外の七人は「三日穢」であった［増補「史料大成」刊行会編 一九六五e：九七―九八頁］。

堀河天皇の火葬骨は、最終的に仁和寺に移され、法華経とともにおさめられ、三重の石塔が建立された。そして、この空間も「山陵」とされた。すでに、香隆寺の坤火葬地が墓として「山陵」とされていたにもかかわらず、あらたに、「山陵」と認識される墓が造営されたことになる。

これについては、藤原忠実（一〇七八―一一六二）の『殿暦』が、この『長秋記』の記述の前日、三月二一日、「堀河院御骨を仁和寺山陵に移し奉るべき沙汰なり」［東京大学史料編纂所編 一九六八：二二一頁］［読み下し―引用者］と記す。火葬骨を仁和寺におさめそこを「山陵」と認識することは、『長秋記』の源師時だけの認識ではなかった。

火葬地にも石製塔婆が建立され「山陵」とされたいっぽうで、このように、火葬骨処理地にも石塔が建立され「山陵」とされていた。堀河天皇墓は、火葬地と火葬骨処理地と、その二ヶ所と認識されていた[*17]。火葬をともなう仏教的死者供養の一般化とともに、天皇墓は一ヶ所ではなく複数ヶ所に存在するようになっていた。天皇墓じたいについても仏教的多重死者供養が形成されていた。

そして、ここでもっとも留意しなければならにことは、この火葬骨処理が、ケガレに満ちていることであった。実際に火葬骨の運搬とその処理にたずさわった五人が三〇日のケガレ、参列した他の七人は三日のケガレであった。天皇墓といえども、その核心部分、直接的な対象、火葬骨は忌避すべきケガレの対象でもあった。これは火葬地の墓についても同様であったことであろう。さきにみたように、讃岐典侍藤原長子が堀河天皇の火葬地の墓をおとずれたときに、そこは、おとずれる人もなく、ススキが茂る寂しい状態であった。「山陵」とされているにもかかわらず、そこでの仏教的死者供養はなかった。火葬地の墓、火葬骨処理地の墓、両者ともが「山陵」とされ、仏教的死者供養のための石塔が建立されているにもかかわらず、そこは直接的な供養対象とはならず、ケガレ観念による忌避対象でさえあった。

いっぽう、里内裏・寺院では、堀河天皇の仏教的死者供養が盛大にくりかえされた。「山陵」と認識されていない場所、火葬骨がない場所での仏教的死者供養であった。火葬地と火葬骨処理地、この二ヶ所の墓はケガレ観念のもとに忌避され、いっぽうで、堀河天皇を「西方極楽」往生させる主要な仏教的死者供養はケガレのおよばない里内裏・寺院において行なわれていた。

法華経・法華堂――「西方極楽」往生とケガレ観念　堀河天皇は、このようなケガレ観念を内在化させた仏教的多重死者供養により、「西方極楽」往生をとげていた。死にのぞんだ堀河天皇は法華経を詠み、また、その火葬骨は法華経四巻とともに、「山陵」におさめられた。現世と「西方極楽」との境界には、法華経が位置している。現在の一般的常識では、浄土信仰に基づく「西方極楽」往生のためには、念仏、「南無阿弥陀仏」が重要であると思われがちであるが、堀河天皇のばあいはそうではなく法華経であった。『栄花物語』における藤原道長、『平家物語』における薩摩守忠教・平時子・建礼門院徳子の、その死にのぞんでの詠誦は念仏であったが、堀河天皇のばあいは法華経であった。

それではなぜ、堀河天皇は、法華経によって、「西方極楽」往生しようとしたのであろう。

それは、堀河天皇が死去した一一〇七年（嘉承二）段階で、すでに、「西方極楽」往生をとげるための浄土信仰で、その主要経典として法華経が位置づけられるようになっていたためであると考えられる。たとえば、さきにみた、『大日本国法華験記』における「焼身成仏」の例、「西方極楽」往生のために「焼身成仏」した僧侶たちは、いずれも、熱烈な法華経信者であった。巻上第九「奈智山の応照法師」は「法華を読誦するをその業」とし、巻上第十五「薩摩国の持経の沙門某」は「出家して已後(いご)法華を読誦」し、巻四十七「越後の鍫取上人」は「早朝より暮に及ぶまで、手に法華を捧げ」る僧侶であった［井上他 一九七四：六四、七二、一一二頁］。長久年間（一〇四〇―四四）ごろの成立とされる『大日本国法華験記』は、全編、法華経の功徳による霊験譚を収集した書物であるので、古代末のこのような書物の成立じたいが、法華経重視の仏教観念の定着を示していると考えてよいだろう。

『大日本国法華験記』とほぼ同時期、一〇三〇年（長元三）から四〇年（長暦四・長久一）ごろの成立と考えられる『今昔物語集』も、法華経の霊験譚が多い。その巻第十六には観世音菩薩(かんぜおんぼさつ)、巻第十七には地蔵菩薩(じぞうぼさつ)の霊験譚が多いが、巻十二・巻十三・巻十四は法華経の霊験譚が延々と続く。

たとえば、巻十四「紀伊国道成寺僧(きのくにどうじょうじのそう)、写法花救蛇語(ほっけをうつしてへみをすくえること)」は、よく知られた道成寺説話であるが、これは法華経による救済譚でもある。美麗の若い僧侶に恋し、「終夜(よもすがら)僧ヲ抱(いだき)テ擾乱(ねうらん)シ戯(たわぶれ)」た女が大蛇となり、その僧侶と、その同輩のもうひとりの僧侶、二人が逃げ込んだ道成寺に襲いかかった。二人の僧侶は道成寺の大鐘内に隠れたが、この大蛇の毒熱のために、大鐘内で焼死した。骸骨さえも残らなかった。しかしのちに、道成寺の老僧の夢に、焼死した僧侶がこれまた大蛇となって出てきて、次のように言ったという。

我ハ此レ、鐘ノ中ニ籠メ置シ僧也。悪女毒蛇ト成テ、遂ニ其ノ毒蛇ノ為ニ被領テ、我レ其ノ夫ト成レリ。弊ク穢キ身ヲ受テ苦ヲ受ル事量無シ。今此苦ヲ抜カムト思フニ、我ガ力更ニ不及ズ。生タリシ時ニ法花経ヲ持キト云ヘドモ、願クハ聖人ノ広大ナ恩徳ヲ蒙テ、此ノ苦ヲ難レムト思フ。殊ニ無縁ノ大慈悲ノ心ヲ発シテ、清浄ニシテ法花経ノ如来寿量品ヲ書写シテ、我等二ノ蛇ノ為ニ供養シテ、此ノ苦ヲ抜キ給ヘ。法花ノ力ニ非ズハ、何カ免ル、事ヲ得ム［池上編 一九九三：二八八―二八九頁］。

大蛇となった女に焼き殺された美麗の若い僧侶が、その女との愛欲のケガレ（「弊ク穢キ身」）をつぐなうために、道成寺の老僧に向かい、法華経（「法花経」）「如来寿量品」によって、みずからと、大蛇になった女を救ってほしいと懇願している。ここでいうケガレは、単に汚穢の意味ではなく、「穢」の文字が充てられ、仏教的観念における罪としての意味をも持たされている。

夢内での懇願を受けた道成寺の老僧は、法華経「如来寿量品」を書写し、多くの僧侶を招き法会を開き、供養を行なった。

再び、この道成寺の老僧の夢に、こんどは、大蛇となった僧侶と女、二人が出てきて、次のようにいったという。

君ノ清浄ノ善根ヲ衆シ給ヘルニ依テ、我等二人忽ニ蛇身ヲ棄テ、善所ニ趣キ、女ハ忉利天ニ生レ、僧ハ都率天ニ昇ヌ［池上編 一九九三：二八九頁］。

道成寺の老僧の法華経「如来寿量品」により、二人ともが、蛇身ではなくなり、「善所」（仏教の輪廻観において功徳によって衆生がいくことのできる善い所）に行くことができた。女は「忉利天」（宇宙の中心須弥山の頂上にあり帝釈天が住む場所）、男は「都率天」（「兜率天」とも書く。将来仏となるべき弥勒菩薩が住む場所）に昇ることができたというのである。

写真1　大原法華堂（京都府京都市左京区大原勝林院町）2014年

道成寺説話、愛欲の女とその相手となった美麗の若い僧侶は、その愛欲のケガレのために大蛇となり死んだ。しかし、法華経により救済されていた。

法華経が、単なる「西方極楽」往生のためだけではなく、生前のケガレ救済による「西方極楽」往生のための経典として位置づけられている。

そのためであろう。天皇の火葬骨は、方形屋根（建物の中心部を頂点として四方に広げた屋根）の形状による法華堂に納骨されるようにもなる。たとえば、一二三九年（暦仁二・延応一）、承久の乱の敗北のために隠岐で死去した後鳥羽天皇（一一八〇—一二三九、在位一一八三—九八）は、そこで火葬された。その火葬骨は、従者の北面の武士藤原能茂（？—？）によって京都に持ち帰られ、大原に建立された法華堂におさめられた［上野一九二五：二四七頁］。火災などによる位置の移動・再建があったと考えられているが、写真1は、現在に残るこの大原法華堂である。安永年間（一七七二—八一）の再建とされる。

写真2　深草法華堂（京都府京都市伏見区深草坊町）2014年

また、あとで述べるように、中世後半から近世初頭の天皇合計一二人の火葬骨がおさめられたのは、深草法華堂であった。南北朝期、のちに北朝となる持明院統の最初の天皇、後深草天皇（一二四三―一三〇四、在位一二四六―五九）が一三〇四年（嘉元二）に死去し火葬されると、その火葬骨は、翌一三〇五年（嘉元三）深草法華堂におさめられた。以後、近世はじめ、一六一七年（元和三）に死去した後陽成天皇（一五七一―一六一七、在位一五八六―一六一一）にいたるまで、合計一二人の天皇の火葬骨が深草法華堂におさめられた。写真2は、宮内庁によって「深草北陵」（京都府京都市伏見区深草坊町）と名づけられている現在の深草法華堂である。

このような法華堂の重視は、中世前半の武士墓についても同様であった。たとえば、鎌倉武士、その代表者といってよい、鎌倉幕府初代将軍源頼朝（一一四七―九九、将軍在職一一九二―九九）は、一一九九年（建久一〇・正治一）に死去し、その

写真3　源頼朝墓（神奈川県鎌倉市西御門）2015年

遺体（火葬ではなかったと推測される）は法華堂におさめられた。その法華堂は鎌倉幕府滅亡後も存続したが、現在では存在せず、源頼朝の子孫を自称した薩摩藩主島津重豪（一七四五―一八三三）によって、一七七九年（安永八）、その法華堂跡地付近に再建された。写真3の源頼朝墓がそれである。また、鎌倉武士などを火葬し、丘陵の壁面をくり抜き、その内部にその火葬骨を納骨し五輪塔などの供養塔を建立した、鎌倉および近隣地域に分布するやぐらは、法華堂と同じ意味を持つ納骨堂であったとされる［鎌倉市編　一九五九：四八四頁］。すくなくとも、やぐらは、火葬骨の納骨堂であるとともに、供養塔の意味を持っていた［河野　二〇一三：二三二―二三五頁］。たとえば、写真4は、寿福寺（臨済宗）境内裏、北条政子（一一五七―一二二五）・源　実朝（一一九二―一二一九、将軍在職一二〇三―一九）の墓と伝えられるやぐら（右側の正方形のくり抜き）とその周辺のやぐら群である。

　このように、中世はじめから近世はじめにかけて、多くの天皇墓が、法華経信仰によるケガレの滅却により、死後には「善所」に行くことができるという仏教的救済観念に

写真4　やぐら（神奈川県鎌倉市扇ヶ谷）2015年

基づき、法華堂への火葬骨納骨を行なうようになっていた。また、そのような観念は武士墓にもおよんでいた。「西方極楽」往生とは、単にユートピアとしての浄土への希求だけではなかった。現世における罪、ケガレの除去としての意味をも持つようになっていたのである。

「西方極楽」往生とケガレとは表裏一体として形成されてきた観念であった。安徳天皇が前世の「十善戒行」、その功徳により天皇になることができたという説明が「十善戒行」と天皇との表裏一体の観念であるように、仏教観念のなかに、ケガレを対観念としてかかえこんだ「西方極楽」往生観念が形成されてきている。言い換えれば、ケガレを持つ人間は「西方極楽」往生することはできず、いっぽうで、法華経など仏教への帰依によりケガレを除去し得た人間だけが、「西方極楽」往生できるという観念構成であった。

このようなケガレ観念と「西方極楽」往生観念を表裏一体とした仏教観念に基づき、火葬による天皇墓が造営されるようになっていた。このような観念は、近世の終わり、幕末まで継続する。正確にいえば、あとで述べるように、一八六六年（慶応二）死去の孝明天皇（一八三一―六六、在位一八四六―六六）の天皇墓は、仏教式とも神道式ともつかない折衷的な状態であったので、一八四六年（弘化三）死去の仁孝天皇（一八〇〇―四六、在位一八一七―四六）までは、天皇墓はケガレ観念と「西方極楽」往生観念を表裏一体とした仏教式であった。明治維新後の神仏分離政策によって、天皇墓が神道式になるにともない、この仏教的死者供養としての「西方極楽」往生観念は解体させられるが、そこまではケガレ観念と「西方極楽」往生観念が表裏一体であり、天皇墓における明治維新後の神道式の採用は、おのずと天皇墓におけるケガレ観念の解体としても作用することになる。*18

2　中世天皇墓からみた「両墓制」と民俗的火葬墓制

「呪願」から火葬へ――火葬地における二段階の進行　いま、浄土信仰の浸透と火葬の一般化にともなう中世はじめの天皇墓の実態を、一一〇七年（嘉承二）七月一九日に死去した堀河天皇の例により、それを仏教的多重死者供養として把握し、同時に、そこには法華経信仰にみられる、仏教的なケガレ観念に基づく救済観念が存在していることを指摘した。

次に、中世の火葬墓制の実態をより詳細に理解するために、堀河天皇の前の天皇であるが、上皇・法皇として院政を行ない、堀河天皇のあと、一一二九年（大治四）七月七日に死去した白河天皇（一〇五三―一一二九、在位一〇七二―八六）の例をみてみたいと思う。そして、その白河天皇の火葬墓制を基準として設定し、それとの同質性を仮定できる、現在の庶民墓に存在するいわゆる「両墓制」と民俗的火葬墓制を比較し、火葬による中世天皇墓と、現在の庶民墓における「両墓制」および民俗的火葬墓制、三者の意味を解いてみたいと思う。

白河天皇の葬送儀礼については、すでに、その概要がその役割分担と進行経過にそって整理され紹介されている

［高橋昌明 一九八四：一六八―一七五頁］。しかし、火葬から収骨までの経過については、そこでの整理が概略にとどまっているので、その経過を詳細に記録している源師時『長秋記』を中心に藤原宗忠『中右記』により補足し、白河天皇の火葬から収骨までの経過を確認してみよう。

『長秋記』によれば、七月七日に死去した白河天皇は、八日が入棺であった。葬儀は一五日である。葬儀のあと、葬列をつらね、棺をおさめた輿は「御輿長」のもと「人夫」四〇人により交替でかつがれ、「高隆寺（香隆寺）西北野」に作られた「御墓所」に着く［増補「史料大成」刊行会編 一九六五e：二九七頁］。堀河天皇の火葬地が香隆寺の坤（南西）であったので、白河天皇の火葬地は、堀河天皇の火葬地の近接地に設営されたことになる。『中右記』が堀河天皇の火葬地を「御墓所」また「山陵」と表現していたように、この白河天皇のばあいも、『長秋記』はその火葬地を「御墓所」と表現している。『中右記』も、この白河天皇の火葬地について、「御墓所」は「香隆寺乾野」と表現しているので［増補「史料大成」刊行会編 一九六五d：七一頁］、火葬地が墓と認識されていたことは確実であろう。

なお、『中右記』は、この「御墓所」とされる火葬地を「山作所」とも記す。白河天皇の葬儀の役割分担を記した部分で、「山作所」の「行事」（責任者）を平忠盛（一〇九六―一一五三）・高階為重（？―？）とし、「山作所」という語彙を使う［増補「史料大成」刊行会編 一九六五d：七七頁］。「山作所」のヤマという語彙については、古代末、一〇一一年（寛弘八）六月二二日に死去した一条天皇墓でもあったが、白河天皇のばあいは、「御墓所」と「山作所」の語彙が併用されている。火葬地を「山作所」としつつ、そこを「御墓所」と認識するようになっていた。ヤマとは火葬地であるとともに墓でもあった。

この「御墓所」はその内部が二ヶ所に分かれていた。一ヶ所は「清庭御所」であり、もう一ヶ所は「貴所竈所」である。

『長秋記』によれば、「清庭御所」は、外側を「荒垣」でかこい「鳥居」が立てられた西側の脇に設営された「板葺」の「竹庇屋」である。火葬地の入口には「鳥居」があった。「清庭御所」は「殿上」より「軒」まで「白生絹」でおおわれている。まず、「棺」はこの「清庭御所」に置かれる。葬列にしたがい「清庭御所」まできた「役人」は「御輿長」を除き「鳥居」の外へ出る。その後、法印覚猷（『鳥獣人物戯画』作者の天台宗僧侶覚猷とすれば一〇五三―一一四〇）が膳などを供え、導師覚基（？―？）が「呪願」をする。これにより、「清庭御所」での儀礼は終了する。

そして、「御輿長」一二人が棺をかつぎ、筵を敷いた道を行き、「清庭御所」の北側に設営された「貴所竈所」に移す。この移動のときには、「行障」（棺などを周囲から見えないように隠す白布による幕）で四面をさえぎっている。そして、この「行障」は「貴所竈所」に着くと、その「四柱」に結びつけられる。『長秋記』では、「貴所竈所」に屋根があったとは記していないが、「四柱」があったということは、屋根があったと考えてよいだろう。火葬実施場所である「貴所竈所」は、屋根付き四柱の下で、その周囲を「行障」の白布幕でかこわれた空間であった。

「貴所竈所」に置かれた棺は、ここで、「御棺蓋」を開かれる。そして、白河天皇の「御体」のまわりに「折松薪」を積み、その上には「藁」を置く。そして、棺の蓋についてはあらためて蓋をせず、薪に火を点けている。

なお、『長秋記』は、この白河天皇の葬儀の責任者であった「治部」、源能俊（一〇七一―一一三八）から聞いた話として、火葬に際して、遺体のまわりに薪を積み藁を上に置いたあと、男は棺の蓋を開けたままにして、女は棺の蓋をしめるものだ、ということを記している［増補「史料大成」刊行会編 一九六五e：二九七頁］。

これが、白河天皇の火葬までの経過とそのやり方であった。

火葬の二段階進行――火葬における天皇墓と将軍墓・庶民墓との同質性　この白河天皇の火葬をみると、武士墓・庶民墓とも関連して、そこには、看過できない四つの特徴があった。

第一の特徴は、「御墓所」とされた火葬地での進行が二段階で構成され、それが室町期の足利将軍家の火葬、また、現在に継続してきた民俗的火葬墓制とでもいうべき民俗事象と、類似性がみられることである。
天皇墓のばあい、葬儀じたいは内裏で、たとえば、白河天皇のばあいは里内裏の三条烏丸西殿で行なわれた。そのあと、葬列をくみ、遺体は「御墓所」と認識される火葬地まで運ばれた。しかし、そこでそのまま火葬されたのではなく、そのあとの進行は二段階であり、最初、「鳥居」が作られ外側と区画された「清庭御所」で最後の「呪願」、法要が行なわれた。その上で、「貴所竈所」に移され、そこで、火葬が行なわれた。

この天皇の火葬地における二段階の進行、これについては、将軍墓の火葬地においても、同じような二段階の進行があった。時期的には、室町期になるが、一四八九年（長享三・延徳一）三月二六日、室町幕府第九代将軍足利義尚（一四六五―八九、将軍在職一三九四―一四二三）が死去した。その遺体は、三日後の二九日、足利家菩提寺等持院（臨済宗。京都府京都市北区等持院北町）に移される。葬儀と火葬は、四月九日であった。最初、「御かた」「女中」「公家少々」「大名」などが集まり、第一段階の「龕前」の「仏事」が行なわれた。そのあと、「鉢つづみ」を鳴らし天蓋・幡を持ち経を詠む僧侶たちとともに、日野政資（一四六九―九五）・細川政元（一四六六―一五〇七）が棺の善の綱を肩にかけ、棺が「火屋」に運ばれる。

そのあと、この「火屋」で次のように火葬が行なわれている。

たかきもいやしきも。みなこゝのかぎりをおしまずなきのゝしり。袖をしぼらぬはなし。諸仏事どもはてぬれば。情なくあらましき薪のしたにつゝみこめ奉りつつ。煙は空になびくを見まいらせても。猶きえぬ命ぞつれなく侍る。同じ日。御起骨の御さほうなどもまします［太田編 一九五五：三九四頁］。

「火屋」で、棺に薪を積み、足利義尚の火葬が行なわれた。これが第二段階で、棺を移動させた「火屋」で、はじめて火葬が行なわれている。足利義尚のばあい、火葬後の火葬骨処理方法が明確ではないため、どのような将軍墓の造営が行なわれたのか明確ではないが、その遺体の火葬については、まずは仏教的死者供養を行ない、そのあと「火

写真5　火葬場と墓地（奈良県宇陀市向渕）2015年

屋」に移動されての火葬であり、火葬地での進行が二段階であった。

また、現在まで継続してきた民俗的火葬墓制とでもいうべき、火葬の民俗事象においても、火葬地におけるこのような二段階の進行をみることができる。近畿地方・東海地方西部・北陸地方では、特に、浄土真宗地域で、現在では、遺体埋葬ではなく民俗的火葬が継続してきた。現在では、市町村営の火葬場を利用することが多くなったが、集落ごとに火葬地を持つ形態が多いのがこの地域の特徴でもある。もちろん、現在見ることのできる民俗的火葬墓制と、中世の天皇墓の火葬、将軍墓の火葬とを、単純に比較することはできないが、あくまで参考として、一例だけ紹介しておきたいと思う。

奈良県東部、現在約一三〇世帯の宇陀（うだ）市向渕（むこうじ）は、その集落の北側に共同墓地を持つ。現在では市の火葬場を利用することが増えたが、向渕の合計一〇カイト（垣内）のうち、八カイトがその共同墓地と火葬場を使ってきた。写真5が、入口からみたその共

写真6　棺台（奈良県宇陀市向渕）2015年

同墓地と火葬場の全景である。墓域の前方に火葬骨をおさめた家別の石塔が並び、もっとも奥に火葬場がある。寺院は集落内に二ヶ寺あり二ヶ寺ともに浄土真宗本願寺派（西本願寺）である。現在では、葬儀は公民館などを利用することが増えているが、以前は家で葬儀を行ない、葬儀のあと、野辺送りでこの共同墓地まできた。最初、この共同墓地にある小屋のなか、写真6のような、「南無阿弥陀仏」の石塔前の棺台に棺を起き、親族も参列して僧侶が最後の読経をする。現在では、棺は寝棺であるが、以前は座棺であったという。また、この「南無阿弥陀仏」の石塔下部は納骨できるようになっていて、火葬骨の一部をこの石塔下部に納骨する。共同墓地のもっとも奥にあるのが、写真7の火葬場である。最後の読経をしたあと、この火葬場に棺を移動させた。現在では、棺を炉に入れてボイラーで行なう火葬施設になっているが、以前は、穴を掘り座棺を置きそこに生木の雑木を積んで火葬していた。収骨は火葬の翌日で、向渕では、火葬骨を四ヶ所におさめてき

写真７　火葬場（奈良県宇陀市向渕）2015年

たという。⑴共同墓地内の自家の石塔下、⑵「南無阿弥陀仏」の石塔下［写真６］、⑶集落内寺院、⑷京都の本山（西本願寺）である。もっとも、すべての火葬骨を収骨してこれら四ヶ所に分散させておさめるのではなく、残余火葬骨は、この火葬場背後の囲いのなかにおさめていたという。火葬骨は、部分収骨であり、しかも、複数の場所に分散し、仏教的死者供養の対象となってきた。

これについては、あとで簡単に指摘するが、中世天皇墓でも、火葬骨が複数の場所におさめられることがあったので、このような火葬骨の分骨は、中世にはすでに存在していた。そして、中世の天皇墓、天皇の火葬との関連で見落とすことのできないのは、火葬地で最後の仏教的死者供養が行なわれ、そのあと、火葬場に棺が移動され火葬されたことである。火葬地での手順が、ここでも二段階である。

また、白河天皇にみられるような、火葬地における二段階の進行は、その後の江戸時代の天皇墓との関係でも、重要な課題を提示する。

江戸時代の天皇墓は火葬を停止し、遺体を処理する遺体槨納葬となるが、火葬にともなう葬送儀礼はほぼそのまま継続した。具体的には、一六一七年（元和三）死去の後陽成天皇の火葬を最後として、一六五四年（承応三）死去の後光明天皇（一六三三—五四、在位一六四三—五四）以降は、天皇墓は火葬ではなく遺体を地下石槨に槨納するようになる。最初に「龕前堂」での葬儀、次に「山頭作法」が行なわれ、その上で、遺体が地下に槨納された。この「龕前堂」から「山頭作法」への二段階と、白河天皇の例でいえば、火葬前の「清庭御所」から「貴所竈所」への二段階との類似性が推測できるからである。

天皇墓において、中世における火葬地での二段階の進行と、近世における火葬の停止による遺体槨納葬での二段階の進行とは、仏教的死者供養としては質的転換ではなかったと思われる。中世の火葬が、近世の遺体槨納葬へと移行しただけで、両者の間には、仏教儀礼としての異質性を見出すことが難しいように思われる。

これについては、あとで再論する。

ヤマという語彙——「山作所」　白河天皇の火葬からみた第二の特徴は、火葬地が墓と認識されるとともに、「山作所」という語彙で表現されていたことである。火葬地イコール墓を表現する語彙がヤマ（山）であった。『権記』の一条天皇、『長秋記』『中右記』の白河天皇の例では、天皇の火葬地が墓と認識されるともに、そこがヤマという語彙によって表現されていた。[*19]

火葬地を墓と認識し、そこをヤマという語彙で表現するようになっていたのはなぜであろう。このヤマという表現は、その後も継続し、天皇墓だけではなく、庶民墓において現在でも使われている地域がある。墓あるいは葬送儀礼に関連する民俗語彙として、このヤマが残存している。古代末から中世前半にかけて、天皇墓の火葬地において、その語彙をみることのできるヤマ、それが現代の庶民墓をめぐる民俗語彙として聞くことができるのである。

三重県の事例でみてみよう。

写真8　サンマイ（三重県伊賀市波敷野）2014年

三重県伊賀市波敷野は、いわゆる「両墓制」である。波敷野は、二〇一四年（平成二六）現在、五八世帯あり、そのなかが六組に分かれている。その六組のうち、一組・二組は集落の東のはずれの道路端にサンマイ（三昧）を持ち、三組・四組・五組・六組は集落の西のはずれの道路端にサンマイを持ち、かつては、遺体を埋葬してきた。写真8はこのサンマイである。現在では、完全に火葬になっているが、火葬骨をこれまでと同じように、サンマイに埋葬している。火葬の普及が墓制を変容させなかった事例でもある。埋葬のしかたは順番で、現在でも古いところから順番に埋葬している。そのために、歳月が経ち、墓標などが朽ちてくると、どこに誰を埋葬したのかわからなくなってくるのがふつうであった。石塔は集落内にある来迎寺（浄土宗）という寺院境内にある。写真9がこの寺院境内石塔墓地である。遺体はこの石塔下には埋葬されていない。サンマイでは、かつては遺体、現在では火葬骨を埋葬すると、その埋葬地の上に、木製の墓標を立て、芝を

写真9　寺院境内石塔墓地（三重県伊賀市波敷野）2014年

重ね、杖・傘・履物などを置き、さらに、その周囲を竹矢来で囲っている。この竹矢来を立てるのは、「動物を避けるため」といわれている。

この波敷野の墓制は、サンマイと呼ばれる遺体（火葬骨）埋葬地を集落の境界に、石塔墓地を集落内寺院境内墓地として設定している。いわゆる「両墓制」の典型例とでもいえる事例である。

そして、この波敷野では、サンマイで、かつては遺体、現在では、火葬骨を埋葬する穴掘り役になる人たちをヤマサン（山さん）という。ヤマサンは、死者と同じ組から死者と親戚関係ではない人、二、三人が選ばれる。かつては遺体埋葬、現在では火葬骨埋葬の穴掘り役を、この伊賀市波敷野では、ヤマの役目ということであろう、ヤマサンといっている。

もう一事例、みてみよう。

波敷野と同じ三重県伊賀市下神戸では、二〇一四年（平成二六）現在、集落の北側のはずれ、畑・水田が広がるところに、サンマイを持っている。写真

写真10　サンマイ（三重県伊賀市下神戸）2014年

10がそれである。一〇数年前までは遺体埋葬の方が多かったというが、現在では、火葬骨を埋葬するようになっている。下神戸では、このサンマイに家ごとに区画された墓域を持っていて、かつては遺体、現在では、遺骨を埋葬すると、そこには木製の墓標を立て、その横や背後に石塔を立てている。

下神戸では、家ごとに区画された墓域のなかで、遺体埋葬地からずれた地点に石塔墓地を設定しているので、いわゆる「単墓制」と表現されてきた墓制である。

そして、この下神戸では、かつては遺体を埋葬する役目をヤマイキ（山行き）といっていた。穴掘りをすると、昔、埋葬した遺骨が出てくることがあるので、ヤマイキが穴掘りをして、遺骨が出てくると、整理して埋め直していた。家ごとの区画が決まっているとはいえ、歳月が経つと、誰をどこに埋葬したのか厳密な場所がわからなくなってくるのがふつうであった。

葬儀に際してのもっとも重要な穴掘り役、それが、ヤマサン（伊賀市波敷野）・ヤマイキ（伊賀市下神戸）など、ヤマという民俗語彙によって表現されてきた。こうした墓制をめぐるヤマの民俗語彙は、調査報告書のなかにも記されてきた。たとえば、伊勢市佐八町（そうちちょう）では、シモノハカ（下の墓）と呼ばれるサンマイとカミノハカ（上の墓）と呼ばれる石塔墓地を持っており、シモノハカに遺体を埋葬、カミノハカに石塔を建立してきた。現在では、火葬に移行したために、シモノハカに火葬骨を埋葬している。この佐八町でも、穴掘り役をヤマイキといっている［伊勢市編 二〇〇九：一一八六頁］。

遺体埋葬ではなく、火葬骨埋葬であった地域では、火葬を行なう役目の者をヤマといっていた事例もある。桑名市（くわな）多度町猪飼（たどちょういかい）では、火葬担当者をヤマといい、死者と同じ組で、親戚関係ではなく、また、親戚でもできるだけ遠縁の人のなかから、三、四人が選ばれた。ヤマは、山から火葬のいちばん下に敷く枕木、薪木などを切って、葬儀のあと火葬を行なっていた［多度町教育委員会編 二〇〇〇：三七八頁］。

いまみた三重県の事例では、遺体埋葬のばあいのその担当者、火葬のばあいのその担当者、つまりは遺体処理の実際の実務担当者をヤマという民俗語彙で表現している。

ヤマについての先行研究——民俗語彙収集のみで停止　このような、墓制をめぐって、ヤマという民俗語彙が存在することについては、柳田民俗学および柳田系民俗学の民俗語彙収集においては、早くから気づかれてきた。たとえば、葬送・墓制の資料を項目ごとに民俗語彙によって整理した柳田国男『葬送習俗語彙』（一九三七）は、その一六「野普請役」のなかで、奈良県北東部に分布するというヤマシという民俗語彙を紹介し、次のように記す。

ヤマシ　墓地を山と呼ぶのは、おそらく之を野と呼ぶ以上に古い名であらう。そして今でも埋葬に関して山仕事、山拵へ等の語を使ふ所は決して少くない。大和東北部の山間で墓穴掘りのことをヤマシと謂ふ。添上郡月瀬（ママ）村ではヨリキウチとよばれる同族団体のうちで、比較的に縁の遠いものがこれにあたる。後でヤマシサンの御馳走と称する特別の饗応にあづかる［柳田 一九三七：一一九頁］。

また、長崎県壱岐島のヤマギメという民俗語彙を次のように紹介する。

ヤマギメ　壱岐の石田村で、予め喪主が一文銭と米とを持つて墓地に行き、それらを置いて一鍬打つことを、ヤマギメとも、バショギメとも謂ふ。その跡を村の人が掘る。同地では墓掘りのことをヤマユキと謂ひ、その役の穴掘人のことをヤマンヒトと謂ふ［柳田 一九三七：一一九頁］。

穴掘り役がヤマという民俗語彙によって表現されていることが指摘されている。

『葬送習俗語彙』は、火葬についても、ヤマの民俗語彙を紹介する。一八「火葬」のところの最初に愛知県東部に分布するというヤマジマヒという民俗語彙である。

ヤマジマヒ　三河東部で火葬のこと。其役を山仕舞ひ役と謂ふ［柳田 一九三七：一三〇頁］。

さきに三重県の事例でみたような、遺体埋葬でも火葬骨埋葬でも、墓制をめぐってヤマという民俗語彙による表現があった。こうした事例が、すでに、一九三〇年代の柳田民俗学の文献学的資料収集のなかに紹介されていた。

こうした資料収集は、その後の柳田系民俗学によっても継承されている。

民俗学研究所編『綜合日本民俗語彙』全五巻（一九五五―五六）は、その第四巻で、墓制をめぐるヤマについての民俗語彙を収集している。まずは、『葬送習俗語彙』と同じく、穴掘り役についてのヤマである。

ヤマイキノヒト　山行きの人。佐賀県藤津郡久間村などで、墓穴掘りの役をいう。

ヤマトリ　山取り。島根県簸川（ひかわ）郡北浜村（平田市）で、土葬の穴掘りをいう。親類の役目で戻ると酒が出る。

ヤマバ　山場。神奈川県津久井（つくい）郡青根村（津久井町）で、穴掘り役をいう。山場には仮りの子が伴をして、実子の次に焼香する［民俗学研究所編 一九五六：一六四一、一六五〇、一六五六頁］。

枕飯をヤマで表現している事例もある。

ヤマイリノメシ　枕飯を大分県大野郡三重町附近で山入りの飯という。この盛飯は葬列の者が持っていき、墓場

に着くとひつくりかえす［民俗学研究所編 一九五六：一六四二頁］

『綜合日本民俗語彙』には、火葬地についての事例紹介はないが、『葬送習俗語彙』と同じく穴掘り役の事例、また、遺体埋葬地に持っていく枕飯によって、遺体埋葬地をヤマと表現する民俗語彙があることが指摘されている。

また、井之口章次『仏教以前』（一九五四）は、柳田系民俗学における葬送・墓制研究の代表的概論書とでもいうべき著作であるが、そこでもヤマは紹介される。

（五島列島）浜ノ浦村飯ノ瀬戸では、死んでヤマヲケ（棺）に入れると、ヤマヲケをオザに持って行って通夜をする［井之口 一九五四：七一頁］。

オザが何なのか不明確であるが、棺をヤマヲケといっているというのである。また、忌中小屋の事例で、ヤマの民俗語彙も紹介される。

対馬の峯村木坂では、以前は士族は喪屋を野辺に作って住む風があり、それを山上り（ヤマアガリ）と呼んでいた［井之口 一九五四：一八五頁］。

このように、柳田民俗学および柳田系民俗学は、一九五〇年代までに、ヤマという民俗語彙を収集し、それにより、それが墓制にかかわる言葉であることを気づいていた。

しかし、研究はそこで停止していた。たとえば、ヤマが漢字表記で「山」と表現されつつ、それが実際の山ではなく、その民俗事象の多くが遺体埋葬地にかかわる内容であるとすれば、それを研究課題として設定するだけでも、葬送・墓制研究の展開に利するところがあったはずである。しかし、柳田民俗学および柳田系民俗学の特徴であろう、民俗語彙の収集だけでそれ以上にはすすまず、その民俗語彙が表現する内容の分析にいたることはなかった。[*20] そして、その後、現在にいたるまで、ヤマについての本格的分析はない。

それでは、ヤマとは何であろう。

古代末から中世前半にかけて、天皇墓において仏教儀礼として火葬を行なう火葬地は「山作所」、ヤマであった。いっぽうで、現在まで民俗語彙に残存するヤマは、火葬地もあるがその多くは遺体埋葬地を意味している。もちろん、古代末から中世前半にかけての天皇墓の火葬地と、現在に残存する庶民墓の遺体埋葬地とを、単純に比較することはできない。

ただし、仮説として、次のようにいうことはできる。

天皇墓における「山作所」は、仏教儀礼として遺体の火葬地であるとともに墓であった。庶民墓のヤマは遺体埋葬地であるとともに墓である。これらから共通項を抽出すると、遺体埋葬であるか火葬という行為であるかを問わず、遺体を処理する場所こそがヤマであり、そこが墓と認識されているということである。もっとも、なぜ、古代末から中世前半にかけての天皇墓でヤマが主に火葬に関連し、いっぽう、現代まで残存する庶民墓でヤマが主に遺体埋葬に関連しているのか、そうした疑問点は残る。しかし、そうした疑問点は残るにせよ、ヤマとは仏教儀礼としての遺体処理地であり、それこそが墓であることを表現する語彙ではないのか、そうした仮説を設定することが可能なのではないかと思われる。

「鳥居」の内側の他界——墓制における「鳥居」とは

ヤマの分析が長くなったが、白河天皇の火葬をめぐる特徴に戻ろう。

その第三の特徴として留意しなければならないことは、「山作所」とよばれる火葬地が、「鳥居」によってその内側と外側とを区分されていたことである。

なぜ、火葬地に「鳥居」があるのであろう。

明治維新後の神仏分離を経過した現在では、〈鳥居〉といえば、神社における清浄な神域を区画する装置であり、神社を示す象徴として認識されている。死に関連する空間、ケガレに満ちた空間を「鳥居」によって区画するということは、現在の一般的認識では考えられない。

しかし、墓と認識されるヤマは、「鳥居」を境界として、その内側と外側とを区画されていた。

管見の限りでは、先行研究もなく、また、解答を出すことは難しいが、「鳥居」と墓制に関連する事実関係を整理しておきたいと思う。

中世前半、天皇墓へ布帛を供える荷前使の記事に、天皇墓の前面に「鳥居」の存在を伝える記事がある。[*21] たとえば、一一二〇年（保安二）一二月二五日、藤原宗忠は、『中右記』のなかで、「嘉祥寺」の仁明天皇墓に荷前使として行くと、「鳥居」前で手を洗い座り、「幣物」を焼いたと記す［増補「史料大成」刊行会編 一九六五c：二六六頁］[*22]。また、一一六八年（仁安三）五月三〇日、藤原実房（一一四七―一二二五）は、『愚昧記』のなかで、高倉天皇即位の報告のための「山陵使」となった実房が、桓武天皇（七三七―八〇六）墓（「山階山陵」）に行き、「陵預」（墓守）に対して、「宣命」の読み上げを「御山」か「鳥居」かどちらの位置で行なうべきか問いかけると、「鳥居」下でよいと回答されたという記事を残している［東京大学史料編纂所編 二〇一〇：一四四頁］[*23]。「御山」とは天皇墓そのもののことであろう。桓武天皇は火葬ではなかったので、桓武天皇墓におけるヤマとは遺体処理地ということになる。

この天皇墓前面の「鳥居」について、注意すべきことは、藤原宗忠の荷前使にせよ、藤原実房の「山陵使」にせよ、その儀礼が「鳥居」内側の天皇墓ではなく、その前面の「鳥居」で行なわれたことであった。天皇墓本体にまで入っている形跡がない。このような「鳥居」での儀礼の執行は、ここでの「鳥居」の意味が、神域の表象ではなく、逆に、ケガレた存在としての天皇墓を表象させていたと考えることができよう。すくなくとも、この「鳥居」をもって、あとで述べるような、幕末の文久天皇墓改築事業以降現在に至る、神域を示す天皇墓前面の〈鳥居〉と同質と考えることは難しい。

年代的にはややくだるが、天台宗学僧光宗（一二七六―一三五〇）の『渓嵐拾葉集』は、その「神明部」で、神

写真 11　日吉大社の山王鳥居（滋賀県大津市坂本）2016 年

仏習合の山王神道のもとで、日吉大社（滋賀県大津市坂本）の「鳥居」とは「率都婆」であるとし、いっぽう、それは「神明」の「表門」であるともいう〔神道大系編纂会編 一九九三b：四三二―四三四頁〕。このばあいは、仏教供養の建造物である卒塔婆が神域との境界でもあり、それが「鳥居」であるとされていた。写真11は、日吉大社の山王鳥居である。山王鳥居は、ふつうの神社の〈鳥居〉とは異なり、「鳥居」上部の笠木の中央上部に三角形の破風を持つのが特徴である。この破風が「率都婆」を象徴するのであろうか。

もちろん、『渓嵐拾葉集』と白河天皇の「山作所」の「鳥居」とでは、年代的なズレもあり、また、『渓嵐拾葉集』の時代の「鳥居」と現在の破風を持つ山王鳥居の形状が、一致すると確定することはできないが、神仏習合による山王神道に、「鳥居」が卒塔婆とされる認識があったことは確認しておきたい。

これらのほか、現在でも、墓制をめぐる空間に「鳥居」、また、仮門とでもいうべき装置を見ることがある。明治維新後の神仏分離以降、神葬祭に転換したからではなく、そ

写真 12　真田信之火葬地（長野県松代市柴）2015 年

れ以前からの残存として、明らかに仏教的空間であるにもかかわらず、「鳥居」が墓域の内側と外側との境界に位置する事例である。

たとえば、これも年代的には大きくくだり、しかも、武士墓であるが、近世に次のような事例がある。

一六五八年（明暦四・万治一）一〇月一七日に死去した、松代藩初代藩主真田信之（一五六六―一六五八）は、死の二年前に隠居し、その隠居所であった、現在の長野県松代市柴の大鋒寺（曹洞宗）で火葬された。写真12のその火葬地には、戒名「大鋒寺殿徹巌一当大居士」と死去年「万治元年」を刻んだ宝篋印塔、そして、その前面には「鳥居」が建立されている。この武士墓の「鳥居」については、他の武士墓でも「鳥居」の建立を見ることはあるが、それは明治維新後の建立が多く、実際に、この真田信之の火葬地でも、その墓域の外側には、一九〇七年（明治四〇）一一月建立の「鳥居」がある。しかし、この写真12の宝篋印塔の前面にある「鳥居」は、一八二四年（文政七）三月建立であった。明治維新前に、その火葬地に「鳥居」が建立されていた。なお、この真田信之の火葬地では、その火葬地

写真 13　真田信之墓（長野県松代市松代）2015 年

に並んで二〇mほど離れた地点に、大鋒寺本堂から続いて信之を祀る「霊屋（たまや）」（「霊屋」には火葬骨はおさめられていない）があり、内部には、阿弥陀三尊像（あみださんぞんぞう）と厨子（ずし）内に信之像がおさめられている。

真田信之墓は、この大鋒寺内の火葬地とともに、松代市内にもう一ヶ所存在している。長国寺（ちょうこくじ）（曹洞宗）という寺院内の松代藩主真田家歴代の墓所である。写真13がそれであり、火葬骨がここにおさめられたのであろう、歴代藩主の墓が並列するいちばん奥に位置する。そして、この初代藩主信之だけが、その宝篋印塔の前面に「鳥居」を設けている。この「鳥居」には年代がないので、その建立時期を確定することができないが、初代藩主にのみ、その火葬地および墓の前面に「鳥居」が設定されていた。また、この墓所に付随して、長国寺内には、写真14のような、一六六〇年（万治三）建立の、権現（ごんげん）造りでありながら禅宗様式を融合させた信之の「霊屋」もあり、通常の初代藩主信之への供養はここで行なわれてきた。

仏教寺院内に建立された松代藩主初代真田信之の

写真 14　真田信之霊屋（長野県松代市松代）2015 年

墓は、火葬地と火葬骨埋葬地の二ヶ所に、同じように「鳥居」と宝篋印塔を設営して墓とし、それぞれにおいて「霊屋」をも設営し、その仏教的死者供養を行なってきた。

民俗事象における墓の前の「鳥居」――他界への門

現在に存在する庶民墓、民俗事象においても、墓で「鳥居」を見ることがある。[*24]

写真15は、滋賀県高島市安曇川町田中の玉泉寺（天台真盛宗）という寺院の境内裏にある田中の共同墓地の入口にある鳥居である。サンマイトリイ（三昧鳥居）といわれる。このサンマイトリイの前後に戦死者の石塔が並び、その背後に、田中の共同墓地が広がっている。この田中のある琵琶湖の湖西地域は、あとでみるように、いわゆる「両墓制」が多い地域で、そこでは遺体埋葬地をサンマイ（三昧）というが、田中は「両墓制」ではなく「単墓制」であり、この墓域をサンマイといっている。方角的にみると、このサンマイトリイは、東方（琵琶湖の方角）を向く。このサンマイトリイは、東方から西方に向けてサンマイに入

写真 15　サンマイトリイ（滋賀県高島市田中）2016 年

る構図となり、そのサンマイの外側と内側との境界に位置する。サンマイトリイを境界にして、その東方はこの世、西方はあの世、という配置をとっている。

次は、奈良県の事例を四例みてみよう。

写真16は、奈良県天理市柳本町の惣墓、現在では、山の辺霊園と名づけられている墓域の入り口である。墓域の入り口、地蔵前面に一基の「鳥居」、後方にもう一基「鳥居」がある。このうち、後方の「鳥居」は剥落も激しく、年号も記されていないが、地蔵前面の「鳥居」には、「鳥居」の上部中央、笠木・島木から貫をまたいで額束があり、そこには「等覚門」と刻まれている。「等覚」とは修業により悟りに達した「正覚」と等しいことを意味するので、この「鳥居」は仏教における悟りを象徴的に示す。また、この「鳥居」の柱には、それが特定の個人の仏教的死者供養であったことを示す文字が刻まれている。右側の柱には「安永五年丙申年十月八日 本誉伝随大徳 霊」、左側の柱には「天明二壬寅年九月十一日 光観寿清禅定尼 霊」とある。現在では、どのような経緯でこの「鳥居」が建立されたのか不明になっているが、これらの戒名から判断すれ

写真16　墓域入口の鳥居（奈良県天理市柳本町）2015年

ば、僧侶と尼僧の死後、その供養のために建立されたと考えられる。また、それぞれの人物の年月日が、一七七六年（安永五）と一七八二年（天明二）で異なるので、これらは死者の命日と考えられ、そこに「等覚門」という悟りを象徴する額束をかかげ、僧侶と尼僧の戒名が記されていたことになる。

そして、この「鳥居」の背後に、墓域が展開している。死して墓に入ることが「等覚」、悟りを得るという意味なのであろうか。

奈良県奈良市興ヶ原（おくがはら）は、約三五世帯の集落で、ここの墓制はいわゆる「両墓制」である。この興ヶ原では、その墓域の前方部分に、写真17のような、六地蔵と「鳥居」をみることができる。「鳥居」の背後に、ムカエジゾウ（迎え地蔵）と蓮華座（れんげざ）の棺台が位置している。そして、この後方部分に、かつては遺体、現在では、火葬骨を埋葬しているミハカ（身墓）がある。現在では、市の火葬場を利用し葬儀も葬儀場で行なうようになったが、かつては、家で葬儀をやり、それから葬列をくんで棺をここまで運んできた。そして、ムカエジゾウの前で三周まわり、それから棺を蓮

写真 17　ムカエジゾウ前の鳥居（奈良県奈良市興ヶ原）2015 年

華座の棺台に置き、ここでオッサン（御さん。僧侶）に最後の読経をしてもらい、この背後にあるミハカに棺を埋葬していた。現在では火葬となったので火葬骨をこのミハカに埋葬している。写真18が興ヶ原のミハカである。ミハカにおける、かつての遺体埋葬、現在での火葬骨埋葬のやり方は、古いところから順番に埋葬していくので、ミハカには家ごとの区画はない。ミハカで穴掘りが墓穴を掘ると、誰のものかわからない遺骨が出てくるので、そうした遺骨はまた整理して埋葬し直すという。いっぽう、写真19のセキトウバカ（石塔墓）はこのミハカのさらに背後に家ごとにある。このセキトウバカには遺体はなく、火葬が普及している現在でも、ほとんどの家でミハカに火葬骨を埋葬し、このセキトウバカには火葬骨を埋葬していないという。墓参りについては、最初はミハカの埋葬地点に行くが、三年忌など年忌供養のときに石塔を建立するので、そのときに、菩提寺の安楽寺（あんらくじ）（真言宗御室派（おむろは））のオッサン（御さん）にショウネン（性根）を入れてもらい、そのときからは、ミハカではなくセキトウバカにお参りに行くようになるという。

写真 18　ミハカ（奈良県奈良市興ヶ原）2015 年

この奈良市興ヶ原の「両墓制」では、その入口に六地蔵と「鳥居」があり、そこを入ると、埋葬前の最後の仏教的死者供養を行なうためのムカエジゾウと蓮華座の棺台があり［写真17］、その背後に遺体（火葬骨）を埋葬するミハカ［写真18］、さらに、その背後にセキトウバカがある［写真19］。このような三種類の空間によって構成されている。それら死者の空間、その入り口に「鳥居」が配置されているのである。もっとも、この「鳥居」は、興ヶ原では、すべての死者のためであったのではなく、高齢まで元気で大往生した死者、裕福な家の死者などのばあいに、それぞれの葬儀に際して、新たに作り設営するものであるという。したがって、入り口の「鳥居」は常設というよりも、かつての葬儀で設営し使用したものが、そのままになっているというのが適切である。しかし、それでも、この興ヶ原の死者は、この「鳥居」をくぐり、ムカエジゾウの前で最後の読経をうけて、背後のミハカに埋葬されてきた。

この興ヶ原の事例では、「鳥居」は、仏教的死者供養のための死者の空間、墓への入り口に位置し、墓という他界との境界に設営されていた。もちろん、単純な比較はでき

写真 19　セキトウバカ（奈良県奈良市興ヶ原）2015 年

ないが、墓と認識されていた白河天皇の火葬地「山作所」の入り口に「鳥居」があったように、ここでも、墓の入り口に「鳥居」が存在している。

このような、墓の入口に「鳥居」が位置している民俗事象をもう一例だけみてみよう。興ヶ原と同じく「両墓制」である。

奈良市邑地町は、約一〇八世帯の集落である。邑地町では、集落全体のミハカ（身墓）があり、そのミハカの入口には、写真20のような二基の「鳥居」が立てられている。この「鳥居」は以前からあり、木製のために朽ちてくると、邑地町と集落内の東立寺（真言宗）が協力して建て替えているという。この「鳥居」の後方部分には、写真21のような小屋がある。現在では、火葬骨をこの背後のミハカに埋葬しているが、近年までは、野辺送りでここまで棺とともにきて、この小屋の横の地蔵の前で棺をかついだまま時計まわりに三周まわり、その上で、この小屋のなかの棺台に棺を置いた。そして、ここで僧侶に読経してもらい、遺族が最後の焼香を行ない、その上で、背後のミハカに運び、埋葬を行なっていた。邑地町のミハカは、写真22のように、

写真20　ミハカ入口の「鳥居」（奈良県奈良市邑地町）2015年

細長く並ぶが、イットウ（一党あるいは一統）ごとに区画されていて、その区画内はおおむね奥から死去した年齢の高い順番に埋葬することになっている。イットウごとの年齢別墓制である（現在では高齢で死去するばあいが多いために年齢別の埋葬をやめたイットウも多いという）。イットウはたいていは本家・分家関係による同姓であるという。また、邑地町では真言宗がもっとも多いが、黒住教・天理教の家もあり、そうした近現代に教派神道に転宗した家でも、このミハカに遺体（遺骨）を埋葬してきた。邑地町では、セキトウバカ（石塔墓）は集落内にイットウごとに点在しており、集落内の人でも正確な把握が難しいほどで一〇数か所はあるという。写真23は、こうしたイットウごとのセキトウバカのひとつである。ミハカはイットウごとに区画されているとはいえ、くりかえし掘り返して使ってきたために、古い埋葬は場所が不明になるのが通例であるという。そして、たとえば、真言宗の家のばあいは、一周忌以降のどこかの年忌供養に際して、オッサンに、セキトウバカの石塔にショウネン（性根）を入れてもらい、そこからはセキトウバカの方にお参りに行くようになるという。

写真 21　ミハカ入口の小屋と棺台（奈良県奈良市邑地町）2015 年

写真 22　ミハカ（奈良県奈良市邑地町）2015 年

写真23　セキトウバカ（奈良県奈良市邑地町）2015年

それでも、ミハカでの埋葬地がわかるうちは、そこへのお参りもあるという。

また、「鳥居」ではないが、ミハカの入口に同じような象徴的な装置が設営されている事例もある。興ヶ原・邑地町と同じく「両墓制」の事例である。

写真24は、奈良県奈良市下須川（しもすかわ）のミハカ（身墓）の入り口に設営された竹製の門である。葬儀のときに、死者の出た家と同じカイト（垣内）の人たちが葬儀を手伝うので、そのカイトの人たちが、この世とあの世との境ということで、この竹製の門を作っているという。ここに樒（しきみ）をつるすこともある。現在では、市の火葬場で火葬を行ない葬儀も葬儀場で行なうことがほとんどになったが、以前は、家で葬儀を行なっていたので、葬列によりここまで棺を運び、この門の下をくぐり、この背後の小屋のなかのムカエジゾウ（迎え地蔵）のあるところまで行った。そこには棺台があるので、そのまわりを三周ほどまわり、棺台に置いていた。この三周まわるのは、「死者がぐるぐる目をまわして方向がわからなくなりこの世に戻ってこないため」ということであった。そして、ここで僧侶が最後の読経をした。

写真 24　竹製の仮門（奈良県奈良市下須川）2015 年

しかし、僧侶・親族はこの背後のミハカには行かず、死者と同じカイトのなかから選ばれている穴掘りが前もってミハカに墓穴を掘ってくれてあるので、この穴掘りが、写真25のミハカに棺を運び、遺体を埋葬し木製の墓標を立てた。現在では、火葬がふつうになったので、このミハカに火葬骨を埋葬している。下須川では、このミハカでの遺体（火葬骨）の埋葬は、どこに埋めてもよいが、おおよそ、ミハカの入り口から年齢の若い死者、奥の方に高齢の死者を埋葬することになっている。遺体（火葬骨）埋葬のミハカが年齢別墓制になっている。しかし、この下須川では、ミハカには戦死者石塔を除いて、通常の死者の石塔はない。セキトウバカ（石塔墓）は集落内にある神宮寺（真言宗御室派）境内に家ごとにあり、一周忌などの年忌のときにセキトウバカを建て僧侶にショウネン（性根）を入れてもらうので、四十九日まではミハカにお参りに行くが、セキトウバカにショウネンを入れてもらってからはセキトウバカへお参りに行く。

この下須川では、ミハカは年齢別墓制、セキトウバカは家別墓制ということになる。

写真 25　ミハカ（奈良県奈良市下須川）2015 年

この下須川の墓制は、竹製の門をくぐると［写真24］、僧侶・親族が最後の読経をするムカエジゾウがあり、そしてその後方部分に、遺体（火葬骨）を埋葬するミハカが広がっている［写真25］。竹製の門の背後に、ムカエジゾウと死者のミハカという、死の空間が位置している。しかし、セキトウバカについては、それからは離れて、集落内の寺院境内に位置する構図であった。

これら奈良市興ヶ原・邑地町・下須川の「両墓制」の民俗事象では、その墓制をめぐる空間配置は、「鳥居」・竹製の門を境界として、これをくぐると、この向こう側に、墓域、死の空間があった。ムカエジゾウとそこでの最後の読経、さらにそのあと、その後方部分におけるミハカでの埋葬である。

現在の民俗事象の分析が長くなったが、このような、墓域の入口の「鳥居」の民俗事象を踏まえて、再び、白河天皇の「山作所」の「鳥居」と対照してみよう。

白河天皇の葬儀と火葬をめぐる空間配置は、「鳥居」を境界として、これをくぐると、「山作所」であり、そこが死の空間であった。そこでいったんは、棺を「清庭御所」

に置き、そこで最後の「呪願」を行ない、さらにそのあと、棺を「貴所竈所」に移し、そこで火葬を行なう二段階の進行であった。そして、この火葬地が墓とされていた。

白河天皇の火葬地において、「鳥居」の後方部分は、火葬地イコール墓であった。

現在の民俗事象、奈良県奈良市興ヶ原・邑地町・下須川の「両墓制」において、「鳥居」・竹製の門の後方部分はミハカ、遺体埋葬地であった。そこでは、棺を、いったんは、ムカエジゾウ前の棺台に置き最後の読経を、その上で、遺体埋葬を行ない、二段階の進行であった。

つまり、両者とも、「鳥居」を境界として、その後方部分は墓であり、「鳥居」をくぐったあと、火葬、また、遺体埋葬を行なっている。これらの「鳥居」は、他界との境界に位置し、その後方部分の火葬地、あるいは、遺体埋葬地を示す象徴でもあった。

「鳥居」を中心にみたとき、白河天皇の火葬と、いまみてきた奈良県の「両墓制」の民俗事象における遺体埋葬は、儀礼の構造として同質性を持つと仮定することができるのではないだろうか。それらは仏教的死者供養であった。「鳥居」をくぐると、その火葬地と遺体埋葬地は墓であり、それらは「西方極楽」往生のための空間でもあった。

時代的には、現存するものの多くは、近世作成のものであるが、熊野比丘尼（くまのびくに）が勧進（かんじん）のために持ち歩き、絵解きを行なった「熊野勧心十界図」という仏教画がある。これは、中央に「心」の文字を置き、そこから放射状に線を伸ばした区画内に仏界・菩薩界・縁覚界・声聞界（四聖（ししょう））を配置させ、その下部に地獄・餓鬼・畜生・修羅・人間・天上（六道（ろくどう））の十世界を描く。四聖は悟りの世界、極楽であり、いっぽう、六道は迷いの世界、地獄を意味するとされる［根井 二〇〇七：三八一―三八二頁］。

「熊野勧心十界図」は「西方極楽」と地獄を庶民に説明するための絵画であった。そして、その「熊野勧心十界図」の四聖「西方極楽」は、現存する「熊野勧心十界図」いずれをみても、八基の「鳥居」の内側に存在している。あるいは、この八基の「鳥居」を門として、四聖「西方極楽」へ入ることができる構図をとっている。

仏教における「鳥居」とは、「西方極楽」往生のための表象であると考えて間違いだろう。

火葬地と火葬骨槨納地——仏教的死者供養としての二ヶ所の墓　第三の特徴としての「鳥居」の解明が長くなってしまったが、白河天皇の火葬をめぐっては、もうひとつの特徴があった。第四の特徴として、墓と認識されていた空間が二ヶ所、複数存在していたことである。墓とされているのは、火葬地「山作所」だけではなく、もうひとつ、火葬骨槨納地がそうであった。

墓が、さきにみた堀河天皇と同じく二ヶ所あった。

白河天皇の火葬について、火葬後の経過を確認してみよう。

白河天皇の棺が「貴所竈所」で火葬されている間、葬列によって「御墓所」までできた公卿・僧侶などは「清庭御所」の「鳥居」の外側に座り、法性寺の法印・三井寺の法眼などが念仏をとなえた。ただ、その間、見物に集まった「雑人（ぞうにん）」、庶民がこの座席に乱入し混乱するような事態もあった［増補「史料大成」刊行会編 一九六五e：二九七頁］。こうした「雑人」の乱入については、中世「非人」が葬送儀礼の調度品などへの得分の権利を持っていたという指摘もある［高橋昌明 一九八四：一七二頁］。

収骨は翌七月一六日朝であった。収骨には「藁履（わらばき）」（藁製による鞜状の履物。草履状ではない）を履くという作法があったようで、近親者たちは「藁履」を履いて「貴所竈所」へいく。収骨する骨壺は、白河天皇が生前から用意してあった「金銅壺」であった。「箸」で「一骨」ずつはさみ、それを「金銅壺」におさめている。そのあと、法印が「土砂」を入れ蓋をする。その後、『長秋記』を記した源師時がこの骨壺を香隆寺におさめている［増補「史料大成」刊行会編 一九六五e：二九九頁］。堀河天皇の火葬骨が最初香隆寺僧房におさめられたように、白河天皇も香隆寺におさめられた。

しかし、この火葬骨の処理は暫定的であった。

二年後の一一三一年（大治六・天承一）七月九日、つまり、白河天皇の二年後の命日七月七日の翌々日、その火葬骨は「鳥羽御塔」におさめられている。「鳥羽御塔」とは、白河天皇の死後、あらたに、上皇として院政を行なう鳥羽天皇（一一〇三―五六、在位一一〇七―二三）が、平忠盛（一〇九六―一一五三）に指示して、白河天皇の法皇としての「院御所」、「三条殿」に建立した「御堂」のことであり、七間四方の大きさで仏壇には「半丈六陀仏」と二体の「菩薩像」などを安置していた。七月八日、この「御堂」での「供養」が行なわれた［増補「史料大成」刊行会編 一九六五f：一一七―一一九頁］。

七月九日、二年前の白河天皇の葬儀の責任者であった源能俊ほか平忠盛などが、香隆寺に行き「御骨壺」をとり、「院御所」に作られた「御堂」に、「御骨壺」をおさめた。そこは、「四尺」四方の「石簡」で、「御骨壺」をそこにおさめ、「石蓋」をして、その上に土をかぶせ、その上に「銅御経」（「銅紙」に「金字」を塗ったもの）を置き、さらにその上に土をかぶせ、「阿弥陀仏像」を置いている［増補「史料大成」刊行会編 一九六五f：一二一―一二二頁］。

堀河天皇の火葬骨が最終的に仁和寺におさめられたとき、それが、土中への埋葬なのか、それとも、堂塔などへの槨納なのか、そうした具体的設営については、明らかではなかった。しかし、この白河天皇の例では、設営された「御堂」内の四尺四方の「石簡」、石槨が設営され、そのなかに「御骨壺」を置き、石蓋がされている。土をかぶせ、上部に、阿弥陀仏像を置いているが、土中に埋葬したのではない。「御堂」内の石槨に骨壺を安置する形態をとっている。火葬骨の土中への埋葬ではなく、石槨への槨納が行なわれ、その上に、阿弥陀仏像を置き、仏教的死者供養を行なう形態であった。

火葬骨槨納葬である。

すでにみた、一条天皇の火葬骨は、小堂「三昧堂」内の「厨子」のなかに、火葬骨をおさめた「白壺」を桶に入れて納骨されていた。堀河天皇の火葬骨も法華経三巻とともに仁和寺内におさめられ、その上に「三重」の「石塔」が建立されていた。それらと同じように、白河天皇の火葬骨も、最終的には、死の二年後、つまりは三周忌に、「御堂」内の阿弥陀仏像下の石槨内に納骨されていた。

埋葬するのではなく、堂塔内への槨納であり、そこに仏教的死者供養として塔が建立されている。[*25]

そして、この火葬骨槨納地が最終的な仏教的死者供養の空間でもあった。天皇墓における火葬の常態化とともに、遺体処理地としての火葬地と、その後の火葬骨槨納地、この二ヶ所を墓とする墓制が、中世前半までに形成されてきていた。

そして、それら二ヶ所の墓は、仏教的死者供養のなかにあった。二ヶ所に分立させる墓、それが仏教的死者供養によって形成されている。

3 「両墓制」についての仮説

火葬墓制と「両墓制」の同質性——「両墓制」についての仮説(1) すでに、いくつかの事例を紹介したように、現在の庶民墓のうち、「両墓制」という用語で呼ばれてきた、遺体埋葬地と石塔建立地とが空間的に隔たっている墓制がある。この「両墓制」では、「埋め墓」＝遺体埋葬地と「詣り墓」＝石塔建立地との二ヶ所の墓があるとして、それらをまとめて「両墓」という言葉で表現し、「両墓制」という用語が使われてきた。[*26]

この「両墓制」についての通説は、柳田民俗学および柳田系民俗学の古典的研究によって形作られた。柳田国男（やなぎたくにお）（一八七五—一九六二）の「葬制の沿革について」（一九二九）［柳田 一九二九：二九八—三〇一頁］・『先祖の話』

（一九四六）［柳田 一九四六：一六九—一七一頁］、「両墓制」用語の初見でもある大間知篤三（一九〇〇—七〇）の「両墓制の資料」（一九三六）［大間知 一九三六：七二—七三、七八—八〇頁］、最上孝敬（一八九九—一九八三）の『詣り墓』（一九五六）［最上 一九五六：二七—四九頁］などが、その代表的作品である。これらにより、「両墓制」とは、「埋め墓」＝遺体埋葬地ではなく、「詣り墓」＝石塔建立地を重視する墓制であり、そこで「固有信仰」としての清浄な祖霊を祀るのが「両墓制」とされた。彼らは、日本の墓制が仏教的性格を濃厚に持つにもかかわらず、仏教的死者供養を排除し、「固有信仰」としての先祖崇拝を抽出しようとしていた。

しかし、二ヶ所の墓という意味でいえば、柳田民俗学および柳田系民俗学による現在の庶民墓における「両墓制」に対して、歴史的に先行し存在していたのが、いま明らかにしてきた中世前半の火葬墓制による二ヶ所の天皇墓であった。しかも、それは「固有信仰」ではなく、明らかな仏教的死者供養であった。

もちろん、現在の庶民墓における「両墓制」と中世前半の天皇墓における二ヶ所の墓とでは、歴史的にも階層的にも、大きな隔たりがあるので、その比較分析は慎重に行なわなければならないが、「両墓制」以前に、それに先行して、仏教的死者供養としての天皇墓における二ヶ所の墓、それが火葬によって存在していた。仮に、両者が二ヶ所の墓を持つ同質の墓制であると仮定するならば、庶民墓の「両墓制」の分析においても、歴史的には先行する、中世前半天皇墓の二ヶ所の墓による仏教的死者供養が重視されなければならないだろう。また、この二ヶ所の天皇墓が、「固有信仰」というよりも、明らかに仏教的死者供養であるということは、「両墓制」における二ヶ所の墓の意味についても、柳田民俗学および柳田系民俗学のような「固有信仰」論ではなく、仏教的死者供養また仏教民俗として解明する視点が重要となる。

そしてさらに、「両墓制」が庶民墓の民俗事象であるならば、同じく庶民墓における、民俗的火葬とでもいうべき火葬による墓制と、遺体埋葬による「両墓制」との比較分析も重要となる。近畿地方から北陸地方にかけて、特に、

写真26　サンマイ（三重県桑名市下深谷部）2015年

浄土真宗地域に濃厚に分布する民俗的火葬においても、火葬地と火葬骨埋葬地（あるいは納骨地）の二ヶ所の分立、また、複数の場所への埋葬（あるいは納骨）が存在している。たとえば、さきにみた、奈良県宇陀市向渕の火葬の民俗事象では、火葬骨は火葬場とは異なる地点をも含めて、複数の場所に納骨されてきた。

近接する同一地域の事例により、この「両墓制」と民俗的火葬の比較分析を行なってみよう。具体的には、その中部から西部・西南部に「両墓制」が、その東部に民俗的火葬が分布する三重県の事例である。

まずは民俗的火葬の事例である。

三重県桑名（くわな）市下深谷部（しもふかやべ）は、写真26のサンマイ（三昧）と呼ばれる火葬場が集落のはずれの畑地のなかにある。現在では、市の火葬場を使うようになっているが、昭和の終わりごろまでは、このサンマイで火葬していた。サンマイの入口には地蔵が立つ。葬列をくんでここまでくると、棺を蓮華座の棺台に置

写真 27　石塔墓地（三重県桑名市下深谷部）2015 年

き、最後の読経を行ない、その棺を後方の炉に移し火葬していた。火葬をするのは死去した人と同じ組の人であった。炉の下にはドウギ（胴木）と呼ばれる支えの木を置き、その上に棺を置き薪を置き、さらにその上に八枚のムシロをかけ蒸し焼きにして焼いていた（八枚の枚数は決まっていた）。収骨は、すべての骨を拾うのではなく、主要部分だけを拾い、残りは、炉の両側の囲い（コンクリート製の正方形）のなかにホカシていた（「ホカス」という表現をしているので「捨てる」意味と理解できる）。下深谷部には三ヶ寺あり、宗派は浄土真宗本願寺派（西本願寺）と大谷派（東本願寺）の家があるが、本願寺派であれば、写真27の集落内安養寺（あんようじ）（浄土真宗本願寺派）境内石塔墓地に火葬骨を納骨している。葬儀から三周忌以降には、収骨した火葬骨の一部を本山の西本願寺におさめにいくという。下深谷部では、火葬骨は、⑴寺院境内自家の石塔下、⑵本山の西本願寺、の二ヶ所に納骨されてきたことになる。さきにみた、奈良県宇陀市向渕における火葬墓制の

写真 28　火葬場（三重県桑名市長島町平方）2015 年

ように、複数の場所への納骨である。また、全部収骨ではなく部分収骨であり、残余火葬骨は遺棄されていた。

三重県桑名市長島町平方は、写真28の火葬場が集落はずれにある。平方でも、現在では市の火葬場を使うようになっているが、以前は、ここの火葬場を使っていた。棺は台車（写真の左側）に乗せ、葬列がここまでくると、棺を蓮華座の棺台に置き僧侶が最後の読経を行ない、親族・参列者が焼香した。そのあと、後方部分の火葬場、炉に移し、火葬を行なった。火葬骨の収骨は、全部ではなく主要なところだけであり、残りは、火葬場横に残余火葬骨をおさめるところがあり、そこにおさめていた。納骨は、この写真29のように火葬場横に石塔墓地を持つ家と、集落内の源盛寺（浄土真宗大谷派）境内に石塔墓地を持つ家とがあり、各家の石塔下におさめている。石塔下に火葬骨をおさめるほかに、三周忌が済むと、京都の本山東本願寺に火葬骨の一部分をおさめにいくという。これについては、桑名市街地に大谷派の

写真 29　石塔墓地（三重県桑名市長島町平方）2015 年

別院があるので、京都まで行かないでこの別院におさめる家もある。平方でも、火葬骨は、⑴火葬場横または寺院境内自家の石塔下、⑵本山の東本願寺、の二ヶ所に納骨されている。ここでも、複数の場所への納骨であり、また、全部収骨ではなく、部分収骨であり、残余火葬骨は遺棄されている。

いまみたこれら三重県桑名市下深谷部・長島町平方で、まず留意すべき点は、葬列により火葬場までくると、棺は蓮華座の棺台に置かれ、僧侶による最後の読経、焼香が行なわれていることであった。これは、さきにみた、奈良県宇陀市向渕の火葬でも同様である。火葬場に到着するとそのまま火葬されたのではなく、火葬場での順序は二段階であり、まずは、棺は蓮華座の棺台に置かれ、最後の仏教的死者供養としての読経が行なわれ、そのあと、火葬場の炉に移され火葬されていた。

この二段階の順序は、すでにみた、堀河天皇・白河天皇の事例、「清庭御所」での読経から「貴所竈所」での火葬という、中世前半の天皇墓における火

写真30　サンマイ（三重県伊賀市湯屋谷）2014年

葬の二段階とも、同じ進行でもある。

これらを、「両墓制」における、葬列から遺体埋葬までの順序と比べてみよう。

三重県伊賀（いが）市湯屋谷（ゆやだに）は、約二〇世帯で、集落背後の小高い山のなかに、写真30のサンマイ（三昧）を持つ。このサンマイに、以前は遺体を、現在では火葬骨を埋葬している。家で葬儀を行ない、そのあと葬列を組み、このサンマイまでくると、蓮華座の棺台に棺を置き、そのまわりを三周まわり、手前の横長の焼香台の前で、僧侶が最後の読経を行なった。そのあと、背後のサンマイに棺を埋葬していた。埋葬するための穴掘りは死者と同じ組から一人と親戚から一人が出て掘り、埋葬してきた。現在は市の火葬場で火葬して葬儀場を使うことが増えているが、それでも、このサンマイに火葬骨を埋葬することが多いという。サンマイでの埋葬方法は、この湯屋谷の人であるならば、どこへ埋葬してもよいが、近親者を近くに埋葬することが多いという。石塔墓地は、写真31のように、集落に近い山の斜面にある。こ

写真 31　石塔墓地（三重県伊賀市湯屋谷）2014 年

こには遺体埋葬はなく、一周忌・三周忌などに石塔を建立するのがふつうであった。ただし、最近では、この石塔墓地が狭隘になり、集落内の蓮徳寺（真言宗豊山派）境内に境内墓地を造成し、そこに墓域を持つ家もある。

三重県津市美杉町下多気は、約一〇〇世帯余で、その集落背後に写真32のサンマイを持つ。下多気は、六田・上村・世古・白口・小田・中世古・下世古・野登瀬・漆の九区に分かれていて、そのうち、白口だけは昔から火葬で石塔墓地も白口の集落背後に墓域を持つが、他の八区は集落背後のこのサンマイに遺体を埋葬してきた。現在では、完全に火葬になったので、このサンマイに火葬骨を埋葬するようになった。下多気の人であれば、このサンマイのどこへでも埋葬してよい。ただし、埋葬したばかりの新しい場所は避けられ、施主が葬儀の前にアナバン（穴番）とともにサンマイにきて、埋葬地点を決めている。夫婦とか近親者を近くに埋葬することが多いという。アナバンは、たとえば、上村はその

写真32　サンマイ（三重県津市美杉町下多気）2014年

なかが上（かみ）・中（なか）・下（しも）の三組に分かれているので、下組で葬儀が出たばあいは上からアナバンを出し、中組のときには下組、中組のときには下組がアナバンと決まっている。家で葬儀を行なうと、そのあと、葬列を組みこのサンマイまできた。そして、サンマイの入口のところの小屋のなかの棺台（下多気の棺台は四角形で蓮華座ではない）に棺を置き、その前の焼香台を使い、僧侶が読経し、親族の焼香のあと、アナバンが棺の埋葬し木の墓標を立てた。写真33は、この下多気のサンマイを入口方向からみたものであり、葬列がサンマイまでくると、棺を棺台に置き、最後の読経・焼香を、正面の地蔵に向かって行なった。埋葬後は、七日ごと四十九日まではサンマイの埋葬地点に参拝する。ただし、四十九日を過ぎると、ダントウバ（卵塔場あるいは檀徒場か）と呼ばれる石塔墓地にもお参りにいくようになる。下多気のダントウバは、集落内の写真34の西向院（さいこういん）（天台宗）という寺院境内にあり、ここには遺体埋葬はない。ただし、サンマイを使う六田・上村・世古・小田・中

写真33　サンマイと地蔵（三重県津市美杉町下多気）2014年

世古・下世古・野登瀬・漆の八区のうち、野登瀬だけはダントウバをこの境内墓地に持たず集落のはずれに持っている。一周忌以降は、このダントウバにお参りに行くようになるが、サンマイの方でも、遺体埋葬地がわかっているうちはお参りにいくという。もっとも、下多気では、このサンマイのどこに埋めてもよいために、埋葬から歳月の経たないうちは木の墓標や目印の石などがあるが、徐々に場所が不明になり、たとえば、祖父母くらいだと、遺体埋葬地が明確ではないばあいが多いという。

民俗的火葬と「両墓制」とは、異質の墓制のように思われがちである。しかし、いまみた、「両墓制」における遺体埋葬までの順序を確認すると、まずは、葬列が遺体埋葬地のサンマイまでくると、まずは、蓮華座（または四角形）の棺台に棺を置き、そこで僧侶による最後の読経が行なわれていた。その上で、次に、棺が移動され埋葬されている。二段階の進行である。民俗的火葬において、棺が葬列により運ばれ、まずは火葬地の蓮華座の棺台で読経され、次に、火葬さ

写真 34　ダントウバ（三重県津市美杉町下多気）2014 年

れる、二段階の進行と同じであった。

　「両墓制」は、蓮華座の棺台での読経→遺体埋葬

　民俗的火葬は、蓮華座の棺台での読経→遺体火葬

このような二段階である。

またそれは、中世前半の天皇墓、

　白河天皇の墓制が、「清庭御所」での「呪願」→「貴所竈所」での遺体火葬

という二段階の進行とも同じであった。

　さらに、「両墓制」と民俗的火葬とでは、最終的に、遺体を埋葬するか、それとも、遺体を火葬するのか、遺体処理方法の違いだけで、最後の読経が行なわれる蓮華座の棺台、儀礼の装置は同じ構図である。また、地蔵が立つ遺体埋葬地（三重県津市美杉町下多気、さきにみた奈良県奈良市興ヶ原・下須川）、火葬地（三重県桑名市長島町平方）もあり、それも同じ構図である。あえていえば、民俗的火葬の多くが浄土真宗地域であるのに対して、「両墓制」の多くが非浄土真宗地域という違いがあるにすぎな

い。「両墓制」と民俗的火葬は、同じ仏教的死者供養による「西方極楽」往生のための葬法であり、浄土真宗地域の多くが民俗的火葬を、非浄土真宗地域の多くが「両墓制」を、選択してきたともいえる。[*27]

そして、「両墓制」と民俗的火葬墓制とに共通する、蓮華座の棺台については、次のような仮定も可能であろう。蓮華座の棺台のほとんどは長方形ではなく円形であり、また、棺は座棺（円形木棺）であったという話を聞くことが多い。座棺とすれば、遺体埋葬あるいは火葬直前の最後の読経は、蓮華座に置かれた座位の遺体に対して行なわれていたことになる。蓮華座に座位の遺体があった。その構図は、蓮華座にある座位の仏像、たとえば、阿弥陀如来像などと同じである。「両墓制」ではその埋葬直前、民俗的火葬ではその火葬直前、蓮華座で、死者の遺体は仏像と同じ構図をとり、「西方極楽」往生していたといえるのではないだろうか。「両墓制」の遺体埋葬地での儀礼、民俗的火葬の火葬地での儀礼、それぞれにおいて、埋葬前と火葬前、遺体は仏像と同じ体位をとっていた。こうした儀礼の過程においても、「両墓制」と民俗的火葬は、「西方極楽」往生をとげるための仏教的死者供養であったと考えることができるように思われる。

すでに紹介した通説では、「両墓制」の遺体埋葬地は、石塔墓地以上に仏教的ではないと考えられているが、[*28]そうではなかったのである。逆に、「両墓制」の遺体埋葬地は仏教的死者供養のため、「西方極楽」往生のための、もっとも典型的な空間であった。

また、いま事例をみてきた三重県では、「両墓制」地域では遺体埋葬地をサンマイ（伊賀市波敷野・湯屋谷、津市美杉町下多気）、民俗的火葬墓制地域でも火葬地をサンマイ（桑名市下深谷部）というばあいが多い。サンマイという民俗語彙を手がかりとすれば、サンマイは遺体埋葬地でもあり火葬地でもあった。遺体埋葬、火葬を問わず、遺体処理地こそがサンマイであった。このように、サンマイという語彙が、遺体埋葬地と火葬地と、その両方を意味させる記号であるとすれば、その記号の使用地域においては、両者ともが同じく、仏教的死者供養により死者を「西方極楽」往生させる空間であると考えなければならないであろう。

火葬墓制から「両墓制」の形成へ――「両墓制」についての仮説(2) 「両墓制」とは仏教的死者供養のための墓制であり、民俗的火葬墓制とも同質性を持つことを仮定してみたが、それをより確実にするために、「両墓制」における遺体埋葬方法をさらに整理してみよう。そのうえで、再び、民俗的火葬墓制および天皇墓における火葬墓制の意味をとらえなおしてみたいと思う。

これまで紹介した事例に限ってみても、「両墓制」における遺体埋葬方法には、いくつかの形態があった。たとえば、遺体埋葬地の区画内で、

(1)無秩序――どこに埋葬してもよい(三重県津市美杉町下多気・三重県伊賀市湯屋谷)、

(2)死去順序――死去した順序で埋葬する(奈良県奈良市興ヶ原・三重県伊賀市波敷野)、

(3)年齢別――死去した時点の年齢別に埋葬する(奈良県奈良市下須川)、

である。奈良県奈良市邑地町のばあいは、ミハカの区画がイットウと呼ばれる同族団ごとに区画されているが、その区画内では(3)によっていた。

これら(1)(2)(3)の遺体埋葬方法をみると、その遺体埋葬原理には家原理が反映していないことがわかる。石塔墓地での石塔建立はいずれも家原理により家ごとに区画され、家ごとに石塔供養が行なわれているが、遺体埋葬原理は家原理ではない。(1)のどこへ遺体を埋葬してもよいという事例は、家原理からの分離だけではなく、遺体の軽視とでもいうべき「両墓制」における遺体観を示す典型例ともいえる。

「両墓制」の遺体埋葬方法には、これらに加えて、

(4)男女別――男女別に埋葬する、

すらもある。

写真35　棺台とミハカ（奈良県奈良市水間）2015年

奈良県奈良市水間は、約八〇世帯で、そのなかが、上出組・仲組・茶屋組・小和田組・鳴滝・下出組・奥和田組・御影の八カイト（垣内）に分かれている。これらのうち、御影は飛地のために、御影だけでミハカとセキトウバカを持つが、他の七カイトは集落背後の山中にミハカとセキトウバカを持つ。葬儀は、以前は家で行なったが、現在ではコミュニティセンターと呼ばれる集会所を使うことが増えている。葬儀のあと、現在では、市の火葬場に持っていき火葬し火葬骨をミハカに埋葬する。以前は、棺を担ぎ歩き、また、車でここまで運び、棺をミハカに埋葬していた。このミハカまでくると、写真35の、ミハカの下の地蔵の前の棺台に置き、親族などがそのまわりを時計まわりに三周まわった。左側もっとも奥が地蔵で、その前に棺台、その前に焼香台がある。ここでオッサン（御さん。僧侶）が最後の読経を行なった。そして、そのあと、穴掘りが棺をミハカに埋葬した。六地蔵の背後にミハカが広がっている。

この水間の「両墓制」でも、遺体埋葬は二段階の進行であった。

ミハカは、写真36のように、中央の階段で、左右を分け

写真36　男女別・年齢別埋葬のミハカ（奈良県奈良市水間）2015年

て、斜面を五段に区画している。この階段を境に、向かって右側が女、左側が男の埋葬地である。この五段のうちどの段に埋葬するかは、死去した時点での年齢により決まり、階段から右側の女のばあい、最上段（木の裏側）が九〇歳・一〇〇歳以上、二段目（木の植えられている段）が八〇歳以上、三段目が七〇歳以上、四段目が六〇歳以上、五段目の最下段が六〇歳未満で、階段から左側の男のばあい、最上段が九〇歳以上（まだ一〇〇歳以上での死者はないという）、二段目が八〇歳以上、三段目が七〇歳以上、四段目が六〇歳以上、五段目が六〇歳未満、である。写真37は、この地域は、八月七日のナノカボン（七日盆）に墓掃除と墓参りをするので、そのナノカボンに、女の最上段のところで、死者の親族が墓参りをしているところである。

水間のミハカは、男女別墓制であるだけではなく年齢別墓制でもあった。

セキトウバカは、一九八〇年（昭和五五）、この墓域の改修工事を行なうまでは、このミハカの背後に家別にあったが、狭隘になったために、ミハカの向かい側の、地蔵・

写真 37　ミハカでの墓参り（奈良県奈良市水間）2015 年

棺台などをはさんだ場所に、あらたに家別で造成した。写真38は、ナノカボンのときこのセキトウバカに墓参りをしているところである。セキトウバカの区画は家別であるが、場所はおおよそカイトごとに分けられている。また、セキトウバカには、遺体・火葬骨はないが、最近では、石塔下部に火葬骨を納骨できるようにしている家もあるという。

水間では、いまナノカボンの墓参りをみたように、ミハカへの墓参りは、埋葬地がわかるうちはだいたいきているという。ただし、ミハカでのオッサンの読経は、葬儀の翌日のアサマイリ（朝参り）から四十九日までの七日ごとの法事であり、その後は、セキトウバカでの読経になるという。

この水間での「両墓制」では、ミハカでの遺体埋葬原理は、男女別・年齢別墓制であった。しかし、セキトウバカの建立原理は、家別墓制である。ここでも、ミハカの男女別・年齢別墓制に対して、それとは異質な家原理によってセキトウバカが構成されている。

男女別・年齢別墓制をもう一事例だけ簡単にみてみよう。奈良県奈良市柳生下町（やぎゅうしもちょう）は、集落はずれの丘陵斜面に墓

写真38　セキトウバカでの墓参り（奈良県奈良市水間）2015年

域を持つ。斜面の最下部にミハカ、それから上段に家別のセキトウバカが広がっている。写真39は、この柳生下町のミハカである。ミハカの入口に蓮華座の棺台があり、葬列をくみここまで棺を持ってくると、この蓮華座の棺台で最後の読経を行ない、背後のミハカに棺を移し埋葬してきた。この柳生下町での埋葬は、この蓮華座の棺台を境に、通路をはさんで、向かって右側が女、左側が男の埋葬地である。そして、この入口に近い方から死去した時点での年齢が若い順序で埋葬されてきた。奥側からみると、高齢で死去した順序での埋葬となる。

このように、「両墓制」における遺体埋葬地でのその埋葬原理は、家原理によるのではなく、(1)無秩序墓制、(2)死去順序墓制、(3)年齢別墓制、(4)男女別墓制、といった、非家原理による埋葬原理によって貫かれてきた。それぞれの集落で、どの原理を採用しているのかについては、村落構造との関連性も推測されるが、確実に指摘できることは、いずれのばあいも、埋葬された遺体は、その埋葬地が歳月の経過、および、他者の埋葬により、特定不可能となることであった。遺体は重視されていない。あるいは、遺体は

写真 39　ミハカ（奈良県奈良市柳生下町）2015 年

無視されている。

蓮華座の棺台での僧侶による読経、「西方極楽」往生したあとは、火葬ではなく、遺体埋葬の「両墓制」であっても、遺体は喪失させられなければならなかった。

民俗的火葬における遺体喪失、中世天皇墓における火葬による遺体喪失、それらと、火葬と遺体埋葬との遺体処理方法の違いはあるとはいえ、「西方極楽」往生する死者の遺体は喪失されなければならないのである。民俗的火葬、火葬による中世天皇墓、「両墓制」、これらは、遺体喪失という点では同じであった。「西方極楽」往生する死者は、遺体を獲得して現世に戻ってきてはならないのである。

柳田民俗学および柳田系民俗学は、「両墓制」における遺体喪失にふれて、「固有信仰」としての祖霊（先祖）の重視を起点に、それを説明してきた。祖霊になるので遺体は重視されない、という説明であった。しかし、「両墓制」における遺体喪失とは、「固有信仰」としての祖霊信仰を原因とするのではない。仏教的死者供養による「西方極楽」往生のために、肉体の保有を厳禁するところにあった。

「両墓制」の遺体埋葬地でも、

(5)家別—遺体埋葬地が家別の墓域を持つ、

はある。一例だけみておこう。

三重県鳥羽（とば）市菅島（すがしま）は、約一六〇世帯あり、その全世帯が、港に近い墓域に家別のミハカを、石塔墓地を寺院境内裏に持つ。約一〇年前から火葬骨を埋葬するようになったが、それまでは遺体を埋葬していた。葬儀を家で行なったあと、ミハカの入口まで葬列でくると、まずは、棺を担いだまま三周まわり。そのあと、地蔵の前の棺台に棺を置き、僧侶が読経を行なった。そのあと、ミハカは家別に区画があるので、その家別のミハカに遺体、現在では火葬骨を埋葬している。写真40のように、島の海浜に近い土地のために砂地がひろがり、遺体（火葬骨）埋葬地には平らな石を積んでいる。石塔墓地は、写真41のように、寺院境内裏の丘陵地に、家別に区画されているが、ここには遺体（火葬骨）の埋葬はない。石塔墓地をカリミセ（仮見せ）という言い方もする。菅島では、ミハカもカリミセも家別の区画で、ミハカでは死者のおおよその埋葬地を特定できるために、たとえば、菅島では八月一四日朝がお盆の墓参りで、この墓参りには、ミハカとカリミセと、両方の墓域に墓参りをしている。

このような「両墓制」で、遺体埋葬地が(5)家別墓制のばあいは、遺体埋葬地がおおよそ把握できるので、(1)(2)(3)(4)のような遺体喪失を前提とする遺体埋葬とは、その埋葬原理が異なっているともいえる。

また、いわゆる遺体埋葬地と石塔建立地が隣接する「単墓制」も、その墓域は家別がふつうなので、その埋葬原理は(1)(2)(3)(4)とは異なる。一例だけみてみよう。

奈良県奈良市下狭川（しもさがわ）では、集落背後の林中に、松葉山（まつばやま）墓地と名づけた墓域を持つ。現在では、奈良市の火葬場での火葬、火葬骨埋葬がふつうであるが、かつては、家で葬儀を行なうと、この松葉山墓地まで葬列をくんでいった。葬

写真 40　ミハカ（三重県鳥羽市菅島）2015 年

写真 41　石塔墓地（三重県鳥羽市菅島）2015 年

写真42　棺台と墓域（奈良県奈良市下狭川）2015年

列が松葉山墓地に着くと、棺をかついだまま行列で二、三周まわり、そのあと、棺を写真42のムカエジゾウ（迎え地蔵）の前にある蓮華座の棺台に置いた。ここで、中墓寺(ちゅうぼじ)（融通念仏宗）のオッサンが読経し、そのあと、背後の家別の墓域に埋葬し木の墓標を立てていた。読経のあとは、オッサンと親族は帰り、同じカイトの人たちがその家の墓域に埋葬していた。写真43がその家別の墓域であり、家別の区画に埋葬され、そこでは、遺体埋葬地点からずらされて石塔が建立されているのがわかる。この家ごとの墓域は、狭隘な限られた区画を使うので、くりかえし掘り返して使用されてきた。

「単墓制」といえども、遺体埋葬地は石塔建立地と不一致である。遺体埋葬地上に石塔建立は行なわれていない。

このように、「両墓制」における(5)家別墓制、「単墓制」の家別埋葬原理、それらにはこうした事実があるので、「両墓制」のすべてを遺体喪失を前提とする墓制であると断定することは難しいかもしれない。しかし、(5)の事例、三重県鳥羽市菅島の「両墓制」、奈良県奈良市下狭川の「単墓制」の事例は、両者とも、自宅での葬儀のあと、

写真 43 「単墓制」の墓域（奈良県奈良市下狭川）2015 年

葬列により墓域までくると、その入口の棺台で僧侶による最後の読経を行ない、そのあと棺を埋葬していた。二段階の順序、棺台の構図は、(1)(2)(3)(4)の「両墓制」また民俗的火葬と同じであった。

このように、「両墓制」解明のための分析視点を、遺体埋葬地に集中して整理をしたとき、遺体埋葬の家原理、また、「単墓制」との関係も考慮する必要があるが、それは、遺体喪失を前提とした、仏教的死者供養による「西方極楽」往生にある、と仮定することがなおも可能ではないかと考えられるのである。

中世仏教と近世仏教の重層――「両墓制」についての仮説(3)

あとで整理するように、日本中世の墓制は、天皇墓だけではなく武士墓・庶民墓にいたるまで、遺体埋葬ではなく、火葬が中心であった。日本の墓制は、近世以前が遺体埋葬で、近現代、徐々に現代的な火葬へと変化してきたのではなく、中世段階で、いったん火葬となり、近世、火葬から遺体埋葬へと変化した地域が多かった。民俗的火葬と「両墓制」を同質の墓制としてとらえたとき、このような歴史的事実を考慮すると、「両墓制」の遺体埋葬地とは、中世段階で成立していた仏教的死者供養、「西方極楽」往生させるための火葬、遺体喪失のための火葬が前史としてあり、近世以後、そこからの変形として形成された墓制であると考えることができないだろうか。中世の「西方極楽」往生のための火葬からの変形、それが「両墓制」の遺体埋葬地の形成であった。[*29]

いっぽう、「両墓制」にせよ「単墓制」にせよ、石塔墓地が存在する。この石塔の形成についてはどのように理解すればよいのであろう。いうまでもなく、家原理による石塔墓地、石塔の成立は近世以後であった。この近世以後の形成である石塔墓地は、江戸幕府の仏教政策、本末制度のもとに統制された寺院が、庶民を宗門改めによって家別に統制した近世仏教による形成であった。[*30] 現在まで残存した民俗的火葬が中世の火葬からの継続、「両墓制」の遺体埋葬地が中世の火葬からの変形であったと考えられるのに対して、石塔墓地は近世仏教の石塔供養による形成であった。

「両墓制」に限定し、また、柳田民俗学および柳田系民俗学の使用した用語によってこれを表現すれば、「埋め墓」（遺体埋葬地）は中世仏教的残存、「詣り墓」（石塔墓地）は近世仏教的形成、それらの複合が現在に残存する「両墓制」であった。「両墓制」とは中世仏教と近世仏教との重層による仏教民俗としての形成である。「詣り墓」についていえば、江戸幕府の仏教政策に基づいた近世仏教の展開、近世小農家族に形成された家原理に基づく「位牌」・仏壇供養および仏教的葬送儀礼による祖霊信仰の形成［岩田 二〇一〇：二八三―三二六頁］［岩田 二〇一四：一三九―一四七頁］、それらが近世「詣り墓」における仏教的祖霊信仰を形成させたといってもよいかもしれない。祖霊信仰とは、柳田民俗学および柳田系民俗学がいうような「固有信仰」としてのそれではなく、近世仏教によって歴史的に形成された仏教民俗のひとつであった。

浄土真宗地域の遺体埋葬地――石塔建立についての仮説　「両墓制」における遺体埋葬地とは、民俗的火葬、遺体喪失と同質性を持つ墓制であり、中世の火葬からの変形ととらえてみた。この仮説をいっそう明確にするとともに、

写真44　サンマイ（滋賀県高島市北鴨）2016年

石塔建立が後発的で、「両墓制」とは、原型としての遺体埋葬地があり、それに石塔墓地が付加した墓制であることを明確にするために、浄土真宗地域でありながら、民俗的火葬ではなく、火葬を行なわずに遺体埋葬を行なってきた地域の事例を分析してみたいと思う。

浄土真宗といえば火葬、といわれるが、そうではない逆の事例、遺体埋葬を行なってきた地域の事例である。そのような地域では、石塔をまったく建立してこなかった事例さえもある。[31]

地域的には、琵琶湖の湖西、滋賀県高島市旧高島町・旧安曇川町の事例である。[32]この地域は、浄土真宗本願寺派（西本願寺）・大谷派（東本願寺）が多く、また、滋賀県大津市坂本に天台真盛宗本山西教寺があるために天台真盛宗も多い。そして、この地域では、浄土真宗にもかかわらず民俗的火葬が行なわれておらず、この三宗派すべてが、比較的近年まで、火葬ではなく遺体埋葬を行なってきた。[33]

浄土真宗大谷派、浄土真宗本願寺派、天台真盛宗の順番でみてみよう。

高島市北鴨では、鴨川の北側の竹やぶの横に、写真44の

写真45　寺院境内石塔墓地（滋賀県高島市宿鴨）2016年

サンマイを持っている。平成に入ってまもないくらいまでは、ここのサンマイに遺体を埋葬してきた。寺院は鴨川南側の宿鴨（しゅくがも）の慈敬寺（じきょうじ）（浄土真宗大谷派）である。家で葬儀をやっていたので、葬儀のあと、葬列でサンマイまで行き、サンマイに着くと、座棺の棺をサンマイの石の台の上に置いていた［写真44の手前の長方形の台］。そして、ここでゴエンサン（僧侶）に読経してもらい、そのあと、サンマイはだいたい家ごとの区画が決まっていたので、そこに埋葬していた。現在では、写真45のように、宿鴨の慈敬寺境内裏に、北鴨の家も宿鴨とともに、家ごとに区画された石塔を持つが、以前はまったく石塔を建てなかったので、埋葬後の翌日、七日ごと四十九日までのお参りもこのサンマイだけにきていた。一年忌・三年忌をはじめ年忌法要もこのサンマイだけあった。現在では、市の火葬場で火葬すると、慈敬寺境内裏の石塔の下に火葬骨をおさめる家が多い。ただし、北鴨では、サンマイにも新しく石塔を建立している家もあり［写真44の後方にみえる］、そのような家ではサンマイに建立した石塔のところにおさめているという。また、サンマイに遺体を埋葬していたときは、葬儀の

写真 46　サンマイ（滋賀県高島市宿鴨）2016 年

前のオカミソリ（お髪剃り）で、遺体を納棺する前に髪の毛をとっておくので、この髪の毛を、家によっても違うが、三年忌のあとなどに、本山におさめにいっていた。現在では、火葬になったので、火葬場で骨壺を二つ作り、一つは慈敬寺境内裏の石塔の下におさめ、もう一つは、本山へおさめている。

慈敬寺境内裏の石塔墓地を造成したのは一九七七年（昭和五二）であった。家ごとに区画された新しい墓域が整然と並ぶ［写真45］。それまでは、北鴨では、サンマイに座棺に入れた遺体を埋葬するだけであった。北鴨にはもともとは石塔はなかったのである。

現在では、この慈敬寺境内裏に石塔墓地を持ち、ここに火葬骨をおさめている宿鴨でも、その集落はずれ、鴨川南側に写真46のサンマイを持つ。入口には戦死者の石塔が並び、区画されたなかに、遺体を埋葬してきた。宿鴨では、このサンマイのどこへでも埋葬してよかったという。しかし、近親者の埋葬を隣接地にすることが多かった。埋葬したあとは、七日ごと四十九日までこのサンマイにお参りに行き、年忌法要でも近親者はサンマイにお参りにいった。

写真47　サンマイ（滋賀県高島市宮野）2016年

しかし、石塔はなかったので、このサンマイにいくだけであった。このサンマイに遺体を埋葬している時代は、北鴨と同じように、葬儀の前に、死者の髪の毛をとっておき、年忌法要のあと、その髪の毛を本山におさめに行っていた。現在は、火葬になっているため、火葬骨を慈敬寺境内裏の石塔の下におさめるほかに、火葬骨を本山におさめに行っている。

宿鴨でも、慈敬寺境内裏の石塔墓地が造営される前は、石塔墓地を持たず、遺体埋葬地としてのサンマイだけを持っていたことになる。

いまみた、北鴨と宿鴨の事例は、浄土真宗大谷派の遺体埋葬で、かつては石塔非建立であったが、近年、現代的な火葬の普及とともに、石塔を建立するようになった事例である。

いっぽう、現在でも、石塔を建立しない集落がある。高島市宮野（みやの）は、その集落のはずれに写真47のサンマイを持つ。埋葬地の横に、葬列がきたあと、棺を置く台があり［写真47の右側の屋根の下］、そこで僧侶に読経してもらい、すぐ横のサンマイに棺を埋葬してきた。棺は座棺であった。

平成になってからもこのサンマイで遺体を埋葬していたので、市の火葬場を使うようになったのは、平成になってしばらく経ってからであるといわれる。寺院は、集落内に善覚寺（浄土真宗本願寺派）があるが、この境内には石塔墓地はなく、宮野には現在でも石塔墓地はない。現在では、火葬すると、火葬骨を二つの骨壺に分けていて、そのうちの一つを、葬儀後（特に日取りの決まりはないという）、サンマイに埋葬している。サンマイのなかは、家ごとに区画が決まっていて、かつては遺体を埋葬していた区画に、現在では、火葬骨を骨壺から出し埋葬している。宮野では、現在、サンマイには、木の墓標（わずかであるが小型の石製のものもある）の形態で「先祖代々之墓」を建てている家が多い［写真47の木の墓標など］。いっぽう、もう一つの骨壺は、三年忌のあとなどに、本山に納骨している。

これら、北鴨・宿鴨（浄土真宗大谷派）、宮野（浄土真宗本願寺派）の事例からわかるのは、これらでは、墓というべきものは、

(1)サンマイ――遺体埋葬（現在は北鴨・宿鴨では石塔墓地に納骨、宮野ではサンマイに埋葬）、
(2)本山――納髪（現在は納骨）、

の二ヶ所であり、石塔の建立はなかったことである。現在では、石塔を建立するばあいもあり（北鴨・宿鴨）、また、火葬になっているが、遺体埋葬地と石塔の二ヶ所を持つ「両墓制」のような複数の墓ではなく、石塔のない複数の墓であった（宮野）。

そして、これらでは、石塔建立は、現代、まさに現在進行形で形成途中にある。このような現前に存在する事実からでも、石塔建立が、遺体埋葬地に比べて、後発的存在であることがうかがわれよう。

次は、天台真盛宗の集落の事例である。

高島市野田は、約四〇世帯すべてが、集落はずれ、道路端にある写真48のサンマイに遺体を埋葬してきた。シントウ（神道）、創価学会の家もあるが、それらもサンマイを利用してきている。以前は、家での葬儀のあと葬列でこのサン

写真 48　サンマイ（滋賀県高島市野田）2016 年

マイまでくると、まずは、サンマイの入口にある棺を置く台に棺を置き、ここで集落内の妙楽寺（天台真盛宗）のオショウニンサマ（お上人様）に読経してもらい焼香をして、それから、サンマイは家ごとの区画になっているので、そこに埋葬していた。現在では、火葬になったので、葬儀と火葬の翌日、オショウニンサマもサンマイまできて、火葬骨を骨壺から出して、このサンマイに埋葬している。ただし、オショウニンサマがこのあと、サンマイまでお参りくることはない。野田では、初七日にはジュズクリ（数珠繰り）があり、オショウニンサマと葬儀に参列した人たちが寄り、念仏を一〇〇回唱え、七日ごとの法要を四十九日まで行なっている。また、一回忌・三回忌・七回忌・一三回忌など年忌法要を重ねるが、このようなときの墓参りは、オショウニンサマは写真49の妙楽寺境内裏にあるキヨバカ（清墓）の石塔墓地の方だけにお参りに行くが、親族はサンマイと石塔墓地と両方に行く。なお、シントの家の石塔は、サンマイの隣接地、戦死者の石塔はサンマイ内と妙楽寺境内にある。

野田では、遺体をサンマイに埋葬していた時代は、埋葬

写真 49　寺院境内裏石塔墓地（滋賀県高島市野田）2016 年

前に髪の毛をとっておき、その髪の毛を、七回忌か一三回忌のあとなどに、天台真盛宗の本山、大津市坂本の西教寺におさめにいった。現在では、火葬になっているので、火葬のときに、骨壺を複数作ってもらい、一つは葬儀の翌日、サンマイに埋葬し、もう一つは、西教寺の納骨堂におさめにいっている。写真50がこの西教寺境内にある納骨堂である。

この野田（天台真盛宗）のばあい、墓というべきものは、

(1)サンマイ――遺体埋葬（現在は火葬骨埋葬）、

(2)本山――納髪（現在は納骨）、

の二ヶ所があり、もう一ヶ所、

(3)石塔墓地――埋葬（納骨）、

の三ヶ所であった。(1)サンマイと(3)石塔墓地による「両墓制」である。また、(1)サンマイと(2)本山については、浄土真宗集落と同じであり、天台真盛宗集落でも、本山納骨は行なわれている。いっぽう、天台真盛宗集落では、(3)石塔墓地については、以前からの建立と参拝が行なわれてきた。

高島市旧高島町・旧安曇川町地域では、ひとつの集落のなかに、浄土真宗の家々と天台真盛宗の家々とが混在して

写真 50　西教寺納骨堂（滋賀県大津市坂本）2016 年

いるばあいも多い。そのような集落では、⑴サンマイを共通にしており、それぞれ、⑵本山へ納髪（現在は火葬骨）し、⑶天台真盛宗の家々だけが寺院境内にキヨバカと呼ばれる石塔墓地を持ってきた事例が多い。

一例だけみておこう。

高島市安曇川町三ツ矢(みつや)は、古くからの家は一八軒あり、そのうち、一六軒が集落内にある浄蓮寺(じょうれんじ)（天台真盛宗）の檀家で、二軒が隣の下小川(しもおがわ)の鈎玄寺(こうげんじ)（浄土真宗大谷派）の檀家である。サンマイは共通のサンマイを持ち、葬儀のときには、同じように、親族は白装束になり、ザイショ（在所）の人たちが葬列でサンマイまできて、サンマイでは、石の台（細長い二本の石の上）に座棺を置き、その前の石の台に飾りなどを置き、僧侶の読経のあと、サンマイに埋葬していた。このやり方は、天台真盛宗の檀家でも浄土真宗大谷派の檀家でも同じだった。また、三回忌・七回忌などのあとに、髪の毛をそれぞれの本山におさめに行くのも同じであった。しかし、天台真盛宗の檀家は集落内の浄蓮寺境内にキヨバカを持ち、いっぽう、浄土真宗大谷派の檀家はそうした石塔墓地を持っていなかった。三ツ矢では、平成になった直後がサンマイへの最後の遺体埋葬だったと記憶され、その後は、火葬になった。そのために、従来からキヨバカを持っていた天台真盛宗の家々ではキヨバカに火葬骨をおさめるようにして、いっぽう、従来は石塔墓地を持たなかった浄土真宗大谷派の家々は、サンマイに納骨できる石塔を新たに建立し、そこにおさめるようにしている。

この三ツ矢の事例では、天台真盛宗も浄土真宗大谷派も、同じ集落内でサンマイを共通にしてきていた。しかし、天台真盛宗だけが寺院境内に石塔墓地を持ち「両墓制」であったために、火葬が普及した現在では、浄土真宗大谷派の家々が、新たに、サンマイに石塔墓地を建立する、そのような形態がとられている。

このように、(1)サンマイと(2)本山、それぞれの存在は、浄土真宗と天台真盛宗において、共通している。また、(1)サンマイについては、家での葬儀のあとサンマイでの僧侶の読経と儀礼があるこの二段階の進行も、これまでみてきた、民俗的火葬および「両墓制」と同じである。そして、(3)石塔墓地については、天台真盛宗ではすでに以前から存在し、(1)サンマイ、(3)石塔墓地による「両墓制」であったが、浄土真宗では(3)石塔墓地はいまだ存在しない、あるいは、現在進行形の形成である。

このような(1)(2)の共通項が抽出できるということは、この琵琶湖の湖西、滋賀県高島市旧高島町・旧安曇川町地域の墓制は、(1)サンマイへの埋葬(火葬骨埋葬)と(2)本山納髪(納骨)という石塔を建立しない墓制が基本形で、(3)石塔墓地の形成が後発的であったことを説明できる証拠になり得ると思われる。すくなくとも、「〇〇家之墓」、いわゆる先祖代々墓に代表される石塔の建立とは、もともとからあった「固有信仰」ではなく、後発的形成であることは、疑いないことであろう。

4　泉涌寺と深草法華堂

混乱のもとでの遺体処理葬――簡略化としての遺体埋葬　中世天皇墓を起点として、現代に継続してきた「両墓制」と民俗的火葬墓制の比較分析が長くなったが、再び、中世天皇墓に戻ることにしよう。

表2は、院政期から建武の新政期までを便宜的に中世前半として、この時代の歴代天皇墓を、上野竹次郎『山陵』（一九二五）により整理したものである。上野の『山陵』は典拠が明確でないために、正確さは欠如するが、全体像を把握するだけなら充分である。ここでは、一〇七三年（延久五）死去の後三条天皇（一〇三四―七三、在位一〇六八―七二）から、一三三四年（元弘四・建武一）の建武の新政までに即位した天皇、一三三九年（南朝暦＝延元四）死去の南朝後醍醐天皇（一二八八―一三三九、在位一三一八―三九）、一三六四年（北朝暦＝貞治三）死去の北朝光厳天皇（一三一三―六四、在位一三三一―三三）まで、合計二七人を一覧とした（南北朝期の和暦表記は、北朝は北朝暦、南朝は南朝暦とした）。

この合計二七人の天皇のうち、火葬は一七人（六三％）、遺体処理葬は一〇人（三七％）であった。中世前半の天皇墓は、約三人に二人、約三分の二が火葬であった。彼らのうち、遺体処理葬の一〇人については、成年前の死去の天皇が多い。成年であったのは鳥羽天皇（一一〇三―五六、在位一一〇七―二三）・後白河天皇（一一二七―九二、在位一一五五―五八）・高倉天皇・後堀河天皇（一二一二―三四、在位一二二一―三二）・後宇多天皇（一二六七―一三二四、在位一二七四―八七）・後醍醐天皇の六名、成年前であったのは六条天皇（一一六四―七六、在位一一六五―六八）・安徳天皇・仲恭天皇（一二一八―三四、在位一二二一―二一）・四条天皇の四名である。安徳天皇は壇ノ浦での入水であるが数値上は遺体処理葬に含め、仲恭天皇は承久の乱のため即位儀礼が行なわれずその葬

表2　中世前半の天皇墓（アミフセは火葬された天皇）

No.	天皇	在位期間	死去年月日（死去地）	遺骸処理	火葬年月日（火葬地）	葬送年月日（葬送地）	生前出家	出典
1	後三条	1068-72	1073年（延久5）5.7	火葬骨	1073年（延久5）5.17（「神楽岡ノ南ノ原」）	?（「禅林寺」）	1073年（延久5）4.21	p.202
2	白河	1072-86	1129年（大治4）7.7（「三条室町第」）	火葬骨	1129年（大治4）7.15（「香隆寺ノ西北」）	1129年（大治4）7.16（「香隆寺」）, 1131年（大治6・天承1）7.9「鳥羽ノ三層塔下」	1096年（嘉保3・永長1）8.9	pp.213-214
3	堀河	1086-1107	1107年（嘉承2）7.19（「堀河院ノ中殿」）	火葬骨	1107年（嘉承2）7.24（「香隆寺ノ坤方ノ野」）	1107年（嘉承2）7.25（「香隆寺ノ僧房」）, 1113年（天永4・永久1）3.22（「仁和寺ノ円融院」）	—	pp.210-211
4	鳥羽	1107-23	1156年（久寿3・保元1）7.2（「安楽寿院ノ御所」）	遺体	—	1156年（久寿3・保元1）7.2（「安楽寿院ノ塔下」）	1141年（保延7）3.10	pp.221-222
5	崇徳	1123-41	*讃岐配流. 1164年（長寛2）8.26（「讃岐」）	火葬骨	1164年（長寛2）9.18（「白峯寺西北ノ石巌」）	?	—	pp.225-226
6	近衛	1141-55	1155年（久寿2）7.23（「近衛殿」）	火葬骨	1155年（久寿2）8.1（「船岡ノ西」）	1155年（久寿2）8.2「知足院」	—	pp.218-219
7	後白河	1155-58	1192年（建久3）3·13（「六条西洞院」）	遺体	—	1192年（建久3）3.15（「蓮華王院ノ東, 法華堂」）	1169年（仁安4・嘉応1）6月,「法性寺」	pp.237-238
8	二条	1158-65	1165年（永万1）7.28	火葬骨	1165年（永万1）8.7（「香隆寺ノ艮ノ野」）	?「香隆寺ノ本堂」, 1170年（嘉応2）5.17「三昧堂」に移す	—	p.228
9	六条	1165-68	1176年（安元2）7月17日（「東山第」）	遺体	—	1176年（安元2）7月22日（「清閑寺ノ小堂」）	—	p.230
10	高倉	1168-80	1181年（治承5）1.14（「六波羅池殿」）	遺体	—	1181年（治承5）1.14（「清閑寺」「法華堂」）	—	pp.231-232
11	安徳	1180-85	1185年（元暦2）3.24	壇ノ浦入水	—	（「阿弥陀寺」）	—	pp.234-235

12	後鳥羽	1183（後白河法皇の指示で即位）-98	＊隠岐配流. 1232年（寛喜4・貞永1）2.22	火葬骨	1232年（寛喜4・延応1）2.25（「隠岐国海部郡刈田郷」）	1232年（寛喜4・延応1）5.16（「大原ノ勝林院」）. 1241年（仁治2）2.8「大原法華堂」に移す	1221年（承久3）7月（「鳥羽殿」「落飾」「良然」）	pp.246-247
13	土御門	1198-1210	＊阿波配流. 1231年（寛喜3）10.11	火葬骨	?「其ノ地」	1234年（天福2・文暦1）12.12「京師」「西山金原ノ御堂」	1231年（寛喜3）10.6（「落飾」「行源」）	pp.243-244
14	順徳	1210-21	＊佐渡配流. 1242年（仁治3）9.12（「真野山ノ行宮」）	火葬骨	1242年（仁治3）9.13（「真野山」）	1243年（仁治4・寛元1）5.13（「大原」「墓所」）	—	pp.253-254
15	仲恭	1221-21	1221年（承久3）5.20	?	?	?	—	p.243
16	後堀河	1221-32	1233年（天福2）8.6（「持明院殿」）	遺体	—	1233年（天福2）8.11（「東山観音寺ノ傍」）	—	p.244
17	四条	1232-42	1242年（仁治3）1.9（「閑院殿」）	遺体	—	1242年（仁治3）1.25（「泉涌寺ノ後山」）	—	p.251
18	後嵯峨	1242-46	1272年（文永9）2.17（「亀山殿ノ別院寿量院」）	火葬骨	1272年（文永9）2.19（「亀山殿ノ別院薬草院」）	1272年（文永9）2.20（「浄金剛院」. 1273年（文永10）6.20「亀山殿ノ法華堂」に移す）	1268年（文永5）10月「亀山殿」	p.255
19	後深草（持明院統）	1246-59	1304年（嘉元2）7.16（「二条富小路殿」）	火葬骨	1304年（嘉元2）7.17（「深草山」）	1305年（嘉元3）8.29「法華堂」（深草法華堂）	1290年（正応3）2月「亀山殿」	p.260
20	亀山（大覚寺統）	1259-74	1305年（嘉元3）9.15（「亀山殿」）	火葬骨	1305年（嘉元3）9.17（「亀山殿ノ後山」）	?「浄金剛院」「南禅寺」「金剛峰寺」	1289年（正応2）「南禅院」	pp.262-263
21	後宇多（大覚寺統）	1274-87	1324年（元亨4）6.25（「大覚寺」）	遺体	—	1324年（元亨4）6.28（「蓮華峯寺ノ傍ノ山」）	1307年（徳治2）7月（「亀山殿寿量院」「金剛性」）	p.268
22	伏見（持明院統）	1287-98	1317年（正和6・文保1）9.3（「持明院殿」）	火葬骨	1317年（正和6・文保1）9.4（「深草」）	?（「深草院法華堂」）	1313年（正和2）10月「伏見殿」「素融」	p.267

23	後伏見（持明院統	1298-1301	1336年（北朝暦＝建武3）4.6（「持明院殿」）	火葬骨	1336年（北朝暦＝建武3）4.8（「嵯峨野」）	?（「深草院法華堂」）	1333年（元弘3）6月（「持明院殿」「理覚」）	p.270
24	後二条（大覚寺統）	1301-08	1308年（徳治3）8.25（「二条高倉殿」）	火葬骨	1308年（徳治3）8.27（「北白川殿」）	—	—	p.266
25	花園（持明院統）	1308-18	1348年（北朝暦＝貞和4）11.11（「萩原殿」）	火葬骨	?（「十楽院ノ上ノ山」）	—	1335年（建武2）11月（「遍行」）	p.273
26	後醍醐（大覚寺統）	1318-39	1339年（南朝暦＝延元4）8.16	遺体	—	「如意輪寺ノ後山，塔尾ニ円丘ヲ築キテ，北面ニ」おさめる	—	p.271
27	光厳（持明院統）	1331-33（北朝）	1364年（北朝暦＝貞治3）7.7	火葬骨	1364年（北朝暦＝貞治3）7.8	—	1352年（北朝暦＝感応3）8月（「勝光智」）	p.276

＊上野［1925］による．出典欄には頁数のみ記した．南北朝並立時期については，北朝（←持明院統）の天皇については北朝暦を，南朝（←大覚寺統）の天皇については南朝暦を使用した．

送・墓制の実態も不明であるが、遺体処理葬に含めた。

古代についていえば、表1で整理したように、七〇二年（大宝二）死去の持統天皇からはじまった天皇墓の火葬であったが、古代末、一〇六八年（治暦四）死去の後冷泉天皇（一〇二五―一〇六八、在位一〇四五―一〇六八）まで合計二九人の天皇のうち、火葬は一五人（五二%）、遺体処理葬は一四人（四八%）であったので、火葬受容後の古代の天皇墓は、火葬と遺体処理とがほぼ半々の割合であった。このように、数字上で整理してみただけでも、古代から中世前半にかけて、天皇墓において、遺体処理よりも火葬の方が一般的になっていたことがわかる。

しかし、中世前半でも、天皇墓の三人に一人は、火葬ではなかったともいえる。

それでは、中世前半における天皇墓における遺体処理はどのようなものであったのであろう。火葬ではない遺体処理の天皇墓を確認してみようと思う。

一二三三年（天福二）八月六日、持明院殿で死去した後堀河天皇の葬儀は五日後の八月一一日であった。一二二一年（承久三）承久の乱、朝廷側の敗北後、仲恭天皇にかわり即位したのが後堀河天皇であり、その在位時、朝幕関係は幕府側に圧倒的に優位であった。この後堀河天皇の墓制については、藤原定家（一一六二―一二四一）の『明月記』が記録を残している。死去から三日後の八月九日、「山作所」は東山の観音寺に決定される。一一日、葬儀を行ない、夕方、貴族・武士が葬列により棺を観音寺まで運ぶ。定家はそのあとの遺体処理には立ち会っていないが、翌一二日朝、聞いた話として、棺は「土葬」され、鶏鳴とともに人々は帰参したという。しかも、棺は「土葬」されただけで、この遺体埋葬地では、火葬に際して行なわれたような僧侶の「呪願」などの作法はなかった。棺は葬列によって運ばれ、そのまま埋葬されていた。

定家は次のようにも記す。

「万事礼法はなはだもって等閑」「御墓所の沙汰等なきか」。

承久の乱後、朝廷の権力・権威が低下しているためであろう、後堀河天皇の葬儀および墓の造営が簡略化されていることを嘆いている。

定家は、葬儀から一〇日後の二二日には次のように記す。後堀河天皇の墓は、「旧堂」を利用して、下地を掘り、そこに棺を置き、土をおおった。その「御墓」の上には「石倉」を置き「犬禦」を立てている［早川編 一九一二：四二五―四二九頁］［読み下し―引用者］。

もっとも、後堀河天皇墓も、語彙としては、白河天皇などの火葬と同じく、その遺体埋葬地は「山作所」であった。さきに、現在の民俗事象から、ヤマが遺体埋葬地を示す事例をみてみたが、中世天皇墓でも、ヤマは火葬地だけではなく、遺体埋葬地をも示していた。ただし、この後堀河天皇のヤマ、遺体埋葬地としての墓は、定家の『明月記』によれば、火葬に比べて、簡略化された粗末な墓として認識されていた。

もう一例だけみてみよう。

後堀河天皇の次の天皇、四条天皇は、一二三一年（寛喜三）生まれ、翌年、幼児のうちに即位、約一〇年の在位であった。成年前に、現職のまま一二四二年（仁治三）一月九日に死去した。急死であったために皇位継承の決定が混乱し、そのために、葬儀が執行されずに遺体が放置される事態になった。葬儀は死から一六日後の一月二五日であった。葬地は泉涌寺（律宗寺院として創建、現真言宗。京都府京都市東山区泉涌寺山内町）である。開山堂近くに「御堂」が造営され、そこが墓とされた［総本山御寺泉涌寺編 一九八四a：六一―六六頁］。

四条天皇墓の造営については、具体的には不明確である。しかし、皇位継承の混乱のなかで、その遺体は火葬されず、泉涌寺境内におさめられた。

やがて、中世後半から近世にかけて、泉涌寺は北朝の天皇の火葬地また墓となる。現在、宮内庁によって「月輪陵」と名づけられている天皇墓の一群がそれである。泉涌寺における最初の天皇墓の事例が、この鎌倉時代の四条天皇であった。しかし、この成年前に死去した四条天皇の天皇墓は、観音寺に埋葬された後堀河天皇ともども、朝廷の弱体化と混乱のなかで、臨時の措置とでもいうべき設営であった。

中世前半の遺体処理であった天皇墓の事例として、成年後の死去である後堀河天皇、成年前の四条天皇、二事例をみてみた。これらをみると、いずれも簡略化され緊急避難的葬送であった。火葬による墓制が完成されているなかで、それが実行できないばあいの変形として、たとえば、後堀河天皇や四条天皇のような遺体処理葬が行なわれていた。

「御寺」と「深草北陵」のはじまり――泉涌寺と深草法華堂　泉涌寺は、俊芿律師（一一六六―一二二七）により、一三世紀はじめ律宗寺院として創建された。一二二〇年（承久二）までには伽藍が整備され、承久の乱で配流されるまでの後鳥羽天皇、九条道家（一一九三―一二五二）などが外護者であった。四条天皇の摂政がこの九条道家であった［総本山御寺泉涌寺編 一九八四a：三一―三五、四一―四三頁］。

このような泉涌寺と九条道家との関係のなかで、泉涌寺における最初の天皇墓造営が四条天皇となった。泉涌寺

写真51　泉涌寺（京都府京都市東山区泉涌寺山内町）2014年

と天皇墓の最初の関係は緊急避難的であった。しかし、このあとでみるように、中世後半から近世にかけて、泉涌寺は天皇墓と切り離すことのできない存在となっていく。写真51は、「御寺」をかかげる現在の泉涌寺である。

また、鎌倉時代後半は、天皇墓が、泉涌寺だけではなく、火葬骨納骨地として深草法華堂との関係を形成させてくる時期でもあった。四条天皇の二代あとの天皇、後深草天皇（一二四三―一三〇四、在位一二四六―五九）は、南北朝期には北朝となる持明院統の最初の天皇であるが、この後深草天皇が一三〇四年（嘉元二）死去すると、「深草山」で火葬され、その火葬骨は、翌一三〇五年（嘉元三）深草法華堂におさめられた［上野 一九二五：二六〇頁］。以後、近世はじめ、一六一七年（元和三）に死去した後陽成天皇（一五七一―一六一七、在位一五八六―一六一一）にいたるまで、合計一二人の天皇の火葬骨が、この深草法華堂におさめられている［写真2］。

正確にいえば、文献資料上では「納」という漢字が使われているだけのことが多いため、深草法華堂における火葬骨処理が、火葬骨を槨納しているのか、それとも土中に埋葬しているのか、確認することはできないが、古代末から中世前半までに形成されてきた、火葬地と火葬骨処理地という二ヶ所の墓は、中世後半から近世はじめにかけて、深草法華堂が一二人の天皇の火葬骨処理地、天皇墓となることにより、完成形態をむかえることになる。厳密にいえば、火葬骨処理地が深草法華堂だけではなく分骨されるばあいもあったが、火葬骨処理地として、深草法華堂という固定的存在が形成されていた。それは、古代末から中世前半の火葬骨処理地が寺院の堂塔であるとはいえ固定化せず、また、法華堂に限定されていなかったのに対して、天皇墓が法華堂という罪障を滅却させるための仏教建造物に固定化されるようになったことをも意味していた。

次にみるのは、後深草天皇からすれば三代あと、持明院統としては後深草天皇の次となる伏見天皇（一二六五―一三一七、在位一二八七―九八）の火葬骨が、深草法華堂におさめられるまでの経過である。深草法華堂に火葬骨をおさめた二人目の天皇である。後深草天皇と伏見天皇のあいだには、南北朝期には南朝となる大覚寺統の最初の亀山天皇（一二四九―一三〇五、在位一二五九―七四）、次の後宇多天皇（一二六七―一三二四、在位一二七四―八七）がいる。

山門（比叡山延暦寺）の僧慈什（？―？）の『伏見上皇御中陰記』によれば、退位して上皇となっていた伏見天皇は、一三一七年（正和六・文保一）九月三日、持明院殿で死去した。山門など九人の僧侶による読経が行なわれた。火葬地「山作所」は深草と決められた。葬儀は翌四日で、入棺後、棺はいったん持明院殿内の持仏堂に移され、そこから車に乗せられ、大納言西園寺実衡（一二八八―一三二六）など公卿七人、殿上人七人、北面の武士などが「供奉」し、「山作所」の深草まで運ばれた。『伏見上皇御中陰記』にはその火葬についての記述はないが、「山作所」で火葬されたのであろう、その翌日、五日が収骨であった。前大納言平経親（一二六〇―？）が伏見天皇の死去とともに出家し、法名浄空となっており、彼が火葬地に行き収骨し、「御骨」を頸にかけ運び、深草法華堂におさめた。深草法華堂は、本尊が「阿弥陀一尊」で、ここで公卿などの参列のもとで「仏事」が行なわれた。九日の「初七日」、一六日の「二七日」、二三日の「三七日」、三〇日の「四七日」までは同じような「仏事」が行なわれ、また、一〇月七日の「五七日」、一四日の「六七日」、二一日の四十九日まで、「中陰」の「仏事」がくりかえされた〔太田編 一九五五：三三二―三四六頁〕。

『伏見上皇御中陰記』では、深草の「山作所」と深草法華堂の位置関係が明確ではない。しかし、古代末以来継続してきた、火葬地と火葬骨処理地との二ヶ所の並立、それが伏見天皇の火葬骨をおさめた深草法華堂においても継続されている。

南北朝期の天皇墓――持明院統（→北朝）による継承　一三三三年（元弘三）、鎌倉幕府が滅亡し、後醍醐天皇の建武の新政がはじまる。しかし、三年後の一三三六年（建武三）、足利尊氏（一三〇五―五八、将軍在職一三三八―五八）が新政権に敵対する。二年後の一三三八年（北朝暦＝建武五）、尊氏は北朝により征夷大将軍となる。これにより、一三九二年（明徳三）の南北朝合体まで約五十五年間余、天皇王朝は京都の北朝（→持明院統）と吉野の南朝（→大覚寺統）の二王朝に分立する。南北朝合体は、南朝の後亀山天皇（一三五〇？―一四二四、在位一三八三―九二）が南朝が継承していた三種の神器を、北朝の後小松天皇（一三七七―一四三三、在位一三八二―一四一二）に譲渡することにより実現した。

これにより、天皇王朝は現在に至るまで北朝により継続する。

それでは、北朝と南朝とが並立していた南北朝期の天皇墓はどのようなものであったのだろう。

表3は、上野竹次郎『山陵』により、北朝と南朝の天皇墓を一覧としたものである。北朝最初の光厳天皇（一三一三―六四、在位一三三一―一三三三）と南朝最初の後醍醐天皇は、鎌倉時代末期の在位であり、表2にも記した

ので重複している（表2・表3ともに南北朝期については、北朝については北朝暦を、南朝については南朝暦を使用した）。

表3に整理したように、京都の北朝は光厳天皇から後小松天皇までの六人はすべて火葬であった。これに対して、南朝は長慶天皇（一三四三―九四、在位一三六八―八三）・後亀山天皇が明らかではないが、後醍醐天皇・後村上天皇（一三二八―六八、在位一三三九―六八）は火葬ではない。南朝は、中心が吉野にあったために、京都の北朝のような墓制が物理的に不可能であったのであろう。*34 古代末から中世までに形成されてきた火葬による天皇墓は、南朝ではなく北朝によって継承されていた。

そして、この北朝による天皇墓の継承は、泉涌寺での火葬と深草法華堂への火葬骨処理という定型を形成し、それが一六一七年（元和三）死去、近世初頭の後陽成天皇まで継続する。南北朝期までに、すでに、四条天皇の遺体が泉涌寺におさめられ、また、持明院統の後深草天皇および伏見天皇（一二六五―一三一七、在位一二八七―九八）・後伏見天皇（一二八八―一三三六、在位一二九八―一三〇一）の火葬骨は深草法華堂におさめられていた。しかし、これらでは泉涌寺での火葬と深草法華堂への火葬骨処理という定型があったわけではなかった。

南北朝期の北朝において、はじめて、泉涌寺での火葬と深草法華堂での火葬骨処理、それが定型化されることになった。

中世後半の天皇墓――泉涌寺と深草法華堂への定型化　この泉涌寺での火葬と深草法華堂への火葬骨処理という、近世初頭までの定型を形成させた最初の天皇が、一三七四年（北朝暦＝応安七）一月二九日に死去した北朝四代の後光厳天皇（一三三八―七四、在位一三五二―七一）であった［総本山御寺泉涌寺編 一九八四a：一三八―一四〇頁］。

この後光厳天皇の墓制を、『凶事部類』および三条公忠（一三二四―八四）の『後愚昧記』によって確認してみよ

表 3　南北朝期の天皇墓（アミフセは火葬された天皇）

	No.	天皇	在位期間	死去年月日（死去地）	遺骸処理	火葬年月日（火葬地）	葬送年月日（葬送地）	出典
北朝	北朝 1	光厳	1331-33	1364 年（北朝暦＝貞治 3）7.7	火葬骨	1364 年（北朝暦＝貞治 3）7.8	—	p.276
	北朝 2	光明	1336-48	1380 年（北朝暦＝康暦 2）6.24（「長谷寺ノ草庵」）	火葬骨	?	?（「伏見大光明寺」）	p.281
	北朝 3	崇光	1348-51	1398 年（北朝暦＝応永 5）1.13（「伏見殿」）	火葬骨	1398 年（北朝暦＝応永 5）1.23	?	pp.283-284
	北朝 4	後光厳	1352-71	1374 年（北朝暦＝応安 7）1.29	火葬骨	1374 年（北朝暦＝応安 7）2.2（「泉涌寺」「観堂前」）	1374 年（北朝暦＝応安 7）2.3（「深草法華堂」）	pp.278-279
	北朝 5	後円融	1371-82	1393 年（明徳 4）4.26	火葬骨	1393 年（明徳 4）4.27（「泉涌寺」）	1393 年（明徳 4）4.28（「深草法華堂」）	p.282
	北朝 6	後小松	1382-1412	1433 年（永享 5）10.20	火葬骨	1433 年（永享 5）10.27（「泉涌寺」）	?（「深草法華堂」）	pp.287-288
南朝	南朝 1	後醍醐	1318-39	1339 年（南朝暦＝延元 4）8.16（「吉野」）	遺体	—	?「如意輪寺ノ後山」	p.271
	南朝 2	後村上	1339-68	1368 年（南朝暦＝正平 23）3.11（「摂津国住吉」）	遺体	—	1368 年（南朝暦＝正平 23）4.20（「河内国観心寺」）	pp.277-278
	南朝 3	長慶	1368-83	1394年（明徳5·応永1）	?	?	?	記述なし
	南朝 4	後亀山	1383-92	1424 年（応永 31）4.12（「小倉殿」）	?	?	?	pp.284-285

＊上野［1925］による．出典欄には頁数のみ記した．南北朝並立時期については，北朝（←持明院統）の天皇については北朝暦を，南朝（←大覚寺統）の天皇については南朝暦を使用した．

う。

後光厳天皇は、一三七四年（北朝暦＝応安七）一月二九日に死去した。疱瘡による急死であった。三〇日、泉涌寺僧侶による入棺が行なわれ（『凶事部類』では棺を「御桶」と記している）、二月二日に葬儀が行なわれた。二日亥刻（午後一〇時ごろ）、棺をおさめた車が仙洞御所を出る。公卿・殿上人・女房など合計三八人が藁靴をはき付き従った。道々の辻々では火を焚いている。泉涌寺では法堂にロウソクを灯し昼のように明るくし、その仏前には「位牌」を置き、周囲を錦旗で飾りたて、四方を錦で飾った輿を置いて準備をしている。やがて、棺をおさめた車が着くと、安楽光院（深草法華堂）の僧二人が、棺をこの輿に入れ、安楽光院と泉涌寺の長老僧侶が焼香して読経を行なった。そのあと、僧侶六人が光明真言を読むなか、輿を「観堂門」から入れて「山作所」に運ぶ。「山作所」の構造は、「鳥居」を立て荒垣をこしらえ、内面には絹幕を張り、棚を作りそこに「位牌」を置いていた。さらにその内側に「檜皮葺」の「火屋」がある。棺は「山作所」に運ばれると、輿をとりはずし「火屋」に置かれた。ここで再び、長老僧侶が焼香し、棺の周囲に積んだ薪に火をつける。火葬している間、僧侶が光明真言を読んでいる。収骨は翌三日で、泉涌寺僧侶が行ない、その火葬骨は深草法華堂におさめられた［太田編 一九五八：二五六―二五八頁］［東京大学史料編纂所編 一九八四：一四三―一四七頁］。

『凶事部類』でも『後愚昧記』でも、その収骨から深草法華堂へ火葬骨をおさめる過程の記述が省略されていて、深草法華堂では、火葬骨が埋葬されたのか、それとも、いずれかの場所に槨納されたのか、明確ではないが、これらの記録により、後光厳天皇墓が、泉涌寺での火葬と深草法華堂での火葬骨処理であったことがわかる。

以後、表3・表4でも整理したように、

○北朝五代、一三九三年（明徳四）死去の後円融天皇（一三五九―九三、在位一三七一―八二）

○北朝六代、一四一二年（永享五）死去の後小松天皇

表4　中世後半－近世初頭の天皇墓（アミフセは火葬された天皇）

No.	天皇	在位期間	死去年月日（死去地）	遺骸処理	火葬年月日（火葬地）	葬送年月日（葬送地）	分骨年月日（分骨地）	備考	出典
1	称光	1412-28	1428年（応永35・正長1）7.20（「東洞院ノ仮皇居ノ黒戸」）	火葬骨	1428年（応永35・正長1）7.29（「泉涌寺」）	1428年（応永35・正長1）7.30（「深草法華堂」）	1428年（応永35・正長1）7.30（「雲龍院」）	幕府，泉涌寺に葬儀費用として銭二万疋を与える．	pp.285-286, p.294
2	後花園	1428-64	1470年（文明2）12.26（「室町第ノ泉殿」）	火葬骨	1471年（文明3）1.3（「悲田院」）	1471年（文明3）2.5（「丹波国山国荘常照寺」）	1471年（文明3）2.11（「大原法華堂」）	1468年（応仁2）泉涌寺，応仁の乱のため焼失［総本山御寺泉涌寺編 1984a：pp.206-207］	pp.289-291
3	後土御門	1464-1500	1500年（明応9）9.26（「東洞院殿ノ黒戸」）	火葬骨	1500年（明応9）11.11（「泉涌寺」）	1500年（明応9）11.12（「深草法華堂」）	?（「雲龍院」）（「般舟三昧院」）（「山国常照寺」）	朝廷・幕府衰亡のため葬儀遅延．幕府，葬儀費用として銭一万疋を泉涌寺に与える．	pp.293-295
4	後柏原	1500-26	1526年（大永6）4.6（「小御所」）	火葬骨	1526年（大永6）5.3（「泉涌寺」）	1526年（大永6）5.4（「深草法華堂」）	―		pp.296-298
5	後奈良	1526-57	1557年（弘治3）9.5	火葬骨	1557年（弘治3）11.22（「泉涌寺」）	1557年（弘治3）11.23（「深草安楽法院」＝深草法華堂）	?（「般舟三昧院」）		pp.299-300
6	正親町	1557-86	1593年（文禄2）1.5	火葬骨	1593年（文禄2）1.23（「泉涌寺」）	?（「深草法華堂」）	―		pp.301-302
7	後陽成	1586-1611	1617年（元和3）8.26	火葬骨	1617年（元和3）9.20（「泉涌寺」）	1617年（元和3）9.21（「深草法華堂」）	―		pp.302-303

＊上野［1925］により作成．

一三九二年（明徳三）の南北朝合体後の天皇については、
○一四二八年（応永三五・正長一）死去の称光天皇（一四〇一―二八、在位一四一二―二八）
○一五〇〇年（明応九）死去の後土御門天皇（一四四二―一五〇〇、在位一四六四―一五〇〇）
○一五二六年（大永六）死去の後柏原天皇（一四六四―一五二六、在位一五〇〇―二六）
○一五五七年（弘治三）死去の後奈良天皇（一四九七―一五五七、在位一五二六―五七）
○一五九三（文禄二）死去の正親町天皇（一五一七―九三、在位一五五七―八六）
○一六一七年（元和三）死去の後陽成天皇

まで、後光厳天皇を含めると、近世初頭の後陽成天皇まで、合計九人の天皇が泉涌寺での火葬、深草法華堂で火葬骨処理であった。

この間、そうではなかったのは、称光天皇の次の天皇、一四七〇年（正長二）一二月二六日死去、年明けの一月三日悲田院で火葬され二月一一日に常照寺におさめられた後花園天皇（一四一九―七〇、在位一四二八―六四）だけである。後花園天皇については、その死去二年前の一四六八年（応仁二）、応仁の乱により泉涌寺伽藍が焼失したために［総本山御寺泉涌寺編 一九八四a：二〇六―二〇七頁］、利用不可能であった可能性が高い。実質的には、北朝四代の後光厳天皇から後陽成天皇にいたるまで、一四世紀後半から一七世紀初頭までの二〇〇年間余の天皇墓は、泉涌寺と深草法華堂の時代であった。

「黒衣」の僧侶――律宗泉涌寺の管轄による葬送儀礼　そして、この後光厳天皇の葬儀から火葬骨処理までの一連の流れをみてみると、この時期、中世後半には、以下、二点を中心に、火葬をともなう中世天皇墓が完成形態を示すようになっていたことがわかる。

第一には、泉涌寺・深草法華堂など特定の寺院・僧侶が主導していることである。彼らは死のケガレを忌避しない律宗の寺院・僧侶であった。葬儀は天皇の住居ではなく泉涌寺で行なわれ、火葬も泉涌寺で行なわれた。そして、火葬骨処理地は深草法華堂であった。葬儀は泉涌寺という律宗の特定寺院で、そして、その境内に「山作所」が設営され遺体の火葬が行なわれた。天皇の葬送・墓制が泉涌寺・深草法華堂など特定寺院の管轄下にあった。公卿・殿上人・女房などの参列があるが、天皇の葬送・墓制じたいを主導しているのは主に泉涌寺・深草法華堂であった。
その具体的状況を、東坊城和長『明応凶事記』により、一五〇〇年（明応九）九月二六日、「黒戸」「御所」で死去した後土御門天皇の例でみてみよう。

入棺は一〇月四日であった。棺は泉涌寺が担当し、実際の入棺は火葬骨を分骨する般舟院の僧侶が行なった。後土御門天皇の棺に近侍する僧侶は、入棺の日の夜からは泉涌寺の僧侶である。これについて、東坊城和長は『明応凶事記』のなかで、入棺は「先例」では「雲客」が行なうものであったが、「中古以来」「黒衣」が行なうものとなり、「俗中」はそのやり方を知らず、また、「葬所儀」についても同じであるという。東坊城和長のいう「先例」と「中古以来」がどの程度の過去を示すのかがわからないが、しばらく以前から、天皇の葬儀は、「先例」によって「雲客」つまりは公卿・殿上人が行なうのではなく、「中古以来」は「黒衣」つまりは律宗寺院「黒衣」の僧侶がとりしきるようになっていた、というのである［太田編 一九五八：二七二頁］。これは、いずれかの時点で天皇の葬送・墓制に執行者の転換があり、「黒衣」の律宗寺院・僧侶の管轄下におかれるようになっていたことを示している。

この後土御門天皇のばあいは、応仁の乱以降の社会的混乱、天皇・室町幕府の弱体化などの影響であろう、入棺から葬儀まで一ヶ月以上の間があった。葬儀と遺体の火葬は一一月一一日である。その三日前の八日、東坊城和長は泉涌寺の「葬場殿」（このあと『二水記』の事例で紹介する「葬場殿」のルビは「サウハトノ」と記しているので訓読は「そうばどの」ではなかったと考えられる）を見学し、その感想を次のように記す。「寺家」つまり泉涌寺は、「武家」つまりは室町幕府から費用として「一万疋」しか補助されていないにもかかわらず（称光天皇の葬儀のときには

「二万疋」であった）、「葬場殿」を厳重に設営している。泉涌寺は「難渋」しているにもかかわらず、「粉骨」「至極」である［太田編 一九五八：二七五頁］。

東坊城和長からみて、社会的混乱と財政窮乏のなかで、泉涌寺は後土御門天皇の葬儀を厳重に執行しようとしていた。彼はそれに感銘をうけている。

しかし、この東坊城和長が『明応凶事記』でこのような感想を記したことじたいが、泉涌寺・深草法華堂などの特定寺院・僧侶が、天皇の葬送・墓制を管轄下においていたことの証拠であった。天皇の葬送・墓制は、東坊城和長のいう「中古以来」、中世のある時点から、朝廷の国家行事ではなく、天皇家が檀越（だんおつ）として外護（げご）者となっている特定寺院・僧侶によって管轄されていた。それが、律宗泉涌寺と深草法華堂であった。

それでは、この「中古以来」とはどの時期を示すのであろう。これについては、すでに研究があり、一三〇四年（嘉元二）死去の後深草天皇の葬送儀礼とそれ以後との間の質的転換が指摘されている。同時に、この時期の天皇の葬送儀礼には、遺体処理に関係する泉涌寺など律宗寺院・僧侶と、山門などの祈願中心の顕密寺院・僧侶との、天皇の葬送儀礼をめぐる分業体制形成の時期でもあった。遺体つまりはケガレに関係するのは律宗寺院・僧侶であり、それが泉涌寺・深草法華堂であった［大石 一九八八：一二〇―一二五頁］。天皇の葬送儀礼にともなうケガレ、それを受容する律宗寺院・僧侶による執行、それが泉涌寺と深草法華堂として固定化されていた。そして、その固定化の時期が、鎌倉末から室町期であり、北朝（→持明院統）が皇統を継承する時期でもあった。

なお、中世後半、律宗寺院・僧侶また禅宗寺院・僧侶、斎戒衆（さいかいしゅう）と呼ばれる下級僧侶のなかから、死穢、ケガレを受容し葬送・墓制に関与する寺院群・僧侶群が形成されてきたことについては、すでに多くの研究が明らかにしている［林 一九八〇：四四一―四五一頁］［大石 一九八五：一二〇―一二八頁］［細川 一九八七：九―九九頁］［松尾 一九九八：七六、一〇三―一二八頁］［松尾 二〇一〇：一二一―一二〇頁］。天皇墓をそれらとの関係性においてみると、たとえば、律宗泉涌寺の「黒衣」の僧侶が入棺を行なうなど、実際の葬送が「黒衣」にゆだねられていたということは、天皇墓といえども、こうして形成されてきた寺院群・僧侶群との関係性のなかにあったと考えることができよう。

「鳥居」＝「涅槃」門をくぐる——仏教的秘儀の完成　第二には、第一の点である、泉涌寺と深草法華堂という律宗の特定寺院・僧侶の管轄下において、天皇は「西方極楽」往生をとげるようになったことである。中世後半は、古代末・中世前半から形成されてきた火葬地と火葬骨処理地の分離、二ヶ所の墓制と仏教的多重死者供養が、分骨もあるとはいえ泉涌寺と深草法華堂へと固定化されるようになっていた。中世前半までは、天皇ごとに異なっていた供養地が、仏教的多重死者供養を継承しつつ、それを泉涌寺と深草法華堂に固定化させていた。そして、これら寺院・僧侶の管轄下に火葬が行なわれ、天皇は「涅槃」門の「鳥居」をくぐり「西方極楽」往生するようになっていた。

東坊城和長の『明応凶事記』は、一五〇〇年（明応九）死去の後土御門天皇の葬儀地「葬場殿」と火葬地「火爐（ひろ）」、さらには棺を運搬する「宝輿（ほうよ）」の様子を、葬儀の四日前一〇月七日の実見により、驚きをもって詳細に書き残している。

泉涌寺境内の葬儀地「葬場殿」は、泉涌寺山門跡南西角に設営された。「葬場殿」は一間（いちけん）四方の「檜皮葺」で檜垣によって囲われ、また、「六角白壁」の「火爐」があった。「葬場殿」の入口の四面には白木作りの「鳥居」があり、その「鳥居」には額束があり、その額束には金彩色で、北方が「涅槃（ねはん）」、南方が「修行（しゅぎょう）」、東方が「発心（ほっしん）」、西方が「菩提（ぼだい）」と記されている。これらのうち、後土御門天皇の棺が入る門は、北方の「涅槃」門の「鳥居」からであった。棺を入れ運ぶ「宝輿」は八角形で、柱は黒塗りで棟には金彩色をほどこし、周囲には「唐錦（からにしき）」を張っている。そして、この「宝輿」の四面にも「鳥居」があった。「宝輿」を曳くための「轅（ながえ）」は白木でそれを絹でおおい、「唐錦」の「大幡」四本を立て、「唐錦」を張った「龍首（たつのくび）」を持つ天蓋（てんがい）があった［太田編 一九五八：二七五頁］。

葬儀は、入棺から七日後の一〇月一一日であった。夜、ロウソクが灯される時間帯に、公卿・殿上人・女房などが「黒戸」「御所」に参集する。棺を車に乗せ、葬列を組み、松明とともに泉涌寺まで歩く。しかし、この間の進行の具体的内容について、東坊城和長の『明応凶事記』は、「一向黒衣之沙汰」で「雲客」は知らず、と記す。しかも、泉涌寺に着いてからは、「伝聞」であった〔太田編 一九五八：二七五—二七七頁〕。後土御門天皇の葬儀は、「黒衣」、律宗泉涌寺の僧侶によってとりしきられていた。

そして、東坊城和長の『明応凶事記』が「伝聞」した泉涌寺での葬儀から火葬までの様子は次のようであった。

棺を乗せた車は「仏殿」の西面に置かれる。棺は「仏殿」内で「宝輿」に乗せられ、泉涌寺塔頭の雲龍院僧侶の読経が行なわれる。「勅使」がくるが、このあとは「僧衆行事」で、彼らが「宝輿」を担ぎ、「仏殿」を出て「葬場殿」へと運び、その北側の「鳥居」、「涅槃」門から入れている。「葬場殿」では最後の「念誦」が行なわれる。ここで再び「勅使」がきて「御程ソヤ」という問いかけの問答が行なわれる。この「勅使」の問答は火葬が開始される時点まで三回あった。そして、「宝輿」が「爐上」に移され、火葬がはじまり煙があがるころになると、「僧衆」は「葬場殿」を出て、「葬場殿」北側の「鳥居」の「涅槃」門を閉じた〔太田編 一九五八：二七七—二七八頁〕。

「涅槃」門を閉鎖したことによって、火葬された後土御門天皇は、完全に「涅槃」した。「西方極楽」往生した。泉涌寺に着いてからは、いっそう、泉涌寺の「黒衣」の管轄下にあった。「勅使」は様子を問い合わせにくるだけであり、葬儀はまさに「僧衆行事」である。しかし、その「僧衆行事」によって、後土御門天皇はそれらを媒介にして「涅槃」門の「鳥居」をくぐり、「西方極楽」往生をとげていた。

このような「鳥居」については、すでに、それが火葬地だけではなく遺体埋葬地をも含む、遺体処理地と生者の空間の境界を意味する象徴的装置であることを指摘したが、この後土御門天皇の「葬場殿」における「鳥居」、なかんずく「涅槃」門についてみると、墓制における「鳥居」の意味がいっそう明確であろう。墓制における「鳥居」とは、遺体処理地だけにとどまらず、「涅槃」のための門、「西方極楽」往生のための門であった。明らかに仏教的死者供養のための装置であった。
後土御門天皇の収骨は葬儀と火葬の翌日、一〇月一二日であった。東坊城和長の『明応凶事記』は、この収骨についても「伝聞」であった。「伝聞」ではあるが、収骨は「火屋面々（ひやめんめん）」がこれを執り行なったと記す［太田編 一九五八：二七八頁］。実際に収骨をしているのは、火葬場の「火爐」で火葬を担当した僧侶、おそらくは、律宗泉涌寺の下級「黒衣」であり、公卿・殿上人・女房などではなかった。葬儀から火葬だけではなく、収骨に至るまで、その儀礼過程の全体が、泉涌寺の管轄下にあった。

収骨された火葬骨は、その火葬骨処理が埋葬であるのか槨納であるのか、処理方法が明確ではないが、「凶事伝奏」によって、深草法華堂のほかに、般舟院、常勝寺、泉涌寺塔頭の雲龍院にも分骨された［太田編 一九五八：二七八頁］。

このような、中世後半、一五〇〇年（明応九）死去の後土御門天皇の墓制は、古代末・中世に形成された火葬による天皇墓の完成形態といってよいだろう。「黒衣」、律宗泉涌寺僧侶の管轄下、公卿・殿上人・女房などが関与できない秘儀として執り行われ、それによって、死去した天皇は、「涅槃」門の「鳥居」からの「西方極楽」往生が可能となっていた。

これについては、後土御門天皇の次の天皇、一五二六年（大永（だいえい）六）四月六日に死去し、五月三日、泉涌寺で葬儀が行なわれ火葬された後柏原（ごかしわばら）天皇でも確認することができる。鷲尾隆康（わしのおたかやす）（一四八五—一五三三）の日記『二水記』は、泉涌寺の「鳥居」によって四方をかこまれた「葬場殿」を、図2のような概略図に示している。「葬場殿」には「サウハトノ」とルビを振り、その「葬場殿」の四面に額束をつけた「鳥居」、「発心」「修行」「菩提」「涅槃」の「四方門」があることを明記する。それぞれの門がどの方角なのかが明記されていないが、この概略図の北面の「鳥居」から、門跡（もんぜき）および「僧衆」が「葬場殿」へと移動した経路が実線によって示される［東京大学史料編纂所編

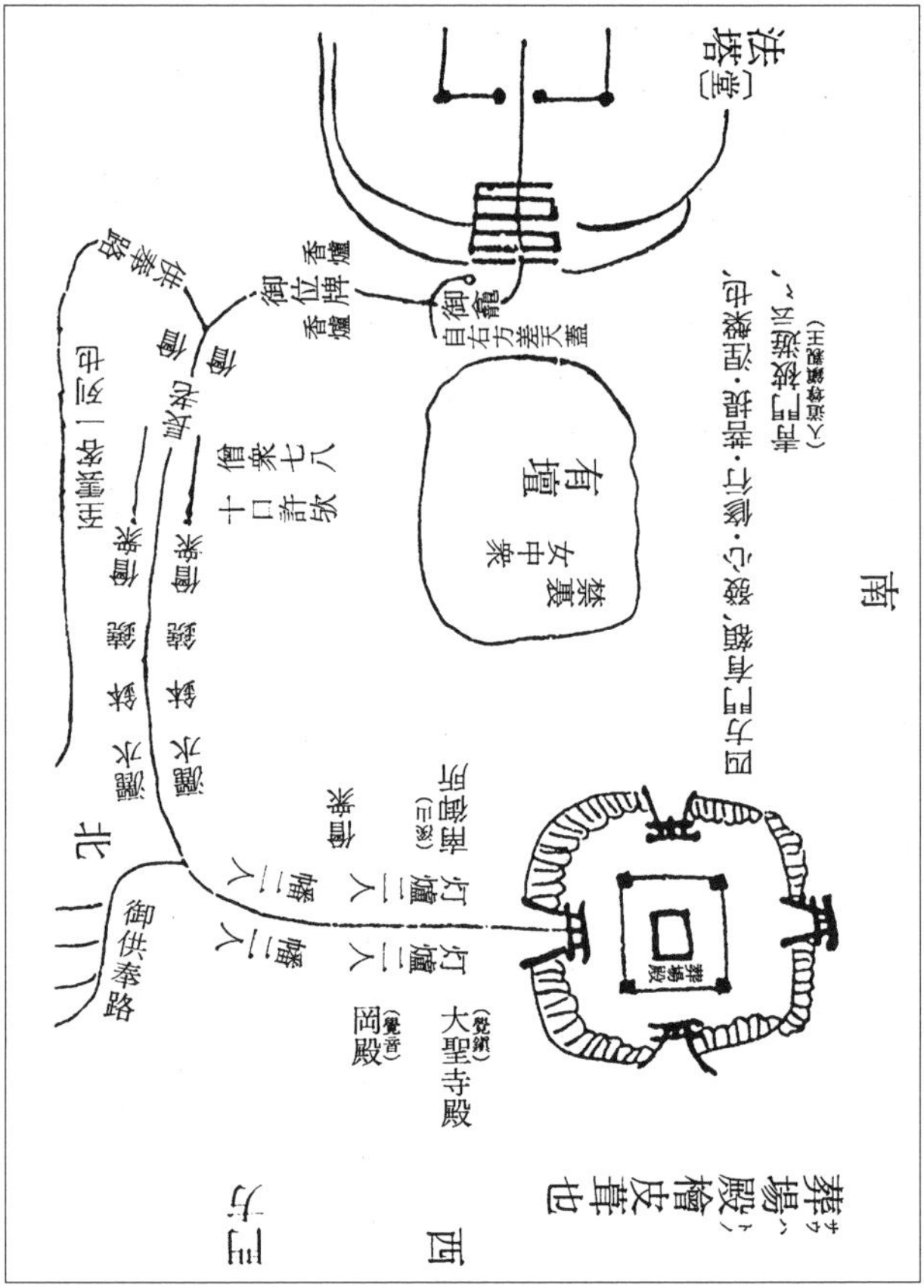

図2 「葬場殿」概略図［東京大学史料編纂所編 1994：p.56］

一九九四：五六頁］。この北面の「鳥居」が「涅槃」門であろう。

天皇墓は完全な仏教的死者供養によって構成されていた。そして、この仏教的死者供養は、秘儀であればあるほどに、天皇の公的儀礼にも国家行事にもなり得ない。たとえ天皇であっても、死すれば、他と同じく一人間として「西方極楽」往生する。

中世火葬墓制の一般化——庶民墓の火葬　このように、泉涌寺での火葬と深草法華堂への火葬骨処理による中世天皇墓は、「僧衆」の秘儀により、死去した天皇が「西方極楽」往生するものであった。それでは、このような火葬墓制は、天皇だけに突出した墓制であったのであろうか。

中世は火葬墓制が一般化した時代でもあった。火葬墓制は天皇だけに行なわれていたわけではない。

武士墓については、すでに、火葬墓制の鎌倉のやぐら、室町幕府九代将軍足利義尚の火葬墓制を紹介し、また、あとで、室町幕府三代将軍足利義満（一三五八―一四〇八、将軍在職一三六八―九四）・一二代将軍足利義晴（一五一一―五〇、将軍在職一五二一―四六）の事例をみるように、火葬墓制が鎌倉時代から一般的であった。庶民墓についても、遺体埋葬・風葬（あるいは遺棄葬）とともに、火葬骨埋葬が並存していたことが明らかにされている［伊藤久嗣 一九九三：四三―五七頁］［山田 一九九六：九―一二頁］［勝田 二〇〇三：三六―六二、一〇五―一一九頁］。

これについては、考古学の発掘調査によっても裏づけられており、特に、静岡県磐田市一の谷中世墳墓群遺跡の発掘調査、福岡県太宰府市中世墳墓群遺跡の発掘調査は、中世が遺体埋葬を含みつつも火葬墓制が中心であったことを立証するものであった。一の谷中世墳墓群遺跡では、中世前半の「塚墓」が在庁官人層、中世後半の「土坑墓」「集石墓」が町人上層のものと推測され［磐田市教育委員会編 一九九三：二九三頁］［山崎 一九九三：三五―三六頁］［義江 一九九七：一七〇頁］、太宰府中世墳墓群遺跡が在庁官人層と庶民のものと推測されているので［狭川 二〇一一：四―五頁］、これら発掘調査の成果のすべてが庶民墓を示すわけではないが、すくなくとも、庶民上層の墓制として推測することはできる。

ここでは、一の谷中世墳墓群遺跡により中世の庶民墓の実態を確認してみよう。

一の谷中世墳墓群遺跡からは、三種類の墓制「塚墓」「土坑墓」「集石墓」合計で八六六基の墓が発掘された。その割合は、「塚墓」一六二基（一九％）、「土坑墓」二七六基（三二％）、「集石墓」四二八基（四九％）であった［磐田

市教育委員会編 一九九三：九―一〇頁］。

「塚墓」は、盛土によって塚を築いた墓で、周囲に方形の溝を作りそのなかに埋葬空間を持つ。複数の遺体・火葬骨が埋葬されている例もある。築造時期は中世前半で、一二世紀末から一四世紀末と推測されている。「塚墓」一六二基の内訳は、遺体埋葬一一六基（七二％）、火葬骨埋葬＋火葬遺構二二基（一四％）、遺体と火葬骨埋葬二基（一％）で、他は不明であった［磐田市教育委員会編 一九九三：二八四―二九三頁］。中世前半を中心に存在した「塚墓」は火葬骨埋葬もあるが、遺体埋葬中心の墓制であった。

「土坑墓」二七六基は、地面に穴を掘り遺体を埋葬した墓で、その墓穴は長方形が多く二三八基を数える。遺体埋葬後、埋土されている。「土坑墓」の築造時期は一三世紀から一五世紀にかけてで、時期的にはこのあとみる「集石墓」とほぼ重なるが、量的には「集石墓」の方が多い。「土坑墓」で注目すべきは、そのうちの二四基から釘が出土し、その釘に木質の附着が認められるものもあり、このばあいは、木棺の使用が推測されている。しかし、こうした事例は少数であるために、「土坑墓」における遺体埋葬の多くは、木棺を使わない直葬であったと推測されている［磐田市教育委員会編 一九九三：三二六―三三五頁］。

「集石墓」四二八基は、火葬骨を埋葬してその上部を多くの石でおおった墓で、遺跡内に四六基の火葬遺構があるので、この火葬遺構で火葬したのちに「集石墓」へと火葬骨を埋葬したものと考えられている。「集石墓」のなかには、同一遺構に複数体の火葬骨を埋葬している例もあり、実際に「集石墓」に埋葬された火葬骨は遺構数を上まわる。遺構数だけでも一の谷中世墳墓群遺跡の約半数がこの「集石墓」であり、時期的にも、一三世紀から一五、一六世紀まで、中世半ばから中世末まで継続しているので、一の谷中世墳墓群遺跡におけるもっとも代表的墓が、この「集石墓」であると考えられている［磐田市教育委員会編 一九九三：三〇三―三一七頁］［山村 一九九七：三一三―三一八頁］。「集石墓」の最大の特徴は、火葬骨埋葬と上部の多くの石にあるが、火葬骨を入れた蔵骨器がない事例の方が多い。完全な蔵骨器の発掘事例は三四基、陶器破片は一八一点にすぎず［磐田市教育委員会編 一九九三：三五七頁］、そのために、火葬骨が蔵骨器に入れられて埋葬されるよりも、火葬骨の直葬が圧倒的に多かったと考えられている。

一の谷中世墳墓群遺跡の発掘調査からわかることは、中世の庶民墓は、火葬骨埋葬が中心であったことである。遺体埋葬が並存しつつも、中世半ばから末までにかけて、遺体埋葬よりも火葬骨埋葬の方が増加する傾向がある。痕跡の残りにくい風葬が存在した可能性も推測されるので、遺体埋葬と風葬を並存させつつも、庶民墓でも火葬骨埋葬が一般化していたものと考えられる。[*35] このような中世庶民墓における火葬骨埋葬の実態は、中世天皇墓・武士墓が火葬であったことから推測すると、中世墓制は階層的に上層にいけばいくほどに火葬が一般的で、火葬を志向する心性のもとにあったと考えることができよう。

戦国期になるが、火葬にも厚薄があったことをうかがわせる資料がある。一五三二年（享禄五・天文一）一一月三〇日の年月日を持つ「定 於尼崎墓所条々事」（兵庫県尼崎市）という大覚寺文書がある。尼崎の惣墓の取り決めであろう。その火葬場での火葬には、(1)「火屋」が「荒墻」「四方幕」によってかこわれ「龕」で運ばれたもの、(2)「火屋」が「荒墻」「幕」によってかこわれ「龕」で運ばれたもの、(3)「あらかき」「こし」だけのもの、この三ランクがあった。「火屋」のない(3)は、地面での直接的な火葬であったのではないかと推測される。また、この尼崎の惣墓には、火葬の三ランクのさらに下位ランクに遺体埋葬も併存していて、これも二ランクあった。①「定輿付桶」に入れての「土葬」、②「筵」に入れての「無縁取捨」である［尼崎市役所編 一九七三：四二六―四二七頁］。火葬の(3)は棺のない遺体の直接的な火葬、遺体埋葬の②は棺のない直葬であると推測することができる。金額的には、火葬の方が高く、遺体埋葬の方が安い。これらのみをもって、庶民墓における階層差を示すと断定することはできないが、すくなくとも、戦国期には、火葬を上位に遺体埋葬を下位ランクとして両者が併存していたことは確実であった。火葬こそが厚葬でありそれを志向し、遺体埋葬は薄葬であり忌避されていたと考えてよいだろう。

これも、戦国期になるが、近畿地方都市の富裕な町人のものと推測される、火葬の事例をひとつだけみておこう。ポルトガル人イエズス会宣教師ルイス・フロイス（一五三二―九七）が、一五六五年（永禄八）二月二〇日、在インドのイエズス会宣教師あてにおくった書簡に、次のような記述がみえる。

「墓即ち焼き場の構造は次の如し。大なる家の広さの地所を長き棒を以て囲ひ、厚き布を巻きて四壁を作り、北、南、東、西、に四門を設く、此中に薪の充満せる穴あり、穴の前に三箇の高き机あり、無花果、蜜柑、菓子其他食物を多く供へあり。但し肉又は魚なし。（中略）死者此処に着けば長き縄を以て之を納めたる輿を縛し、諸人皆縄を持ち尊崇する偶像の名を唱へ、囲の中を三回廻り、終りて薪の満ちたる穴の上に輿を据う。穴の上には甚だ美麗なる楓板を以て造りたる新なる屋根あり、行列終り儀式を行ふ為め美麗なる衣服を着けたる坊主（中略）燃え松明を手に取り、（中略）松明を三度頭上に振りて之を投ぐ。（中略）松明を投ぐれば子息等又は親戚二人、内一人は西に、一人は東に立ち燃えたる松明を拾ひ、三回死者の上にて之を取り交はし敬意を表し、然る後之を穴に投ず」［村上訳 一九二七：一九六―一九八頁］。

仏教を排撃するカトリック宣教師の見聞なので、不正確な点もあろう。しかし、火葬地には南北東西の四門があり、また、火葬地での三周まわる儀礼があることなどを書きとどめている。天皇の火葬地だけではなく、庶民の火葬地にも、「西方極楽」往生のための四門が設営されていた。

時期的には、豊臣政権下になるが、一五九六年（文禄五・慶長一）閏七月一三日近畿地方をおそった大地震で多数の死者が出た。この大地震に際しては、真言宗僧義演（一五五八―一六二六）が、その日記『義演准后日記』に「都在家顛倒、死人不知其数、鳥部野煙不断」［続群書類従完成会編 一九七六：六〇頁］と記す。大地震の犠牲者が火葬されていた。このばあい、地震による大量死であったための緊急措置であった可能性もあるが、大量死であれば、その緊急事態により、逆に、火葬が不可能となり遺体埋葬になったと思われるので、このような大量死に際しても、火葬が行なわれていたことになる。

中世、特にその後半、そして近世初頭まで、天皇墓・武士墓・庶民墓を問わず、日本社会は火葬の時代であった。あるいは、火葬を志向していた時代であった。それによる仏教的死者供養による「西方極楽」往生を目ざしていた。天皇墓だけがそうであったのではなく、火葬の厚薄および墓の規模などに物理的差異はあるにせよ、天皇墓・武士墓・庶民墓、全階層的にすべてが「西方極楽」往生を願う、同質の来世観また救済観のなかにあった。天皇の権力が低下していた時代、天皇墓だけが突出するのではなく、武士墓・庶民墓と同質の墓制観念のなかに、天皇墓も存在していたといってよいだろう。

Ⅲ　近　世――天皇の「西方極楽」往生⑵

1　中世的秘儀の解体

「位牌」の登場――死者の形代　中世後半、律宗泉涌寺および深草法華堂における墓制の固定化によって、天皇墓における火葬をともなう中世墓制が完成形態をむかえていた。しかし、そのいっぽうで、近世墓制の前史とでもいうべき要素が登場してくるのも中世後半、南北朝期から室町期にかけてであった。

そのもっとも特徴的なことがらは、天皇の葬送儀礼に、それまでは存在しなかった「位牌」が登場することであろう。管見の限りでは、その初見は、さきにみた一三七四年（北朝暦＝応安七）死去の北朝四代後光厳天皇における『凶事部類』の記録で、火葬を行なう「火屋」付近の「御棚」に「御位牌」を置いた事例である［太田編一九五八：二五八頁］。南北朝期、北朝の天皇の葬送儀礼に「位牌」が使われるようになっていた。また、一四二八年（応永三五・正長一）七月二〇日死去、二九日泉涌寺で葬儀を行ない火葬された称光（しょうこう）天皇（一四〇一―二八、在位一四一二―二八）にも「位牌」が用意され［総本山御寺泉涌寺編　一九八四b：一六頁］、一五二六年（大永六）死去の後柏原天皇の葬儀でも「香爐（こうろ）」を両脇に置き「位牌」が用意された［東京大学史料編纂所編　一九九四：五六頁］。

現代の仏教式の葬儀では、葬儀全体で「位牌」が重視され、たとえば、施主が「位牌」持ちになるように、「位牌」

がその全過程を通じて中心となるが、これら中世後半の三人の天皇のばあいでは、「位牌」の位置づけはそうではない。泉涌寺に行くまでの葬列には「位牌」持ちはなかった。「位牌」が用意されたのは泉涌寺内、その「葬場殿」のなかで、火葬地の前方であった。また、収骨後、この「位牌」がどのように利用されたのかは明確ではない。さらには、「位牌」と記されているのみで、その「位牌」がどのような物体であったのか、さらには、そこに、近世以降現代にいたる「位牌」のように、戒名が題署されていたかどうかも不明である。ただ、明確なことは、南北朝期から室町期の中世後半にかけて、天皇の葬儀で「位牌」が使用されるようになり、それは、たとえば、後柏原天皇のばあいは、「御竈」の前方で「香爐」を両脇に置いた状態であったということである。

「香爐」が両脇にあるということは、この「位牌」に対して敬意がはらわれていたと推測することもできる。

現在の仏教的死者供養では、死者の戒名を題署した「位牌」とはそもそも何なのか、その存在に疑問を持たれることは少ない。また、「位牌」についての研究は、その存在が一般的であるにもかかわらず少ない。それでも、一九三〇年代の古典的研究以降、特に、その発生時期・原因・形態などについては、徐々に明らかにされてきている〔跡部 一九三六：四―一七頁〕〔赤星 一九七五：六九―七〇頁〕〔柴田 一九七八：一一―一四頁〕〔久保 一九八四：三〇五―三〇六頁〕〔蒲池 一九九三：一四―一七頁〕。それらによると、「位牌」は、中国宋代に儒教を受容した禅宗のなかに発生し、その禅宗を受容した日本仏教に定着するようになった。日本社会へのその普及は中世後半、鎌倉時代末から南北朝期を嚆矢として室町期からであり、最初は、天皇・武士上層を中心に受容された。また、内容的には、生前供養である逆修「位牌」と天皇への祝寿のための「今上」「位牌」からはじまり、死者供養のための順修「位牌」が一般化するのは後発的であるという。また、形態的な古態は、細長い扁平の上部に雲形冠をつけたものであるという。

「位牌」の原型である「今上」「位牌」については、現在でも、禅宗（臨済宗）の京都五山（五山の上南禅寺、天龍寺・相国寺・建仁寺・東福寺・万寿寺）などでは設定されているという。二〇一六年（平成二八）時点で、相国寺（京都府京都市上京区今出川烏丸東入相国寺門前町）の法堂内須弥壇に、雲形冠の「今上」「位牌」が安置されているのを確認できたので、原型的「位牌」は現在でも禅宗寺院には継続していると考えられる。

南北朝期から室町期にかけての天皇の葬儀における「位牌」の登場は、このような「位牌」の先行研究による解明、「位牌」の存在形態についての指摘に対応するものであろう。

これら先行研究にしたがいつつ、「位牌」の発生を確認してみよう。そのもっとも早い時期の記録として、禅僧義堂周信（一三二五―八八）の日記『空華日用工夫略集』、一三七一年（応安四）一二月三〇日に、「位牌は古有る無きなり、宋よりもつて来たりこれ有り」［辻善之助編 一九三九：六四頁］［読み下し―引用者］という記述がある。「位牌」は昔はなく、南北朝期、宋から伝来したというのである。また、この義堂周信の記録から一五〇年余あとの一五三二年（享禄五・天文一）成立の事典『塵添壒嚢鈔』は、その巻十六に「位牌ノ事」の項目をもうけ、「位牌ト云事。禅家ニ好用ル儀歟。正道ノ古所ニ無事也ト云ヘリ。先代ノ中比ヨリ早アリケルニヤ」［仏書刊行会編 一九八三：三八八頁］と記す。「先代ノ中比」が厳密にどの時期を示すのか明確ではないが、これによっても、室町期には禅宗のなかから「位牌」が社会全体に浸透するようになっていたことがうかがわれる。なお、禅宗の規範「清規」では、一五六五年（永禄八）の『諸回向清規』からその存在が確認できる［松浦秀光 一九六九：四八頁］。室町期の末、戦国期までには、禅宗から展開しはじめた「位牌」の社会的一般化がすすんでいたと考えられる。また、『諸回向清規』から約九〇年後の一六五三年（承応二）の『小叢林清規』では、「位牌」を棺の前に立てるという記述があるので［松浦秀光 一九六九：四八頁］、南北朝期に登場した「位牌」が、江戸時代までには、その仏教的死者供養として使用方法までもが固定化されるようになったと推測することも可能であろう。

天皇の「位牌」については、それへの題署が不明であったが、ふつう「位牌」といえば、戒名がその表面へ題署された物体として理解されている。

それでは、戒名が題署された「位牌」はどのようにはじまるのであろう。

まず、現存する室町期の「位牌」についての事例からみると、元興寺極楽坊（奈良県奈良市中院町）伝存の白木「位牌」には応永年間（一三九四―一四二八）のものが二一基ある。これらは、元興寺極楽坊で南北朝期から室町期にかけて納骨信仰が盛んで、僧侶・上層武士などにより、題署され納骨とともにおさめられた「位牌」であったと考えられている［柴田 一九七八：一五―二三頁］。記録上、もっとも時代を遡ることのできるのは、管見の限りでは、室町幕府三代将軍足利義満の「位牌」への題署であろうか。足利義満は、一四〇八年（応永一五）五月六日死去、一〇日、等持院で火葬された。『鹿苑院殿薨葬記』によれば、「位牌」が置かれた場所、その使用方法は明確ではないが、「新薨 鹿苑院 准三宮従一位大禅定門 尊霊位」「新捐舘 鹿苑院殿准三宮大相国天山大禅定門 台霊」と題署された二基の「位牌」が作成されている［太田編 一九五五：三八〇頁］。室町初期には、このように題署された「位牌」を確認することができるので、「位牌」は、単に物体としてだけではなく、戒名の題署が複合して存在するようになっていたと考えられる。

位牌堂・霊明殿の形成――位牌祭祀のはじまり　そして、このように仏教的死者供養のために登場してきた「位牌」は、室町期末、戦国期になると、さらに、死者の形代としての意味を持たされ、それを安置するための位牌堂を形成させるようになる。
『万松院殿穴太記』によれば、一五五〇年（天文一九）五月四日死去の室町幕府一二代将軍足利義晴は、戦国の争乱のために足利家菩提寺の等持院に入ることができず、三日後の五月七日、「桶」に入れられたその遺体は、京都東山の慈照寺（臨済宗。京都府京都市左京区銀閣寺町）に運ばれた。そして、そこに等持院の僧侶がきて、遺体を「沐浴」させ髪を剃り入棺し、後ろには夢窓国師（夢窓疎石。一二七五―一三五一）の「御影」をかけ、表には「金屏」

を立て、「高机」の真ん中に「位牌」を置いた。「位牌」は紙で包んだ上に、「新捐舘万松院殿贈一品左相府曄山照公大居士昭儀」と記し、その上を絹布でおおっている［太田編 一九五五：四一三頁］。

このように、室町幕府一二代将軍足利義晴は、その棺の前にその「位牌」が置かれていた。葬儀と火葬は七月二一日であった。この葬儀に際して、『万松院殿穴太記』は、その「位牌」の取り扱いを次のように記している。

「御位牌は御家督の為持給ひ諸大名供奉すべかりけるに。乱国のうちなれば。御猶子慈照寺の院主瑞耀尊丈ぞ為持給ひける」［太田編 一九五五：四一六頁］。

将軍足利義晴の「位牌」は、家督の相続者、つまりは、将軍の継承者が持ち、それに大名が随身する形態をとるべきであるのに、戦国期はそれが不可能になっていたというのである。すでに、「位牌」持ちが家督相続者の象徴としての意味を持つようになっていた。

さらに、この「位牌」をめぐって注意すべきことがらは、最初、「御位牌所」が決定しないために、相国寺鹿苑院で七月二六日まで中陰の供養を行ない、火葬された将軍足利義晴の火葬骨を摂津国多田院と高野山へおさめたあと、それとは別に、あらためて「御位牌所」が設営されたことであった。七月二六日、鹿苑院での中陰があけたため、万松院を「御位牌所」として、「御影」（夢窓国師）を移し、ここで法事を行なっている［太田編 一九五五：四一七—四一八頁］。

先にみた天皇の「位牌」では明確ではなかったが、一五五〇年（天文一九）死去の室町幕府一二代将軍足利義晴のばあいは、「位牌」がその仏教的死者供養において重要な要素となっていた。「位牌」が死者の形代としての意味を持たされ、「位牌」持ちが重要な意味を持ち、さらには、それの安置場所としての「御位牌所」さえも設営された。たとえば、現在、仏教的死者供養では、ふつう施主が「位牌」持ちとなり、葬儀後には、寺院本堂内・境内などの位牌堂が設営されそこに「位牌」が置かれ、また、家では仏壇などに「位牌」が置かれ、死者供養はその空間で「位牌」

を対象として行なわれるが、そうした形態と同じ「位牌」中心の仏教的死者供養が形成されている。

この「御位牌所」による仏教的死者供養は、たとえば、一五八二年（天正一〇）六月本能寺の変で死んだ織田信長（一五三四—八二）もそうであった。『總見院殿追善記』によれば、信長の葬儀は、同年一〇月一五日、豊臣秀吉（一五三七—九八）が主催して大徳寺（臨済宗。京都府京都市北区紫野大徳寺町）で行なわれ、この大徳寺内に塔頭として総見院が創建され、そこが信長の「御位牌所」とされた［太田編 一九五五：四三三—四三四頁］。

それでは、天皇の仏教的死者供養では、足利義晴・織田信長のような「御位牌所」が設営されることはなかっただろうか。

資料的には、室町末期、戦国期では、これが明確ではない。しかし、近世初頭には泉涌寺の霊明殿としてそれを確認することができる。泉涌寺では、後水尾天皇（一五九六—一六八〇、在位一六一一—二九）の要請により幕府が全額負担して行なった寛文年間（一六六一—七三）の大造営により、泉涌寺に埋葬されたはじめての天皇、四条天皇の「御影」（造営後は絵画から木像にかわる）と、歴代天皇の「位牌」をおさめた霊明殿が、一六六九年（寛文九）に完成、開眼供養が行なわれた［総本山御寺泉涌寺編 一九八四a：三五五—三五六、三七八頁］。これ以降、この霊明殿が泉涌寺の位牌堂とされ、天皇の「位牌」がそこにおさめられ、祭祀対象となる。泉涌寺に現存する写真52の霊明殿は、一八八二年（明治一五）の焼失後、一八八四年（明治一七）再建のものである［総本山御寺泉涌寺編 一九八四a：五三七頁］。

もっとも、泉涌寺に残された一七一八年（享保三）一一月「泉涌寺殿堂幷什仏式目」によれば、この寛文年間の大造営について、「寛文営造之大挙者、元起於此殿」とあり［総本山御寺泉涌寺編 一九八四a：三五五頁］［総本山御寺泉涌寺編 一九八四b：二四〇頁］、霊明殿再建が大造営の契機であったと記すので、大造営以前から霊明殿が存在していたと推測できる。室町幕府一二代将軍足利義晴と織田信長の「御位牌所」のように、天皇の位牌堂、霊

写真52　泉涌寺霊明殿（京都府京都市東山区泉涌寺山内町）2014年

明殿も、泉涌寺において、室町末期、戦国期ごろ形成されていたのではないかと推測される。

天皇火葬の虚実——中世的秘儀の解体　室町末、戦国期から江戸初期にかけて、近世初頭は、このような「位牌」の浸透だけではなく、天皇の葬送・墓制にさらに大きな転換がみられた時代であった。表4にも整理したように、一五五七年（弘治三）九月五日死去の後奈良天皇、一五九三年（文禄二）一月五日死去の正親町天皇、一六一七年（元和三）八月二六日死去の後陽成天皇までは、泉涌寺で火葬され、その火葬骨を深草法華堂（および般舟三昧院）におさめるという固定化された形態をとっていた。

　しかし、後陽成天皇のあと、天皇墓は大きな転換をとげる。

　後陽成天皇のあとの天皇は後水尾天皇、明正天皇（一六二四—九六、在位一六二九—四三）と続くが、そのあとの後光明天皇（一六三三—五四、在位一六四三—五四）が、一六五四年（承応三）九月二〇日、在位中に死去したために、後陽成天皇のあとに死去した天皇は後光明天皇となった。この後光明天皇から火葬が中止され、泉涌寺境内において、遺体を土中の石槨におさめる遺体槨納葬が行なわれる。

なぜ、このような転換が行なわれたのであろうか。

それを明らかにするために、まずは、この時期の火葬骨処理の最後であった、豊臣政権期の一五九三年（文禄二）死去の正親町天皇、江戸幕府二代将軍徳川秀忠（一五七九―一六三二、将軍在職一六〇五―二三）の時期、一六一七年（元和三）死去の後陽成天皇の葬儀を概観してみよう。

正親町天皇は、一五九三年（文禄二）一月五日に死去した。泉涌寺での葬儀と火葬は約五〇日後の二月二三日であった。収骨された火葬骨はその翌二四日、深草法華堂におさめられた。しかし、それは表向きのことで、実際には、死去の翌日には、その遺体はひそかに泉涌寺に移されていた［黒板編 一九六六a：七五三頁］［総本山御寺泉涌寺編 一九八四a：二九九―三〇一頁］。その事情を、山科言経（一五四三―一六一一）の『言経卿記』は、葬儀当日二月二三日、次のように記す。

「新（「院」ヌケ）御所御葬送、亥刻ニ泉涌寺ニテ有之、御死体者、去正月五日崩御之砌、則泉涌寺へ盗出シ給也」［東京大学史料編纂所編 一九六七：二二三四頁］。

正親町天皇の遺体が葬儀以前にひそかに泉涌寺に移されていた理由は不明である。移された遺体は実際の葬儀以前に火葬されていたと考えられ、それによって、その死去から約五〇日後の葬儀と火葬には、遺体は存在していなかったと推測される。

後陽成天皇は、一六一七年（元和三）八月二六日に死去した。泉涌寺での葬儀と火葬は九月二〇日であった。正親町天皇の葬儀と火葬が死去から約五〇日たっていたのに対して、後陽成天皇のばあいは、約二五日後なので、それほどの間隔ではないが、それにしてもその死去から時間差のある葬儀と火葬であった。翌二一日収骨され、火葬骨は深草法華堂におさめられた［黒板編 一九六六b：一七頁］。しかし、これについては、収骨は翌日ではなく三日後の二三日であり、そのために、この後陽成天皇の葬儀と火葬についても、葬儀と火葬以前に遺体は泉涌寺に移されていた可能性が指摘されている［総本山御寺泉涌寺編 一九八四a：三三九―三四四頁］。

厳密にいえば、この、正親町天皇と後陽成天皇における、実際の葬儀および火葬と、儀礼としての表面上の進行、それらの虚実を確認することは難しい。しかし、この虚実の分析のなかから、泉涌寺と公家側との間に確執があり、両者の意思疎通が円滑ではなかったのではないか、という指摘がある［野村 二〇〇六：二一〇―二一六頁］。

そうであるとすれば、次のようにも考えることができる。

中世後半、泉涌寺での火葬と深草法華堂での火葬骨処理は、律宗泉涌寺の「黒衣」の僧侶などによる秘儀として固定化されていた。さきにみた、一五〇〇年（明応九）死去の後土御門天皇の葬儀を詳細に記録した東坊城和長の『明応凶事記』では、「雲客」はその葬儀の執行にはたずさわっていなかった。しかし、『明応凶事記』が記されたことじたいが、「雲客」でもその葬儀を見聞また仄聞（そくぶん）できるようになっていたことを示し、その秘儀性が揺らぐようになっていたことを示す。中世末から近世初頭にかけて、天皇の火葬をめぐる秘儀性が解体をはじめていた、あるいは、律宗泉涌寺の独占性が解体しはじめていたということもできよう。また、それは、新たに、泉涌寺に対する統制が存在するようになったことを示しているようにも考えられる。

幕府出費の天皇の葬儀――近世的政治秩序のなかの泉涌寺

それでは、一五九三年（文禄二）死去の正親町天皇、一六一七年（元和三）死去の後陽成天皇、そして、一六五四年（承応三）死去の後光明天皇、これら近世初頭に死去した三人の天皇の時期、天皇の葬儀と墓制を管轄する泉涌寺はどのような状態に置かれていたのであろう。

泉涌寺は、一四六八年（応仁（おうにん）二）、応仁の乱によりその伽藍の大半が焼失した。その復興は充分にすすまなかった。それでも、一五二二年（大永二）には諸国勧進（かんじん）による舎利殿（しゃりでん）の復興が行なわれた［総本山御寺泉涌寺編 一九八四a：

二五一―二五四頁］。

近世初頭、本格的復興がはじまる。一五七三年（元亀四・天正一）、織田信長が、正親町天皇の「勅命」を承け、本堂などの伽藍の再建を行ない、二年後の一五七六年（天正四）までにはそれが完成する［総本山御寺泉涌寺編 一九八四a：二七九―二八二頁］。しかし、こうした武家政権による復興は、同時に、その武家政権の政治的秩序のなかに、泉涌寺が位置づけられることをも意味する。信長は一五八二年（天正一〇）本能寺の変により死去したが、その後、一五八五年（天正一三）、政権を掌握した豊臣秀吉（一五三七―九八）の太閤検地が泉涌寺のある山城国で行なわれた。泉涌寺は、同年、秀吉の朱印状により、塔頭も含めてその寺領が安堵された。江戸幕府による最初の寺領の安堵は、一六一五年（慶長二〇・元和一）徳川家康の朱印状によった［総本山御寺泉涌寺編 一九八四a：二九五―二九七、三〇八頁］。

また、泉涌寺は、江戸幕府の仏教政策、寺院統制のなかに置かれる。一六三五年（寛永一二）寺社奉行設置のころから本格化する寺請制度とともに、本山末寺制度（本末制度）は、江戸幕府の中心的な仏教政策であった。一六三二年（寛永九）三代将軍徳川家光（一六〇四―五一、将軍在職一六二三―五一）・若年寄松平信綱（一五九六―一六六二）が、仏教寺院諸宗派・諸本山に対して、末寺帳書き上げとその提出を命じる。各宗派本山ではそれに応じて末寺帳を提出するが、それは一六九二年（元禄五）の改訂を経て幕末まで継続する寺院秩序となる。これによって、全国の仏教寺院は、近世を通じて、寺社奉行の統制下にある諸宗派の本山をヒエラルキーのトップとし、その本山のもとに末寺を構成する宗教集団となった［岩田 二〇一〇：二八八―二九五頁］。この本末制度のなかに泉涌寺も組み込まれたのである。泉涌寺が末寺帳を提出したのは、一六三三年（寛永一〇）であり、本山泉涌寺は一六寺院を末寺としている［総本山御寺泉涌寺編 一九八四a：三二二―三二三頁］。

このように、泉涌寺は、幕藩体制的秩序に位置づけられた。それのみならず、財政的にも大きく幕府に依存するようになる。泉涌寺は、寛文年間（一六六一―七三）、大造営を行ない、近世伽藍を整えるが、その大造営は幕府の全額援助により行なわれた。具体的には、一六六四年（寛文四）、泉涌寺からの要請を容れた後水尾天皇が、幕府に要請し、それを容れた幕府が大造営を決定する。幕府側の造営惣奉行は京都所司代牧野親成（一六〇七―七七）、泉涌寺側からも造営惣奉行が出て、建造物だけではなく屋内装飾・仏具などに至るまでの、全面的な大造営であった。細部に至るまでの完成は、一六六九年（寛文九）であり、修復だけの建造物もあったが、多くは新築された［総本山御寺泉涌寺編 一九八四a：三五四―三八〇頁］。

近世を通じて、泉涌寺は確かに天皇の「御寺」であった。しかし、それは表面的な現象にすぎず、織豊政権期から幕藩体制下、近世武家政権の秩序のもとに、政治的にも経済的にも組み込まれたものであった。単純化していえば、「御寺」泉涌寺は、幕府、武家側の統制下にあった。

そして、天皇また皇族の葬儀も、幕府の財政援助のもとで行なわれた。一六一七年（元和三）死去の後陽成天皇がそうであり、また、この時点から一六五四年（承応三）死去の後光明天皇までの三七年間に死去した、二人の女院、一六二〇年（元和六）死去の新上東門院（一五五三―一六二〇。勧修寺晴子、後陽成天皇の母）、一六三〇年（寛永七）死去の中和門院（一五七五―一六三〇。近衛前子、後水尾天皇の母）の葬儀も、幕府からの財政援助によって行なわれた［総本山御寺泉涌寺編 一九八四a：三四〇、三四四―三四九頁］。

新上東門院は、一六二〇年（元和六）二月一八日に死去した。「新上東門院崩御 御葬礼中陰 覚」（泉涌寺文書）によれば、同日のうちに、武家伝奏の三条西実条（一五七五―一六四〇）・広橋兼勝（一五五八―一六二三）が、前京都所司代板倉勝重（一五四五―一六二四）と京都所司代板倉重宗（一五八六―一六五七）に対してその死去を報せている。そして、三日後の二月二一日には、武家伝奏三条西・広橋が前京都所司代板倉勝重・京都所司代板倉重宗に対して、「御葬礼入用」の出納を依頼し、依頼された京都所司代側は、即日、「御葬礼・御中陰等万ノ入用」として、泉涌寺に対して、幕府からの財政援助米一〇〇〇石を決定した。そして、この費用によって、新上東門院の葬儀が行なわれた［総本山御寺泉涌寺編 一九八四b：九三―九四頁］。

中和門院は、一六三〇年（寛永七）七月三日に死去した。「中和門院御葬礼入用銀米払帳」（泉涌寺文書）によれば、その葬儀のために、幕府から七五〇石の財政援助が行なわれ、泉涌寺は、五〇石三斗を米で、六九九石七斗分を銀で受け取っている［総本山御寺泉涌寺編 一九八四b：九六頁］。

このように、天皇また皇族の葬儀に際して、幕府が財政援助を行なうことは、厳密にいえば、室町幕府も行なっていた。すでに述べたように、東坊城和長の『明応凶事記』によれば、一四二八年（正長一）死去の称光天皇の葬儀では二万疋、一五〇〇年（明応九）死去の後土御門天皇の葬儀では一万疋の銀が室町幕府から支出されている［太田編 一九五八：二七五頁］。しかし、それが常態化し、幕藩体制下の政治秩序のもとに統制された泉涌寺で、財政的にも幕府の全面的な援助をうけて執り行なわれるのが、江戸時代の天皇また皇族の葬儀であった。

2 火葬の停止と遺体槨納葬

後光明天皇の遺体槨納葬――幕府の統制 江戸幕府成立後、はじめての天皇の死去であった一六一七年（元和三）の後陽成天皇のばあい、前々年一六一五年（慶長二〇・元和一）豊臣氏滅亡、前年一六一六年（元和二）徳川家康死去、などの政治的動揺がいまだ継続していた時期であり、幕藩体制じたいが形成過程にあった。また、朝幕関係についても、一六二七年（寛永四）紫衣（しえ）事件に代表されるように、いまだ安定的なそれが構築されてはいなかった。

しかし、後水尾天皇と二代将軍徳川秀忠の娘、中宮東福門院（ちゅうぐうとうふくもんいん）（一六〇七―七八。徳川和子（まさこ））との間に生まれた明正天皇が一六二九年（寛永（かんえい）六）に即位、この時期、幕府側では一六三二年（寛永九）秀忠が死去、三代将軍徳川家光の時代となっていた。一六三四年（寛永一一）には、家光は京都行きの大デモンストレーションを行なうとともに、朝幕関係を安定化させている［辻達也編 一九九一：九三―一一四頁］。そして、一六三〇年代から四〇年代にかけては、朝廷側でも幕府権力を利用しつつ内部秩序を確立、幕府側でも朝廷の権威を利用しつつその権力・権威基盤を確立している［藤田覚 二〇一一：七二―九三頁］。全体的にみれば、幕府優位のもとでの朝幕関係の安定期を迎えるのが、一六三〇年代から四〇年代であった。

そして、朝幕関係もこのような安定期を迎え、幕藩体制下の寺院・仏教統制も確立してきたこの時期、一六五四年（承応三）、在位中に死去したのが後光明天皇であった。後陽成天皇死去が一六一七年（元和三）であったから、三七年ぶりの天皇の死去である。幕府側は、この時点では、一六五一年（慶安四）、三代将軍徳川家光が死去しているので、四代徳川家綱（いえつな）（一六四一―八〇、将軍在職一六五一―八〇）の時代に入っている。

すでに述べたように、天皇墓は、この後光明天皇から、火葬が停止され、遺体槨納葬へと転換する。それは、遺体処理であることより、たとえば、中世後半に固定化されていた、泉涌寺で火葬を行ない、深草法華堂へ火葬骨をおさめ、また、他の堂塔への分骨も行なう、そうした天皇墓における仏教的多重死者供養を停止させたことを意味していた。天皇墓が泉涌寺の単一供養へと一元化されたのである。

それでは、後光明天皇の死去から葬儀、遺体がその墓におさめられまでの経過はどのようなものであったのだろう。後光明天皇は、一六五四年（承応三）九月二〇日に死去した。葬儀は五五日後の一一月一五日夜であった。禁中（きんちゅう）から泉涌寺までの行列には、棺を乗せた車の前に家人をつれた京都所司代板倉重宗など、車の後には三四人の公卿などが歩いた。行列が泉涌寺に着いたのは、戌刻（いぬのこく）（午後八時ごろ）であった。棺は、「龕前堂（がんぜんどう）」に入れられたが、公卿はその前庭にいて中には入らず、この内部に入ったのは泉涌寺僧侶であり、彼らによって読経、葬儀が行なわれた。これが終わると、棺は、僧侶と公卿の行列とともに、荒垣によってかこわれた「山頭（さんとう）」に移される。「山頭」の中央に棺は置かれ、その机の前には「位牌」などが置かれる。そして、僧侶の読経、公卿、京都所司代板倉重宗などの焼香が行なわれ、それが終わると、参会者は退出し、棺は墓域に運ばれ、僧侶および凶事伝奏清閑寺共綱（一六一二―七五）などによって、設営された石槨内におさめられた［総本山御寺泉涌寺編 一九八四a：三五一―三五四頁］。

これが後光明天皇の遺体が墓におさめられるまでの概要である。この「龕前堂」と「山頭作法」、さらには、墓の設営経過も含めて、それらを緻密な文献調査により明らかにした研究がある［野村 二〇〇六：二一六―二二三頁］。それによると、泉涌寺内での葬儀が行なわれた「龕前堂」から「山頭」へ移動する道は筵道となり移動ルートがあらかじめ設定され、最後の読経と焼香が行なわれた「山頭」は「鳥居」の四門によってかこわれていた。また、遺体を入れた棺をおさめる石槨については、それが「石之辛櫃」（『後光明院御喪事 事量卿記』）・「石ノからと」（『羽倉延重日記五』）・「石ノ櫃」（『宣順卿記』二）・「石御櫃」（『後光明院御葬礼記録』）、墓についてはそれが「御廟所」（『後光明院御葬礼記録』）と記録されていた。

後光明天皇の棺は、このように、泉涌寺境内の「御廟所」の石製の「櫃」（「からと」）におさめられた。まず、留意すべきは、この「櫃」という表現であろう。それは、地下に区画されて設営された長方形あるいは正方形の空間を意味する。しかも、「からと」という表現は、現在、火葬骨を石塔下の石室への納骨が普及しつつある日本社会では、この石室のことを東日本などではカロウト（カロート）と表現することがあり（西日本ではあまり聞かないように思われる）、語音はそのカロウトと通じる。

後光明天皇の棺は土中に埋葬されたのではなかった。これについて、たとえば、「長い伝統となっていた御火葬の慣習は終りをつげ、葬送は御土葬になったのである」［総本山御寺泉涌寺編 一九八四a：三五三頁］、「後陽成は従来通りに火葬されたが、後光明天皇は土葬された」［藤田覚 二〇一一：二二一頁］［傍点―引用者］などとされ、「土葬」と表現されることが多いが、後光明天皇の葬法は「土葬」ではなかった。遺体埋葬ではない。その棺は、地下の石製の「櫃」（「からと」）に槨納されていた。

この後光明天皇をもって、天皇墓における遺体槨納葬が展開されるようになる。

それでは、なぜ、火葬が停止されるとともに、「御廟所」の石槨に棺をおさめる、このような遺体槨納葬が採用されたのであろう。

ここでは、それを、将軍墓の影響であったと考えたい。すくなくとも、幕府側の統制が後光明天皇を遺体槨納葬にしたと考えたい。

後光明天皇の遺体槨納葬については、同時期の「朝儀復興」と関連させる指摘もあるが［荒木 一九九五：七〇―七二頁］、そのような理解は不適切ではないかと思われる。そうではなく、それを幕府による天皇への統制、遺体管理の具体的発現であるとする指摘があり［野村 二〇〇六：二二六―二二八頁］、そのような理解の方が的を得ているように思われる。

泉涌寺が幕府の統制下にあり、後光明天皇死去が、幕府優位のもとで朝幕関係の安定期を迎える時期であったことは、看過することができない。また、後光明天皇は後水尾天皇と壬生院（みぶいん）（一六〇二―五六。園光子（そのみつこ））との間に生まれた子供であるので、後光明天皇の前の明正天皇（東福門院の子）とは母親の異なる姉弟の関係にあり、同時に、後光明天皇は東福門院の養子となっているので、制度上からいえば、後光明天皇は東福門院の子供であり、したがって、二代将軍徳川秀忠の孫となる。後光明天皇は徳川将軍家を外戚とする天皇であった。外戚関係においても、また、朝幕関係においても、徳川将軍家の影響を大きく受けざるを得ない存在であった。

そして、一六五四年（承応三）後光明天皇死去までに死去している将軍は、一六一六年（元和二）の一代家康、一六三二年（寛永九）の二代秀忠、一六五一年（慶安四）の家光の三代までであるが、彼らのうち、家康と秀忠については、遺体を石槨に槨納する遺体槨納葬であった。家康の遺体は、最初、駿府（すんぷ）の久能山（くのうざん）（静岡県静岡市駿河区根古屋）におさめられたが、一六一七年（元和三）日光東照宮（栃木県日光市山内）に移され、奥院におさめられた。その形態は、『徳川実紀』によれば、「霊柩を日光山奥院巌窟中に安置し奉る」［黒板編 一九六四：一二三頁］である。家康の棺は土中に埋葬されたのではなく、「巌窟中」におさめられていた。秀忠については、増上寺（浄土宗。東京都港区芝公園）境内に墓が造営された。これについては、発掘調査が行なわれ、その構造が明らかにされている。増上寺境内徳川将軍家墓地は、一九四五年（昭和二〇）、アメリカ軍機の爆撃により、その地上施設の大半が灰塵となった。しかし、地下施設については、破壊をまぬがれ、それが一九五八年（昭和三三）から一九六〇年（昭和三五）にかけて発掘調査された。それによると、秀忠の棺は土中に埋葬されたのではなく、地表を約三m掘りそこに石室を設営し、棺を槨納するとともに、上部は長さ約三m×幅約一m×厚さ約一mの二個の巨石で蓋をし、その上に蓮華形台座を置き、地上施設として宝塔を安置する台徳院廟を設営したものであった。石室の大きさは、一辺二m五〇cmの正方形で深さが一m七〇cmあり、それが、長さ約九〇cm×幅三〇cm×厚さ六cmの石板を組み合わせて造営されていた。発掘時、内部の隙間から混入した礫混じりであったというから、構造的には緻密ではなかったが、巨大であった［鈴木他編 一九六七：二八―三一頁］。家光については、日光の大猷院廟を拝殿とし遺体がおさめられたが、地下施設については不明の点が多い。しかし、増上寺境内の将軍墓がすべて遺体槨納葬なので、家康・秀忠にならい石槨への槨納であった可能性が高い。

後光明天皇の遺体槨納葬に先行して、将軍墓では、火葬を行なわず、地下施設として石槨を設営しそこに棺をおさめる遺体槨納葬が採用されていた。このような将軍墓における遺体槨納葬が、後光明天皇以降の天皇墓設営に影響を与えているのではないかと考えられるのである。

そして、後光明天皇の棺をおさめた石槨の設営は、もはや、後陽成天皇までの火葬のように、泉涌寺僧侶が主導する中世的秘儀ではなかった。

朝廷側・幕府側、両方の合意の上で設営され、しかも、「龕前堂」での葬儀と、「山頭」での読経・焼香のあと、棺を石槨内におさめるにあたっても、朝幕両方の関係者の立ち合いのもとでそれが執り行なわれていた可能性が高い。石槨造営についても、朝廷側では武家伝奏清閑寺共房（一五八九―一六六一）・野宮定逸（一六一〇―五八）、凶事伝奏清閑寺共綱などが、幕府側では京都所司代板倉重宗などが、事前に現場で確認し、棺を石槨におさめるにあたっても、朝幕両方が参列したと考えられている［野村 二〇〇六：二二一―二二二頁］。

後光明天皇の棺は、泉涌寺僧侶のみによってではなく、朝幕両方の合意と確認のもとで、石槨への槨納が行なわれていたのである。

後光明天皇における遺体槨納葬の採用、火葬から遺体槨納葬への転換とは、幕藩体制の政治的秩序のもとで、幕府の統制にもとづいて採用された葬法であった。幕府優位の朝幕関係を隠喩として潜めさせた政治的葬法であった。しかし、それを逆にいえば、そこに仏教的死者供養としての質的転換を抽出することはできないともいえる。幕府の政治的統制による葬法が、ここでの遺体槨納葬であり、そこには宗教性の転換はなかったということができる。

後水尾天皇の遺体槨納葬――「西方極楽」往生の継続　後光明天皇の死去から二六年後、一六八〇年（延宝八）八月一九日後水尾天皇が死去した。泉涌寺側からみれば、この後水尾天皇の要請を受け幕府出費のもとで行なわれた寛文年間の大造営のあとであり、幕府側からみれば、その三ヶ月前の五月八日に四代将軍徳川家綱が死去、五代将軍徳川綱吉（一六四六―一七〇九、将軍在職一六八〇―一七〇九）に代替わりし、二年前の一六七八年（延宝六）には、二代将軍秀忠の娘でもあった後水尾天皇の中宮東福門院が死去していた。

この後水尾天皇の葬儀から墓の設営までの経過については、豊富な文献資料が残されている。いま、後光明天皇の死去をめぐって、その遺体槨納葬への転換の意味を朝幕関係のなかで分析してみたので、次は、「後水尾院御葬礼御中陰記」（泉涌寺文書）における後水尾天皇の例により［総本山御寺泉涌寺編 一九八四b：一四四―一六六頁］、後光明天皇から展開されるようになった遺体槨納葬の仏教的死者供養としての意味を明らかにしてみよう。

一六八〇年（延宝八）八月一九日後水尾天皇が死去した。湯灌と入棺は三日後の二二日であった。棺が座棺（竪棺）であったのか寝棺であったのかは不明である。これについては、後光明天皇以前でもそうであって、どちらの形状の棺が使用され、座棺のなかで蹲踞（あぐら）あるいは正座による座位であったのか、寝棺のなかで伸展位であったのかは不明である。ただし、将軍墓（将軍の妻女）のばあいは、先にみた二代将軍徳川秀忠などは蹲踞（妻女は正座または両立膝座位）であったので［今野 二〇一三：一一―一五頁］、天皇墓でも、棺は座棺で座位であった可能性がある。ただし、後水尾天皇の死去から約一〇〇年後、一七七九年（安永八）一〇月二九日死去の後桃園天皇（一七五八―七九、在位一七七〇―七九）のばあいは、柳原紀光（一七四六―一八〇〇）の『柳原紀光日記』に、棺の大きさが「長七尺五寸五分　幅四尺八分　高二尺七寸」（一尺三〇cmとして長二二六・二cm×幅一二二・四cm×高八一cm）と記されているので［藤井他監修 二〇〇六a：七九三頁］、この棺の寸法からすると、高さが八一cmであるにもかかわらず長さが二mを超えているので、後桃園天皇は寝棺であった可能性が高い。

二六日から泉涌寺で後水尾天皇の葬儀のための「龕前堂」「山頭」の設営がはじまった。二九日、後水尾天皇の「御影」が霊明殿に安置された。葬儀は死去から約二〇日後の閏八月八日であった。「龕前堂」は、南北五間×東西一一間（一間一・八二mとして南北九・一m×東西二〇・二m）の堂で、柱二〇本・四十畳敷・檜皮葺で、周囲に幕を張り、金屏風を立てたものであり、多くの装具とともに、中央檀机に「位牌」を置いている。葬列が「龕前堂」に着いたのは、亥上刻（午後九時過ぎ）であった。棺は「宝龕」に移される。「宝龕」は棺の寸法に合わせて檜で作られ、台には欄と朱色の無額の「鳥居」があり、金欄を張ってあった。そして、この「宝龕」におさめられた棺は「龕前堂」に移される。

このときに、第一の「勅使」がきて、凶事伝奏清閑寺熙房（一六三三―八六）に向かい、「唯今何等御事候哉」

と問う。清閑寺煕房は「唯今奉移霊柩於宝輿」と返答し、「勅使」は帰っている。
「龕前堂」では「龕前作法」、読経と焼香がくりかえされる。それが終わると、棺をおさめた「宝龕」は再び葬列、「山頭行列」を組み、「筵道」にそって「山頭」に移される。「山頭」は南北二五間×東西五〇間（四五・五m×九一m）で、そのなかに、「四門鳥居」のある南北一五間×東西一三間（二七・三m×二三・七m）の「荒垣」がある。この「四門鳥居」には「四門額」があり、東方が「発心門」・西方が「菩提門」・南方が「修行門」・北方が「涅柈（ママ）門」と「金紙」に書かれている。周囲は「白綾幕」にかこわれ、中央には机があり、「位牌」はこの机の後ろに置かれている。棺をおさめた「宝龕」は、「荒垣」内に入れられると、「三匝」し、三間四方（五・四六m×五・四六m）の「仮屋」に置かれた。

　後水尾天皇の棺を入れた「宝龕」が「四門鳥居」のうちどの門から入ったのかは不明だが、いずれかの「鳥居」の門から入り、「三匝」つまりは三周まわってから「仮屋」に置かれた。この「仮屋」は、火葬された後陽成天皇までは火葬場「火屋」のことである。後光明天皇以降、「山頭」内では火葬は行なわれなくなったが、形式的には火葬と同じ様式を採用し、「仮屋」、擬似火葬場が設営されていた。

　このあと、「山頭作法」として、この「仮屋」の「宝龕」に対して読経と焼香が行なわれた。それが終わると、第二の「勅使」がきて、再び、凶事伝奏清閑寺煕房に進捗状況を問いかけ、それに対しての返答が行なわれている。「山頭作法」が終わると、「鈍色」の僧侶一〇人余とそれを助力する大工頭中井主水正（？―？）の手代が、「宝龕」から棺を出して担ぎ「御廟所」に運ぶ。そして、「御廟所」の石槨におさめている。この「御廟所」での石槨への棺の槨納に立ち会ったのは、公家側が凶事伝奏清閑寺煕房をはじめ一〇人、武家側が京都所司代戸田忠昌（一六三二―九九）、僧侶一〇人であった。ただし、実際に、石槨におさめて「御廟所」の「営作」しているのは大工頭中井主水正の手代である。完成した「御廟所」の石槨の上には三間四方（五・四六m×五・四六m）・檜皮葺の「仮屋」が建てられた。この「仮屋」は、「山頭」内の「仮屋」と同じ大きさなので、この「仮屋」が移築された可能性がある。この「仮屋」には「白綾幕」が引き回された。

このようにして、後水尾天皇の葬儀が終わり、その棺は墓に槨納された。

その際、「御廟所」での最終的設営を行なった、大工頭中井主水正とその手代が、公家側、武家側、泉涌寺側、三者のうちどれに属しているのかというと、彼らは武家側であった。大工頭中井主水正の氏名が「後水尾院御葬礼御中陰記」に記されている位置は、「武家参勤」の項目の京都所司代戸田忠昌の下部である。後水尾天皇の「御廟所」設営を実際に行なったのは、武家側に属する大工頭中井主水正とその手代であった。

このあと、法事は七日ごと四十九日まで、また、一〇月二九日の百箇日(ひゃっかにち)まで続き、その直前の一〇月二三日、「御廟所」での「御石塔供養」が行なわれた。これは石塔建立とその「開眼(かいがん)」であった。現在、この「御廟所」の石塔を見ることはできないが、写真によれば〔総本山御寺泉涌寺編 一九八四a：口絵写真および四〇四頁〕、石製の九重塔である。これによって、後水尾天皇における天皇墓造営が終了した。[*36]

以上が、「後水尾院御葬礼御中陰記」に記録された後水尾天皇の葬儀から天皇墓造営、地上施設としての石塔建立までを抄出したものである。

これらにより、後光明天皇に続く後水尾天皇の遺体槨納葬も、幕府優位の朝幕関係において設営された天皇墓であり、そうであるがゆえに、幕藩体制下の仏教的死者供養として行なわれたと考えることができよう。すでに述べたように、古代末から中世にかけて、天皇の葬送・墓制は国家儀礼ではなく、私的儀礼へと転換していた。特に、中世後半には、公家ですら関与できない秘儀にもなっていた。しかし、後水尾天皇墓の設営が幕府側（京都所司代戸田忠昌＋大工頭中井主水正）の主導で、彼らと公家、僧侶の立ち合いのもとで行なわれるようになったことは、私的性格また秘儀性を喪失し、幕府の統制によるという条件下での公的性格を持ちはじめたことを意味している。

しかも、泉涌寺についても、本末制度などによる幕府の仏教統制、仏教寺院秩序のもとにあり、「御寺」泉涌寺といえども、朝廷の管轄下ではなく、幕府の統制下にあった。さらに、後水尾天皇の葬儀では、泉涌寺に対して、葬儀の翌日閏八月九日から中陰のために公家からの香奠がとどけられ香奠帳「後水尾院尊儀御中陰 宮方 公家衆幷女中衆諸門跡方 贈経香奠帳」（泉涌寺文書）が作られただけではなく［総本山御寺泉涌寺編 一九八四b：一七一―一八二頁］、閏八月二四日からは武家、諸大名からの香奠がとどけられ香奠帳「後水尾院尊儀御中陰武家御香奠帳」（泉涌寺文書）が作られている[*37]［総本山御寺泉涌寺編 一九八四b：一九八―二〇一頁］。

しかし、このような政治的転換のいっぽうで、純粋宗教的性格、仏教的死者供養という側面については、そのまま継続している。

たとえば、東坊城和長の『明応凶事記』が記した一五〇〇年（明応九）死去の後土御門天皇のそれと、後水尾天皇のそれとを比較してみると、葬儀の最中に「勅使」がきて公家と行なう儀礼的問答（『明応凶事記』では三回、「後水尾院御葬礼御中陰記」では二回）は行なわれていた。また、葬儀から天皇墓造営までの過程、棺の移動と読経・焼香の順序も同じであった。

『明応凶事記』では、「仏殿」→「鳥居」内「葬場殿」（火葬）→収骨・深草法華堂

「後水尾院御葬礼御中陰記」では、「龕前堂」→「鳥居」内「仮屋」（火葬なし）→「御廟所」へ槨納

であった。

火葬骨処理と遺体槨納との違いはあれ、それ以前からの二段階の手順は同じである。『明応凶事記』では、「仏殿」での葬儀、そのあと「鳥居」内「葬場殿」で読経・焼香、そして火葬である。「後水尾院御葬礼中陰記」では、「龕前堂」での葬儀、そのあと「鳥居」内「仮屋」で読経・焼香、そして遺体槨納であった。「鳥居」をくぐり読経・焼香され「西方極楽」往生するための同じ儀礼を行なったあとで、『明応凶事記』では火葬、「後水尾院御葬礼中陰記」で

は遺体が石槨に槨納されていた。

後光明天皇から後水尾天皇にいたる、天皇墓における遺体槨納葬への政治的転換は、最終的処理が遺体になっただけで、後陽成天皇までの火葬骨処理とは、物理的方法が異なるだけであった。「西方極楽」往生するための仏教的死者供養は継続し、儀礼的には変質はなかった。

これについては、さきにみた、現在まで継続してきた、庶民墓における、民俗的火葬と、「両墓制」特に遺体埋葬地との、仏教儀礼としての同質性と、同様の展開であったと理解することができよう。民俗的火葬の火葬地も、「両墓制」の遺体埋葬地も、二段階の進行であった。それらについては変質せず、火葬から遺体処理に変形する、そうした同様の現象が、近世天皇墓にも起きているように思われるのである。

3 武士墓の遺体槨納葬と庶民墓の遺体埋葬

近世の儒葬——近世の特殊例および近現代神葬祭の起点　それでは、中世、いったんは火葬となった、あるいは火葬を志向した日本の墓制が、近世、天皇墓だけではなく、武士墓も庶民墓も、なぜ、火葬ではなく、遺体処理を行なう、遺体槨納葬または遺体埋葬を中心とするようになったのであろうか。

天皇墓・武士墓・庶民墓、全階層を通じて、中世は遺体埋葬を併存させつつも、全体的には火葬の時代であった。しかし、近世は、これまでみてきたような天皇墓だけではなく、武士墓・庶民墓においても、浄土真宗地域・日本海側地域と都市部などを除き、火葬から遺体槨納葬または遺体埋葬へと転換していった。そして、近現代、現在に至り、その遺体槨納葬または遺体埋葬が、再び現代的火葬へと変化をとげている。

特に、近世における、火葬から遺体処理への変化については、江戸幕府がその政治政策としても仏教を重視したので、明らかに矛盾した現象であった。江戸幕府が仏教を重視したのならば、その墓制は「西方極楽」往生を目的とする仏教式の火葬でなければならないはずである。しかし、江戸幕府の時代は、その最高権力者である将軍を筆頭に、火葬ではなく、遺体処理であった。現象としては矛盾している。

これについては、ひとつの俗説がある。儒葬の影響が、近世の遺体処理を形成させたというものである。その可能性を完全否定することはできないが、日本社会で儒教がもっとも受容されていた江戸時代でも、儒葬は圧倒的に少数であったことを考えると、その可能性は弱いと考えるべきであろう。確かに、会津藩・水戸藩・尾張藩・岡山藩などは儒葬を行なっていた。

近世の武士墓と庶民墓を考察する前に、まずは、この儒葬による墓、儒葬墓についての俗説を検討してみよう。年代順に事例を確認してみる。

まずは、儒学者の事例である。

朱子学者林羅山（一五八三―一六五七）は、一六二九年（寛永六）、その子供林叔勝（一六一二？―二九）が死去した際、その儒葬墓を「方墳」としている。『林羅山文集』巻四十三「林左門墓誌銘」は、それを、次のように記す。

命工、削石、築方墳、高三尺径五尺五寸、環亀而堆立碣于其上、以表之、象円首方趺也

［京都史蹟会編 一九三〇：五一五頁］［句読点―引用者］。

管見の限りでは、朱子学者林羅山がその子供のために造営したこの「方墳」の墓が、儒葬墓の最初である。

陽明学者中江藤樹（一六〇八―四八）は、一六四八年（正保五・慶安一）に死去した。写真53は、死去から比較的間もない時期、門人によって造営されたと伝えられる藤樹の墓である。玉林寺（天台真盛宗。滋賀県高島市安曇川町上小川）境内入口にある。手前が藤樹、背後がその母親の墓とされる。このあとみる、池田輝政の墓と同じように、前後を長くとり頂上部を墳丘状に盛り上げている。『林羅山文集』が記す林叔勝の「方墳」も、このような形状

写真53　中江藤樹墓（滋賀県高島市上小川）2016年

であったのではないかと推測される。

なお、この藤樹の墓のある滋賀県高島市安曇川町上小川（かみおがわ）のある湖西は、すでに述べたように、高島市旧高島町・旧安曇川町では天台真盛宗・浄土真宗が多く、そのうち天台真盛宗は「両墓制」が一般的で、この上小川もそうである。上小川は現在約六〇軒で、集落のはずれには遺体埋葬地のサンマイがある。そのうち、約五〇軒が玉林寺（天台真盛宗）檀家で、藤樹の墓のある玉林寺境内にキヨバカ、石塔墓地を持つ。約一〇軒は上小川の集落内の妙専寺（みょうせんじ）（浄土真宗大谷派）檀家で、サンマイに自然石を加工した程度の小型の石塔を持つ家もあるが、石塔を持たない家もある。

このように、中江藤樹の生活したその土地では、藤樹の墓が儒葬墓であったとしても、その集落の人たちの墓は、天台真盛宗が「両墓制」、浄土真宗大谷派がサンマイへの遺体埋葬であった。藤樹のような儒葬墓ではなく、この地域の民俗的墓制によっている。

次は、大名墓、尾張藩の事例である。一六五〇年（慶安（けいあん）三）死去の初代尾張藩主徳川義直（とくがわよしなお）（一六〇一—五〇）は、その遺命により儒葬墓となった。写真54は、定光寺（じょうこうじ）（臨

写真 54　徳川義直墓（愛知県瀬戸市定光寺町）2015 年

済宗。愛知県瀬戸市定光寺町）境内裏の源敬公廟と呼ばれるその墓所である。これは円錐形に造営されている。写真55は、殉死者の墓群であり、同じく円錐形に造営されている。もっとも、尾張藩のばあい、儒葬墓はこの初代義直だけで、二代藩主徳川光友（一六二五―一七〇〇）はじめ他の藩主は、建中寺（浄土宗。愛知県名古屋市東区筒井）境内などに墓所を持ち、同寺が尾張徳川家の菩提寺であった。

岡山藩では、一六八二年（天和二）に死去した初代岡山藩主池田光政（一六〇九―八二）の遺体は、生前、一六六五年（寛文五）のうちに選定していた和意谷池田家墓所（岡山県備前市吉永町和意谷）に、儒葬でおさめられた［石坂 一九三二b：一三六〇―一三七二頁］。また、一七〇二年（元禄一五）、閑谷学校（岡山県備前市閑谷）が完成すると、岡山藩重臣津田永忠（一六四〇―一七〇七）は、その石塀外椿山に「御納所」を造営し、そこに光政の毛髪・髯・爪・歯などをおさめている［石坂 一九三二b：一四二一―一四二二頁］。この「御納所」の形状は

写真55　徳川義直殉死者墓（愛知県瀬戸市定光寺町）2015年

円錐形である。そして、一七〇七年（宝永四）死去の津田も奴久谷（岡山県和気郡和気町奴久谷）津田家墓所に儒葬によっておさめられた。

生前の光政は、一六六七年（寛文七）、京都の妙心寺護国院（臨済宗）に埋葬されていたその祖父初代姫路藩主池田輝政（一五六四—一六一三）の火葬骨、父二代姫路藩主池田俊隆（一五八四—一六一六）の遺体を移し、和意谷に儒葬墓を造営・改葬し、先祖祭祀を儒教式で行なっている［石坂編 一九三二a：七〇八—七二九頁］［吉永町史刊行委員会編 二〇〇六：三七四—三八一頁］［吾妻二〇〇八a：八〇—九〇頁］。写真56は、和意谷「一の御山」、池田輝政墓である。墳丘前部の墓碑を「螭首亀趺」（頭部をみづち＝龍とし、台座を亀形とする）とし（和意谷池田家墓所で「螭首亀趺」を持つのは輝政のみ）、墳丘は前後を長くとり頂上部を盛り上げる形状である（和意谷池田家墓所の墳丘の形状はすべてこの形状をとる）。もっとも、岡山藩のばあいも、儒葬は、光政生前の池田家死者までで、

写真 56　池田輝政墓（岡山県備前市吉永町和意谷）2016 年

光政のあと、二代藩主池田綱政（一六三八—一七一四）はじめ他の藩主は、曹源寺（臨済宗。岡山県岡山市中区円山）境内裏に墓所を持ち、同寺が岡山藩池田家の菩提寺であった。[*38]

儒葬墓にもっとも積極的であったのは水戸藩であった。朱子学に傾倒していた二代藩主徳川光圀（一六二八—一七〇〇）は、彼の指示によって編纂された『神道集成』巻一二「葬祭」の冒頭が、「伏惟、我国殯葬之法、頽廃也久。故人死、則委之浮図手、投之荼毘坑、吁可歎哉」［神道大系編纂会編 一九八一：五一八頁］［句読点—原文］と記すように、仏教的死者供養を排除し、儒葬墓を導入した。[*39] それは、すでに明らかにされてきたように［近藤啓吾 一九九〇：一二一—一五四頁］［細谷 二〇〇三：三三—三九頁］［吾妻 二〇〇八b：一六—一八頁］、中国明代の制度により、前部に「螭首亀趺」の墓碑を配置し、墓上を「馬鬣封」（馬の鬣のようにする）を理想とした。これまでみた中江藤樹墓［写真53］、池田輝政墓［写真56］など和井谷池田家墓所は、「馬鬣封」という言葉を積極的に使っているわけではないが、墳丘の前後を長くとり頂上部を盛り上げる形状であり、形状的にはこの「馬鬣封」と同じである。

水戸藩の最初の儒葬は、一六五八年（明暦四・万治一）死去の光圀の妻が最初である。「馬鬣封」が採用された。その形状は、馬の鬣のように前後を長くとり、その頂上部を盛土する（のちに改葬されて円錐形に修正された）。一七〇〇年（元禄一三）死去の光圀の墓もこの「馬鬣封」とされた。水戸藩では、歴代藩主はこの「馬鬣封」を、その妻は円錐形を採用している。これらの墓は、その形状を維持するためであろう、石灰などで固く塗り固められている［徳川斉正・常陸太田市教育委員会編 二〇〇七：三一―四〇、一二一―一三六頁］。

もっとも、徳川光圀により水戸藩に招かれた朱子学者朱舜水（一六〇〇―八二）は、『朱氏舜水談綺』の「墳」のなかで、「近来、三、四百年間、並、無馬鬣封之制矣」［張編 一九八八：一〇六頁］［句読点―引用者］と述べている。実際には、中国の儒学では、「馬鬣封」はすでに行なわれていなかった。林叔勝墓、中江藤樹墓、池田輝政などの岡山藩和意谷墓所、水戸藩墓所が、前後に長い墳丘状とされたことは、儒葬墓の現実というよりも、彼らが理想形態とする「馬鬣封」を新造したということもできよう。

このように、江戸時代は有力藩主、儒学者を中心に、火葬によらない儒葬墓が造営された。そして、その地上部分は、林叔勝・中江藤樹・池田輝政・徳川光圀のような「馬鬣封」、徳川義直およびその殉死者のような円錐形に造営された。しかし、儒葬墓の事例数は圧倒的に少なく（そうであるがゆえに目立つともいえるが）、それが中世まで一般的な火葬を、遺体処理の墓制に変化させるほどの影響力を持っていたと考えるには無理がある。また、儒葬の事例は一七世紀半ばから後半が多く、そのもっとも早い時期の事例と考えられる、林羅山の子供林叔勝の死去が一六二九年（寛永六）、陽明学者中江藤樹の死去が一六四八年（正保五・慶安一）、初代尾張藩主徳川義直の死去が一六五〇年（慶安三）である。すでに、この時期では、このあと述べるような、神となった豊臣秀吉（一五九八年死去）・徳川家康（一六一六年死去）における、火葬によらない遺体槨納葬が先行していた。また、儒葬墓造営の多くは一六五〇年以降であり、大名墓でも、これもこのあと述べる岡山藩主池田忠雄（一六三二年死去）・初代仙台藩主伊達政宗（一六三六年死去）の仏教式の遺体槨納葬の方が先行していた。さらには、中江藤樹が儒葬墓であっても、その生活した集落は儒葬墓ではなく仏教民俗的墓制であり、陽明学者中江藤樹だけが突出していた。

儒葬墓が中世の火葬を変化させた原因のひとつである可能性を否定しきることはできないが、[*40] このような事実関係をみるだけでも、儒葬墓のみをもって、その変化の主要因とすることはできないだろう。近世の儒葬墓は、墓制全体のなかでは、特殊例と考える必要があろう。

むしろ、重要なことがらは、近世の墓制全体のなかでは特殊例である儒葬、近世儒葬墓における「馬鬣封」および円錐形が、形状だけから判断すると、あとでみる、近現代の天皇墓・皇族墓の〈円墳〉ときわめて類似していることであろう。また、かつて儒教が浸透していた韓国・朝鮮の墓制は、遺体埋葬後、円錐形の盛土を地上施設として造営してきたので、それとも類似している。たとえば、写真57は、ソウル市郊外マンウリ墓地にある浅川巧（一八九一—一九三一）の墓である。浅川は朝鮮総督府の林業技師であったが、韓国文化に親しみ、韓国風の生活様式をおくっていた。その浅川の墓は、韓国式で円錐形であった。近世日本の儒葬による「馬鬣封」および円錐形、韓国の円錐形、さらには、近現代天皇墓・皇族墓における〈円墳〉、これらの形状の類似について、安易な結論の提出は控えなければならないが、ここでは、このような類似性があることを指摘しておきたい。

この課題については、近現代の天皇墓・皇族墓のところで再論したいと思う。

規範としての武士墓——中世の火葬から近世の遺体処理への原因　それでは、近世における火葬から遺体を処理する墓制への変化の要因は、どのようなところにあるのだろう。

古典的記録として参考にされることの多い、『古事類苑　礼式部二』（一九〇〇）の次のような記述は、論証を欠いているものの、ある程度の事実を伝えていると考えることができないだろうか。

写真 57　浅川巧墓（大韓民国ソウル市マンウリ墓地）2014 年

庶人ニ在リテモ、中世以後ハ多ク火葬ナリシガ、徳川氏ニ至リテ、将軍及ビ諸藩主等並ニ土葬ニ従ヒ、土佐会津等ノ如キハ、其封内ニ令シテ火葬ヲ禁ゼシカバ、天下土葬ノ風大ニ起レリ［神宮司庁編 一九〇〇：四頁］。

将軍家および諸藩主が火葬を停止したために、それが庶民にいたるまで普及するようになったというのである。この記述によれば、将軍家・諸藩主がなぜ火葬を停止したのか、それについて言及はないが、武士墓における火葬の停止が、庶民墓にいたる全国的な火葬の停止を生み出していたことになる。武士墓が規範となり、火葬が停止されるようになったというのである。これについては、近世天皇墓における遺体槨納葬の採用が、幕府の政治的統制の結果であることを考慮すると、一定程度、説得的な説明であろう。

豊臣秀吉の遺体槨納葬——豊国大明神として神となる　それでは、天皇墓に先行する武士墓における火葬の停止は、どのような経緯をたどったのであろう。それを歴史的順序にそって、確認しておこう。

近世はじめ、火葬ではなかったことが確実に証明できる武士は、一五九八年（慶長三）死去の天下人豊臣秀吉（一五三六—

一五九八）である。[*41] 秀吉の遺体は、翌一五九九年（慶長四）京都東山の阿弥陀ヶ峰におさめられ、吉田神道にのっとり、朝廷から神号豊国大明神をうけた。阿弥陀ヶ峰麓には豊国社が造営された。豊臣政権の権力と権威の象徴として、秀吉の墓は、同時に、神社でもあり、跪拝されるべき神域とされた。その政治的経緯、神号「新八幡」を希望していた秀吉が豊国大明神となる過程については、すでに多くの研究が明らかにし［宮地 一九二六：三一〇—三八二頁］［千葉 一九五五：一七五—一八〇頁］［三鬼 一九八七：三—一〇頁］［北川 一九八九：二二〇—二二二］［河内 一九九四：五六—六六］［野村 二〇一五：五一—八八頁］、近年では、秀吉の遺体槨納葬の実態さえも解明されている［野村 二〇一五：六一頁］。これらによると、正確には、秀吉は、一五九八年（慶長三）八月一八日、伏見城内で死去した。しかし、その死去は秘密にされ、その遺体は、翌一五九九年（慶長四）四月一三日、極秘裏のうちに伏見城内から阿弥陀ヶ峰に移された。朝廷が秀吉へ神号豊国大明神を与えたのは一七日、豊国社正遷宮は翌一八日、朝廷が豊国大明神に正一位を与えたのが翌々一九日であった。

それでは、豊国社の背後、阿弥陀ヶ峰におさめられ、豊国大明神という神となった秀吉の遺体はどのような状態であったのだろう。それを取り仕切った徳川家康の家臣戸田氏鉄（一五七六—一六五五）の『戸田左門覚書』が、慶長四年の項で、次のような回想を残している。

此年（本ノマヽ、前年ニアルヘシ）、山城国東山阿弥陀峯の下に太閤御廟所を被建、内府公万事御差引被仰付、事調て、翌年慶長四年八月十八日　内府公を始天下の大名参詣、豊国大明神と勅額下され、正一位太政大臣の贈号を給り、将軍塚のならひ、阿弥陀峯に彼死骸を壺に入、朱ニてつめ、棺槨ニ納ム［徳富猪一郎編 一九一四：原文頁数なし］［闕字—原文］［句読点は適宜補った—引用者］。

時期的な誤認が若干あるが、秀吉の遺体のおさめられ方については、間違いなかろう。秀吉の遺体は、「壺」におさめられ、そこに防腐剤の機能であろう「朱」を詰め、そのうえで、阿弥陀ヶ峰の「棺槨」におさめられていた。

「壺」であるので、その遺体は座位であったと推測される。

秀吉の遺体は、土中に埋葬されたのではなかった。「壺」におさめられた遺体は、「太閤御廟所」の「棺槨」に槨納された。近世、火葬を停止した最初の天皇墓は、一六五四年（承応三）死去の後光明天皇であったから、豊臣秀吉は、それに先立つこと約五五年、天皇墓に先行した遺体槨納葬であった。そして、その「太閤御廟所」の前面には豊国社が造営され、豊国大明神として祀られるようになった。秀吉は神となり跪拝の対象となった。

構図から判断すれば、その遺体じたいが、最終的神体ということになろう。死去した秀吉は、その遺体を神体とした人格神になっていた。[*42]

このような遺体槨納葬であった豊臣秀吉、死した天下人秀吉は、中世までの墓制を大きく変化させていた。

第一には、豊臣秀吉の遺体槨納葬は遺体保存を前提としていることである。「朱」を詰めている。火葬における肉体の焼失とは正反対の遺体処置であった。秀吉は「西方極楽」往生したのではなく、その遺体保存により、人格神となっていた。現世にとどまり、豊臣政権の正当性の根拠として、朝廷から与えられた神号豊国大明神のもとに、人格神として生き続ける。これについては、このあとみる徳川家康の東照宮（とうしょうぐう）も同様であった。

第二には、その遺体が保存され人格神として跪拝の対象となったことにより、それまでの霊魂観念であれば、ケガレているはずの遺体また墓が、ケガレの対象とならなくなったことである。遺体をめぐるケガレ観の修正、とでもいうべきであろうか。これについても、徳川家康の東照宮（とうしょうぐう）も同様であり、それはいっそう顕著にあらわれている。

第三には、第一の人格神、第二の遺体また墓にはケガレのないこと、それらが、豊臣政権の正当性のために、政治的に創出されていたことであった。火葬による「西方極楽」往生の停止、人格神化が、政治的に強行されていた。政治が宗教よりも上位に立ち、政治が霊魂観念を変化させるべく影響をおよぼしている。死去した天下人豊臣秀吉における、その人格神化とは、政治による霊魂観・神観念の修正でもあった。概括的にいえば、中世までの、宗教（仏教）が俗世界（政治）に対して上位に立つ精神世界が終焉し、その逆、俗世界が宗教に対して上位に立つ、そのような社会が形成されてきていた。

しかし、豊国大明神は、その政治性により、豊臣政権の没落とともに、破壊される運命をたどった。一六〇〇年（慶長五）関ヶ原の戦い、一六〇三年（慶長八）には徳川家康が征夷大将軍となり江戸幕府がひらかれ、豊臣政権は急速に徳川政権へと移行していった。それでも、一六一五年（慶長二〇・元和一）大坂夏の陣による豊臣氏滅亡までは豊国社は繁栄した。やがて、それも幕府によって棄却させられ、明暦（めいれき）年間（一六五五—五八）・万治（まんじ）年間（一六五八—六一）ごろまではその痕跡も残っていたが、やがて、それも失われてしまったという［神宮司庁編 一九〇一：一六五三頁］。京都町奉行所与力神沢杜口（よりきかんざわとこう）（一七一〇—九五）が明和年間（一七六四—七二）に記した随筆『翁草（おきなぐさ）』巻三十五「豊国社の事」は、「今は旧地の跡もなく、郊野（こうや）と成（なり）て、豊国の名をだに知人（しるひと）も稀なり、吁一瞬（ああいっしゅん）の間に、斯（か）く迄（まで）栄枯を換（かわ）る事、誰か嘆息（たんそく）せざらんや」［日本随筆大成編輯部編 一九七八：四四八頁］と記す。豊国社は、江戸中期の明和年間には完全に消滅していた。

しかし、明治維新後、豊国社は復活する。これについては、あとで述べるが、江戸幕府が崩壊した直後、明治新政府によって、再建される。俗な表現を使えば、明治新政府にとって、敵の敵は味方、ということであろうか。この破壊と復活の事実をみるだけでも、豊国大明神がいかに政治性のなかに存在してきた神であるのかがうかがわれる。そして、その政治性こそが、霊魂観・神観念の修正をもたらしていた。

徳川家康の遺体槨納葬——東照大権現として神になる　豊臣秀吉に続いた天下人徳川家康も、その死後、朝廷から神号東照大権現（とうしょうだいごんげん）を与えられ、日光東照宮で神として祀られた。その経緯については、『徳川実紀（とくがわじっき）』の「台徳院殿御実紀（だいとくいんでんごじっき）」巻四十二〜巻四十五をひもとくだけでも詳細にわかり、また、秀吉の豊国大明神と同じく、すでに多くの研究がそれを明らかにしている［辻善之助 一九五三：一三三—一三八頁］［高柳 一九五三：四三—四七頁］［宮地

一九五七：三二七―三四一頁〕〔北島 一九七四：六―一三頁〕〔曽根原 二〇〇八：五六―六〇頁〕〔野村 二〇一五：八九―一一二頁〕。

家康は、大坂夏の陣で豊臣氏を滅亡させた翌一六一六年（元和二）四月一七日、静岡の駿府城内で死去した。遺体は、同夜ただちに駿府城から南東の久能山（静岡県静岡市駿河区根古屋）に移され、翌々一九日には「仮殿」を経て「内陣」に安置、そこで神道式の「遷座」式が行なわれた〔黒板編 一九六四：九六頁〕。「仮殿」と「内陣」とはいえ、遺体が神社の中心に位置する構図である。

この久能山への家康の遺体の仮「遷座」については、実際にそれに立ち会った吉田神道家出身の僧梵舜（一五五三―一六三二）の日記が、正確な記録を残している。

まずは、家康死去の四月一七日の記述である。

> 相国巳刻過ニ御他界也、夜入府中之御城ヨリ久能御城へ御移、金地院・予俄罷越、雨降也〔続群書類従完成会編 一九八三：四頁〕。

「相国」とは家康のことである。家康が「巳刻過」（午前一〇時過ぎ）に死去したので、夜に入ってから、その遺体を「府中之御城」（駿府城）から「久能御城」（現在の久能山東照宮。武田氏の出城久能城があったため「久能御城」という表現を使っていた）へ移し、南禅寺金地院の僧崇伝（一五六九―一六三三）と梵舜が急ぎ久能山に向かった。翌一八日は、地形を確認し、夜から「普請」がはじめられる。

そして、一九日、「遷座」式が行なわれる。

> 仮殿作、座次三間四方ニ立ツ、井垣・鳥居・雙灯爐二ツ立、次遷座也、亥刻、左右絹幕ヲ引也、延導（筵道）絹布ヲ敷也、仮殿ヨリ廿五間斗也、絹布廿二帖、延導（筵道）絹布十端也〔続群書類従完成会編 一九八三：四頁〕。

参拝のためであろう、〈鳥居〉のある「仮殿」が造営されている。この〈鳥居〉は、神道式の社殿のためでもあるが、家康の遺体の入口でもある。そして、ここから絹布を敷いた「延導」（筵道）が「内陣」まで続いている。二五間（一間約一・八ｍとして約四五ｍ）離れた「内陣」に向かうには、梵舜が鈴を振り、弓・矢・楯・鉾が持たれ、散米が行なわれ、「遷座」式が行なわれた。

内陣出来之時、悉掃（除）地申付、次鏡ヲ内々陣へ納之、散米悉以大麻ヲ祓之、御鏡ヲ予奉納也［続群書類従完成会編 一九八三：五頁］。

「内陣」で、家康の遺体をどのようにおさめたのかが明確ではないが、鏡を神鏡としておさめている。

そのうえで、神饌が供えられ、さらに、祝詞が読まれ、二拝一拍手、本多正純（一五六五―一六三七）はじめ幕閣の中枢が参拝し、「遷座」式を終わっている。*43

二代将軍徳川秀忠をはじめ、御三家、尾張藩主徳川義直・和歌山藩主徳川頼宣（一六〇二―七一）・水戸藩主徳川頼房（一六〇三―六一）の参拝は三日後の二二日であった。なお、この二二日から「久能御社」の造営が本格化するが、その様式は「大明神造」であった［続群書類従完成会編 一九八三：五―六頁］。また、最初、この家康の死去に吉田家出身の梵舜が大きくかかわったように、当初は、家康は吉田神道によりその神号を「明神」号にされる予定であったが、最終的には山王一実神道により「権現」号、東照大権現となる。

徳川家康は、その死の直後、その葬儀は神道式により、神となった。より正確にいえば、いまみた久能山での儀礼は葬儀ではなかった。葬儀というよりも、その遺体を神体として、神とするための儀礼であった。

豊臣秀吉の遺体と同様にして、徳川家康の遺体もケガレとは認識されていない。天下人の遺体を神聖視している。

家康の死去から約二〇日後の五月一一日には、次のような記録さえある。

この日 大御所尊霊を神にいつきまつらせ給へば。禁中に於て触穢なし。よて賀茂競馬深草祭も例の如く。宣命使を立らる、旨。京職板倉伊賀守勝重より注進す［黒板編 一九六四：九九頁］［闕字―原文］。

京都所司代板倉勝重から、「禁中」（朝廷）に対して、「大御所」（家康）は「尊霊」として神になったのでケガレはない、それにより、「賀茂競馬深草祭」は例年とおり行ない、宣命使をたててよいというのである。「賀茂競馬」は上賀茂神社（京都府京都市北区本山）の競馬、「深草祭」は藤森神社（京都府京都伏見区深草鳥居崎町）の藤森祭のことではないかと思われる。

家康は神になったという理由により、その死からケガレが排除されている。明治維新後、天皇の死と天皇墓からケガレが排除され、天皇を神として祭祀対象とするようになるが、それ以前に、同様の行為が、近世初頭の天下人徳川家康によって実行されていた。

『徳川実紀』によれば、日光東照宮の造営にともない、家康の遺体は、死去の翌一六一七年（元和三）、久能山から日光東照宮へと移された。遺体を入れた「霊柩」が、江戸を経て日光東照宮へ着いたのは四月四日であった。八日、その「霊柩」は、すでに述べたような、奥院の「巌窟」におさめられた〔黒板編 一九六四：一二一—一二三頁〕。家康の「霊柩」は、土中に埋葬されたのではなく、「巌窟」におさめられている。遺体槨納葬であった。写真58は、現在の日光東照宮、奥院の家康の宝塔である。『徳川実紀』のいう「巌窟」とは、この宝塔下に位置すると考えられる。そして、これこそが徳川家康墓である。

そして、この徳川家康墓、家康の「霊柩」をおさめた奥院（「巌窟」）の前面が、日光東照宮の本殿である。写真59のような徳川家の紋章三つ葉葵の〈鳥居〉により神域を設定した社殿がそれである。秀吉に続いて、家康も、本来であれば、ケガレているはずのその遺体を中心とする神社の造営が行なわれていた。家康の遺体も、日光東照宮という神社の最終的神体となっていた。死および遺体のケガレが排除されている。

秀吉の豊国社がそうであったように、この日光東照宮も、家康を徳川政権の始祖として、その政権の正当性を権威づけるための政治的作為であった。そのためであろう、世界遺産にも登録され、文化遺産となった現在の日光東照宮

写真58　日光東照宮奥院徳川家康宝塔（栃木県日光市山内）2013年

は、修学旅行生・観光客でにぎわうが［写真59］、いっぽう、日光東照宮に対しての真摯な崇敬者は少なかろう。政治的作為であるがゆえに、その神聖視も、その政権が崩壊すれば消滅する。

豊臣秀吉の豊国社、徳川家康の日光東照宮、それらは、同時に、豊臣秀吉墓、徳川家康墓でもあった。その遺体が最終的神体であった。天下人、秀吉と家康は、その天下統一により最高権力者となり、近世の安定的政治体制への転換点に位置しただけではなかった。霊魂観・神観念をも真逆に転換させていた。

それまでは、死した遺体はケガレ、また、その遺体は焼却させられ、それによって、「西方極楽」往生することが目的とされていた。しかし、彼らは、遺体を保存させ、それによって、遺体を最終的神体として跪拝の対象とする神社を創出していた。そこでの遺体は「土に還り」雲散霧消するのではなく、遺体槨納葬により保存される。

死と遺体は「西方極楽」往生を目的とするのではなく、現世にとどまる。すくなくとも、秀吉と家康は「西方極楽」往生していない。現世と来世、この世とあの世が、分断さ

写真59　日光東照宮社殿（栃木県日光市山内）2013年

れているのではなく、隣接あるいは混淆するようになったともいえる。「西方極楽」は彼岸の彼方であった。「西方極楽」往生した人は、そこから現世に戻ることはなかった。しかし、二人の天下人の遺体の保存は、現世と来世との境界を不明確にした。

中世、一般的であった火葬から、火葬を停止し、遺体を処理する墓制への転換点を創出したのは、この二人の天下人の墓、豊臣秀吉墓と徳川家康墓、豊国社と日光東照宮であったのではないだろうか。天下人の墓を模範として、火葬ではない、遺体を処理する近世の墓制があらたに形成されるようになると推測することができるように思われるのである。

武士墓における火葬から遺体槨納葬への転換――後光明天皇の遺体槨納葬に先行　それでは、他の武士墓はどのような形態をとっていたのであろう。

まずは、近世はじめ、武士墓における火葬の停止についてである。

すでに述べた岡山藩の事例からみてみよう。岡山藩では、一六一三年（慶長一八）死去の池田輝政は火葬であったが、その子、一六一六年（元和二）死去の池田俊隆は火葬ではなかった［吉永町史刊行委員会編 二〇〇六：三七四—三八一頁］。また、このあと述べる仙台藩のばあいは、一五八五年（天正一三）死去の伊達輝宗（一五四四—八五）は火葬であったが［石垣編 一九八七：一八—一九頁］、その子、一六三六年（寛永一三）死去の伊達政宗（一五六七—一六三六）は火葬ではなかった。徳川将軍家のばあいは、一六二六年（寛永三）死去の二代将軍秀忠の妻浅井江（崇源院。一五七三—一六二六）が火葬であった［黒板編 一九六四：三九七—三九九頁］。改葬時の火葬を除いて、近世の徳川将軍家の最後の火葬が、この浅井江であったと考えられる。

このように、武士墓、特に、内容を明らかにできる将軍墓・大名墓をみたとき、おおむね一七世紀前半までに、火葬が行なわれなくなっていた。

しかし、一七世紀半ば以降でも、火葬を継続していた大名家もある。たとえば、すでにみた、一六五八年（明暦四・万治一）死去の初代松代藩主真田信之は火葬であった。近世に入っても、もっとも遅くまで火葬を続けた大名として、米沢藩主上杉家がある。上杉家のばあい、一五七八年（天正六）死去の上杉謙信は火葬ではなかったが、一六二三年（元和九）死去の初代米沢藩主上杉景勝（一五五六—一六二三）から、一七四六年（延享三）死去の七代米沢藩主上杉宗房（一七一八—四六）までは火葬であり、彼らの火葬骨の一部は、高野山清浄心院にもおさめられた［文化財建造物保存技術協会編 二〇〇四：二一—四頁］。もっとも、一七世紀半ば以降でも、このように、火葬を行なっていた大名は少数であったと推測される。

次は、武士墓における遺体槨納葬の実態についてである。特に、将軍家・大名家クラスに共通するのは、天皇墓および豊臣秀吉墓・徳川家康墓と同じく、地下に石槨（石室）を設営して、そのなかに、遺体を入れた木棺をおさめる形態をとっていたことである。

まずは、徳川将軍家である。

すでに、初代将軍家康、二代将軍秀忠についてはみたので、安定期の六代将軍徳川家宣（一六六三―一七一二、将軍在職一七〇九―一二）墓を簡単にみてみると、その宝塔下は堅固かつ緻密な構造であった。外郭の「石槨」とその内部の「石槨」を造営し、その間には木炭を詰め、二重構造であった。そして、内部の「石槨」内に石灰を詰めて、そのなかに、銅棺を置いている。しかし、この銅棺にじかに遺体をおさめたのではなく、さらに、このなかの木棺に遺体をおさめている。それぞれの隙間にズレはなかった［鈴木他編 一九六七：三四―三七頁］。家宣墓は、遺体＜木棺＜銅棺＜内部「石槨」＜外郭「石槨」、四重であっただけでなく、緻密な構造を持つ、遺体槨納葬であった。

このような将軍墓の遺体槨納葬については、大名墓でも、規模の大小の違いはあっても、同様であった。ただし、銅棺を持つのは将軍墓だけであり、すでにみた天皇墓にもそれはなく、また、将軍に次ぐ御三家ですらも、緻密な構造を持ちつつも、銅棺を使うことはなかった。

御三家のうち、唯一、その墓の地下施設が明らかにされている尾張藩徳川家によってそれをみてみよう。尾張藩徳川家では、建中寺境内にあったその墓のほとんどが、一九五二年（昭和二七）の名古屋市域区画整理事業のために改葬されたが、一九八〇年代再調査が行なわれ、その墓が地下に石槨を造営しそのなかに棺をおさめる遺体槨納葬であったことが確認されている。たとえば、一七三〇年（享保一五）死去の六代尾張藩主徳川継友（一六九二―一七三〇）と推定された墓は、底部・四囲に石材を積み、底部には床木を置いたものであった［名古屋市見晴台考古資料館編 一九八四：一―七頁］。一八三九年（天保一〇）死去の一一代尾張藩主徳川斉温（一八一九―三九）と推定された墓は、あらかじめ地上で造営した木製外郭を土中に設営し、その内側を厚さ約四〇㎝の漆喰で固め、さらにその内側に石材を積み石槨を造営し、その内側に棺をおさめる形態であった。湿気を徹底的に防ぐための緻密な構造であった［名古屋市見晴台考古資料館編 二〇〇二：二〇―二二、二六頁］［木村有作 二〇〇三：六六七―六七二頁］。

御三家、尾張藩徳川家の大名墓は緻密な構造を持つ遺体槨納葬であった。しかし、そこに銅棺は使われていなかった。最高権力者の将軍のみが、幾重にも重層された遺体槨納葬のなかで、銅棺を使用していた。銅棺こそが将軍墓の象徴でもあった。

大名墓の遺体槨納葬をもうすこしみてみよう。

まずは、仙台藩伊達家についてである。

仙台藩では、一六三六年（寛永一三）死去の初代仙台藩主伊達政宗の遺体が、瑞鳳殿（宮城県仙台市青葉区霊屋下）と名づけられた墓におさめられた。瑞鳳殿は、涅槃門から入り本殿があるが、その本殿の下部に遺体がおさめられた。仙台藩はこの瑞鳳殿を「霊屋」とした。初代松代藩主真田信之の「位牌」殿が「霊屋」であったこととは異なり、政宗のばあいはその墓の地上施設が「霊屋」であった。瑞鳳殿は、アジア太平洋戦争下の一九四五年（昭和二〇）、その地上施設がアメリカ軍機の爆撃により焼失したが、地下施設は残り、その改葬にともなう発掘調査によれば、政宗の遺体は座位により、この「霊屋」の本殿下の石槨におさめられていた［伊東編 一九七九：一九―二四、七三―八八頁］［小井川 二〇〇四：一一三―一二〇頁］。改葬された遺体（遺骨）は、一九七五年（昭和五〇）、あらためて、この地下施設におさめられた。写真60は、一九七六年（昭和五一）に復原・再建された現在の政宗の「霊屋」である。

一六五八年（明暦四・万治一）死去の二代仙台藩主伊達忠宗（一六〇〇―五八）の「霊屋」感仙殿も、瑞鳳殿と同じく、アメリカ軍機の爆撃により地上施設は焼失したが、一九八一年（昭和五六）、その復原・再建のための発掘調査が行なわれた。それによると、その地下施設は、礎石の下に三枚の巨大な蓋石を敷き、その下部に、割石・玉石の石積みによる長さ二二一cm×幅一五八cm×深さ一六五cmの石室を造営したものであった。そのなかには、原型をとどめてはいなかったが、木棺があり、蹲踞（あぐら）の遺体が両手合掌の形態で槨納されていた。そのなかには、防腐剤として使用されたと推測される石灰・水銀が多量に発見された［財団法人瑞鳳殿 一九八五：八―一〇頁］［小井川 二〇〇四：一二〇―一二四頁］。一七一一年（宝永八・正徳一）死去の三代仙台藩主伊達綱宗（一六四〇―

写真 60　瑞鳳殿（宮城県仙台市青葉区霊屋下）2015 年

一七一一）の「霊屋」善應殿も、瑞鳳殿・感仙殿と同じく、アメリカ軍機の爆撃により地上施設は焼失したが、一九八一年（昭和五六）、その復原・再建のための発掘調査が行なわれた。それによると、その地下施設は、地下に石櫃があり、その下に三枚の巨大な蓋石を敷き、その下部は、長さ一八〇cm×一八〇cm×深さ一八〇cmの石灰で固定された石室が造営され、さらに、その内部には漆喰が充填され、その内側に木室が設営される堅固な構造であった。そして、この木室内に常滑焼製甕棺が置かれ、その木蓋で密閉されたなかに綱宗の遺体が座位でおさめられていた。遺体の保存状態はきわめて良好であった［財団法人瑞鳳殿 一九八五：一一一—一四頁］［小井川 二〇〇四：一二五—一三〇頁］。綱宗墓「霊屋」善應殿は、遺体∧常滑焼製甕棺∧木室∧石室、三重に槨納され、しかも、遺体にじかに接する棺は、木棺ではなく、甕棺であった。堅固であるだけではなく、緻密な構造であった。豊臣秀吉の遺体も「壺」におさめられたので、武士墓に甕棺が利用さ

写真 61　松平忠雄墓（愛知県額田郡幸田町深溝）2015 年

れるばあいがあったことがわかる。

他の大名家についてもみてみよう。

九州島原藩主であった深溝松平家は、江戸または島原で死去した歴代藩主の遺体を故郷の菩提寺本光寺（曹洞宗。愛知県額田郡幸田町深溝）境内に移送し、そこに墓所を造営してきた。墓域は、東御廟所と西御廟所の二ヶ所に分かれている。そのうち、一七三六年（享保二一）死去の二代島原藩主松平忠雄（深溝松平家七代当主。一六八三―一七三六）は、写真61の東御廟所の、地上施設を石殿造りとした墓におさめられた。その地下施設は、その上部を石灰・木炭によっておおい、その下の石蓋のなかに設営された石槨に六角形の木棺をおさめたものであった。木棺内の遺体は座位であった［幸田町教育委員会二〇一二：三〇―五一頁］。また、菩提寺本光寺では、本堂横の位牌堂に歴代藩主の「位牌」を安置してきた。

この深溝松平家のばあいは、近世の葬儀を再構成できる文献資料が残っており、そのなかに、一八世紀末から一九世紀前半ごろと推定される「荼毘場絵図」という資料がある。それによると、江戸または島原から移送された藩主の遺体が本光寺に着くと、その遺体は「荼毘場」におかれ、「御葬式」が行なわれていた。図3が、その「荼毘場絵図」である。「鳥居」の四門によってかこわれたなかに、「天蓋御宝龕」がおかれ、そのなかに遺体がおさめられていた。そして、ここで仏教式の「御葬式」が行なわれ、その上で、はじめて遺体は墓に槨納されていた〔幸田町教育委員会編 二〇一三：三二―三三頁〕。

くりかえし指摘してきたように、現在も墓の入口に「鳥居」の存在する事例があり、中世天皇墓においては火葬前に仏事を行なう「葬場殿」に「鳥居」が設営されていた。この深溝松平家のばあいも、遺体槨納前の最後の「御葬式」が、語義としては火葬を意味する「荼毘場」と名づけられた場所で行なわれ、その「荼毘場」は「鳥居」の四門によってかこわれていた。しかし、この「荼毘場」で火葬されたわけではない。近世天皇墓が葬送儀礼としては火葬儀礼を残存させつつも、物理的には火葬ではなく遺体槨納葬への転換であったように、この深溝松平家の事例も、火葬を推定させる語彙「荼毘場」を残存させつつも、遺体槨納葬であった。しかも、そこは「鳥居」によってかこわれた空間であった。

一六三二年（寛永九）死去の岡山藩主池田忠雄（一六〇二―三二）[*44]も、清泰院（臨済宗。岡山県岡山市南区浦安本町）にその墓を造営されたが、一九六四年（昭和三九）の寺院移転にともなう発掘調査によれば、その遺体も、石室内への槨納であった〔岡山市教育委員会編 一九六四：五〇頁〕。写真62の、中央の無縫塔が、移転後、現在の忠雄の墓である。台座から石塔頂点まで五m六一cmある〔岡山市教育委員会編 一九六四：四一頁〕。地元では、イモバカ（芋墓）と呼ばれてきたという。左側の「霊屋」が、忠雄の前の岡山藩主であり、忠雄の兄である池田忠継（一五九九―一六一五）墓であり、イモバカの右側の五重塔が忠雄の妻、左側の板碑状の石塔が忠雄の殉死者の墓である。

長岡藩主牧野家墓所のある済海寺（浄土宗。東京都港区三田）境内の発掘調査によれば、牧野家の墓は、地上の宝篋印塔下部に石槨を造営し、その内側を漆喰で固め、そのなかに木棺をおさめる形態であった。たとえ

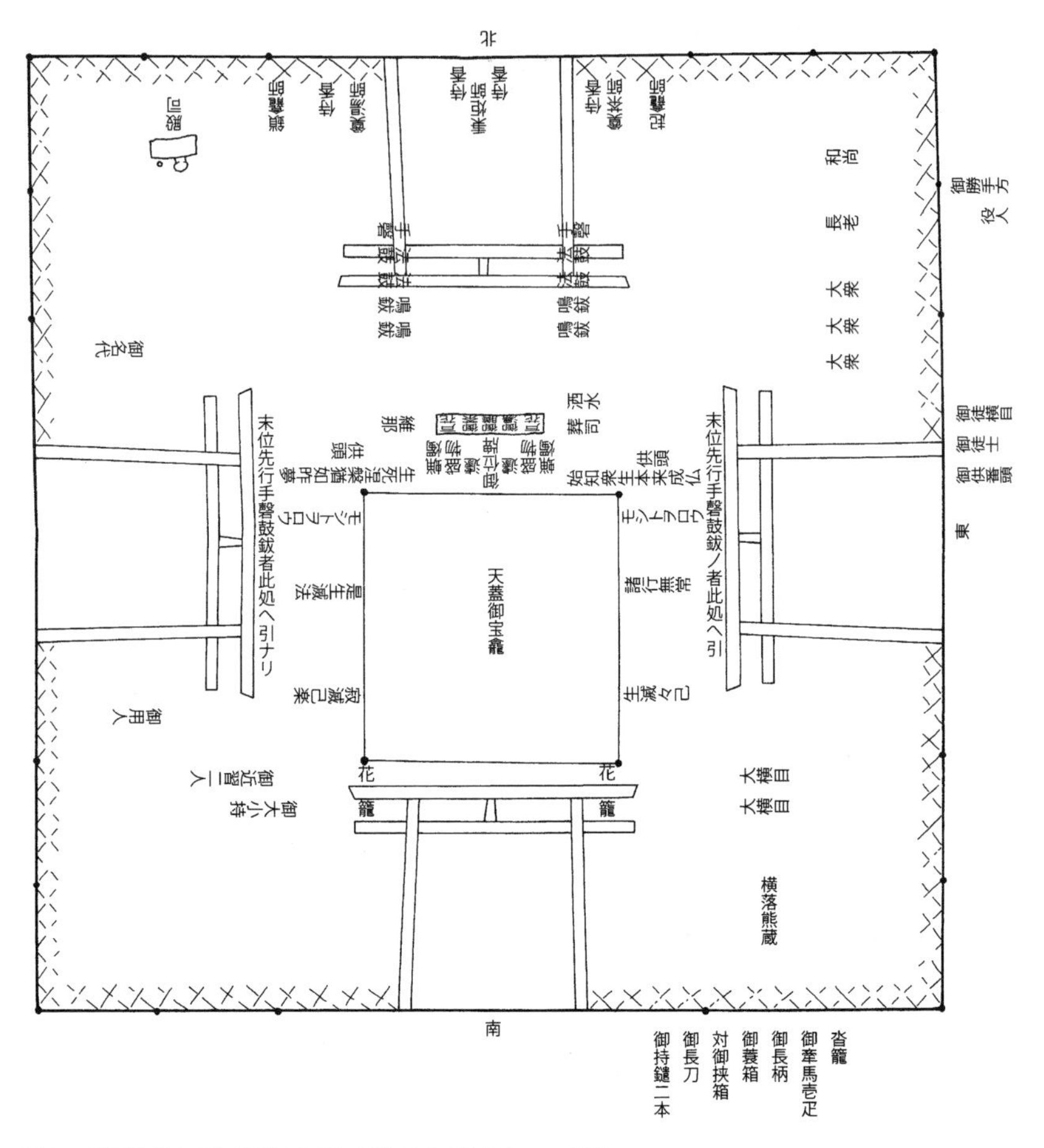

図3 「荼毘場」図［幸田町教育委員会編 2013：p.33］

写真 62　池田忠雄・池田忠継墓（岡山県岡山市南区浦安本町）2016 年

ば、一七五五年（宝暦五）死去の七代長岡藩主牧野忠利（一七三四―五五）墓は、上部に宝篋印塔を置き、地下施設は、板状の石によって四囲をかこった石槨を造り、そのなかを漆喰で塗り、その内側に木棺をおさめていた［東京都港区教育委員会編 一九八六：一一一―一六頁］。

　これらから、確実にうかがわれることは、その遺体槨納葬が、徐々に堅固かつ緻密になっていっただけではなく、遺体の保存を目的とする、朱（豊臣秀吉）、木炭（徳川秀忠）、漆喰（徳川斉温）・石灰・水銀（伊達忠宗）、漆喰・石灰（伊達綱宗）、漆喰（牧野忠利）、石灰・木炭（松平忠雄）を使用していることであった。すでに、秀吉の遺体槨納葬のところでも指摘したが、彼らの遺体は、火葬の肉体焼失による「西方極楽」往生とは真逆に、保存が目的とされている。たとえば、深溝松平家のように「荼毘場」という火葬を意味する語彙を残存させつつも、藩主松平忠雄の遺体を石槨に槨納した上部には、石灰・木炭が詰められていた。火葬儀礼を残存させつつも、実際には、その儀礼的意味を換骨奪胎させている。

　このように、近世における、天下人豊臣秀吉・徳川家康、そして歴代将軍を筆頭に、天皇を含めて、幕藩体制を支える権力者たちによる遺体槨納葬の採用、それこそが、中世の火葬から、近世の遺体処理による墓制の最大の転換であった。そして、その遺体槨納葬は、遺体の保存を目的とし、天下人豊臣秀吉・徳川家康にもっとも典型的に示されるように、その遺体は祭神として跪拝の中心的対象とされた。この二人の天下人は死して人格神とされた。この権力者の権威に対する神聖視が近世の遺体槨納葬を誕生させ、火葬からの転換を生んでいたのではないかと考えられるのである。

あらためて、天皇墓との時期的前後関係を確認してみると、いまみた大名墓の事例のみをもってしても、近世天皇墓における遺体槨納葬の最初となった一六五四年（承応三）死去の後光明天皇の遺体槨納葬に対して、大名墓の方が先行している。すくなくとも、伊達政宗（一六三六年死去）墓・池田忠雄（一六三二年死去）墓は、後光明天皇（一六五四年）以前である。近世天皇墓の遺体槨納葬に先行していたのは、将軍墓だけではなく、大名墓も同様であった。近世天皇墓の遺体槨納葬とは、将軍家の遺体槨納葬のみならず、大名墓など武士上層におよんでいたそれを採用させられているところに、原型を求めて間違いないのではないかと考えられるのである。

将軍家・大名家霊廟と天皇家霊明殿と庶民位牌堂――「位牌」にみる仏教的死者供養の同質性　そして、幕藩体制の権力者たちの墓制の特徴が遺体槨納葬であるとすれば、その墓に付随して行なわれた彼らに対する仏教的死者供養も、近世仏教的特徴が顕著にあらわれてくる。それが、「霊屋（おたまや）」（伊達政宗）・「霊屋（たまや）」（真田信之）などの霊廟（れいびょう）また寺院位牌堂などにおける「位牌」供養であった。すでに、天皇における「位牌」および泉涌寺霊明殿の形成について述べたように、近世仏教的特徴として、死者の形代（かたしろ）としての「位牌」を作成し、霊明殿などの霊廟に安置、跪拝する仏教的死者供養が形成されてきていた。遺体のおさめられた墓と別に、仏教的死者供養のための霊廟を造営、その内部に「位牌」を安置し、その「位牌」に対して、死者の遺体、墓に代わる跪拝を行なうようになっていた。[*45]

たとえば、増上寺とともに、将軍墓のあった寛永寺（かんえいじ）（天台宗。東京都台東区上野桜木）のばあい、遺体槨納葬を行なっている将軍墓の上部には宝塔が造営されているが、その前面に拝殿、さらには、位牌所として霊廟が設営されていた。そして、たとえ将軍であっても、墓および宝塔そのものへの跪拝はなく、拝殿と位牌所の霊廟への参拝がふつうであった［浦井 二〇〇七：七九―八三頁］。また、現在では、日光東照宮の奥院、家康の墓への拝観は可能となっているが、それについても行なわれていなかった。内々にそれをした者もいたというが、それじたいが異例のことで、日光東照宮も含めて、将軍墓それじたいへの参拝は行なわれず［浦井 二〇〇七：八八―九三頁］、それに代わる、拝殿と位牌所の霊廟が重視されていた。

このように、近世仏教は、遺体とは異なる地点に設営された形代への跪拝を形成していた。「位牌」はその典型例といってよいだろう。遺体とは異なる地点の物体が、遺体の代替物として跪拝の対象とされるのである。物神崇拝の形成といってもよいだろう。

この、「位牌」という遺体の代替物は、それが物体であるということもあろう、複数作成され、複数地点で跪拝の対象ともなる。

徳川将軍家でいえば、増上寺・寛永寺とは別に、徳川家故郷の大樹寺(たいじゅうじ)*46（浄土宗。愛知県岡崎市鴨田町）も菩提寺とされ、その「霊屋(おたまや)」には、歴代将軍の「位牌」が置かれ、仏教的死者供養が行なわれてきた（一九九六年から位牌堂に移される）［大樹寺編 二〇〇六：五二―六二頁］。たとえば、大樹寺の家康の「位牌」は、その一三回忌の一六二八年（寛永五）、初代尾張藩主徳川義直が作成したものであり、その表面は「前大相国一品徳蓮社崇誉道和大居士 尊儀」、裏面は「元和二年丙辰年四月十七日 東照大権現従一位太政大臣征夷大将軍氏長者 源 家康公 寛永第五戊申年（ママ）四月 日 従二位大納言 源 朝臣義直寄進」とある。裏面はふつう生前名（俗名）が記されるが、その上位には、家康の神号「東照大権現」が記されている［大樹寺編 二〇〇六：五〇―五一頁］。いっぽう、高野山には、写真63のような、家康と秀忠の「霊屋」がある。*47 一六四三年（寛永二〇）造営とされる。右側が家康の「霊屋」

写真63　高野山の徳川家康・秀忠「霊屋」（和歌山県伊都郡高野町高野山）2014年

であり、家康は東照大権現になっているからであろうか、〈鳥居〉がある。左側が秀忠の「霊屋」である。

このように、「位牌」による物神崇拝の形成は、それのみをもってしても、近世仏教的な仏教的多重死者供養を形成するようになっていた。しかも、この物神崇拝の形成は、「位牌」による仏教的多重死者供養だけにあらわれているのではなかった。たとえば、家康は、山王一実神道により東照大権現とされ、日光東照宮をはじめとする東照宮の祭神となったが、東照宮は各地に勧請される。徳川家および家康に関係する場所だけではなく、外様大名によっても祭祀された。たとえば、写真64は、二代仙台藩主伊達忠宗によって勧請された、一六五四年（承応三）完成の仙台東照宮である。神社は、東照宮だけではなく、「神体」を新造し分祀されるばあいが多いが、東照大権現も同様であった。したがって、家康は、仏教的死者名としての戒名「安国院殿徳蓮社崇誉道和大居士」［黒板編　一九六四：九七頁］と、神道的死者名としての神号「東照大権現」という、複数の宗教に基づく、複数の死者名を持つだけではなく、それぞれにおいて、複数地点での仏教的多重死者供養と神

写真64　仙台東照宮（宮城県仙台市青葉区東照宮）2015年

道的多重祭祀とを形成していた。宗教的にも多重であり、それぞれの宗教においても多重である。このような、「位牌」また神社という、遺体の代替物を無制限に増幅させて、それへの物神崇拝により死者を跪拝の対象とすること、それこそが、近世仏教また近世神道のあらたなる特徴であった。

徳川将軍家以外の霊廟をもう一例だけ確認しておこう。紀州藩徳川家は、長保寺（天台宗。和歌山県海南市下津町）境内裏山に歴代藩主の墓を持つ。写真65の無縫塔は、初代紀州藩主徳川頼宣（一六〇二―七一）墓である。現在、この墓の前面には柱跡を示す礎石が残るだけだが、かつては、墓の前面には拝殿があったという。そして、この長保寺には、大門とは別に、「御成門」があり、藩主などはそこから入ることができるようになっていた。また、長保寺内には、本堂とは別に「御霊屋」があり、そこに「位牌」を安置し、通常の仏教的死者供養は、この「御霊屋」で行なわれてきた。

このように、墓のほかに、「位牌」を安置する霊廟を造営し、そこで、通常の仏教的死者供養を行なうことは、天

写真 65　徳川頼宣墓（和歌山県海南市下津町）2014 年

皇墓が泉涌寺境内に造営されるとともに霊明殿に「位牌」を安置し仏教的死者供養を行なってきたことと、同様の形態であった。さらに、これらはいずれも菩提寺境内に設定されてきたわけであるから、それを庶民墓に比定してみると、菩提寺境内の位牌堂とそこに置かれた寺「位牌」とも同様の形態であるともいえる。庶民の「檀那」寺にある位牌堂は、将軍家・大名家の霊廟や天皇家の霊明殿ほど絢爛豪華ではなく小規模であり、おおむね本堂付設（また本堂と混在）であるが、それらと同様であった。庶民の「檀那」寺の位牌堂、将軍家・大名家の霊廟、天皇家の霊明殿、これらに安置されてきた「位牌」は、同じく寺「位牌」であった。

近世は、全階層を通じて、「位牌」に象徴的に示される物神崇拝の時代であった。[*48] それが、庶民「檀那」寺の位牌堂、将軍家・大名家の霊廟、天皇家の霊明殿、これら仏教寺院付属施設に通底しているのではないか、ということである。

たとえば、写真66は、静岡県磐田市敷地のある寺

写真66　寺「位牌」（静岡県磐田市敷地）2011年

院本堂である。特別な位牌堂を持たず、本堂と位牌堂が混在する小さな無住の寺院である。ここでは、「檀那」の寺「位牌」が本尊をかこんで並べられている。このような庶民の「檀那」寺の寺「位牌」と、将軍家・大名家の霊廟の「位牌」および天皇家の泉涌寺霊明殿の「位牌」、これらは、規模の大小の差異はあれども、同じく近世仏教的存在であった。

近世は、「位牌」に代表される物神崇拝を誕生させた時代であった。現在でも、「位牌」は残存しており、また、写真など他の物体による物神崇拝が新たに誕生している。そうした、日本社会における近現代まで継続する物神崇拝の原型が、全階層を通じて近世段階で形成されてきていた。

さらにいえば、このような社会文化的現実は、近世社会では、上位の階層、たとえば、将軍・天皇の仏教的精神構造が、庶民のそれと乖離していなかったことを示している。しかし、あとで述べるように、近現代はそれを大きく変質させる。近現代、「大日本帝国」の統治権者となった天皇の天皇墓は、こうした仏教的死者供養の形態を放棄した。それは、おのずと、庶民の仏教的死者供養との乖離でもあった。

なお、あとで述べるように、天皇家は、明治維新後廃止されるまで、宮中に「黒戸」と呼ばれ「位牌」を安置した仏壇を持っていた。仮に、この宮中の「黒戸」「位牌」と、庶民の家における仏壇・家「位牌」とを比定できるとすれば、近世社会における全階層を通じた「位牌」供養は、いっそう強い同質性を持っていたと考えることができよう。

庶民墓における遺体埋葬――中世火葬からの近世遺体埋葬への転換　いま、将軍、有力大名家を中心としてではあるが、近世の武士墓についてみてきたので、次は、近世の庶民墓についてみていってみよう。天皇墓・武士墓と同じく、中世社会に火葬が一般的となっていた庶民墓は、近世社会ではどのような展開を示していたのであろう。

概括的にいえば、庶民墓も、天皇墓・武士墓と同じように、火葬ではなく、遺体処理葬の比重が増大している。しかしそれは、天皇墓・武士墓のような遺体槨納葬ではなく、遺体をおさめた木棺を土中に埋葬する遺体埋葬であった。ただし、すでに、民俗的火葬の事例を紹介したように、近現代に至るまで、近畿地方・東海地方・北陸地方・東北地方日本海側などでは、民俗的火葬が遺体埋葬と併存してきた。都市部でも、遺体埋葬の比重が高いが、民俗的火葬と遺体埋葬とは併存してきた。近世の庶民墓は、遺体埋葬のいっぽうで、一部地域では、火葬が継続していた。

まずは、大都市江戸の事例をみてみよう。

江戸四谷（よつや）に、一六六七年（寛文七）から一九〇三年（明治三六）まで、境内墓地を持つ廢昌寺（はいしょうじ）（曹洞宗。東京都新宿区南元町）という寺院が存在した。明治一〇年代には廃寺になっていたというから、近世江戸の庶民墓を知るには、もっとも適切な事例である。この廢昌寺の境内墓地は二区画に分かれていたために、第一次調査・第二次調査として二回の調査が行なわれた。

第一次調査では、合計三三六基の埋葬施設が確認され、それによれば、遺体埋葬が三一五基（九四％）、火葬骨埋葬が二一基（六％）であった。遺体埋葬が圧倒的に多い。遺体埋葬・火葬骨埋葬ともに、遺体・火葬骨を土中にじかに埋葬しているのではなく、遺体は棺に、火葬骨は蔵骨器に入れられ、それらが土中に埋められていた。遺体埋葬のうち、その棺でもっとも多いのが、一三四基の円形木棺（早桶）で、一一二基の正方形木棺（竪棺）、五七基の甕棺（うち四基は正方形木棺内で二重）と続く。いずれも座棺であるので、遺体は座位によって、棺内部に遺体をおさめる形態であった。甕棺については、そのすべてが常滑産（愛知県常滑市）の陶器で、水甕・肥甕・藍甕と同じものである［新宿区廢昌寺跡遺跡調査会 一九九一：一一一―一一二頁］。この甕棺については、正方形木棺に甕棺をおさめた二重葬の事例と、第二次調査の甕棺から壮年の武士であろうと推測される被葬者があったため［新宿区南元町遺跡調査会編 一九九一：一七―一八頁］、常滑産甕棺は階層的には上層者であり、武士中下層または町人上層の埋葬形態を示すと推測されている。火葬骨は、そのほとんどが瀬戸製・美濃製の蔵骨器に火葬骨がおさめられていた［新宿区廢昌寺跡遺跡調査会編 一九九一：一一二頁］。

近世江戸の庶民墓をもう一例みてみよう。

廢昌寺と同じ四谷に、一六六六年（寛文六）から一八七五年（明治八）まで、境内墓地を持つ圓應寺（黄檗宗。東京都新宿区若葉）という寺院が存在した。圓應寺境内墓地も二区画に分かれていたために、その区画はA区・B区とされ、A区から四〇基、B区から四九基の埋葬施設が確認された。これらのうち、A区は副葬品もあり埋葬に一定の秩序があったためにこの圓應寺と寺檀関係のある「檀那」の埋葬、B区は副葬品も少なく埋葬が無秩序のため非「檀那」の埋葬ではないかと推測されている。「檀那」層A区四〇基の内訳は、甕棺一四基（うち二基は正方形木棺内で二重）、円形木棺九基、正方形木棺八基、蔵骨器六基、その他三基であった。「檀那」層A区では甕棺が多いために、廢昌寺境内墓地のように、甕棺は町人上層また武士中下層の利用であったと推測される。いっぽう、非「檀那」B区四九基の内訳は、円形木棺二九基、正方形木棺四基、蔵骨器五基、火消し壺転用棺六基、その他五基であった。非「檀那」層B区では甕棺はなく、いっぽうでは、円形木棺（早桶）が圧倒的に多い［新宿区厚生部遺跡調査会

編 一九九三：九頁〕。非「檀那」層B区については、このように円形木棺の比重が高く、また、地下施設部分の無秩序性と副葬品の少なさから、そこには「投げ込み」同様の都市下層民の墓制が存在したと推測されている〔新宿区厚生部遺跡調査会編 一九九三：八一—八四頁〕〔西木 一九九八：三〇頁〕。なお、非「檀那」層B区同様の都市下層民の墓制については、他寺院境内墓地でも同様の事例があることが指摘されている〔遠藤 一九九〇：一四—三一頁〕。

このように、近世江戸の廢昌寺境内墓地・圓應寺境内墓地の状態から判断すると、これら近世墓地では、常滑産甕棺・正方形木棺・円形木棺などにおさめた遺体埋葬が圧倒的に多い。しかしいっぽうでは、蔵骨器におさめた火葬骨埋葬も少数ながら存在していた。火葬それじたいについても、幕末、一八五八年（安政五）コレラ流行により死者が多かった際に、神田の名主であった斎藤月岑（一八〇四—七八）の『武江年表』が、「小柄原、深川霊巌寺、桐ケ谷、四谷、狼谷、落合村、其の余、三昧の寺院は混雑いふべからず、棺を積む事山の如く、故に止む事を得ずして数旬の後を約し置き、或ひは価を増して次第に荼毘の煙とはなしぬ。そのあたりの臭気、鼻を襲ふてたえがたかりし」〔金子校訂 一九六八：一六八頁〕という記録を残し、幕末段階での江戸の火葬場を列挙しているので、江戸では近世を通じて火葬が行なわれていたことがわかる。

しかし、これまでの研究によっても指摘されてきているように〔谷川章雄 二〇〇一：三七三—三七五頁〕〔谷川章雄 二〇〇五：四—九頁〕〔谷川章雄 二〇一三a：二七六頁〕、近世江戸は、火葬骨埋葬はあるものの、遺体埋葬が多数を占めていた。[*49]

なお、火葬骨埋葬については、都立一橋高校跡（東京都千代田区外神田）の調査で、近世初頭から中期ごろまでと推測される墓地から、埋葬遺体二三五体（五九％）、埋葬火葬骨一六〇体（四一％）が発掘されている〔古泉 一九八三：三四、三六—四三頁〕。近世初期から中期ごろまでと考えられる都立一橋高校跡の墓地では、火葬骨埋葬の割合が高い。近世前半の方が火葬率は高いのではないかと推測される。

次は、大都市江戸以外の庶民墓である。

現在の東京都多摩丘陵地域、農村部の庶民墓は、同じく遺体埋葬を行ないながらも、大都市江戸とはやや異なっていた。調査遺跡によって偏差はあり、発掘調査のばあいは、その基本が相対年代による年代測定になるために絶対年代がかならずしも明確にはならないが、近世初期と推定される時期は、その遺体埋葬が棺を使わず、土中に遺体をじかに埋葬する直葬であった。そして、それが年代が新しくなるにつれて、木棺を使用するようになっている［長佐古二〇〇四：七三―八〇頁］。これについては、すでにみた、中世庶民墓を推測させる一の谷中世墳墓群遺跡で、遺体埋葬の「土坑墓」の多くが棺のない直葬で、火葬骨をおさめた「集石墓」の多くが蔵骨器のない火葬骨の直葬であったので、中世の庶民クラスが木棺（また蔵骨器）を使用しなかったという事例と対応する。棺を使用しないばあいの多い中世社会から、近世社会に入り、遺体をおさめる木棺が一般化してきたと考えてよいだろう。現在、遺体をおさめる木棺は当然視され、それに対して、疑問視されることはないが、木棺が庶民クラスにまで一般化したのは、近世社会であったことを、ここでは確認できるように考えられる。

また、大都市江戸、四谷の圓應寺境内、非「檀那」層B区は都市下層民の墓であったが、そこでは直葬はなく、円形木棺・正方形木棺が使用されていたので、大都市江戸ではたとえ下層民であっても木棺が使われていたことになり、そのような事実は、庶民墓における木棺の使用は、都市からはじまり、都市文化の影響として、農村部へも波及したのではないか、と仮定させてくれる。

他の地域では、次のような状況であった。

一八一三年（文化一〇）ごろ、幕府の右筆（ゆうひつ）の考証学者屋代弘賢（やしろひろかた）（一七五八―一八四一）が各藩に送った「風俗問状（ふうぞくといじょう）」という、いまふうにいえば、郵送によるアンケート調査に、葬送儀礼の項目があった。それに対する「答」に、遺体埋葬と火葬の両方が存在している様子が記録されている。

陸奥信夫郡・伊達郡「大方土葬にて、火葬は万人に一人、亡者の望による」。

奥州秋田「士流は土葬、農商家火葬、大やうの事に候」。

奥州白河「分限に応じ候土地がらにて多分土葬に候、亡者の遺言等にて火葬にいたし候も有之、一向宗にては火葬多く有之候」。

越後長岡「浄土真宗は皆火葬にて、土葬といふ事大方なきまで也」。

丹後峰山「御当地にては土葬に仕候」［中山編 一九四二：一二〇、一六九、三〇八、四五一、六四五頁］。

明治維新後、司法省が民法編纂のための予備作業として、江戸時代の慣例を調査した『全国民事慣例類集』（一八八〇）にも「葬理」の項目がある。ここでも、遺体埋葬と火葬とが記録されている。

遺体埋葬の事例。

出雲国能義郡「村方ハ僧侶ヲ迎ヘテ自家ノ庭前ニテ葬式ヲ行ヒ、多ク己レ所持ノ畑地或ハ山林ノ内ニ墓所ヲ設ケテ埋葬ス」。

火葬骨埋葬の事例。

羽後秋田郡「維新前ハ一般火葬スルノ風習ナルヲ以テ、葬式ノ当日村内毎戸藁二束ツ、軒前ヘ出シ置、手伝ノモノ行々之ヲ集メ火葬場ニ至リ焚料トナス」。

遺体埋葬と火葬骨埋葬が併存している事例。

越後国刈羽郡「越後国ハ一般火葬ノ習慣ナレトモ、真言宗ヲ限リ土葬ヲ為サシムル事ナリ」。

周防国吉敷郡「大抵仏葬ニシテ、真宗ハ多ク火葬、其他ハ多ク土葬ナリ」［風早編 一九四四：八五―八七頁］［句読点―引用者］。

これら、近世後期から幕末までの状況を示す、「風俗問状」の「答」と『全国民事慣例類集』をみる限りでも、大都市江戸以外でも、庶民墓は遺体埋葬が多かったことがわかる。しかし、火葬も存在している。東北地方・北陸地方日本海側および浄土真宗地域などには、火葬が顕著であった。[*50]

このような近世庶民墓の実態を確認したとき、中世から近世にかけてのその墓制の変化と天皇墓・武士墓との関係性を、次のように整理することができよう。

第一には、近世庶民墓は、中世庶民墓を転換させ、火葬骨埋葬を併存させつつも、遺体埋葬を中心とするようになっていた。中世が火葬骨の時代であるとすれば、近世は遺体の時代であった。中世庶民墓は、遺体埋葬（また風葬）を併存させつつも、火葬骨埋葬が中心であったが、それに対して、近世庶民墓は火葬を併存させつつも、遺体埋葬が中心となった。また、これまでくりかえし述べてきたように、遺体処理という意味では、遺体槨納葬との違いはあるが、それは天皇墓・武士墓とも通底していた。

第二には、現在まで継続する寺院境内墓地が形成されていることである。これについては、すでに指摘されてきたことでもあるが［山田 一九九六：一八―二五頁］、中世までは、たとえば京都東山が葬送の土地であったように、寺院境内墓地は発達していなかった。しかし、現在でもふつうの日常風景でもある寺院境内墓地が、近世社会における遺体埋葬の一般化とともに、形成されるようになっていた。たとえば、いまみた近世江戸の事例でいえば、廢昌寺・圓應寺ともに、旧境内に墓地が存在していた。これについては、天皇墓が泉涌寺境内（現在はあとで述べるように泉涌寺とは分離され宮内庁管轄「月輪陵」）、将軍墓が増上寺・寛永寺境内にあるのと同じ構図である。近世は、庶民墓においては遺体埋葬、天皇墓・武士墓においては遺体槨納葬の形成とともに、寺院境内墓地を一般化させた時代でもあった。もちろん、現在でも、たとえば、すでみた、三重県・滋賀県の「両墓制」のサンマイ、奈良県の「両墓制」のミハカなど「両墓制」の遺体埋葬地点は寺院境内にはなく（しかし石塔建立地点は寺院境内のばあいが多い）、また、屋敷・畑地・林地などに墓域を持つ事例（屋敷墓）、共同墓地でも寺院境内以外に墓域を持つ事例も多い。したがって、近世の遺体埋葬のすべてが寺院境内墓地になったわけではないが、寺院境内墓地の形成が、天皇墓・武士墓・庶民墓、階層横断的に共通し近世であったことは確認できるのではないかと思われる。

第三には、中世庶民墓は、火葬骨埋葬においては蔵骨器、遺体埋葬においては棺を使用することが少なく、火葬骨また遺体をじかに土中に埋葬する直葬であったが、近世庶民墓は、火葬骨埋葬では蔵骨器を、遺体埋葬では棺を一般化させている。現在では、遺体はかならず棺におさめられるという固定観念があるが、中世にはそれは少なかった。しかし、近世庶民墓は、たとえ中下層であっても、遺体を棺におさめ埋葬するようになった。近世とは、天皇墓・武士墓・庶民墓、各階層を通じて、遺体をおさめる棺を一般化させた時代でもあった。[*51]

座位と死者の再生――仏教的死者供養としての去来信仰の形成　このような、全階層を通じての、中世の火葬から、近世の遺体処理、遺体槨納葬・遺体埋葬への転換は、同じく仏教的死者供養ではありながら、日本社会の霊魂観になんらかの変化をもたらさなかったかどうか、それをあらためて確認する必要性が出てこよう。

ここでまず課題とされなければならないことは、棺とそこにおさめられた座位による遺体の一般化による霊魂観の変容である。中世ではかならずしも遺体が棺におさめられていなかったのに対して、近世では棺が一般化されそのなかの遺体は座位となった。たとえば、現在でも、棺を示す言葉は、寝棺であっても一般的には「棺桶」であるように、遺体は、円形木棺・正方形木棺のような「桶」に座位でおさめられた。現在では、火葬前、遺体は寝棺におさめられ火葬されるのが一般的であるために、遺体は寝棺のなかで伸展位であることが固定観念となっている。しかし、近世、棺のなかの遺体は座位であった。これについては、近世初頭の東京都多摩地域では、棺を用いない直葬が側臥屈葬位で、手足を屈めるように折り曲げ土中に埋葬されているので、直葬は座位ではなかった［長佐古 二〇〇四：七四―七五頁］。換言すれば、近世の円形木棺・正方形木棺による棺の一般化が、遺体の座位を一般化させたことになる。棺の一般化と座位のそれとは相互関係性のうえでの形成であった。

それでは、なぜ、近世の遺体は棺内部で座位となったのであろう。

この棺と座位への転換については、庶民クラスの遺体埋葬にふれて、限定された区画を墓域として使用するために、「桶」による座位の方が面積を必要としない、という説明がなされることがある［平本 二〇〇四：一三一頁］。現在でも、かつての遺体埋葬地域では、そうした説明を聞くことあるので、そのような物理的要因は確かにあった。しかし、将軍・大名のような、充分な面積を持つ遺体槨納葬でも座位である。遺体を座位とする理由を、他にも考える必要があろう。

すでに、「両墓制」と民俗的火葬の分析において、遺体に対する最後の読経が蓮華座の棺台に棺を置いて行なわれたことを述べたが、人間を「西方極楽」往生させるための最後の読経は、棺に座位でおさめられた遺体に対してであった。しかし、近世、その遺体の多くは火葬されないのである。古代末から中世までの「西方極楽」往生のための要件は、遺体を焼失させる火葬であったが、しかし、その遺体は阿弥陀如来像のような仏像と同じ座位のまま、石室に槨納され、また、埋葬されていた。小栗判官が遺体があったために再生できたように、遺体は再生の要件である。その遺体が仏像と同じ体位で墓のなかに存在するようになっていた。

あくまで仮説であるが、近世の遺体槨納葬・遺体埋葬とは、死者を、仏教的死者供養により「西方極楽」往生させながらも、しかし、その遺体の残存により死者の「西方極楽」からの再生を可能とする墓制であったと考えることができないだろうか。

「西方極楽」往生したものの、そこから現世への来訪を可能とさせる、そのような霊魂観が、近世の遺体槨納葬・遺体埋葬とともに、形成されてきたと考えることができるように思われるのである。

このような仮説が成り立つとすれば、たとえば、生まれかわり観念の形成、また、実際の生まれかわり譚の形成についても、このような座位の遺体の残存が影響を与えていると考えることが可能であろう。すでに『今昔物語集』などでも、罪障的観念を含めた輪廻転生とでもいうべき内容の生まれかわり譚は散見される。しかし、近世の生まれかわりは、輪廻転生というよりも、現実味を帯び生々しい。

よく知られた勝五郎再生譚はその代表例といえよう。

一八二三年（文政六）、武蔵国多摩郡中野村（東京都八王子市東中野）の百姓源蔵のせがれ勝五郎が、みずからの生まれかわりを話しはじめた。それによれば、勝五郎は、もともとは、隣村武蔵国多摩郡程窪村（東京都日野市程久保）藤蔵であったが、一八一〇年（文化七）疱瘡により死去した。しかし、その程窪村の藤蔵が、一八一五年（文化一二）、隣村中野村の勝五郎として生まれかわったというのである。一八二三年（文政六）、八歳になった勝五郎は、みずからの藤蔵としての死と、勝五郎としての再生を、次のように語る。

まずは、藤蔵としての死と埋葬の場面である。

> 息の絶ゆる時は何の苦しみも無かりしが、其の後しばしがほど苦しかりき。其の後はいさゝかも苦しき事もあらず。さて体を桶の中へつよく押し入るゝと、飛び出でて傍へにをり、山へ葬りにもて行くときは、白く覆ひたる龕の上に乗りて行きたり。さて其の桶を穴へおとし入れたるとき、其の音のひびきたること、心にこたへて今もよく覚えたり。さて僧共が経をよめども何にもならず、すべて彼等は銭金をたぶらかし取らむとするわざのみにて、益なきものなれば、悪く厭はしく思はれて、家に帰り（中略）、机の上に居たるが、人に物をいひかけても聞きつけず。其の時に白髪を長く打垂れて黒き衣服着たる翁の、こなたへとて誘なはるゝに従ひて、何処とも知らず段々に高き奇麗なる芝原に行きて遊びありけり［平田・子安校注 二〇〇〇：三六九―三七〇頁］。

死んで、その遺体が棺桶におさめられるときに、藤蔵の霊魂だけが幽体離脱している。その霊魂は、家に帰り机にいたところ、黒い着物の白髪の翁に誘われ、「西方極楽」とでもいうべききれいな「芝原」に行き遊んでいたというのである。

しかし、藤蔵の霊魂は、家に帰ることもある。

またしか遊びありくほど、我が家にて親たちのもの云ふことも聞こえ、経誦む声も聞こえたれど、吾は既に云へる如く憎はにくゝ思ゆるのみなり。食物を供へたるも食ふことは為さざれど、中に温かなるものは、其の烟気の香ひで甘く覚えたりき。七月には庭火をたくとき家へ帰りたるに、団子などを備へてありき［平田・子安校注 二〇〇〇：三七〇頁］。

「七月」の「庭火」とは、お盆のことであろう。藤蔵の霊魂はお盆に来訪している。生まれかわる以前の藤蔵の霊魂は、死してもなお、くりかえし生家を訪れている。藤蔵の霊魂は、きれいな「芝原」と現世の生家を往復しているのである。

次は、藤蔵が、勝五郎として生まれかわる場面である。

或とき彼の翁と家の向ひの路を通るとき（中略）、翁この家を指して、あれなる家に入りて生まれよといふ。教へのまゝに翁に別れて、庭の柿の木の下にたゝずみて、三日伺ひ居て、窓の穴より家内に入り、竈の側にまた三日をれるほど、母の何処ならむ遠き処へ別れ行き給はむことを、父と語らひ給ふ事を聞きたりき。（中略）其の後母の腹内へ入りたりと思はるれど、よくも覚えず。（中略）さて生まるゝ時は何の苦しき事も無かりき［平田・子安校注 二〇〇〇：三七〇―三七一頁］。

生まれかわりが、黒い着物の白髪の翁によって指示されている。生まれかわる直前、霊魂が待機していた場所が柿の木と竈であったことにもなんらかの意味があると思われるが、もっとも重要な点は、翁であろう。死した藤蔵の霊魂とともにあり、さらには、勝五郎としての生まれかわりの指示を、翁が出している。

翁こそが生命をつかさどっている。死と再生、「西方極楽」とでもいうべききれいな「芝原」と現世との境界に存在するのが翁であった。

境界の翁については、これ以上深入りはしないが、ここで確認しておきたいのは、死者が「西方極楽」往生したのではなく、「西方極楽」と現世との往復が可能となっており、その往復を管轄する存在として翁が登場してきていることであった。たとえば、『今昔物語集』などのように、この世からあの世への境界に、死者の罪障を判断する閻魔大王がいて、輪廻転生をつかさどるのではない。

近世の生まれかわりの内容がこのようであるとすれば、たとえば、柳田国男『先祖の話』（一九四六）が「死の親しさ」から「生まれかわり」、さらには、「七生報国」の精神を、その「固有信仰」論をもって説いたことは、[*52] 明らかな逆転した論理であった。現世を軸とする生まれかわり観念、生まれかわり譚の形成とは、「固有信仰」として存在してきたのではなく、古代末から中世にかけて形成されていた「西方極楽」往生観念の、近世段階の変容による後発的形成であったと考えなければならない。

さらに、このような現世への再生可能という霊魂観の形成は、「位牌」という死者の形代、その具体的形象の一般化とも連動して、先祖霊の来訪また常駐化をも可能とさせるようになった、と考えることもできる。たとえば、お盆に迎え火を焚き先祖霊を来訪させ、迎え火を焚き先祖霊を送り返す、という先祖霊をめぐる去来（きょらい）信仰、また、先祖霊を盆棚・仏壇の「位牌」で祀るという、再生可能な霊魂観の形成とは、近世社会にはじめて登場してきたと考えることができないだろうか。それは、従来の通説のような「固有信仰」によっているのではない。

去来信仰については、柳田民俗学および柳田系民俗学によって説明され、それを日本人の「固有信仰」とする去来信仰学説が検証されないままに通説となっている。しかし、その学説上の問題点については、すでに論じた通りであり［岩田 二〇〇三a：八九―一二六頁］、また、たとえば、お盆の迎え火で先祖霊を来訪させ送り火で送り返す、という去来信仰は、確かにそのように語られるが、それが「固有信仰」としての先祖霊の去来を意味する儀礼であるかどうかについては、学術的に論証されてきたわけではない。一般に、そのように語られるから、その社会的言説をそのままに学問的結論としてスライドさせて理解されてきたにすぎない。

お盆の迎え火・送り火と語られる事例を概観するだけでも、果たして、それが「固有信仰」としての先祖霊を招く迎え火・送り火として結論づけてよいのかどうか、疑問を持たざるを得ない事例が多い。そのような事例を、一例だけあげておこう。

静岡県磐田市敷地では、八月一三日から一六日までがお盆である。家によっても若干の違いはあるというが、ふつうのお盆の家は、八月一日夕方、八月一三日・一四日・一五日・一六日夕方、家の入口で松明を焚いている。この地域では、家の入口に、ダイタキなどといわれる、土で塗り固め容器状にした松明台を孟宗竹などの先端に起き、そのなかで松明を焚く。初盆の家では、八月一日から毎夕方、そして、お盆の期間の八月一三日・一四日・一五日・一六日夕方、さらには、ウラボン（盂蘭盆あるいは裏盆）と呼ばれる二四日夕方、このダイタキで松明を焚く。このような松明を焚く行為は、この地域では、先祖霊を招き送るためと語られる。しかし、この地域のように、お盆の期間中、毎日、松明が焚かれるとすれば、その事実だけをもって判断すれば、そのどれが迎え火で、また別のどれが送り火であるのか、決定するには難しいことにもなる[*53]。

この静岡県磐田市敷地の初盆の事例から、お盆の迎え火・送り火とはどのような儀礼として理解できるかをみてみよう。

敷地では、初盆の家では、お盆のはじまりの日、八月一三日朝、家の外の庭などにセガキダナ（施餓鬼棚）を作る。これは、リンカ（隣家）・親戚などによって女竹の新竹を組み作られる。セガキダナには、写真67のように、一三日午後、白木の「位牌」などが供えられる。そして、写真68のように、家の入口の二基のダイタキには松明が激しく焚かれ、地面でもヒャクハッタイ（百八松明）と呼ばれる松明が焚かれるなか、僧侶がセガキダナの白木の「位牌」に向かい読経し、親族などによる焼香が行なわれる。それが終わると、「位牌」は、再

写真 67　セガキダナ（静岡県磐田市敷地）2009 年

写真 68　初盆供養（静岡県磐田市敷地）2009 年

写真69　子供念仏（静岡県磐田市敷地）2009年

び、屋内の初盆の祭壇へと戻される。また、この地域では、子供（中学生以下小学生まで）による子供念仏があるので、一三日午後をはじめ、お盆の期間中、子供念仏が初盆の家を来訪する。写真69は、子供念仏が、庭に整列し、屋内の初盆の祭壇に向かい、念仏を合唱しているところである。また、この地域では、大人による大念仏（だいねんぶつ）がある。同じ集落の初盆の家には、お盆初日の一三日夕方から夜にかけて順番にまわり、一四日以降は他集落の初盆の家へも行く。写真70は、敷地地区大平（おおだいら）大念仏が、初盆の家の庭で、一三日夕方、初盆の死者の祭壇に向かい大念仏を行なっているところである。写真71は、大平大念仏のイリ（入り）とデ（出）のときに先頭を行く手前のヒンチョウチン（ひん提灯）が置かれた縁側越しに見ることのできる、座敷の初盆の祭壇である。中央に、遺影（写真）と白木の「位牌」が安置され、この前で焼香が行なわれる。この日の午後、セガキダナで初盆の供養の対象となった白木の「位牌」がこれである。

　このような、静岡県磐田市敷地の初盆行事を概観すると、セガキダナの初盆供養にせよ、子供念仏にせよ、大念仏に

写真 70　**大念仏**（静岡県磐田市敷地）2012 年

写真 71　**初盆の祭壇**（静岡県磐田市敷地）2011 年

せよ、それは文字通りの仏教的死者供養であるだけではなく、その具体的対象は、死者の「位牌」（および遺影）であった。死者の形代、代替物として「位牌」が設定され、その「位牌」に対して仏教的死者供養が行なわれている。「位牌」という南北朝期から室町期にかけて禅宗寺院のなかで発生した仏教的死者供養のための装置、それがここでの初盆供養の中心である。物神崇拝といってよいだろう。そして、それは明らかな仏教的死者供養であった。いうまでもなく、柳田民俗学および柳田系民俗学、また、通説のような、「固有信仰」としての祖霊信仰ではない。

さらにいえば、死者の代替物としての「位牌」の設定は、そこに、死した先祖霊が仮託されていることを示している。「西方極楽」往生した死者が、この「位牌」に先祖霊として来訪している。[*54]「位牌」の恒常化とは、仏教的死者供養により「西方極楽」往生した死者が、いっぽうでは、仏教的先祖霊として現世に常駐することでもあった。「位牌」は、そうした死者の仏教的先祖霊としての「西方極楽」との往復、去来を可能とさせ、また、現世における留魂を可能とさせる、そうした機能を果たす典型的装置としての意味を持っていたのではないかと考えられるのである。

近世墓地下施設の階層表象――近世天皇墓の階層的位置　これまでの整理で、近世の天皇墓・武士墓・庶民墓、これらの全体像をそこにおける霊魂観の共通性をも含めて、ほぼ明らかにすることができたと思われる。それでは、このような全体像のなかで、近世の天皇墓はどのように位置づけられるであろうか。

近世墓は、これまで整理してきたように、遺体槨納葬・遺体埋葬、棺の使用、寺院境内墓地、「位牌」による仏教供養など、各階層に通底する同質な仏教的死者供養を形成させてきていた。しかし、階層別に、厚薄の差も大きかった。

この近世墓の厚薄を基準としたとき、近世の天皇墓は、どの階層に位置するのであろう。近世墓の形態を階層表象としてとらえ、それにより、天皇墓のクラスを明らかにしてみよう。

近世墓の階層性については、天皇墓への言及はないが、すでに、緻密な先行研究［松本健一九九〇：一六六―

一六七頁］［谷川章雄　一九八七：一九一―一九四頁］［谷川章雄　一九九一：九二―九三頁］［谷川章雄　二〇一三ｂ：二八二頁］により整理され明らかにされている。表5は、それらにしたがい、また、ここでみてきた他の大名墓の事例をも含めて、遺体槨納葬を中心とする武士墓を再整理したものである。庶民墓における、木棺を土中へ埋葬する遺体埋葬は、これらよりもさらに下位クラスに位置する。

階層的な最上位は、将軍である。将軍墓は、四代将軍徳川家綱墓からほぼ定型化したといわれ、すでにみた六代将軍家宣墓では、その重厚で緻密な構造が確認されている。そして、その将軍墓の最大の特徴は、遺体をじかにおさめる木棺の外側に銅棺を使用し、さらにそれを木棺によってかこい、石槨におさめたことであった。銅棺の使用は将軍墓だけである。

これに対して、将軍の下位クラス、その妻（将軍生母・長子母）・尾張藩徳川家など御三家・深溝松平家など親藩大名・譜代大名などは、木棺を石槨におさめている。外様大名は、石槨に甕棺をおさめる形態であった。[*55] これら、外様大名以上のクラスが石槨による遺体槨納葬である。

その下位クラス、官位は高いが石高が一万石以下の高家（こうけ）（朝廷関係の儀礼をつかさどる幕府の職名）および高禄旗本は、石槨を簡素化させた代用物であろう、木枠を造営し、そのなかに甕棺をおさめる形態であった。

ふつうの武士クラスは甕棺の土中への埋葬である。この武士クラス以下が、遺体槨納葬ではなく、遺体埋葬であった。この表には示さなかった農民・商人・職人などの庶民墓は木棺による遺体埋葬であったので、同じ遺体埋葬とはいえ、武士クラスは棺に甕棺を使い、庶民クラスは木棺（火葬のばあいは蔵骨器）を使っていたことになる。

このように、近世墓は、上位のクラスであればあるほどに、それは遺体槨納葬による厚葬となり、その頂点が銅棺を使う将軍墓であった。いっぽう、下位のクラスであればあるほどに、それは遺体埋葬による薄葬となり、その底点が円形木棺（早桶）による下層民であった。

表 5　近世武士墓地下施設の階層表象

		形態	身分
1	石槨	石槨＞銅棺・多重木棺	将軍
2		石槨＞多重木棺	将軍妻（将軍生母・長子母）・将軍子女、御三家、親藩・譜代大名・同妻・同嫡子
3		石槨＞甕棺	外様大名・将軍妻
4	木枠	木枠＞甕棺	高家当主・同妻・高禄旗本
5	埋葬	甕棺（蓋石有）	藩士
6		甕棺（蓋石無）	低禄藩士

＊松本健［1990：166-167］を基本として，谷川章雄［1991：92-93］を参考としつつ，他の事例も含めて作成．これらでは，石室・石槨，木枠・木箱は区別されているが，ここでは，石槨および木枠に統一した．

そして、すでにみたように、幕府側の統制下に置かれていた後光明天皇墓・後水尾天皇墓は、石槨に棺をおさめる遺体槨納葬であった。銅棺の使用はない。近世天皇墓は、明らかに、銅棺を使用する将軍よりも下位にある。大名墓のクラスでは石槨に棺をおさめていた将軍の妻・親藩大名・譜代大名と同じクラスであった。墓制によってみたとき、近世の天皇は、将軍を最高権力者・最高権威者とする幕藩体制のなかの特定の階層に位置していた。

やがてくる明治維新は、このような近世墓を大きく転換させる。将軍からみれば下位クラスにあった天皇墓が、その存在形態および霊魂観とともに、明治維新を境に大きく突出していくことになる。

Ⅳ　天皇墓の明治維新――神道式跪拝への転換

1　「玉体」の誕生

「御当夜次第書」――葬儀マニュアルの作成　表6は、一六五四年（承応三）死去の後光明天皇、一六八〇年（延宝八）死去の後水尾天皇を含めて、彼らから一八六六年（慶応二）死去の孝明天皇（一八三一―一八六六、在位一八四六―一八六六）までの、江戸時代の天皇墓について整理したものである。このような簡単な整理をするだけでもわかるのは、後光明天皇と後水尾天皇の段階で完成された近世の天皇墓は、幕末を除く江戸時代を通じて、その基本的形態が不変であったのではないかということである。仏教的死者供養であり、その最終的処理形態が火葬骨ではなく遺体であることは継続されていた。

その状況を、一六八〇年（延宝八）死去の後水尾天皇から約一〇〇年後の一七七九年（安永八）一〇月二九日死去の後桃園天皇の例によって確認しておこう。後桃園天皇の葬儀は一二月一〇日であった。『後桃園院崩御記』によれば、葬列により泉涌寺に着き、まずは、「龕前堂」での読経、「山頭」での読経・焼香、そして、「御廟所」の石槨に棺をおさめるまでの進行は、後水尾天皇の葬儀と同じ順番・内容であった。たとえば、「御廟所」の石槨に棺をおさめる際には、京都所司代がそれを確認し、石槨上を「石蓋」でおおったあと、再び、京都所司代がそれを確認して

表6　近世の天皇墓

№.	天皇	在位期間	死去年月日	在位中死去	遺骸処理	葬送年月日（葬送地）	出典
1	後水尾	1611-29	1680年（延宝8）8.19	—	遺体	1680年（延宝8）閏8.8（泉涌寺）	pp.306-307
2	明正	1629-42	1696年（元禄9）11.10	—	遺体	1969年（元禄9）11.25日（泉涌寺）	pp.309-310
3	後光明	1642-54	1654年（承応3）9.20	○	遺体	1654年（承応3）10.15（泉涌寺）	pp.303-304
4	後西	1654-63	1685年（貞享2）2.22	—	遺体	1685年（貞享2）2.29（泉涌寺）	pp.308-309
5	霊元	1663-87	1732年（享保17）8.6	—	遺体	1732年（享保17）8.29（泉涌寺）	pp.313-314
6	東山	1687-1709	1709年（宝永6）12.17	—	遺体	1710年（宝永7）1.10（泉涌寺）	pp.310-311
7	中御門	1709-35	1737年（元文2）4.11	—	遺体	1737年（元文2）5.8（泉涌寺）	pp.314-315
8	桜町	1735-47	1750年（寛延3）4.23	—	遺体	1750年（寛延3）5.18（泉涌寺）	pp.315-316
9	桃園	1747-62	1762年（宝暦12）7.12	○	遺体	1762年（宝暦12）8.22（泉涌寺）	pp.316-317
11	後桜町	1762-70	1813年（文化10）11.2	—	遺体	1813年（文化10）12.16（泉涌寺）	p.322
12	後桃園	1770-79	1779年（安永8）10.29	○	遺体	1779年（安永8）12.10（泉涌寺）	pp.317-318
14	光格	1779-1817	1840年（天保11）11.19	—	遺体	1840年（天保11）12.20（泉涌寺）	pp.323-324
15	仁孝	1817-46	1846年（弘化3）1.26	○	遺体	1846年（弘化3）3.4（泉涌寺）	pp.325-330
16	孝明	1846-66	1866年（慶応2）12.25	○	遺体	1867年（慶応3）1.27（「後月輪東山」）	pp.333-339

＊上野［1925］より作成.

いる［藤井他監修二〇〇六ａ：八一二―八一四頁］。幕府による天皇墓への統制のもっとも露骨な部分といえる、京都所司代による遺体槨納葬の最終確認が、後桃園天皇のばあいでも行なわれている。

後桃園天皇の次の天皇の死去は、一八四〇年（天保一一）死去の光格天皇（一七七一―一八四〇、在位一七七九―一八一七）である。後桃園天皇は在位中の死去であったが、光格天皇は譲位から二三年後の死去であった。この光格天皇のばあいは、『天保諒闇記』によれば、「御当夜次第書」という葬儀当日用の進行マニュアルさえもが作られている。

それによれば、泉涌寺での「龕前堂」と「山頭」での読経・焼香を行なったうえでの遺体槨納葬であり、後光明天皇と後水尾天皇、後桃園天皇のばあいと同じ順番で葬儀が行なわれた。その間には凶事伝奏と「勅使」との問答などもあり、ここでも、京都所司代が遺体槨納に立ち会っている。

『天保諒闇記』は、「御石棺」におさめたあとの進行を次のように記す。

「所司代御簀屋之前ニ御進、謹而平伏、御納棺之御様子御見分有之帰座、両伝凶伝凶奉御拝、次御石蓋漆喰」。

幕府側の京都所司代が石槨（「御石棺」）への納棺を「見分」、つまりは確認した上で、「石蓋」をして「漆喰」で固めていた。このあと、僧侶の読経と墓上の造営が行なわれ、公家が焼香して、一同が引きあげ終わっている［神宮司庁編 一九〇〇：七一—七六頁］。

この光格天皇のばあいでも、その葬儀から遺体槨納葬までの順番・内容は、後光明天皇と後水尾天皇以降、後桃園天皇までと同じである。そして、それが継続していただけではなく、近世後期、その遺体槨納葬の最終段階にいたっては、その「次第書」、進行マニュアルが作成されるほどに形式化されるようにもなっていた。[*56] その形式化により、近世後期になると、その仏教的死者供養としての儀礼的意味は形骸化しつつあったということができるかもしれない。

そうしたなかで、近世後期になると、水面下には変化の兆しもあった。たとえば、後桃園天皇の幕府統制下の遺体槨納葬について、『続史愚抄』の著者でもあった柳原紀光は、その『柳原紀光日記』で不満をあらわにする。

「於山頭奉火葬之儀也、而近日無其実」。

「山頭」がかつては火葬地であったが、それが行なわれなくなっていると指摘し、その上で、次のようにいう。

「抑今度可被造山陵於船岡山、且可有天皇諡号由、摂政計申云々」。

今回、後桃園天皇の天皇墓は船岡山に設営し、また、天皇の謚号をつけたいと摂政から幕府にはたらきかけた。しかし、「関東」（幕府）が「不承」で、従来の例により泉涌寺となった。

柳原紀光は、それに対して、「可謂無念」と記す［藤井他監修 二〇〇六a：八一一頁］。

柳原紀光のこの不満は、泉涌寺境内での遺体槨納葬が、朝廷主導ではなく、幕府の統制による墓制であり、それが継続してきたことを物語る。しかしいっぽうで、天皇墓の泉涌寺からの脱出が期待され、それが幕府によって認められないために、実現しないことへの不満が記されるようにもなっていた。やがて、光格天皇からは、中世以降には使われなくなっていた「天皇」号を使用、また、単なる「追号」ではない「諡号（しごう）」を使うようになる（次の仁孝天皇・孝明天皇も同じ）。幕府の統制下、近世後期の天皇墓は安定した形式を継承していたが、いっぽうでは、変化の可能性をも秘めるようになっていた。

死去後の天皇の肉体――「玉体」の神聖視　江戸幕府は、一八六七年（慶応三）の大政奉還と王政復古の「沙汰」書、一八六八年（慶応四・明治一）から翌年にかけての戊辰戦争により崩壊した。それにより、幕府による天皇墓への統制はなくなるが、その直前、幕末、一八六六年（慶応二）年末に死去した孝明天皇において、天皇墓に変化がおとずれるようになる。

それは次のような二点に整理することができる。

第一には、孝明天皇は、譲位して上皇・法皇として死去したのではなく、在位中の死去、天皇として死んだことである。幕末の孝明天皇だけではなく、一八四六年（弘化三）死去の仁孝（にんこう）天皇（一八〇〇―四六、在位一八一七―四六）も在位中の死去であった。そのほか、近世後期では、桃園（ももぞの）天皇（一七四一―六二、在位一七四七―六二）、後桃園天皇も在位中の死去であった。両者はいずれも若年期の即位、二〇歳余での死去であるが、仁孝天皇は四〇歳代半ば、孝明天皇も三〇歳代半ばの壮年になってからの死去である。古代末から中世、そして、近世にかけて、一般的であった、退位後、上皇あるいは法皇として死去する形態が、幕末において、すくなくとも現象的には崩れている。[*57]

第二には、江戸時代最後に死去した孝明天皇において、その墓域の設営が、泉涌寺域とはいえ、江戸時代の他の天皇墓のある泉涌寺境内墓地ではなくなったことである。「後月輪東山陵（のちのつきのわのひがしやまのみささぎ）」と名づけられた写真72の天皇墓がそ

写真 72　孝明天皇墓（京都府京都市東山区泉涌寺山内町）2014 年

れである。それによって、一六五四年（承応三）死去の後光明天皇以来、一八四六年（弘化三）死去の仁孝天皇まで約二〇〇年間継続した泉涌寺境内墓地での遺体槨納葬は終了した。泉涌寺境内墓地から脱出した孝明天皇を過渡期として、やがて、近現代の天皇墓は、一九一二年（明治四五・大正一）死去の明治天皇（一八五二—一九一二、在位一八六七—一九一二）において、あらたな遺体槨納葬を完成させていくことになる。

第二の点については、あとで詳述するとして、まずは、第一の在位中の死去がもたらした変化について述べてみよう。在位中の死去であったためであろう、死去後の遺体が「玉体」と記されているのである。現在までを含めて、退位後に上皇・法皇として死去した最後の天皇は、一八四〇年（天保一一）死去の光格天皇であったが（上皇としての死去）、それまでは、退位後の死去ということもあろう、天皇の遺体を「玉体」と表現することはなかった。

ところが、一八四六年（弘化三）、在位中に死去した仁孝天皇では、生前、危篤状態のときには「主上」と記されるが、死去後の遺体は「玉体」と記される。管見の限りでは、天皇の遺体を「玉体」と表現するもっとも古い事例が仁孝天皇の遺体であると思われる。*58

正確にいえば、仁孝天皇は一八四六年（弘化三）一月二六日に死去した。死去の直前、危篤状態にある仁孝天皇は、野宮定祥（一八〇〇—五八）の『野宮定祥日記』では「主上御不例」、山科言成（一八一一—七〇）の『山科言成日記』*59では「主上御違例」「主上御不予」と記される［藤井他監修 二〇〇六b：一一二一—一一二三頁］。死の直前の天皇は「主上」である。しかし、死去後その遺体は、次のように記される。二月二日、遺体の「御槽」への納槽にふれて（入棺儀礼はそれとは別に行なわれる）、『野宮定祥日記』は「今夜密々供御舟運送、近習公卿殿上人奉移玉体」といい、『山科言成日記』は「御寝間奉拝玉体」という［藤井他監修 二〇〇六b：一一二四頁］。死去後の天皇は「玉体」となっていた。

一八六六年（慶応二）一二月二五日死去の孝明天皇についても、仁孝天皇と同様である。死の直前、危篤状態にある孝明天皇は、野宮定功（一八一五—八一）の『野宮定功日記』では「主上御容体」、山科言成の『山科言成日記』では「主上御痘瘡御静謐」「主上御様子」「主上御不予」、橋本実麗（一八〇九—八二）の『橋本実麗日記』では「主上御容体不軽之由也」と、「主上」と記される［藤井他監修 二〇〇六c：一一六七—一一七二頁］。それに対して、死去後の遺体は「玉体」である。たとえば、孝明天皇の典侍であり明治天皇の母親であった中山慶子（一八三六—一九〇七）はその父中山忠能（一八〇九—八八）に宛てた一二月二六日付手紙で次のようにいう。

> 極内々なから、昨夜戌刻過頃御事切何共恐入候、尤甚々　親王様御愁傷と御悲歎何レも只落涙の外無之候、扠々寔以御痛々敷御事見上候も恐入候　玉体様にあらせられ候［日本史籍協会編 一九一六a：六六〇頁］［闕字—原文］［句読点は適宜補った—引用者］。

父中山忠能に宛てて中山慶子は、孝明天皇死去と「親王様」（明治天皇）の悲歎を伝え、その遺体を「玉体様」と表現している。

幕末、生者のとき天皇は「主上」であるが、死後、その肉体は「玉体」となった。もちろん、生きているときの天皇の肉体が「玉体」と表現されていた可能性はあるが、幕末の文献の多くは、死去後のその肉体をもって「玉体」と表現する。現在では、天皇の生死にかかわりなく、その肉体を「玉体」と表現するが、「玉体」という語彙が登場してくる幕末の使用例では、生きているときの天皇は「玉体」ではなく、死してはじめて「玉体」となっていた。

これについては、文久天皇墓改築事業でも[60]、「玉体」の語彙をみることができるので、使用例のひとつとして、それをあげておこう。

文久天皇墓改築事業の直接的な発端、一八六二（文久二）閏八月八日、宇都宮藩戸田忠至（一八〇九―八三）が幕府に提出した改築事業建議書は、天皇墓の荒廃にふれて、次のようにいう。幕府への建議書を経て、戸田が朝廷で設けられた中山忠能などの「山陵御用掛」から「山陵奉行」に任命されたのは同年一〇月二二日であった[61]［戸原一九六四：六〇―六一頁］。

> 忠孝之大節を天下に示され御教導被遊候ニは、第一　天朝御代々様之　御陵多分荒廃ニ相成居候、此儀古来有志之者憂傷仕候段兼々承知仕候、乍恐万乗之　玉体を被為納候所、荒蕪之儘ニ被差置候儀、誠ニ無勿体次第恐懼悲傷仕候事ニ御座候［日本史籍協会編　一九二一：二二三頁］［闕字―原文］［句読点は適宜補った―引用者］。

「玉体」のある「御陵」、死んだ天皇の遺体がある天皇墓の荒廃を憂慮し、天皇への「忠孝」を発揮するために、改築事業を実施したいという主張であった。

近現代社会の形成期、死んだ天皇の肉体が、「玉体」として神聖視されるようになっていた。やがて、天皇墓は跪拝の対象とされるようになる。天皇は、死してもなお、人格神（a man god）[62]として神になる、その跪拝の土壌が、社会的観念としても形成されていたといえよう。

「玉」の「万世一系」性——天皇政権の正当性　この「玉体」という語彙との関連でいえば、「玉」という語彙が使われたのも幕末であった。

一八六七年（慶応三）段階の倒幕派には、天皇を「玉」と呼ぶばあいがあった。この「玉」の使用例に言及して、それが倒幕派の尊王意識の欺瞞性と権謀術数性をあらわすと指摘するよく知られた研究があり［遠山 一九五一：二〇二、二一四―二一五頁］、それが長年受け入れられたままとなってきた。しかし、倒幕派における「玉」の表現をもってして、そのような理解でよいのか、再考の余地もあろう。

たとえば、一〇月一四日の大政奉還から二八日前の九月一八日、長州藩主毛利敬親（一八一九―七一）父子に面会した薩摩藩の大久保利通（一八三〇―七八）は王政復古を説き、次のようにいう。

> 禁闕奉護之所実ニ大事之事ニ而　玉を被奪候而は実ニ無致方事と甚懸念思召候、返ス〳〵も手抜ハ無之筈なから、別而入念候様御頼被成候［日本史籍協会編 一九二七：三九五頁］［闕字―原文］［句読点は適宜補った―引用者］。

また、大政奉還を経て一二月九日の王政復古のクーデターから一九日前の一一月二一日、長州藩の木戸孝允（一八三三―七七）は品川弥二郎（一八四三―一九〇〇）宛て手紙で、次のようにいう。

> 玉を我方へ奉抱候御儀千載之一大事に而、自然万々一も彼手に被奪候而は、たとへいか様之覚悟仕候とも、現場之処四方志士壮士之心も乱れ芝居大崩れと相成、三藩之亡滅は不及申［日本史籍協会編 一九三〇：三三八頁］［句読点は適宜補った―引用者］。

大久保利通にせよ木戸孝允にせよ、「玉」という語彙で表現する天皇を、幕府側に渡さず、三藩（薩摩・長州・土佐）のもとにおくことによって、その権力の正当性を担保できると考えている。確かに、「玉」は天皇（固有名詞としては明治天皇）を意味させる隠語でもある。しかし、彼らが残した記録から読みとるべきは、尊王意識の欺瞞性や権謀術数性ではなく、倒幕派における、「玉」と表現する天皇のもとにこそ政権成立の根拠があるという思考である。この語彙の登場そのものが、幕藩体制的秩序の崩壊と、天皇を政権の中枢とする近現代国家への転換をあらわす社会的観念を示している。

近世後期以降、この「玉」のように、いまだ江戸幕府が存在した時期であっても、天皇を政権の正当性の根拠とする思考が芽生えはじめていた。たとえば、水戸学の藤田幽谷（一七七四—一八二六）の『正名論』（一七九一）は、次のようにいう。

> 赫赫たる日本、皇祖開闢より、天を父とし地を母として、聖子・神孫、世明徳を継ぎて、以て四海に照臨したまふ。四海の内、これを尊びて天皇と曰ふ。八洲の広き、兆民の衆き、絶倫の力、高世の智ありといへども、古より今に至るまで、未だ嘗て一日として庶姓の天位を奸す者あらざるなり。君臣の名、上下の分、正しく且つ厳なるは、なほ天地の易ふべからざるがごときなり。ここを以て皇統の悠遠、国祚の長久は、舟車の至る所、人力の通ずる所、殊庭絶域も、未だ我が邦のごときものあらざるなり。豈に偉ならずや［尾藤他編　一九七三：一一頁］。

上下・君臣の秩序を重視する朱子学的大義名分論にもとづきつつ、その中心には天皇がある。その根拠には天皇の「開闢以来、皇統一姓」性があった［尾藤他編　一九七三：一三頁］。日本は、天皇が古代から継続し、このような国は世界では他にないというのである。

同じく水戸学、相沢正志斎（一七八一—一八六三）の『新論』（一八二五）は、次のようにはじまる。

> 謹んで按ずるに、神州は太陽の出づる所、元気の始まる所にして、天日之嗣、世宸極を御し、終古易らず。固より大地の元首にして、万国の綱紀なり。誠によろしく宇内に照臨し、皇化の曁ぶ所、遠邇あることなかるべ

し［尾藤他編 一九七三：五〇頁］。

『新論』も、天照大神の子孫の天皇、「天日之嗣」が不易のまま継続してきたことに、日本の存立基盤と他国に対する優越性を主張している。

もっとも、彼ら水戸学においては、その朱子学的大義名分論は、幕藩体制とは矛盾しなかった。『正名論』では、徳川将軍家、幕府は、この「開闢以来、皇統一姓」の天皇のもとでそれを「翼戴」してきたとされる。

国学においても、同様の思想が生まれてきていた。幕末期の国学者、大国隆正（一七九二―一八七一）の主著『本学挙要』（一八五五）も、天皇の「太古」よりの継続をして、そこに日本の独自性をみようとする。

日本国は太古より、天皇の御統たがはせ給はぬくになり。近古　大将軍家といふものいで来て、国政をとり給ふはまことにめでたく、おのづから大帝爵の国体をそなへて、何事も異国と殊なるありかたになりてあれば、この国体をおしはりて異国にしたがはず、わが神代巻をおしたてゝつらぬくべし［田原他編 一九七三：四三三―四三四頁］［闕字―原文］。

「太古」より継続する天皇がいることに、「大帝爵の国体」の根拠を見出す。もっとも、ここでも徳川将軍家は否定されてはいない。天皇がいることと政治の実権が徳川将軍家にあることは矛盾ではなかった。

水戸学にせよ国学にせよ、たとえば、のちの大日本帝国憲法第一条の文言を借りれば、天皇の「万世一系」性をその根拠として、日本の存在理由を見出していた。明らかな尊王思想である。ただし、そこでは幕府は否定されていたのではなく、幕府も尊王のカテゴリーに含められ肯定されていた。

幕末の尊王攘夷派、倒幕派は、こうした天皇の「万世一系」性を根拠として、そこに神聖性だけではなく政権の正当性をも見出し、さらには、それにより幕府を否定し、みずからによる政権奪取の理念にまで昇華させていた。

天皇をめぐる隠語「玉」という語彙の登場とは、「玉体」におけるような神聖性を仮託する思考とも連続し、それにより、このような政権の正当性を根拠とする思想表現であったと考えてよいのではないだろうか。

2　八角台形の孝明天皇墓

戸田忠至の孝明天皇墓造営建議書——幕府の尊王思想　孝明天皇が在位中の死去であった点から、「玉体」および「玉」の語彙についての分析が長くなってしまったが、孝明天皇の天皇墓をめぐり、それまでと異なり大きく変化した第二の点は、孝明天皇の墓は、それまでの泉涌寺境内墓地ではなく、泉涌寺域とはいえ、独自の天皇墓を造営したことであった。その変化は、単にその墓域の移動にあったのではなく、葬法全体を大きく変えるものでもあった。

それでは、その葬法全体の変化とはどのようなものであったのだろう。

その意味をとらえるために、まずは、孝明天皇の死去から葬儀、遺体槨納までを、時間の流れにそって復原してみよう。孝明天皇の葬儀については、幕末・維新期の国家儀礼形成過程解明の視点により詳細に復原した研究があるが[武田　一九九六：一二二―一六六頁]、ここでは、孝明天皇の葬儀の過程と墓の造営過程を中心に復原する。

孝明天皇の死去は、一八六六年（慶応二）年末、一二月二五日であった。『孝明天皇御凶事(こうめいてんのうごきょうじ)』*63によれば、五日後の三〇日、遺体を「御槽(おふね)」におさめている。*64「御槽」の底には石灰を入れその上に布団を敷き、側面には白布を、縁には絹を引き渡し、生絹につつんだ樟脳(しょうのう)を詰め込んだ。樟脳は防腐剤であろう。その上で、孝明天皇の遺体を絹で包み、「御槽」におさめ蓋をしている。そして、蓋には、「玉首(ぎょくしゅ)」の方に「上」と書いた紙を、「西」方に「前」と書いた紙を貼っている[藤井他監修　二〇〇六c：一一七三頁]。「御槽」の大きさについては、『議奏記録(ぎそうきろく)』によれば、「長七尺五寸四分　幅四尺壱寸四分　高サ二尺八寸二分」（一尺三〇cmとして長二二六・二cm×幅一二四・二cm×高八四・六cm）であり[東京大学史料編纂所所蔵『大日本維新史料稿本』（慶応三年一月一〇日部分）]、先にみた、寝棺による伸展葬と推定される後桃園天皇の「御槽」（「長七尺五寸五分　幅四尺八分　高二尺七寸」）とほぼ同じ規格である。

この孝明天皇についても、その大きさと「御槽」の蓋の紙からして、その遺体の体位は伸展位であった可能性が高い。「玉首」の方に「上」と記していたことは、座位による座棺であればおのずと「玉首」は上部にあり、記す必要のないことであるからである。また、「西」方を「前」と書いたことは、この伸展位が仰向けではなく、横向きで顔を「西」方（つまりは「西方極楽」）に向けさせていた可能性がある。[*65]

孝明天皇の遺体が「御槽」におさめられた同日の一二月三〇日、つまりは、一八六六年（慶応二）大晦日、「山陵奉行」戸田忠至によって、それまで継続してきた火葬儀礼の残存、「龕前堂」「山頭作法」を廃止し、泉涌寺境内墓地ではなく、泉涌寺域の他の土地にあらたに孝明天皇の墓を造営するべきであるという、孝明天皇墓造営建議書[*66]が朝廷へ提出された。この孝明天皇墓造営建議書が、近世を通じて継続してきた天皇の葬法全体を大きく変質させることになる。

長文になるが、全文を記しておきたい。

なお、孝明天皇墓造営建議書は、管見の限りでは、『孝明天皇紀　第五』『大日本維新史料稿本』（慶応三年一月三日部分）および『中山忠能履歴資料　第八』に所収されている。三者を照合すると、『国事要録（こくじようろく）』に拠ったと記す『孝明天皇紀　第五』『大日本維新史料稿本』（慶応三年一月三日部分）では文中に闕字がなくひとつ書きもないが、『中山忠能履歴資料　第八』には文中に闕字があり、また、「一」のひとつ書きからはじまっている。さらに、『孝明天皇紀　第五』『大日本維新史料稿本』（慶応三年一月三日部分）ではタイトルが「山陵奉行上申書」となっているが、『中山忠能履歴資料　第八』ではタイトルが「戸田大和守朝廷へ建白書」となり、これも異なっている。三者のうち、『中山忠能履歴資料　第八』には明らかな誤植と思われる部分も多いので、ここでは、『孝明天皇紀　第五』『大日本維新史料稿本』（慶応三年一月三日部分）に拠った。

今般御陵御制造之儀取調進達仕候様、広橋大納言殿ヨリ被仰出奉畏候、中古仏法渡来已後制造之形様モ変革仕、遂ニ上古淳朴ノ風刻薄残忍ニ相化シ、奉始持統天皇御荼毘之事、世々御常例ト相成、乍恐万乗ノ玉体ヲ一旦灰塵ニ奉委、九輪石御塔御表ト仕候儀、数百年来之御定制ニ相成、遷延至今日之段、恐懼悲歎之至、有志之輩同一揆ニ御座候処、後光明天皇御新喪ノ御時ヨリ御火葬被為廃候得共、其後御代々様葬御御龕前堂へ入御御式被為済、夫ヨリ山頭堂ニテ御荼毘之御作法有之、此所ヨリ御廟所マテハ寺門僧徒共御密行ト奉称、御表面御火葬御内実ハ御埋葬ト申候儀ニ奉存候、元来卑賎之凡夫ニテモ生ハ始死ハ終、慎終ハ臣子忠孝之道ニ於テ最重大事ト奉存候故、人其身分ニ応シ礼節ヲ重シ候義ニ御座候処、無勿体モ一天万乗之大君トシテ表裏不合之御礼節有之儀ニテハ、四海臨御之御体裁ニ於テ乍恐御瑕瑾ニモ可被為渡歟ト奉痛哭候、且御先代々様ヨリ尊号ニ被為復、又諸国諸御陵モ御復古ニ相成候御時節ニ御座候得ハ、何卒泉涌寺是迄之御廟所甚狭隘ニテ可然御地所無之ニ付、同寺中ニテ清浄之御地所被為卜、御陵御築造ニ相成候様仕度奉存候、尤数百年来御薄葬御因循之御儀ニ御座候得ハ、一時山陵御築造ト申候テハ、定テ御議論モ相生シ可申候得共、是迄龕前堂山頭堂抔ト申贅所之御冗費ヲ相省候時ハ、是又容易ニ御築造成功可仕ト奉存候、乍然無拠御差支之御次第モ被為在、前文之御儀御採用ニ不相成、是迄之御囲内へ葬御被為在候御儀ニ御座候ハヽ、断然内外一致之御埋葬之御礼儀ニ被為復、右御荼毘無実之御規式一切御廃止ニ相成候様仕度奉存候、将又何分国体ハ天下人心ノ向背ニ関係仕候義、右早々御英断有之臣子忠孝之標準御教誨無御座候テハ、御陵之儀取調出来兼候ニ付、微衷申上候、此段奉伺候、已上

十二月晦日

戸田大和守

〔宮内庁編 一九六九c：九三五―九三六頁〕〔東京大学史料編纂所所蔵『大日本維新史料稿本』（慶応三年一月三日部分）〕〔句読点は適宜補った―引用者〕。

文意を要約すると次のようになる。

仏教の影響により、持統天皇から火葬を導入し、「玉体」を「灰塵」にして、それを九重塔下におさめることが、数百年間一般的となっていたが、後光明天皇から火葬を廃止した。しかし、その後も、「龕前堂」での葬儀と「山頭」での「荼毘」の作法は継続し、表面上は火葬、実際には遺体の埋葬を行なう形式になった。生死は「臣子忠孝」の道では重要なことであるが、「一天万乗」の天皇のそれにこのような「表裏不合」があるのは残念なことであり、また、先々代の光格天皇からは「尊号」（「諡号」）も復活し、文久天皇墓改築事業もすすみ「復古」しているときでもあり、また、泉涌寺境内墓地も狭隘になっているので、泉涌寺域で「清浄」の土地をあらためて選び、「薄葬」をやめて「山陵」を造営するべきである。費用については、これまでの「龕前堂」と「山頭作法」を廃止して、その分の費用を造営費用に充てるのが適切であろう。仮に、この建議が受け入れられないならば、人心の向背にも関係するので、なにとぞ、受け入れていただきたい。

「山陵奉行」戸田忠至によるこの孝明天皇墓造営建議書は、中世以来連綿と継続してきた、仏教的死者供養にのっとった火葬儀礼、「龕前堂」で引導を渡し「山頭作法」により涅槃門から「西方極楽」往生させる、その儀礼を廃止するべきであるという要望であった。マニュアルが作成されるほど、形式化あるいは形骸化していたとはいえ、「龕前堂」「山頭作法」は定着していた。その仏教的死者供養の中心部分を廃止し、あらたに「山陵」造営による天皇墓を造営するべきであるというのである。

もっとも、戸田はこの時点では泉涌寺を全面否定してはいない。その天皇墓造営地は、泉涌寺域に設営するべきであるという。

この戸田による孝明天皇墓造営建議書は受け入れられた。

泉涌寺では、この「龕前堂」「山頭作法」廃止の提案に対して、年明け、二日後の一八六七年（慶応三）一月二日、「此御儀、一山に於て何等之意存も御座なく候」と回答し［総本山御寺泉涌寺編 一九八四a：四六七頁］、了解している。表立った反対があった形跡はない。

朝廷側では、一月一日から二日にかけて、この戸田の建議書を添付した廻文がまわされ、たとえば、『山科言成日記』によれば、山科言成・町尻量輔（一八〇二—七四）が、一月二日付で回答して、「御埋葬山陵御築造可被為旨ニ付存慮被尋下候由尤可然存候事」と賛成している。朝廷側での決定は一月三日であった。「大行天皇山陵今度依旧蹤御再興尤被営于泉山候事」（『義奏記録』『非蔵人日記』）［東京大学史料編纂所所蔵『大日本維新史料稿本』（慶応三年一月一日・三日部分）］。

このようにして、「龕前堂」「山頭作法」の廃止と「山陵」造営を提案した戸田の孝明天皇墓造営建議書は、その提出からわずか四日間のあいだに、その採用が決定することになった。

そして、早くも翌一月四日には、泉涌寺域で孝明天皇墓造営地の選定が行なわれる。『孝明天皇御凶事』などによれば、幕府側からは「山陵奉行」の戸田忠至、京都所司代の松平定敬（一八四七—一九〇八。桑名藩主）、朝廷側からは武家伝奏の野宮定功・飛鳥井雅典（一八二五—八三）、「山陵御用掛」の柳原光愛（一八一八—八五）・広橋胤保（一八一九—七六）が立ち合いのもとで造営地が決定する［東京大学史料編纂所所蔵『大日本維新史料稿本』（慶応三年一月四日部分）］。中山忠能はこの日の日記に次のように記している。「今日泉山御廟所撿知之旨也山陵再興万事夢中世也」［日本史籍協会編 一九一六b：六頁］。中山のような尊攘派公家にとって、孝明天皇墓を「山陵」として造営することは、「夢中世」のような喜ばしいできごとであったのである。

一月一七日、『孝明天皇御凶事』などによれば、陰陽師幸徳井保源（?—?）による地鎮祭が行なわれた［東京大学史料編纂所所蔵『大日本維新史料稿本』(慶応三年一月四日部分)」。それまでの泉涌寺境内墓地とは異なる墓域を選定しているために、地鎮祭の必要があったのであろう。もっとも、その儀礼内容は明確ではない。また、地鎮祭というと現代人はそれがあたかも神道によるもの考えがちであるが、ここでの地鎮祭は神官によるのではなく、陰陽師によっていた。二三日には孝明天皇の墓の名称が「後月輪東山陵」と決定される。二五日には公家側による「宝穴(ほうけつ)」(墓穴のことであろう)の確認が行なわれている[藤井他監修 二〇〇六c:一一七三—一一七四頁]。

しかし、孝明天皇墓の墓域は泉涌寺域であり、入棺儀礼と出棺までは、泉涌寺僧侶もかかわり、それについては、それまでと大きな変化はなく仏教式であった。『孝明天皇御凶事』によれば、一月七日、「御槽」の蓋をはずし、「御槽」を「内棺」におさめ、あらためて、蓋をしている。清涼殿で行なわれた正式な入棺儀礼は一〇日である。「内棺」の蓋をとり、あらためて、樟脳などを入れ再び蓋をしている。孝明天皇の棺は、内側に遺体を直接入れた「御槽」、さらにそれを入れた「内棺」と、二重であった。このときには、泉涌寺僧侶による読経・焼香が行なわれた。また、この時点から葬儀当日の出棺まで「籠僧(かごそう)」による「光明真言(こうみょうしんごん)」の読経が続けられる[藤井他監修 二〇〇六c:一一七四—一一七五頁]。

このように、孝明天皇の死去からその葬儀前までの経過をみると、戸田忠至の孝明天皇墓造営建議書によりあらたな孝明天皇墓造営が決定しながらも、泉涌寺による仏教儀礼も残存していた。また、「御槽」と「内棺」への遺体の入棺、そこでの仏教儀礼についても、その前の仁孝天皇までと大差はない。いっぽう、陰陽師による地鎮祭については、かろうじて神葬祭的要素を含んでいるともいえるが、他に神葬祭的要素をみることはできない。あらたな「山陵」の造営、転換があった孝明天皇墓造営ではあったが、それがイコール天皇墓における神葬祭の形成ではなかったのである。

天皇の葬儀と墓制における過渡的形態といってもよいかもしれない。ただし、この転換を主導したのが、幕府側の

「山陵奉行」戸田忠至であり、朝廷側ではなかったことは、留意しなければならない。すでにみたように、柳原紀光が、一七七九年（安永八）死去の後桃園天皇の墓制に言及して、「諡号」命名と「山陵」造営ができず、「龕前堂」「山頭作法」によった天皇墓について、幕府に統制されたその状態に不満をあらわしていた。しかし、この孝明天皇墓造営では、その真逆で、「龕前堂」「山頭作法」と廃止し「山陵」造営を主導したのは幕府側であった。

戸田は、一八六六年（慶応二）一二月三〇日、孝明天皇墓造営建議書を提出する前に、朝廷側に強く働きかけていた形跡すらある。

二六年後の回想で、しかも、戸田本人ではなく、戸田と行動をともにしていた同じ宇都宮藩士の新恒蔵（？―？）による孝明天皇墓造営の説明ではあるが、戸田が関白二条斉敬（一八一六―七八）をはじめ諸公卿、皇后などを説得していたというのである。「関白殿下に迫ってどうありても御回復でなければならぬと云つて、三日三晩詰め切つて議論して動きませぬ」。「関白殿から　皇后様御内儀方に、山陵御回復の義を申上になりました処か、山陵と云ふ者の得失を恐れなから知ろし食さぬか、矢張り御仏葬の方に御傾きの様な塩梅で、そこで、関白殿始め再々奏問に入れまして、得失を分けて高天原に御帰り遊はされる訳で、山陵でなければならぬ、御仏葬にすることは中古の御失体でござりまして、是非共御回復でなければならぬと申上げました」［史談会編　一八九三：八六―八七頁］［闕字―原文］。当事者の戸田ではなくその関係者の歳月を隔てての回想なので、それをそのままの事実とするには無理があるが、戸田による孝明天皇墓造営建議書は、それが形式上にとどまらず、戸田の強い主張であったことがうかがわれる。

そして、その主張の骨子にあるのは、朝廷側をも説得しようとする尊王思想である。孝明天皇墓造営においては、その尊王思想は幕府側の方が朝廷側よりもまさっている。

この孝明天皇墓造営建議書が朝廷に提出された一八六六年（慶応二）は、幕府の権力基盤が急速に低下した年であった。一月二一日には薩長連携の密約、六月七日には幕府側による第二次征長の役がはじまるが、八月一日には小倉の幕府軍が長州軍に敗北するなど、軍事的にも幕府の権力低下が目立った。この敗北の前、七月二〇日には第一四代将軍徳川家茂が死去、八月二一日には第二次征長の役を中止、一二月一〇日、徳川慶喜（一八三七―一九一三、将軍在職一八六六―六七）が第一五代将軍となる。孝明天皇の死去はそれから一五日後の一二月二五日であり、戸田による孝明天皇墓造営建議書提出は一二月三〇日、この年の大晦日であった。

このような政治状況のなかでの孝明天皇墓造営建議書であった。幕末、天皇をめぐって「玉体」および「玉」の表現が使われ、天皇に対しての神聖視とそこに政権の正当性をもとめる思想が形成されてきていた。たとえば、薩長倒幕派の木戸孝允や大久保利通が「玉」をもってその政権の正当性の根拠をもとめたように、急速にその権力基盤が低下する幕府側にとっても、天皇を神聖視しそれをみずからの掌中におくことによって、その権力の正当性の担保とすることができる。戸田の孝明天皇墓造営建議書とは、その尊王思想の表出であるとともに、幕府側の権力維持のためのひとつの政策であったといえよう。

幕末の最終段階、幕府側と薩長倒幕派が、尊王思想を前面に掲げることにより、それぞれその権力の正当性を競っていたといってもよいかもしれない。対立する二つの政治勢力が、異なる政治思想によって政権の正当性を確立しようとしたのではなく、同一の政治思想をもって政権の正当性を競いあっていた。

戸田の孝明天皇墓造営建議書を通してみたとき、明治維新とは、複数の異なる政治思想の抗争なのではなく、複数の政治勢力が同一の政治思想をかかげつつ、みずからの権力の正当性のために、それを奪取するための抗争であった。その抗争のなかで、戸田の孝明天皇墓造営建議書が提出され、天皇墓の転換がはじまっていた。

将軍慶喜の天皇葬儀への参加――権力の正当性のために　そのためであろう、在京の第一五代将軍徳川慶喜は、孝明天皇の葬儀に直接参加する。それまで、将軍が、天皇の葬儀に参加することはなかった。しかし、幕末の最終段階、政局が京都を中心に動き、将軍が在京ということもあろう、その参加は目立ってさえいる。

孝明天皇が疱瘡と診断されたのは、慶喜が将軍に就任した一二月一〇日から七日後の一七日であった。それから四日後の二一日、将軍慶喜（「大樹公」）は、老中板倉勝静（一八二三―八九）・京都守護職松平容保（一八三六―九三）・京都所司代松平定敬などの幕閣とともに、孝明天皇の見舞いにおとずれる。『非蔵人日記』によれば、「御痘瘡ニ付為御機嫌御窺大樹公御参（中略）将軍宣下任叙御礼加之」［東京大学史料編纂所所蔵『大日本維新史料稿本』（慶応二年一二月二一日部分）］であった。見舞いとともに、将軍職「宣下」の礼をも行なっている。

一二月二五日の孝明天皇の死去後では、将軍慶喜は三〇日の入棺に際して弔問に訪れる。尾張藩士尾崎忠征（一八一〇―九〇）の『尾崎忠征日記』によれば、「玉体今日御内々之入棺　宮御摂家堂上方一同今日御暇乞之　龍顔御拝之事」「但大樹公は御棺　拝　計之由」［日本史籍協会編　一九三二：一八一頁］［闕字―原文］とあり、入棺後、将軍慶喜は弔問を行なっている。そして、一八六七年（慶応三）一月八日には、幕府側から朝廷側へ、あらためて、将軍慶喜の弔問と葬儀への参加が打診される。飛鳥井雅典（一八二五―八三）の『飛鳥井雅典日記』によれば、「御葬送之節大樹供奉御願被在之　候旨被申出　候　且御入棺後参　内焼香来十二日十三日之内何れ之方可被申出　候　哉」［東京大学史料編纂所所蔵『大日本維新史料稿本』（慶応三年一月八日部分）］とあり、将軍慶喜による孝明天皇の葬儀への参加と再度の将軍慶喜の弔問が打診された。その結果、一三日に将軍慶喜の弔問が行なわれている。正式な入棺儀礼が一〇日なので、その後の弔問ということになろう。

将軍慶喜は、孝明天皇の病気見舞いを一回、死去後の弔問を二回、行なっていた。そして、一月二七日の葬儀への参加である。弔問と葬儀への参加であるから、将軍慶喜には警備の武士がついていたとしても、そこには、たとえば、一六三四年（寛永一一）の三代将軍徳川家光の京都・朝廷訪問のような、幕府の権力と権威を誇示する意味はなかった。火葬をとりやめた一六五四年（承応三）死去の後光明天皇の葬儀から、一八四六年（弘化三）死去の光格天皇の葬儀までは、天皇の葬儀と墓制は、幕府の統制下にあった。統制下にあるがゆえに、将軍みずからが直接それらに関与することすらなかった。しかし、幕末、孝明天皇のそれらにおいては、幕府の関与の意味に大きな変化が起こっていた。「山陵奉行」戸田忠至による孝明天皇墓造営建議書により「龕前堂」「山頭作法」が廃止されただけではなく、将軍が参加するようになっていた。それは、それはまさしく、故孝明天皇の「玉体」への「供奉」であった。上位の天皇に対する下位の「臣下」としての行動である。

従来の幕府の天皇墓への統制とは異なる質的変化であった。幕府単独ではもはやその権力と権威を保持することができないために、孝明天皇の「玉体」とその天皇墓造営に積極的にかかわり合い、それらによる尊王思想の表明を通して、みずからの権力の正当性を示そうとする態度である。孝明天皇墓において、江戸時代を通じて存在した幕府による統制は実質的に停止していた。

逆に、天皇墓が権力と権威の頂点へとおどり出ている。

同時に、これは、天皇墓が幕藩体制的秩序のもとにおける公的性格ではなく、天皇の葬儀と天皇墓がそれを中心として、幕府に「輔弼」されつつ、公的性格を持ちはじめるようになったことを示している。

それは、欧米列強によってその死去が認知されるようになったことにもあらわれている。

一八五八年（安政五）の安政五ヶ国条約締結から約一〇年が経過し、日本は欧米列強による近現代の世界秩序に組み込まれていた。天皇の死去は、幕府を通じて、一月五日、いっせいに駐日各国公使にも連絡される。たとえば、フランス公使レオン・ロッシュ（一八〇九—一九〇〇）あての書面は、「以書翰申入候　我客歳十二月廿九日　今上天皇崩御被遊候　此段報告およひ候　拝具謹言」［闕字—原文］であり、各国とも同一の文言である。これに対して、イギリス公使ハリー・パークス（一八二八—八五）は、返信をも残しており、「余去る三日附にて贈り給へる貴翰を得て日本国帝マゼスチイの崩御を聞知し深く之を痛心せり〇閣下最貴の規則に於て先帝マゼスチイの後嗣となる所の人及び其帝位に登る日限も亦余に知らせ給はんことを希ふ」といい［東京大学史料編纂所所蔵『大日本維新史料稿本』（慶応三年一月五日部分）〕、哀悼を述べるとともに、後継天皇の就任についての連絡を要望している。実際に、幕府による、各国公使への明治天皇の皇位継承（一月九日）と二七日の葬儀の連絡は二二日に行なわれている。

さらに、欧米列強は、公使館および在日軍事施設での弔旗（半旗）掲揚さえをも行なった。確認できるのは、イギリスとオランダだけであるが、他国もそうであったものと推測される。たとえば、イギリス公使ハリー・パークスが、一月二四日、幕府に対しておくった次のような書簡がある。

> 貴国正月廿二日附之書翰披見せり、然は貴国先帝御霊柩来る廿七日京都に於て御葬送有之候積被申越了解せり、右貴国帝崩御之段闔国人民之為気之毒之至に存候、就而は右哀痛之意を公然として顕度旨、既に我当月十六日之書状を以申入、尚又当月廿日面会之砌にも欧羅巴に而は国旗を棹之真中に揚る事之趣申入候処、右様之儀を取計候ハ、足下等も満足可被致旨を承候によりて、来る貴国廿七日此公使館並に横浜に有る英国国士（ママ）館及当所碇泊之軍艦並陸軍之屯所等におゐて、大貌利太泥亜国旗を棹の真中に揚候様其向々江命置候

〔東京大学史料編纂所所蔵『大日本維新史料稿本』（慶応三年一月二二日部分）〕〔句読点は適宜補った――引用者〕。

弔旗掲揚について、欧米列強の慣習を教えさとすような文言である。この幕府と欧米列強とのやりとりの上で、おそらくはじめて、日本の天皇の死去に際して、弔旗掲揚が行なわれた。この孝明天皇の死去を契機に、欧米列強的秩序のもとではあるが、天皇の死去が国際的にも公的存在として浮上してきているのである。

孝明天皇の葬儀と遺体槨納葬――「西方極楽」往生の停止　孝明天皇の墓域への遺体槨納は、一八六七年（慶応三）一月二七日であった（正確にいえば終了したのは日付がかわり翌二八日）。

『孝明天皇御凶事』によれば、「巳刻」（午前一〇時）過ぎ僧侶・仏具は清涼殿から撤収、「午刻」（正午ごろ）過ぎ孝明天皇の棺は清涼殿から車に移される。「申刻」（午後四時ごろ）、第一五代将軍徳川慶喜が老中板倉勝静・京都守護職松平容保・京都所司代松平定敬とともにくる。[*67] やがて、葬列が出発し、泉涌寺に到着したのは、「亥半刻」（午

後一一時ごろ）であった。泉涌寺では、「龕前堂」「山頭作法」が廃止されているためであろう、葬儀は行なわれない。葬列とともに泉涌寺の「御車舎」に着いた孝明天皇の棺は、その南傍で「修法」が行なわれるが、そのまま「御葬所」へと運ばれている［東京大学史料編纂所所蔵『大日本維新史料稿本』（慶応三年一月二七日部分）］。

このあと、孝明天皇の棺は墓域に移動される。ところが、墓域での遺体槨納前、また、棺が置かれていた清涼殿でも、運ばれたのち泉涌寺でも、葬儀が行なわれた形跡がない。強いていえば、泉涌寺に移された直後、「御車舎」での「修法」がそれにあたると考えられるが、具体的内容は不明である。

孝明天皇はその遺体槨納が行なわれる前に、天皇ならずとも通常の死者であれば行なわれる葬儀が、実質的には実施されていなかった。仏教式でも行なわれず、かといって、神葬祭としても行なわれていない。[*68]「龕前堂」「山頭作法」が廃止されたいっぽうで、それかわる宗教儀礼が存在せず、宗教儀礼としての内容が欠落していたのが、この孝明天皇における遺体槨納であった。いわば、葬儀の実質をともなわず、宗教儀礼としてはなにものも存在しないのが、この孝明天皇の遺体槨納当日のできごとであった。

次は、「御葬所」での遺体槨納である。

「御葬所」へ運ばれた孝明天皇の棺は、そこの「宝穴」入れられる。「宝穴」には厚さ「五寸許」の「白川石」（京都北白川付近産出の花こう岩）によって作られた「御石槨」が設営されてあり、孝明天皇の棺はここにおさめられた。このときの遺体をおさめ方は「御北首」であった。仏教式の北枕で遺体は槨納されたことになる。そのあと、「蓋石」（「白川石」）をして、そこに土をかけ隙間に「栗石」（栗粒大の割石）を詰め、そこに土を詰めている。そしてその上に、「表の御蓋石」をして、地下施設の設営を終了している。地上部分には、「後月輪東山陵慶応三歳次丁卯正月丙辰朔二十七日壬午葬」と彫刻した「御陵号」の石を置き、南面に扉のある三間四方（五・四六m×五・四六m）の「御素屋」「鳥居」を建て、それに幌をかけ、供物・膳を供え、そして、公家・僧侶のほか「山陵奉行」戸田忠至はじめ武士が読経・焼香して墓の造営を終わっている［東京大学史料編纂所所蔵『大日本維新史料稿本』（慶応三年一月二七日部分）］。

くりかえし述べてきたように、孝明天皇の遺体槨納葬における最大の特徴は、「山陵」造営のために、「龕前堂」「山頭作法」が廃止されたことであった。死去した孝明天皇が「西方極楽」往生するためには、「龕前堂」での葬儀、涅槃門の「鳥居」をくぐり「山頭作法」を行ない、その上で、遺体が槨納されなければならなかった。この「西方極楽」往生のための儀礼が、完全に欠落させられている。

これにより、孝明天皇はそれまでの天皇とは異なり、もはや「西方極楽」往生することはない。中世以来、連綿と継続してきた、天皇の「西方極楽」往生が、この孝明天皇から停止されることになった。

厳密にいえば、孝明天皇墓の地上施設についていえば、江戸時代を通じてなかった「御陵号」を刻んだ石の建立もあり、「山陵」造営が意識されている。しかし、地上施設のうちの「御素屋」「鳥居」については、一見すると、古代の「殯宮」の復活のように受けとられ神葬祭的要素とされがちであるが、その大きさが三間四方（五・四六m×五・四六m）であり、これはすでにみた一六八〇年（延宝八）死去の後水尾天皇の例をとれば、「山頭」の「仮屋」を移築した可能性のある「仮屋」とまったく同じ大きさであり、そこに涅槃のための門として「鳥居」がつけられていたことを考慮に入れると、「御素屋」「鳥居」とは、それまでの「山頭」の「仮屋」の変形的残存ととらえることができよう。すくなくとも、この「御素屋」「鳥居」をもって、そこに神葬祭的要素を抽出することは難しい。

また、この孝明天皇墓の地下施設についていえば、一六五四年（承応三）死去の後光明天皇以来のそれを、より厚葬化し継承している。一八四〇年（天保一一）死去の光格天皇からはじまった遺体の「御槽」と「内棺」への二重の槨納が継続し、その上で、その二重の棺を、「白川石」によって造営した「御石槨」へと槨納している。さらに、「白川石」によって作られたその上部の石蓋も二重であった。緻密な構造になっていた。

孝明天皇の葬儀と墓制は、「龕前堂」「山頭作法」を欠いたからといって、変形していない部分も多かったのである。しかし、宗教儀礼的にいえば、仏教的死者供養により「西方極楽」往生したのでもなく、いっぽう、神葬祭により神に祭り上げられたのでもなかった。また、その墓域は泉涌寺域に設営され、入棺儀礼も仏教式で行なわれ、また、遺体を北枕にするなど、仏教的要素は濃厚に残っていた。[*69] また、墓の造営についても、近世を通じて継続してきた遺体槨納葬を厚葬化しつつ継承しているという実態もあった。

幕府による仏教的要素の排除――神域の表象としての〈鳥居〉 このように、孝明天皇の葬儀と遺体槨納時点での孝明天皇墓は、近世を通じて行なわれてきた天皇墓を継承し、仏教的要素をとどめつつも、「龕前堂」「山頭作法」を欠いた不完全な仏教的死者供養であるという、過渡的形態をとっていた。朝廷側でも、従来の仏教的死者供養に対して疑問を抱いていなかったではないかと推測される。たとえば、孝明天皇の葬儀と遺体槨納から約二ヶ月後の一八六七年（慶応三）三月二六日、公家の中山忠能は、平戸藩主松浦詮（一八四〇―一九〇八）からの「御凶事」心得問い合わせ書簡のなかの、「殯宮之御制度 奉伺度候」に対して、次のように回答している。

> 御入棺此度正月十日迄ハ御平常之御殿ニ被為在 候、多分女房沙汰ニ 候、但宮大臣以下御内儀参上之輩祇候 候、御入棺ゟ清涼殿へ奉移御表ニ 候、是ゟ御本所附之公卿殿上人 殯 宮へ詰 候、且御近例之通泉涌寺僧十八口籠僧ト称し、御葬送迄昼夜不断念誦光明真言日々三時謹行供養法 候、中古以来之風義仏法 専 ニ 候 ［日本史籍協会編 一九一六b：一三七―一三八頁］［句読点は適宜補った―引用者］。

明治天皇の母親中山慶子の父親、つまりは、明治天皇の外祖父にあたる公家、中山忠能ですら、遺体入棺後、棺が清涼殿に置かれた状態を「殯宮」と認識し、泉涌寺僧侶がそこに「籠僧」として昼夜詰め「光明真言」を読経していることに、疑問を持っていない。さきにみたように、「山陵」造営を喜んでいる中山忠能であった。神仏習合への無自覚を前提としているのであろう、天皇の葬送儀礼が仏教的死者供養であることと、その地上施設が「山陵」であることは、矛盾した認識ではなかった。

しかし、そのような仏教的死者供養への認識と継続を残存させつつも、その後の孝明天皇墓の地上施設、「山陵」造営では、仏教的要素が完全に排除されていく。[*70]

泉涌寺境内の天皇墓は、一六五四年（承応三）死去の後光明天皇から一八四六年（弘化三）死去の仁孝天皇までは、その地上施設は九重塔であった。たとえば、後水尾天皇のばあい、百箇日を前にその地上施設として石製の九重塔が設営され仏教的供養が行なわれていた。しかし、孝明天皇墓の地上施設の造営では、泉涌寺および僧侶が完全に排除されている。

孝明天皇墓造営建議書を提出した「山陵奉行」戸田忠至と行動をともにしていた宇都宮藩士新恒蔵は、それについて、次のように回想する。

> 私共は亦冥加至極な事と云ふは御山の中腹御陵の下に二間半に、三間の番所が出来まして、寮の友人、谷森眞男と、小林、加藤、新、鈴木と申合せて五十日間昼夜詰切つて居りました、何れも浄衣礼服着用致して、御簀屋内の御燈籠に油を昼夜絶へす捧げました、宮方でも堂上でも御捧げ物は何でも番所へ持つて来る、番所から私共に於て御参拝に捧ることになつて居りました、僧侶は一切立寄ることは出来ませぬ、御所から餅、酒、鮮鯛抔を臨時に進献がある、此の時は御所中から官人が来て捧るようになります［史談会編 一八九三：九二―九三頁］。

孝明天皇の葬儀と遺体槨納後、番所が作られ、「山陵奉行」配下の宇都宮藩士が五〇日間詰めた。かれらは「浄衣礼服」着用で、泉涌寺僧侶を排除し、朝廷から届けられる供物をそなえていたというのである。「山陵奉行」戸田忠至の意識は仏教の排除が強い。そして、その供物には、通常仏事では忌避され神事では好まれる「鯛」もあった。ここでも、朝廷・公家よりも、幕府側の「山陵奉行」戸田忠至の方が、仏教の排除と神道の導入を先導している。

この間、二月一六日に、孝明天皇に「孝明天皇」の「諡号」が命名され、この孝明天皇墓にも報告された［東京大

学史料編纂所所蔵『大日本維新史料稿本』（慶応三年二月一六日部分）］。

「山陵」造営開始は五月三日であった。造営作業のために、孝明天皇墓への立ち入りは禁止され、その代替として「遥拝所（ようはいじょ）」が設営された。その「遥拝所」は泉涌寺の「位牌殿（いはいでん）」南側であった［東京大学史料編纂所所蔵『大日本維新史料稿本』（慶応三年五月三日部分）］。「位牌殿」とは霊明殿のことであろうか。竣工は一〇月二九日である。その一五日前の一四日、徳川慶喜が将軍職を辞職（「大政奉還」）しているために、この二九日にはそれが孝明天皇墓へ報告されている［東京大学史料編纂所所蔵『大日本維新史料稿本』（慶応三年一〇月二九日）］［宮内庁編 一九六八：五三七―五三八頁］。そして、一一月六日には、泉涌寺では公卿も参加して竣工にともなう「法会」が行なわれ、一二月二九日には泉涌寺・般舟三昧院で一周忌が行なわれた［東京大学史料編纂所所蔵『大日本維新史料稿本』（慶応三年一一月六日、一二月二九日部分）］［宮内庁編 一九六九c：五四三、五七五頁］。「山陵奉行」戸田忠至の孝明天皇墓造営は、仏教的要素を排除していた。しかし、泉涌寺および朝廷側では、すくなくとも、一周忌までは、その仏教的死者供養を継続していた。なお、王政復古の「沙汰（さた）」書が出されたのが一二月九日、鳥羽伏見の戦いで旧幕府軍が敗北するのが翌一八六八年（慶応四・明治一）一月三日・四日であったから、孝明天皇墓造営とその完成は、江戸幕府の崩壊とほぼ同時進行であった。

竣工成った孝明天皇の地上施設、「山陵」は、図4のようなものであった。

この孝明天皇墓図は、「山陵奉行」戸田忠至による文久天皇墓改築事業が終了し、その完成図を、この時点では将軍職を辞職していた徳川慶喜から朝廷に提出したものの一部である。朝廷へ提出されたのは、この年の一〇月二七日であった。*71

まずは、孝明天皇墓の位置である。現在、孝明天皇墓へ行くためには、泉涌寺北側のなだらかな斜面を上るが、これによると、そうではなく、図左下の九重塔のある江戸時代の天皇墓の右側、方角的には泉涌寺南側から道が造営さ

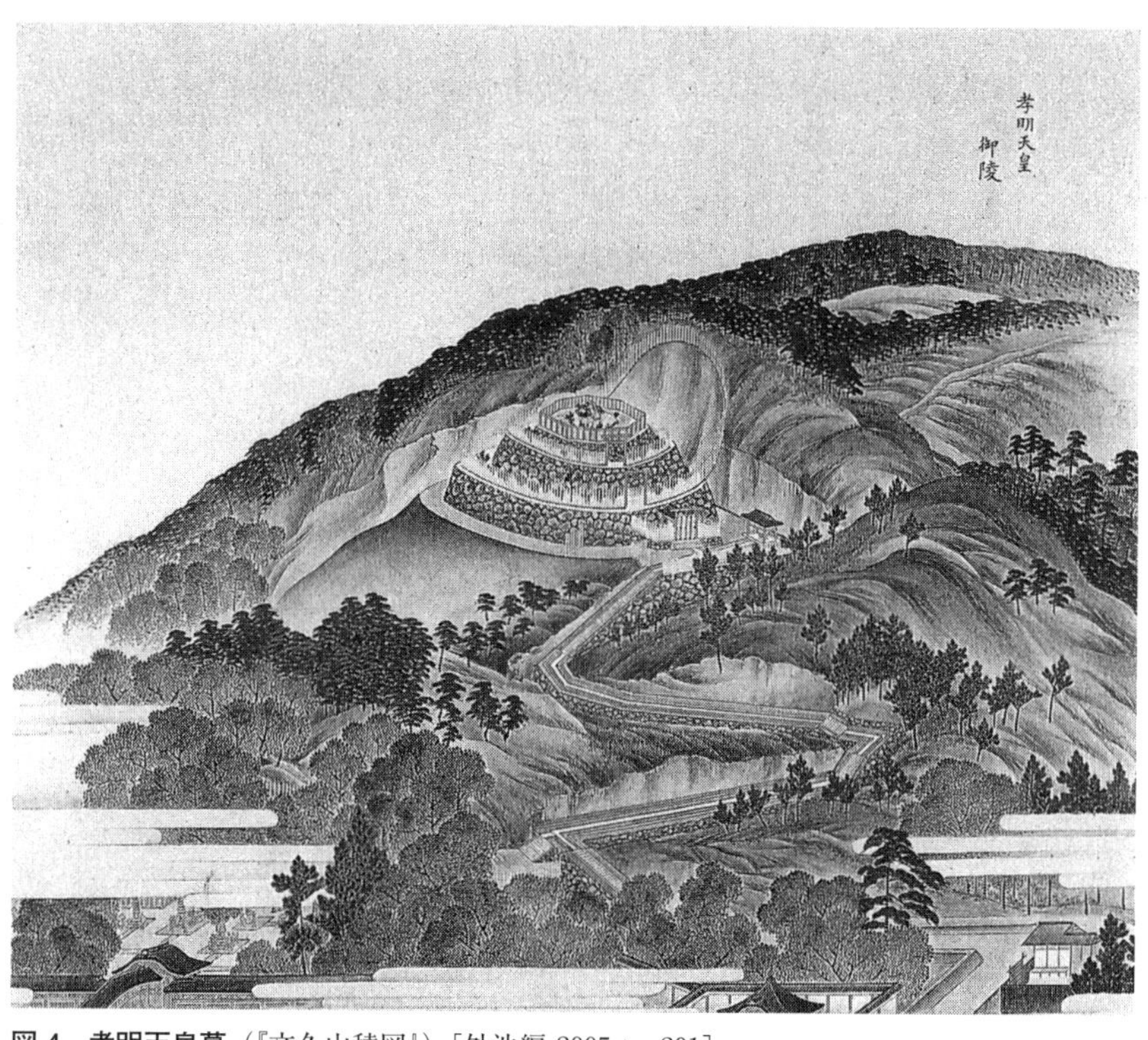

図4　孝明天皇墓（『文久山稜図』）［外池編 2005：p.201］

れ、斜面を上っている。江戸時代の天皇墓の前には、「位牌所」の霊明殿があるので、孝明天皇墓の位置は、江戸時代の九重塔が造営された天皇墓と同じく、霊明殿の背後に位置する空間配置をとる。孝明天皇墓が独立したことは確かではあるが、しかし、泉涌寺境内における空間関係からすると、それまでと同じ構図であった。

次に、造営された孝明天皇墓の地上施設、「山陵」の形態である。斜面を上り切った上部に位置している。右側には手水場があり、地上施設は周囲を石垣で〈円墳〉状に二段に積み、その上の最上段は八角台形とし頂上部に巨石を置き墓印としている。そして、各段の正面には〈鳥居〉が設営されている。また、最上段の〈鳥居〉の背後、八角台形の上部は板垣で囲われている。

孝明天皇墓竣工の一〇月二九日の三日前の二六日、ここに参拝した中山忠能は、その順路について、霊明殿の背後から上り、「御廟門」（「御廟」は江戸時代の天皇墓）から北方に出て山を上り、平地に着いたところ、その東方に「手水屋」、南西に「石階」があった、と記す。実際の参拝も、空間配置のままに、霊明殿から上り孝明天皇墓にたどり着く順路であった。

そして、中山の記す孝明天皇墓の状態は次のようであった。

> 有鳥居御廟門等其内設拝所（四本柱二帖余土門也）於其処奉拝（無香奠之具又無座仍於地上拝也）其二層丸形築石（二層廻凡三尺計或五尺計廻ニ植松桜榊之類）御頂上円地（差渡凡七八間計以白木柱板囲之東南有小入口）御頂上平地中央小高中央大巌石ヲ安ス四帖半也［日本史籍協会編　一九一六b：三八〇頁］（カッコ内は原文割注）。

孝明天皇墓の前面には、〈鳥居〉と門がありその内側に「拝所」があり、そこから参拝をしている。ただし、中山がいうには、そこには、「香奠之具」も「座」もないので、そのまま地上で参拝したという。竣工成った孝明天皇墓からは、仏教的死者供養の道具が排除されていた。しかし、いっぽうでの、たとえば現在の玉串のような神道式の祭具は整っていなかった。形状は、石垣をもって〈円墳〉状に二段（「二層」）に積み上げ、その上の頂上には「大巌石」を置いているという。

孝明天皇墓は、空間配置としては、他の天皇墓とは分離したとはいえ、近世を通じての他の泉涌寺境内天皇墓と同じであった。しかし、造営されたその地上施設からは、仏教的要素が排除されていたことがわかる。そして、その墓の入口には〈鳥居〉があった。

この〈鳥居〉をもって、それまでの天皇墓における鳥居、「西方極楽」への門であった「鳥居」とは異なる、天皇墓において新たなる意味を持つ〈鳥居〉が形成されてきていると考えることができよう。神域を意味する〈鳥居〉である。「龕前堂」「山頭作法」がなく、仏教的な「鳥居」を通って「西方極楽」往生しなかった孝明天皇である。孝明天皇は、神域をあらわす〈鳥居〉の内側で祭祀される対象として復活している。天皇墓における「西方極楽」往生のための「鳥居」から、神域としての〈鳥居〉への、意味の転換であった。

文久天皇墓改築事業からの連続性――近現代天皇墓〈鳥居〉の誕生　それではなぜ、孝明天皇墓造営が、下部を二段の〈円墳〉、最上部を八角台形とし、さらには、入口に〈鳥居〉を設営する、このような形状を採用したのであろう。それまでの一六一七年（元和三）死去後陽成天皇までの法華堂、一八四六年（弘化三）死去仁孝天皇までの九重塔とは、明らかに形状が異なる地上施設である。

まずは、〈鳥居〉についてである。

この〈鳥居〉設営は、「山陵奉行」戸田忠至による文久天皇墓改築事業からの継続であったと考えられる。文久天皇墓改築事業およびそれ以前の天皇墓改築事業については、その古典的研究をはじめ［和田軍一 一九三四：四三―五八頁］［戸原 一九六四：六〇―七五頁］、多くの研究によって、その具体的経過がすでに明らかにされており［堀田 一九七四：四一―五二頁］［川田 一九七八：一一―一九頁］［大平 一九八四：八〇―九二頁］［茂木 一九九〇：二〇―六七頁］［上田 二〇一〇：一三七―一四七頁］［上田 二〇一二：二九―五九頁］、一八六二年（文久二）にはじまった文久天皇墓改築事業は一八六五年（元治二・慶応一）には、その作業を完成させている。これらによれば、文久天皇墓改築事業は、幕末、幕府の公武合体政策における尊王思想の表出であった。また、文久天皇墓改築事業についていては、泉涌寺境内の天皇墓も例外ではなく、墓域前面の唐門の建て替えをはじめ改築が行なわれた［総本山御寺泉涌寺編 一九八四ａ：四五七―四五八頁］。

文久天皇墓改築事業の一例として、その事業前でも比較的整備されていた「山科陵」（京都府京都市山科区御陵上御廟野町）と名づけられた天智天皇（六七二―六六八、在位六六八―六七二）墓（御廟野古墳）を見てみよう。図５が改築事業前図（「荒蕪」図とされる）、図６が改築事業後図（「成功」図とされる）である。改築前の図５では、

図5　天智天皇墓—文久天皇墓改築事業前（『文久山陵図』）［外池編 2005：p.110］

簡易な木柵で囲われ、墓は方墳状に二段に積まれその上の最上段が〈円墳〉状になっているが、改築後の図6では、高い木柵に囲われ、方墳状の二段と最上段の〈円墳〉が整備されるとともに、木柵内側に〈鳥居〉が設営されている。図6では〈鳥居〉左側が緑木に隠れているが、改築前の図5では同じ緑木が中央部にあるものの、そこはただの空地で〈鳥居〉はなかった。

　文久天皇墓改築事業によって、それまで天皇墓にはなかった〈鳥居〉が設営されるようになっていた。

　この〈鳥居〉設営は、文久天皇墓改築事業を提案し推進した「山陵奉行」戸田忠至の方針であった。さきにみた、戸田が幕府に提出した一八六二（文久二）閏八月八日の改築事業建議書には、別紙があり、その「別紙の二」で

図６　天智天皇墓―文久天皇墓改築事業後（『文久山陵図』）［外池編 2005：p.112］

は、作業方針が次のように具体的に述べられている。

御陵は　御代々様御模様違居候故、御搆御普請向一様ニも相成申間敷、乍去大凡　玉体之納り居候場所ハ石之玉垣を廻らし、人之立入候而汚し奉らさる様入口へ扉付置、其前へ丸木之鳥居を立、其鳥居之辺ゟ敷石を敷、惣搆ニ相成候処は丸太ニ貫木弐タ通り入口ハ木戸ニ而錠〆り出来仕候［日本史籍協会編 一九二二：二六頁］［闕字―原文］［句読点は適宜補った―引用者］。

「御陵」は「玉体」をおさめている場所なので、石の玉垣を周囲にめぐらせて、人々が立ち入って汚れないようにしなければならず、入口へは扉をつけ、その前には丸木の〈鳥居〉を立てて、そこからは敷石を敷き詰めるというのである。天皇墓は「玉体」があるところなので、ケガレを避けるべきであるといい、神聖視している。その領域を示すために、入口に扉と〈鳥居〉を設営するというのである。

ここでの〈鳥居〉は、死者を「西方極楽」往生させるための「鳥居」ではなく、「玉体」を神聖視し、その神域を示すための表象として認識されている。そしてそれは、天智天皇墓（御廟野古墳・「山科陵」）の改築事業のように、実際に実行に移され〈鳥居〉が設営された。文久天皇墓改築事業とは、〈鳥居〉で区切られた天皇墓の空間を、新たな神域として再生させるための土木工事であった。

それが、孝明天皇墓においても適用されたと考えられるのである。

そしてそれは、天皇墓における近現代〈鳥居〉の誕生でもあった。

八角台形の再現と〈円墳〉としての認識——近現代天皇墓〈円墳〉の誕生　それでは次に、孝明天皇墓が、それまでとはまったく形状を異にして、二段の〈円墳〉と最上部の八角台形となった理由はどこにあったのであろう。

明確な証拠をつかむことはできないが、天智天皇墓（御廟野古墳・「山科陵」）を模範形として、それを模倣した可能性が高い。

次に紹介するのは、一九一二年（明治四五・大正一）七月三〇日死去の明治天皇（一八五二—一九一二、在位一八六七—一九一二）死去にともない、その墓の地上施設造営方法について作成された、同年一〇月二五日の日付を持つ「陵制ニ対スル愚見ヲ陳シテ大喪儀ノ制ニ及フ」［国立国会図書館憲政資料室—牧野伸顕文書（書類の部）R4・分類番号38—10、倉富勇三郎文書R38・分類番号28—16、平沼騏一郎文書R34・分類番号245—9］という意見書のなかの一節である。[*72]

何レノ御陵ニ則ルヘキカト云フニ、中宗天智天皇ノ山科陵ニ則ルヲ以テ、最其ノ宜キヲ得タルモノト思考ス、天智天皇ハ皇子タル時ニ大臣蘇我氏ヲ誅滅シテ、王政ヲ回復シ、皇太子トシテ、孝徳天皇ヲ輔佐シ、隋唐ノ制ヲ採リテ、大化ノ改新ヲ断行シ、即位シテ都ヲ東ニ遷シ、近江ノ律令ヲ発布シテ、百政ヲ整備シ、太祖神武天皇以来ノ政体ヲ一変シテ、国家ヲ文明ノ域ニ進メ給ヘリ、故ニ我国中興ノ祖トシテ十陵八墓ノ制アルヤ、山科陵ハ百世之ヲ除カス、恰モ今日ノ畝傍陵ノ如シ、山科陵ハ斯クノ如クニシテ、年々荷前ノ奉幣アリタレハ、世ノ変乱ヲ経テモ、兆域コソ縮リタレ、御陵ハ厳然トシテ昔ノ随ニ存在セリ、サレハ範ヲ採ルニ最便ナリ、是レ伏見桃山陵ノ山科陵ニ則ル所以ナリ。

これは明治天皇死去にともなう地上施設造営についての意見書であるので、孝明天皇墓造営についてではない。ただし、ここでは、天智天皇は大化の改新の立役者として律令体制の基礎を築き「我国中興ノ祖」であり、また、その墓には荷物使が送られてきたので、天智天皇墓を模範形としてその造営が行なわれるべきであるという。[*73] いうまでもなく、古代以降の天皇王朝は天武天皇系ではなく天智天皇系であり、また、その後の中世以降は南朝（大覚寺統）ではなく北朝（持明院統）である。天皇王朝の正統を天智天皇系であるとする理解により、天智天皇墓を模範とする、という結論が導き出されていた。

孝明天皇墓については、次のようにいう。

孝明天皇ノ崩御アラセラルルヤ、当時山陵奉行戸田大和守忠至、神武天皇以下御歴代ノ山陵ヲ修理セシ折柄ナレハ、古制ニ復シテ山陵ヲ起サムトシタルニ泉涌寺之ヲ牽制シテ、目的ヲ達スル能ハス、漸ク寺内ノ山上ニ御埋棺シ、山ヲ削リテ三段ノ円陵ヲ築キ成シテ、後月輪東山陵ト称セラレタリ（中略）、サテ後月輪東山陵ハ、斯ル事情ヨリ出来タル山陵ナレハ、一種特様ニハアレト、其ノ実ハ天然ノ山ヲ削リテ御陵ヲ立テタレハ、堅牢無比ニシテ却テ一ノ善法タリシヲ失ハス、英照皇太后ノ後月輪東北陵ハ、之ニ遵ヘリ、伏見桃山陵ハ、之ニ拠リテ、伏見山上ニ御埋棺シタレハ、後月輪東山陵ノ例ニ従ヒ、天然ノ山地ヲ削リテ前面ヲ山科陵ノ型ニ造リ成スナリ、是レ内実ヲ後月輪東山陵ニ則リテ、堅固ヲ万世ニ期シ、外形ヲ山科陵ニ則リテ、古例ヲ千歳ニ伝ヘムトスル所以ナリ。

孝明天皇墓（「後月輪東山陵」）は、「山陵奉行」戸田忠至によって「古例」に戻し、三段の〈円墳〉（「円陵」）としたが、これは天然の地形を利用しているので堅固である。また、明治天皇墓（「伏見桃山陵」）も、この孝明天皇墓と天智天皇墓（「山科陵」）を模範形として造営し、しかも天然の地形を利用しているので堅固であり、「万世」「千歳」に継続することのできる天皇墓であるという。

これが、この意見書における明治天皇墓造営の意義を陳述している部分である。明治天皇墓は、図7のように、天然地形を利用しつつ、二段の方墳およびその上段に三段の〈円墳〉を積み重ね、さらに、最上部を半円球状の〈円墳〉としているが、その理由を、孝明天皇墓と天智天皇墓を模範形とし、それは、「万世」の継続性のためであるというのである。なお、この意見書においても、また、明治天皇墓のみならず大正天皇墓・昭和天皇墓にいたるまで、あとで詳述するように、その地上施設の最上部は〈円墳〉また円形ドームである。そして、孝明天皇墓についても、この意見書では〈円墳〉と認識されている。

しかしその実際は、図4でもみたように、孝明天皇墓については、その最上部は〈円墳〉ではなく八角台形であった。頂上部は半円球状ではなく八角台形であることにより平面（「大巌石」が置かれたが）であった。現実と認識とのズレが生じている。〈円墳〉と認識され、それが明治天皇墓・大正天皇墓・昭和天皇墓にまで継承されている。

それでは、近現代の天皇墓の地上施設のうち、最初の孝明天皇墓だけが八角台形であったこと、それはどのような理由によるのであろう。

これについて、頂上部が〈円墳〉と認識されている天智天皇墓は、実際には、八角台形であったという事実に基づいているからではないかと推測される。〈円墳〉と認識されてきたが、現在の考古学的成果では、天智天皇墓のみならず、天武天皇・持統天皇墓、[*74] 舒明（じょめい）天皇墓は、その最上部が八角台形であったことが確認されている［白石

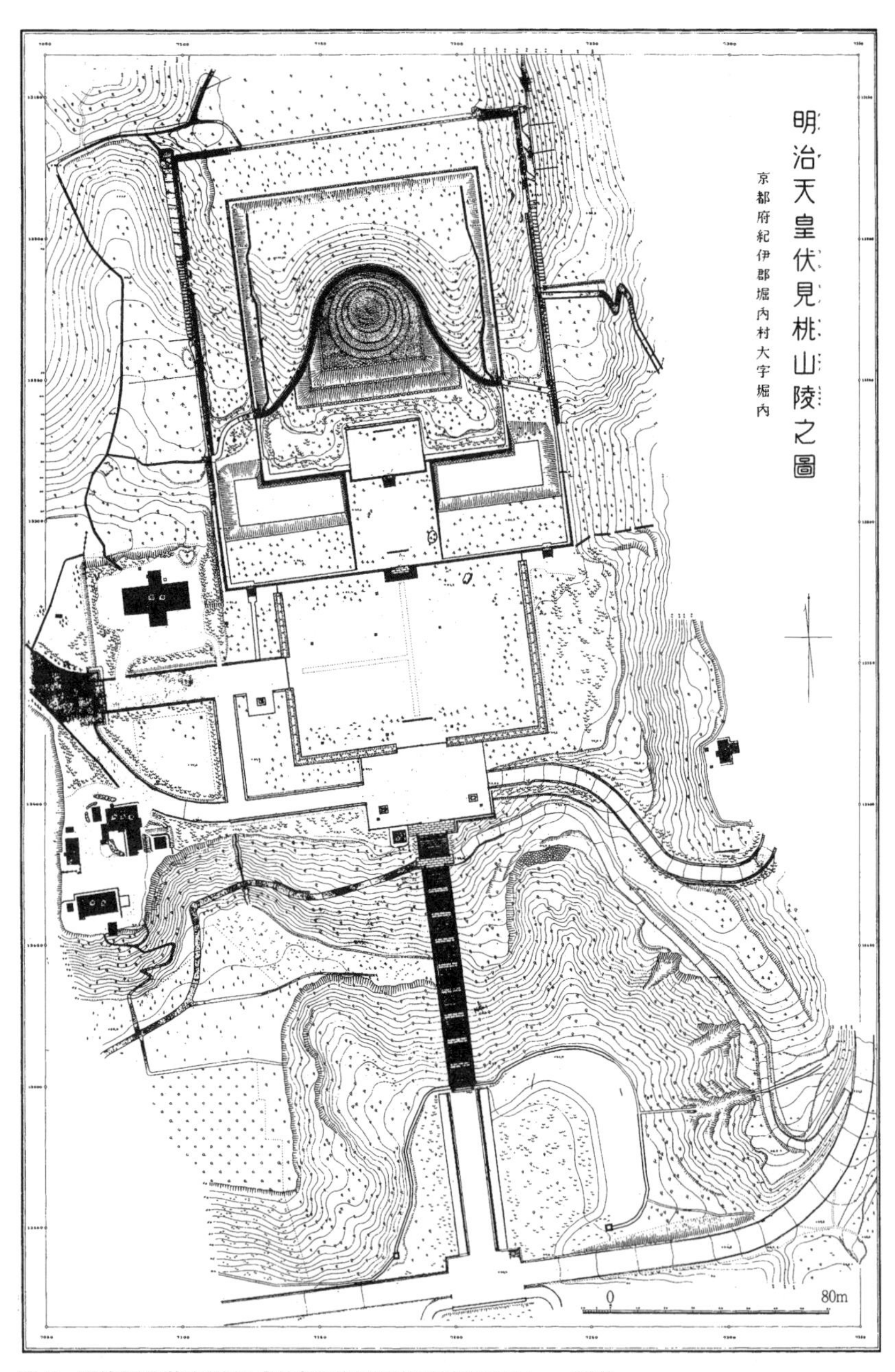

図７　明治天皇墓実測図［宮内庁書陵部陵墓課編 2014：p.200］

一九八二：一〇四―一一二頁］。図8がその復元図である。方形に二段に積み上げ、その最上部は八角台形である。頂上部は半円球状ではなく平面である。〈円墳〉ではなく八角台形、これが本来の天智天皇墓であった。

あくまで仮説であるが、「山陵奉行」戸田忠至は、文久天皇墓改築事業の天智天皇墓改築において、八角台形であるその最上部の形状を正確につかんでいた、と推測することはできないだろうか。「山陵奉行」戸田忠至は、天智天皇墓を模範形とする方針により、その八角台形を孝明天皇墓造営においても忠実に再現していたのではないか、ということである。

いっぽうでは、明治維新以後の天皇墓造営関係者は、八角台形の天智天皇墓を〈円墳〉であると事実誤認していた。たとえば、一九二六年（大正一五）一〇月二一日公布の皇室陵墓令の審議過程において、同年四月二四日、皇室陵墓令案枢密院委員会の席上、宮内大臣一木喜徳郎（いっききとくろう）*75（一八六七―一九四四）が、次のように発言している。

伏見桃山陵（ふしみももやまのみささぎ）ノ営建ニ当リ慎重ナル研究ノ結果、外形ヲ天智天皇ノ山科陵（やましなのみささぎ）ニ則（のっと）リ、上円下方三段型ニ定メラレ、伏見桃山東陵（ふしみももやまひがしのみささぎ）モ亦之（またこれ）ニ倣（なら）ハレ、真（まこと）ニ森厳崇高（しんげんすうこう）ニシテ而（し）カモ質実堅牢（しつじつけんろう）ナルヲ以テ、本令ニ於テ上円下方三段型ヲ原則トシ、事情ノ許ササル場合ニハ、孝徳天皇陵ヲ始メ其ノ以後多ク採用セラレタル円丘型ニ拠ルコトニ規定致セリ［東京大学法学部近代日本法政史料センター原資料部所蔵―岡本愛祐関係文書第1部［2］8「皇室陵墓令案枢密院委員会議事要録」］［句読点は適宜補った―引用者］。

天皇・皇族の墓制を確定する皇室陵墓令を確定するための最終段階、枢密院の審議過程で、ときの宮内大臣が、近現代の天皇墓の模範形を天智天皇墓として、それを〈円墳〉であると発言している。この事実誤認を正すものはいなかった。天智天皇墓＝〈円墳〉、そしてそれが模範であるという共通理解が成り立っていたものと思われる。

このような、天智天皇墓を模範とする孝明天皇墓の地上施設が、現実には八角台形でありながら〈円墳〉と認識され、その後、明治天皇墓・大正天皇墓・昭和天皇墓が〈円墳〉または円形ドームとして造営されていること、そこに

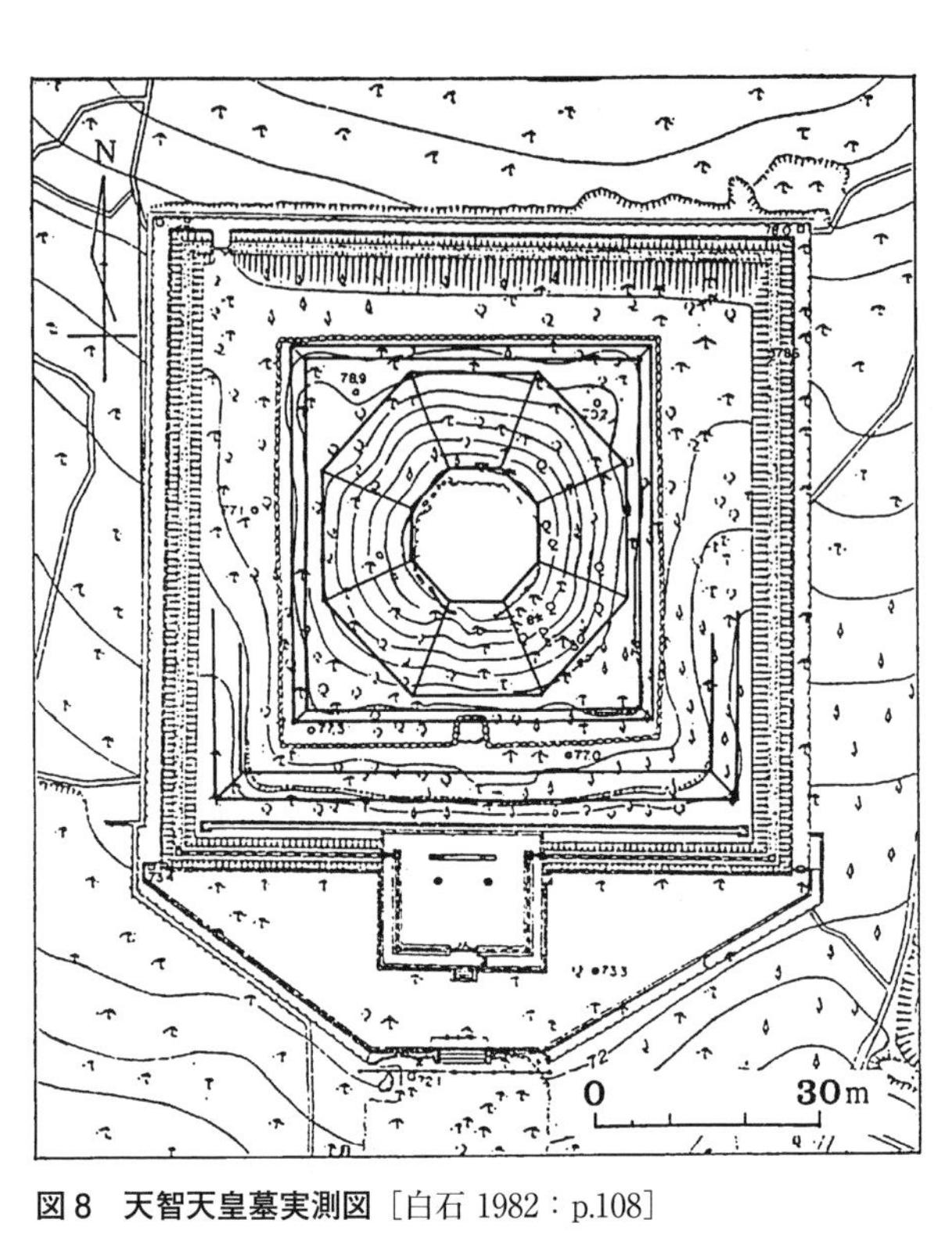

図 8　天智天皇墓実測図［白石 1982：p.108］

は、近現代天皇墓の持つ性格が顕著にあらわれているといえよう。近現代天皇墓は「古例」に復帰するとうたいながら、現実にはそうではなく、新たな形態〈円墳〉また円形ドームの天皇墓造営であった。「創られた伝統」（the invention of tradition）が、近現代天皇墓においても発現させられていた。

　そしてさらに課題とされなければならないことは、この八角台形という独特の形状が持つ意味はどのようなものであったのか、ということである。これについては、古代の天智天皇墓、天武天皇・持統天皇墓、舒明天皇墓の最上部の八角台形を対象として、すでに二つの異なる学説が提出されている。

(1)一つは、この八角台形は仏教受容により死者供養のための仏教的塔として形成されたという理解である［安井 一九六四：二一三—二一五頁］［菅谷 一九七〇：五三—五七頁］［田村 一九八一：八九—九七頁］。

(2)もう一つは、八角台形は仏教的ではなく中国思想における国土・国家の全体のことであり、その形状により国土・国家の統治者としての天皇を象徴しているという理解である［網干 一九七九b：一九〇—二二二頁］［白石 一九八二：一一一—一一二頁］。これとの関連で、大化の改新後、七世紀後半から八世紀前半にかけての天皇墓における八角台形は、非蘇我氏系の天皇による絶対的権力の確立を意味しているという指摘もある〔直木 一九七八：第五面〕〔白石 一九八六：二五〇頁〕。

現時点では、両学説が並立していて通説の形成には至っていないようであるが、⑴の仏教的塔説にたてば、近現代天皇墓造営における「古例」への回帰とは、このあと述べるような神仏分離による近現代天皇墓造営ではなく、仏教的塔造営を実践していたことになる。

いっぽう、⑵の絶対的権力者象徴説にたてば、明治維新後の国家体制は天皇を絶対的な統治権者としたので、理に適っている。ただし、そうであれば、近現代天皇墓は一貫して八角台形でなければならなかったはずである。ところが、孝明天皇墓の頂上部だけが八角台形で、明治天皇墓・大正天皇墓・昭和天皇墓のそれは〈円墳〉また円形ドームとなった。

そのような事実誤認があるにせよ、日本の近現代国家は、天智天皇墓を模範形とすることにより、天皇王朝の「万世一系」性と、それによる王朝の正統性を確認しようとしていた。その統治権の正当性の根拠としての王朝の「万世一系」性を、象徴的にあらわすための天皇墓の創出が目ざされていたことになる。

3 天皇墓の神仏分離と人格神の新造

近現代天皇墓の神仏分離――ケガレの排除　このようにして、一八六七年（慶応三）一〇月、近現代天皇墓の原型となった孝明天皇墓の造営が完了した。それは、政治的には、同月一四日の「大政奉還」と一二月九日の王政復古の「沙汰」書の時期と重なっていた。そして、年明け、一八六八年（慶応四・明治一）一月三日・四日鳥羽伏見の戦いにおける幕府側の敗北、四月一一日新政府軍による江戸城摂取、新政府軍による奥羽越列藩同盟に対する勝利、翌一八六九年（明治二）五月一八日五稜郭の戦いにおける新政府軍の勝利をもって、戊辰戦争が終わり、明治政府の政権基盤が確立する。

この戊辰戦争がいまだ戦われている最中、明治政府による神仏分離政策が急速にすすむ。文久天皇墓改築事業によって改築が完成している天皇墓および孝明天皇墓も、この神仏分離政策と連続するようになる。

一九六八年（慶応四・明治一）三月一七日、総裁局のもとに置かれていた神祇事務局（同年一月一七日神祇事務課設置、二月三日神祇事務局となる）から神社所属僧侶の還俗命令が出され、同月二八日には神仏判然令が出された。

> 仏像ヲ以神体ト致候神社ハ、以来相改可申候事、
> 附、本地抔ト唱ヘ、仏像ヲ社前ニ掛、或ハ鰐口、梵鐘、仏具等之類差置候分ハ、早々取除キ可申候事
> ［村上他編 一九二六：八三頁］

神体を仏像としている神社はそれをやめ、また、仏像・仏具などを神社社殿に置く神社に対しては、それらの撤去を命令している。

同年閏四月四日の太政官「達」でも、このような命令を次のように繰り返している。

> 今般諸国大小之神社ニオイテ神仏混淆之儀ハ御廃止ニ相成候ニ付、別当社僧之輩ハ、還俗之上、神主社人等之称号ニ相転、神道ヲ以勤仕可致候、若亦無拠差支有之、且ハ仏教信仰ニテ還俗之儀不得心之輩ハ、神勤相止、立退可申候事［村上他編 一九二六：八四頁］。

あらためて、神社における神仏習合を禁止し、神社所属僧侶の還俗を命令している。

発足間もない明治政府は、このように、古代末以来の本地垂迹に基づく神仏習合を否定していくが、その直後、天皇墓においても神仏分離を強行している。閏四月七日、神祇事務局で、天皇墓におけるケガレの有無が議論され、神仏分離に基づき、天皇墓にはケガレはなく神聖であるという見解が採用されるのである。それは、文久天皇墓改

築事業の「山陵修補御用掛嘱託」であり、天皇墓についての考証書『山陵考』の著者でもある谷森善臣（一八一八―一九一一）の主張であった。

皇国ノ古典ヲ通考仕候ニ、上代ニハ　天皇ヲ現津御神ト称奉候テ、現在ニ神ト被為在候御儀ニ御座候ヘハ、幽界ニ被為遷候テモ又　神ト被為在候事、更ニ疑ナキ御事ニ御座候、然ルニ中世以来、仏徒ノ巧説ニ被為拘泥候テ、御大切ナル御葬祭ヲ一切僧徒ニ委任被遊候ノミナラス、其御陵処ヲモ専ラ仏寺ノ境内ニ被為営候事ニ相成候ニ、懸マクモ畏キ　天皇ノ山陵ヲハ、穢処ノ様ニ心得候人モ在之候ハ、余リニ歎ヶ敷御事ニ御座候、元来葬祭ハ人倫之大事ニ御座候ヘハ、左様ニ軽々敷僧徒ニ御任セ遊ハサルヘキ御事ニハ不被為在義ト奉存候、今般御一新ノ折カラ、何卒此弊風ヲモ御改正被遊、山陵ノ御祭祀モ　御在世ニ不被為替、公卿大夫御懇篤ニ御奉仕可被為成御儀ト奉存候、又、　山陵ハ万代不易ノ幽宮ニ被為在候ヘハ、世人ノ穢処ト心得申サヽル様、天祖之神宮ニ被為擬、潔清ニ　御尊崇被為在度奉存候事［太政官編一九二九b：二六四頁］［闕字―原文］

谷森によれば、長年、天皇の葬儀と天皇墓が僧侶に委任されてきたために、天皇墓はケガレ（「穢処」）とされてきたが、天皇は神聖（「現津御神」）であるから、死んでからも（「幽界」）、神であることに変わりはない。したがって、天皇墓はケガレた場所（「穢処」）ではなく、浄められるべき伊勢神宮（「天祖之神宮」）に擬制されるべき存在である、というのである。「玉体」にはケガレはない、ということなのであろう。

しかし、これには反対意見もあった。天皇墓はケガレているので、神社に擬制することはできないという意見である。考証学者勢多章甫（一八三〇―一九四）[*76]による。

山陵ヲ以テ神社ニ被擬候旧証之義、蒙顧問候処、一向覚悟不仕候、年中行事秘抄荷前ノ条ニ、雖似神事頗渉不浄仍不行也神事ト、又斎月諸陵官人不可参（ママ）内ト有之、此文ニ拠候得ハ、神社ニ

難被擬候歟、仍テ此段言上仕候、以上［太政官編 一九二九b：二六四頁］。

勢多は、たとえば、『年中行事秘抄』の荷前使のところで、「雖似神事頗渉不浄仍不行也神事」（「也」は引用の誤りで「他」が正しいと思われる。神事に似ているが天皇墓はたいへん不浄であるので官人もそこには不参である）と記されているので、天皇墓を神社に擬制することはできない、とする。

『年中行事秘抄』とは、永仁年間（一二九三―九九）までには成立していたとされる、中世前半の朝廷の年中行事を記した書物である。一二月の「荷前事」の該当箇所は次のようなものである。

国史云。天安二年十二月。詔定十陵四墓。献年終荷前幣使。今不憚念誦。（中略）雖似神事。頗渉不浄。仍不行他神事［太田編 一九五二：五六〇頁］。

勢多の意見は、考証学者らしく『年中行事秘抄』という典拠を示していた。すでに、中世前半の天皇墓を検討した際に、荷前使が天皇墓前面に設営された「鳥居」のところで儀礼を行なっている事例をみたが、荷前使はヤマと表現された天皇墓の本体にまでは入っていなかった。『年中行事秘抄』に拠った勢多の意見は、この事例を典拠として、天皇墓はケガレているので神事を行なわない、という主張であった。

しかし、神祇事務局では、この勢多の典拠に基づいた天皇墓＝ケガレ論を排除し、谷森の神社に擬制した天皇墓＝神聖論（非ケガレ）を正当として決定した。

御穢ノ事、廟議遂ニ之ナキニ決セリト云［太政官編 一九二九b：二六四頁］。

わずかな文言であり、理由説明はない。しかし、先行研究も指摘するように［藤井貞文 一九三一：三九―四四頁］［高木博志 一九九〇：二〇―二二頁］［高木博志 二〇一〇：一八二―一八三頁］［上田 二〇一二：五九―六一頁］、この決定により、近現代以降、それ以前の天皇墓をも含めて、天皇墓は非ケガレであり、神聖な領域とされることになった。

このような天皇墓＝神聖論の決定は、明治政府成立直後の神仏分離政策がもたらした突然の結論ではなかった。幕末期までには、天皇の遺体に対する「玉体」観が形成されていた。天皇の遺体はケガレではなく、「玉体」とされるようになっていた。また、文久天皇墓改築事業および孝明天皇墓造営では、天皇墓を神域とするべく〈鳥居〉が設営されていた。幕末期から形成途上にあったこのような天皇墓＝神聖論が、神仏分離政策を経た上で、この一八六八年（慶応四・明治一）閏四月七日の神祇事務局の最終決定を生んでいたと考えるべきであろう。

墓を擬制した神社――人格神の形成

そして、この天皇墓＝神聖論の最終決定と同時期、天皇墓以外で、明治政府によって、擬制された神社として、三つの神聖視される墓が誕生させられていた。

一つは、楠正成（一二九四？―一三三六）の墓である。四月二一日、神祇事務局・兵庫裁判所あてで、その墓とされる場所に「楠社」設立の「沙汰」書が出された。

> 大政更始之折柄表忠之盛典被為行、天下之忠臣孝子ヲ勧奨被遊候ニ付テハ、楠贈正三位中将正成、精忠節義、其功烈万世ニ輝キ、真ニ千載之一人、臣子之亀鑑ニ候故、今般神号ヲ追謚シ、社壇造営被遊度、思食ニ候、依之、金千両御寄附被為在候事、
> 但、正行以下一族之者等、鞠躬尽力、其功労不少段、追賞被遊合祀可有之旨、被　仰出候事［内閣官報局編　一八八七ａ：一〇〇―一〇一頁］［太政官編　一九二九ａ：七六八頁］[*77]［闕字―原文］。

南朝の「忠臣」楠正成は、一三三六年（南朝暦＝建武三）の湊川の戦いで、弟楠正季（一三〇五？―三六）とともに敗死した。その墓とされる場所に神社を造営し、子楠正行（一三二八？―四八）などをも合祀するべきであるというのである。

五年後の一八七二年（明治五）五月、神戸の湊川に、社名は土地の名前をとり、楠正成を祭神とする湊川神社（兵庫県神戸市中央区多聞通）が新造されている。

明治政府は、湊川神社設立の前年、一八七一年（明治四）五月一四日の太政官布告「官社以下定額及神官職員規則等」により、伊勢神宮を頂点とする神社ヒエラルキーを制度化している。神職には位階を定め、神社の社格を決定した。伊勢神宮は神社の頂点であるので社格はなく、その下に、天皇との関連の深い神社を官幣大社・中社・小社、地域の有力神社を国幣大社・中社・小社、その他を諸社（府県社・郷社・村社）とした。それ以後、これらに含まれず、しかし、天皇と関連の深い人物を祭神とする神社が設立されたばあい、それらは別格官幣社とされることになった。一八七二年（明治五）五月設立の湊川神社は、この別格官幣社の第一号であった。

明治政府によって天皇墓は神聖視され非ケガレであると決定されていた。それの延長線上に、天皇に対する「忠臣」の墓に神社が設立され、その人物が祭神、つまりは、人格神とされるようになっていた。墓と遺体はケガレているはずであった。しかし、天皇墓に続いて、天皇の「忠臣」の墓も非ケガレであり、神社という神域を確保することができるようになった。そして、それは明治政府の指示によっていた。

ケガレているはずの墓が非ケガレとなり、墓の死者を祭神とする近現代人格神が、政治的に創出されたのである。

二つは、豊臣秀吉の墓である。一八六八年（慶応四・明治一）五月一〇日、明治政府は、一六一五年（慶長二〇・元和一）大坂の役による豊臣氏滅亡後、江戸幕府によって棄却された豊臣秀吉の墓と彼を祭神とした豊国社の再建を指示する太政官布告を出した。

> 先般浪華ヨリ　大駕御凱旋之節、豊太閤之社御建立被　仰出候、抑太閤ハ撥乱反正、翼戴糺合、其功績古今ニ亘リ、加之　皇威ヲ海外ニ赫輝シ　宝運ヲ振起シ、万世人臣之模範ト相成候段、深御称誉被遊、先年致毀敗候豊国山之廟祠、更ニ御再興被　仰出候、依テハ当時其恩顧ヲ受候後裔ハ勿論、其英風ヲ仰欽景慕之輩　御手伝願出候者ハ、御差許ニ相成候間、天下之衆庶、能此旨ヲ得候様　御沙汰候事［内閣官報局編　一八八七a：一五九頁］［太政官編　一九二九c：一一八頁］［闕字―原文］。

ここで、「先般浪華」より「豊太閤」の「社」建立を指示したというのは、この太政官布告から約一ヶ月前の閏四月六日、神祇事務局・大坂裁判所あてに出された、大坂城付近における豊国社再建の「沙汰」書のことである［内閣官報局編 一八八七a：一一六頁］［太政官編 一九二九b：二三三頁］。これに続いて、京都東山で棄却されたままとなっていた豊国社および秀吉の墓（「廟祠」）再建を指示する太政官布告であった。特に、秀吉麾下の武将の「後裔」への再建指示が行なわれている。

京都東山の豊国神社および豊国廟の再建は、一八八〇年（明治一三）五月であった。写真73は、現在の豊国廟の前面入口である。この〈鳥居〉を入り、前方の急階段を上ると、巨大な五輪塔として再建された写真74の豊国廟がある。この巨大な五輪塔造営は一八九八年（明治三一）であり、建築家伊東忠太（一八六七―一九五四）設計によるという。また、やや離れた場所になるが、現在に至るまで、この京都東山に豊国神社も位置している。明治政府によって、豊臣秀吉は、近現代人格神として再生させられていた。

そして、この豊国神社も湊川神社と同じく別格官幣社とされた。豊臣家が徳川家に滅ぼされていたこと、また、秀吉による文禄慶長の役、朝廷・後陽成天皇重視の政策などが、明治政府をして、湊川神社に続き、豊臣秀吉を近現代人格神として再生させた原因であったと思われる。そして、豊臣秀吉墓とされる豊国廟も、非ケガレた存在として、〈鳥居〉の向こう側で神域とされることになった。

三つは、招魂社、戦死者の墓である。豊臣秀吉の豊国神社および豊国廟再建の太政官布告が出されたのとまったく同じ日、一八六八年（慶応四・明治一）五月一〇日、明治政府は、京都東山に、

(1)ペリー来航以降の尊王攘夷・倒幕運動の死者を祭神とする招魂社設立の太政官布告、

(2)戊辰戦争以降の戦死者を祭神とする招魂社設立の太政官布告、

この二つの指示を出している。

写真 73　豊国廟前面〈鳥居〉（京都府京都市東山区今熊野北日吉町）2014 年

まずは(1)である。靖国神社の原型を示す文書なので、長文になるが全文引用しておきたい。

大政御一新之折柄、賞罰ヲ正シ、節義ヲ表シ天下之人心ヲ興起被遊度、既ニ豊臣太閤、楠中将之精忠英邁　御追賞被　仰出候、就テハ癸丑以来唱義尽忠、天下ニ魁シテ国事ニ斃レ候諸士及草莽有志之輩、冤枉罹禍者不少、此等之所為、親子之恩愛ヲ捨テ、世襲之禄ニ離レ、墳墓之地ヲ去リ、櫛風沐雨、四方ニ潜行シ、専ラ旧幕府之失職ヲ憤怒シ、死ヲ以テ哀訴、或ハ搢紳家ヲ鼓舞シ、或ハ諸侯門ニ説得シ、出没顕晦、不厭万苦、竟ニ抛身命候者全ク名義ヲ明ニシ、　皇運ヲ挽回セントノ至情ヨリ尽力スル処、其志実ニ可嘉尚、況ヤ国家ニ有大勲労者、争カ湮滅ニ忍フ可ンヤト、被歎　思食候、依之、其志操ヲ天下ニ表シ、且忠魂ヲ被慰度、今般東山ノ佳域ニ祠宇ヲ設ケ、右等之霊魂ヲ永ク合祀可致旨、被　仰出候、猶天下之衆庶益節義ヲ貴ヒ、可致奮励

写真 74　豊国廟（京都府京都市東山区今熊野北日吉町）2014 年

様　御沙汰候事［内閣官報局編 一八八七a：一五九―一六〇頁］［太政官編 一九二九c：一一九頁］［闕字―原文］。

この太政官布告は、楠正成と豊臣秀吉の祭祀をさきがけとして、一八五三年（嘉永六）のペリー来航（「癸丑」）以来の「国事」のために死んだ「諸士」「草莽」が多いが、彼らは、「皇運」回復のための功労者であるので、その「忠魂」を祀るために、京都東山に「祠宇」を造営するべきであるという。

次は⑵である。これも靖国神社の原型を示す文書なので、全文引用しておきたい。

当春伏見戦争以来、引続東征、各地之討伐ニ於テ忠奮戦死候者、日夜山川ヲ跋渉シ、風雨ニ暴露シ、千辛万苦、邦家之為終ニ殞命候段、深ク不憫ニ被　思食候、最　其忠敢義烈、実ニ士道之標準タルヲ以テ、　叡感之余リ、此度東山ニ於テ新ニ一社ヲ御建立、永ク其霊魂ヲ祭祀候様被　仰出候、尚向後　王事ニ身ヲ殲シ候輩、速ニ合祀可被為在候間、天下一同此旨ヲ奉戴シ、益可抽忠節、且戦死之者等、其藩主ニ於テモ厚ク　御趣意ヲ可奉体認旨被　仰出候事〔内閣官報局編　一八八七a：一六〇頁〕〔太政官編　一九二九c：一一九頁〕〔闕字—原文〕。

(1)の太政官布告が、ペリー来航以来の尊王攘夷・倒幕運動の死者への祭祀の指示であったとすれば、この(2)の太政官布告は、鳥羽伏見の戦い以降の戦死者に対する祭祀の指示であった。彼らについても、その「忠敢義烈」は「士道之標準」なので、その「霊魂」を祀るために、京都東山に「一社」を造営するべきであるという指示であった。

これら(1)の太政官布告、(2)の太政官布告、両者ともに、楠正成や豊臣秀吉のように、墓じたいを神域として神社にするべきであるという指示ではなかった。しかし、尊王攘夷・倒幕運動、戊辰戦争戦死者の「忠魂」のために、彼らを祭神とする神社の造営を指示していた。

そして、これらによって造営されたのが、京都東山の招魂社であった（のち、この招魂社は霊山官祭招魂社とされ一九三九年京都霊山護国神社となり現在にいたっている）。

この京都東山の霊山官祭招魂社は、一八六九年（明治二）二月二四日の太政官の東京への移転（事実上の東京遷都）にともない、同年六月二九日に東京招魂社が造営され移転される。この東京招魂社は、一八七九年（明治一二）六月四日、靖国神社と改称し、別格官幣社となる。

戦死者のための神社が、京都東山の招魂社であり、後継の靖国神社であった。現在、靖国神社といえば、戦死者祭祀のための神社として知られるが、そこには墓はなく、戦死者の霊魂だけが祭祀対象とされる。そのために、戦死者の墓と靖国神社とは別物として認識されている。また、一八六八年（慶応四・明治一）五月一〇日の二つの太政官布告も、墓を神社にするべきであるという指示を出してはいない。しかし、現在、霊山護国神社となっているその境内地、その社殿の東側斜面には、幕末期から明治維新期の尊王攘夷・倒幕運動の死者の墓が並ぶ。たとえば、写真75は、そのなかにある坂本龍馬（一八三五—六七）・中岡慎太郎（一八三八—六七）の墓である。墓の前には〈鳥居〉がある。

写真 75　坂本龍馬・中岡慎太郎の墓（京都府京都市東山区清閑寺霊山町）2014 年

招魂社という神社のなかに、死者の墓があり、彼らの墓が神域とされるようになっていた。

ここでも、明治維新において、天皇のために尽力したと認識された死者は、彼らが祭神とされるだけではなく、彼らの墓が神社とされるようになっていた。戦死者における近現代人格神の形成であった。そして、その原型は、その墓と神社祭祀とが一体であるところにあった。この京都東山の招魂社が東京に移転、やがて、靖国神社として展開するなかで、墓と神社祭祀とが分離していくことになる。

天皇墓がケガレていないという、天皇墓＝神聖論は、湊川神社設立（楠正成墓）、豊国神社および豊国廟再建（豊臣秀吉墓）、そして、招魂社設立（戦死者墓→靖国神社）をも生み出したといってよいだろう。日本の近現代国家は、天皇および彼に「忠君」を尽くしたとされる人物の墓については、非ケガレた存在として、神社という神域を形成させていた。そして、その人物は人格神となる。

明治政府が、天皇墓にはケガレはなく天皇墓＝神聖であり、それとともに、明治維新死者・戦死者墓にもケガレはなく戦死者＝神聖であるという、思想と実態とを形成させていた。天皇墓が神聖とされることと、戦死者が神聖視され軍神とされること、また、天皇の「忠臣」が祭神とされること、これらは、近現代国家の形成途上において、同一の政治意図により完成された思想と実態であった。

4 「皇霊」祭祀の新造

孝明天皇三年祭――仏教的死者供養から神道式跪拝への転換　このように、天皇墓＝神聖論により、その墓は神社に擬制され、神域とされることになった。それにより、天皇墓のみならず死去した天皇に対する祭祀は、仏教的死者供養「西方極楽」往生のためではなく、神として祀るための形態へと変質する。

たとえば、孝明天皇についていえば、天皇墓＝神聖論が決定する以前に行なわれた一八六七年（慶応三）一二月二九日の一周忌は、泉涌寺・般舟三昧院で仏教式で行なわれていた。同年一〇月、八角台形の地上施設造営終了後でも、その一周忌は仏教式であった。ところが、翌一八六八年（慶応四・明治一）、神仏判然令による神仏分離、閏四月七日の神祇事務局による天皇墓＝神聖論の決定のあとは、神道式による跪拝へと変化する。

一八六八年（慶応四・明治一）一二月二五日、孝明天皇の死去二年後は、仏教式の三周忌ではなく、神道式の三年祭であった。そもそも、前年の仏教式の一周忌が一二月二九日で、この年の三年祭が一二月二五日となり、日取りを変更したことにも意味があった。孝明天皇の実際の死去日は一八六六年（慶応二）一二月二五日であった。一二月二九日とはその死去が公表され、当初はその死去日とされ、忌中が開始された日であった。これが泉涌寺で仏教式の葬儀を行なってきた江戸時代の慣例であった。

明治政府は、三年祭に先立ち、一八六八年（慶応四・明治一）九月三日、次のような行政官布告を出す。[*78]

先帝御忌日是迄御発喪日ヲ以テ十二月二十九日ト被為定置候処、今般御制度復古之折柄、第一　御追孝之　思召ニテ古体ニ被為基、以来　崩御御正忌之通十二月二十五日ニ被為定、一段教敬至重ニ御祭典可被為遊旨被　仰出候事［内閣官報局編　一八八七a：二八五頁］［多田編　一九六八：六四五頁］［闕字―原文］［句読点は適宜補った―引用者］。

孝明天皇（「先帝」）の死去日を、公表日（「発喪日」）の一二月二九日としてきたが、制度を「復古」するので、正確な死去日である一二月二五日とし、この日に「祭典」を実施する、というのである。天皇の死去日の決定じたいを神道式に転換していた。

その上で、孝明天皇の三年祭が行なわれる。

明治政府は、三年祭に先立つ一二月二〇日、二四日から二六日まで三年祭の「御神事」があるので、「僧尼並重軽服之者参内可憚事」、また、孝明天皇墓への参拝については、「玉串」を供えるべきこと、という行政官布告を出す［内閣官報局編　一八八七a：四一〇頁］［多田編　一九六八：六四六頁］。僧侶・尼僧および忌中の者の「参内」が禁止されている。続いて、翌二一日には、次のような、神道式で三年祭を実施するという行政官布告を出す。

今般御制度復古之折柄、第一　御追孝之　思召ニテ来ル二十五日　先帝三周　御忌辰神祇式ヲ以、於朝中御祭典、同日　山陵　御参拝被　仰出候事［内閣官報局編　一八八七a：四一二頁］［多田編　一九六八：六四六頁］［闕字―原文］［句読点は適宜補った―引用者］。

実際の三年祭は二三日からはじまった。二三日、「勅使」が孝明天皇墓に行き、「幣物」「玉串」を供え「尊諡」を唱え跪拝する。二四日、「勅使」が孝明天皇墓に行き同じ作法での跪拝し、孝明天皇皇后九条夙子（一九三五―九七）も参拝する［宮内庁編　一九六八：九三五頁］。三年祭当日の二五日は、明治天皇が中心である。まずは、紫宸殿に神座を設営し、孝明天皇の「御霊代」を招き、「楽」を演奏し、神饌を供え、参拝する。そのあと、明治天皇は孝明天皇墓に行く。妙法院（京都府京都市東山区妙法院前側町）で休憩、そこで束帯に着替え、孝明天皇墓で「玉串」を供えた。その後、再び、妙法院で着替え、宮中に戻っている。そして、翌二六日まで、公卿・大名等の参拝が続いた［宮内庁編 一九六八：九三八頁］。

翌一八六九年（明治二）、孝明天皇死去日の祭祀は、一二月二〇日の太政官布告により、一二月二五日、神祇官（前年閏四月二一日太政官制により神祇事務局が神祇官となる）で行なわれた。「孝明天皇御祭典」とされる［内閣官報局 一八八七b：五一三頁］。これにより、江戸時代を通じて仏教的死者供養であった天皇の死者祭祀は、他の天皇をも含めてすべて神道式によって行なわれることになった。たとえば、一八七〇年（明治三）一月二六日の仁孝天皇二五年祭は、神道式により、神祇官と仁孝天皇墓前で行なわれた。その墓域は泉涌寺境内にあるにもかかわらず、泉涌寺僧侶の関与はない［総本山御寺泉涌寺編 一九八四a：四八一―四八二頁］［宮内庁編 一九六九a：二五九頁］。天皇墓における明治維新とは、天皇墓についての泉涌寺排除と神道式死者祭祀の確立でもあったのである。

しかし、その後も、天皇周辺において、私的領域では、仏教的死者供養は残存していた。明治維新期では、たとえば、孝明天皇三年祭に際して、その皇后九条夙子が、三年祭前日の一二月二四日、孝明天皇墓を跪拝した際に、泉涌寺で法華懺法・理趣三昧などの読経を行なっている［宮内庁編 一九六八：九三五頁］。泉涌寺僧侶が排除された一八七〇年（明治三）一月二六日の仁孝天皇二五年祭でも、泉涌寺では静寛院親子と九条夙子の指示により法華懺法・理趣三昧などの読経を行なっている［総本山御寺泉涌寺編 一九八四a：四八二頁］。

なお、宮中の「御内儀」と呼ばれる私生活の場では、明治・大正期には、盂蘭盆が行なわれている。明治天皇の侍従であった日野西資博（ひのにしすけひろ）（一八七〇―一九四二）によると、明治天皇が仏像を祀ったことはないが、「御内儀」では、皇后・女官は盂蘭盆を行ない盆提灯を下げていたという［日野西 一九五三：五三、一四七―一四八頁］。また、この盂蘭盆の盆提灯は、皇太子夫妻・皇族などが「御内儀」に奉納したもので、縁側に並べて夜には火を灯していた。皇太子夫妻のものを中央に置き、有栖川宮家からのものは大きなもので「お化け提灯」と呼ばれていたという［山川 一九六〇：一六七―一六九頁］。大正期でも、大正天皇たちが避暑中の田母沢「御用邸」附属邸では、盆提灯を下げ、その長い廊下を活用して、女官なども動員して提灯行列をしていたという［工藤 二〇〇七：二六―二七頁］。この宮中の盂蘭盆については、明治期以降の新造である可能性もあり、提灯の祭に比重が置かれているので、仏教供養的性格が弱いともいえるが、近現代の宮中の私生活の場では、盂蘭盆が行なわれている。[*79]

また、一九五一年（昭和二六）、大正天皇皇后九条節子（一八八四―一九五一）の葬儀の前、その遺体を直接の棺におさめる「御舟入り」に際して、約二、三㎝×一〇㎝の紙片に「南無阿弥陀仏」「南無妙法蓮華経」と記し、それらを「御舟」に詰め入れたという記録がある。三笠宮崇仁（一九一五―二〇一六）・三笠宮妃百合子（一九二三―）とその長女近衛甯子（一九四四―）の回想である。

> 甯子様（近衛甯子）　お隠れになってから御舟入りの時に、みんなで「南無妙法蓮華経、南無阿弥陀仏」って紙に書いてお入れするのですが、そこのところだけはよく覚えているんです（後略）」「殿下（三笠宮崇仁）　私ももちろんで、全員が書いてそれをねじって入れるんです」「妃殿下（三笠宮妃百合子）　みんなで時間がちょっとでも空きますと、そこに硯が置いてあって書きました。「南無阿弥陀仏」でも「南無妙法蓮華経」でもいいということで、それをぎゅっとおひねりにして。それをいっぱい書きためますとひとつのクッションみたいになりますでしょ。それをお柩にお詰めするわけですね［工藤 二〇〇七：二一九―二二〇頁］。

また、この経文の紙片を「御舟」に詰めることについては、「昔からのおしきたりで」、一九八七年（昭和六二）死去の高松宮宣仁（一九〇五―八七）の「御舟入り」でも行なわれたという[*80]［工藤 二〇〇七：二二〇頁］。これについて、近世的な仏教的死者供養の残存であるという指摘もあるが［高木博志 二〇一一：一〇〇―一〇二、一二六―一二八頁］、厳密にいえば、管見の限りで確認できる、天皇墓における「御舟」（「御槽」）使用の最初は、すでに述べた、一八四六年（弘化三）死去の仁孝天皇であるので、それが前近代を通じての天皇・皇族の一般的習慣であったかどうかを確定することは難しい。逆に、近現代以降、天皇・皇族の葬送において一般化した習慣であった可能性もある。なお、天皇に限定していえば、仁孝天皇以降昭和天皇までの「御舟入り」で、この「南無阿弥陀仏」「南無妙法蓮華経」の紙片詰めが行なわれていたかどうかについては、管見の限りでは、確認することはできなかった。大正天皇皇后九条節子および高松宮宣仁の「御舟入り」に際して行なわれたこの行為については、慎重な評価が行なわれるべきであろう。さらにいえば、「御舟入り」では、お茶袋が「御舟」に入れられる。このお茶が、生葉なのか煎茶なのか抹茶なのか、はたまた、他の加工製品なのか、管見の限りでは確認することはできないが、お茶には殺菌作用があるので、遺体の防腐処置という物理的理由も考えられ、あるいは、なんらかの儀礼的意味が込められている可能性もある。「御舟入り」の評価については、その儀礼の総合的内容から理解されるべき必要性があろう。

神祇官の「祭政一致」――宮中三殿設置と天皇墓管理の起点　このように、明治政府は、天皇墓および天皇に対する死者祭祀を、神道式の跪拝に転換させていった。さらに、それにともない、天皇墓についての管理体制も整備され、その多くが泉涌寺をはじめ仏教寺院境内にあった天皇墓は、仏教寺院・僧侶から分離させられる。また、同時並行的に、宮中に存在してきた持仏堂・位牌所である「黒戸」が排除され、それに代わる宮中三殿（賢所・皇霊殿・神殿）が設営され、宮中での「皇霊」祭祀が確立されていくことになる。

明治維新期、当初、それを主導したのが、神祇官であった。

一八六九年（明治二）五月（日付なし）神祇官「上申」書は、神祇官の設置理由（「神祇官所由」）を、次のようにいう。

> 皇国ハ敬神ヲ大道ト立サセラレ候御国体ニシテ、天孫降臨三種ノ神器賜与セラル、以来、神事ヲ怠ラセラレス、実ニ祭政一致ニシテ御歴代ノ間至治ノ化ヲ敷セラレ、中古漸ク衰フト雖トモ、神祇官ヲ置セラレ八神殿ヲ建、

以テ聖躬ノ安寧宝祚之延長天下安泰五穀豊登ヲ祈請シ、神宮ヲ始メ天下ノ宮社ヲ管轄シ、大御手ニ代リテ周ク神事ヲ總括セシメラレタリ、是神祇官ヲ置レタル縁由ニ候也〔内閣記録局編 一八九二：一四頁〕〔句読点は適宜補った―引用者〕。

神祇官は、「祭政一致」のために、「八神殿」を設立し、それによって、天皇の身体の無事と天下安泰を祈念するとともに、伊勢神宮をはじめとする全国の神社を管理したいという。そして、それを実行するために、「祭儀司」「陵祀司」の二つの部署が設置された。

神祇官中ニ二司ヲ被設度候

祭儀司

諸神祭儀式ノ事務ヲ掌トル

陵祀司

帝陵及諸霊魂ノ祭祀ヲ掌トル〔内閣記録局編 一八九二：一四頁〕。

神祇官の目ざす「祭政一致」が、具体的には、「祭儀司」による神事と、「陵祀司」による天皇墓・死者祭祀として説明されている。

第一の、「祭儀司」による神事について、この神祇官「上申」書に添付された「神祇官意見」（年月日未詳）は次のように説明する。

祭典ヲ相クルトハ　天皇ノ大本タル皇天二祖ヲ始奉リ、天神地祇ヲ尊崇シ、宮中所祭ノ八神又諸国ノ官社奉幣祭祀ノ大典ヲ司リ、又、列聖ノ御霊ヲ祭祀シ奉リ本ニ篤クシ給フ　天皇ノ天職ヲ輔相シ奉ル事ナリ〔内閣記録局編 一八九二：一四頁〕〔闕字―原文〕〔句読点は適宜補った―引用者〕。

「祭儀司」は、天皇の祖先と天照大神（「皇天二祖」）をはじめ宮中の神々（「八神」）、全国の神社神々に対する祭祀、それらを行なう部署であるとする。

第二の、「陵祀司」による天皇墓・死者祭祀ついても、神祇官「上申」書に添付された「神祇官意見」（年月日未詳）は、次のように説明する。

諸陵ヲ知ルハ、列聖ノ山陵ヲ尊崇シ、専ラ大御霊ヲ敬スル事実ニ天神地祇ヲ敬スルト一轍ナル所以也［内閣記録局編 一八九二：一四頁］［句読点は適宜補った―引用者］。

「陵祀司」によって天皇墓を崇拝することは、「祭儀司」の管轄する宮中における神々、全国の神々に対する祭祀と同じことであるとされる。

宮内省諸陵寮の設置――近現代天皇墓管理体制の確立　これらのうち、第二の「陵祀司」による天皇墓の祭祀は、孝明天皇三年祭を神道式で行なったように、この孝明天皇墓にいたるそれまでの天皇墓を、神祇官で神道式により管理するべきであるという建議であった。第一の「祭儀司」による神事の確立についてはあとでみることとし、まずは、第二の「陵祀司」による天皇墓の管理について、その後の展開をみていってみよう。

この「上申」書から約四ヶ月後の九月七日、神祇官から、あらためて、次のような「上申」書が出された。

山陵ノ儀、当官管轄被仰出候処、右様相成候上ハ、譬ヘ御神事中ニテモ至急ノ節参陵不致テハ不相叶儀モ可有之、泉涌寺等穢ニ相定居候分、甚難取計候間、其職掌別ニ被立置候上ニテ、当官ヨリ管轄致シ候様被仰出度候［内閣記録局編 一八八九：八頁］。

ここでも、ケガレを理由として、泉涌寺を排除している。その上で、神祇官で神道式により天皇墓を管理したいという建議であった。

そして、その一〇日後の一七日、

今般神祇官中ニ諸陵寮被為置候事［内閣記録局編 一八八九：八頁］。

という太政官布告が出された。
古代律令体制下にあった「諸陵寮」を復活させ、古代では「諸陵寮」は治部省に属していたが、神祇官の「諸陵寮」で管理するという決定である。五月の「上申」書では、名称が「陵祀司」となっていたが、明治政府は、古代律令体制下の名称をそのまま採用して、「諸陵寮」として、天皇墓管理のための部署を設置することになった。

この神祇官の諸陵寮については、その設置から廃止までの経緯が明らかにされており、それらによると、同年一二月一五日には、諸陵寮京都出張所も置かれた。諸陵寮頭は戸田忠至、諸陵寮助は谷森善臣であった［藤井 一九三一：四八―五七頁］［羽賀 一九八二：五三―五六頁］。しかし、一八七一年（明治四）二月五日には京都出張所、同年八月四日には諸陵寮も廃止された。また、太政官制改正にともない、同年八月八日には神祇官が廃止、格下げされ神祇省となり、天皇墓管理は神祇省に移される［内閣記録局編 一八八九：五、八―九頁］。

その後、天皇墓の管理制度は一定しない時期が続く。翌一八七二年（明治五）三月一四日、神祇省が廃止され教部省が新設されると、天皇墓は、教部省諸陵課の管理となり、一八七四年（明治七）八月三日にはそれが諸陵掛となる［東京大学史料編纂所編 一九六六：二八七、三八六頁］。しかし、一八七八年（明治一一）二月、天皇墓の管理は宮内省に移管される［内閣記録局編 一八八九：三九六頁］。

天皇墓の管理制度が一定するのは、一八八六年（明治一九）二月四日であった。宮内省官制が決定され、そのなかに、天皇墓管理のための諸陵寮が設置される。この宮内省官制では、宮内大臣・宮内次官（勅任官）をはじめとして、内事課・外事課の二課、侍従職・式部職・皇太后宮職・皇后宮職・大膳職の五職、内蔵寮・主殿寮・図書寮・内匠寮・主馬寮・諸陵寮の六寮、御料局・侍医局・調度局・家族局の四局、皇族職員が決定している。これにより、天皇墓は宮内省の六寮のうちのひとつ、「諸陵ノ事ヲ掌ル」諸陵寮の管理とされることとなった。ただし、これら六寮のうち、諸陵寮以外の五寮の長、「頭」はいずれも勅任官であるが、諸陵寮の「頭」だけは奏任官である〔内閣記録局編 一八八九：四一五―四二二頁〕〔内閣記録局編 一九七八：九五頁〕。宮内省官制のなかでの諸陵寮の位置づけ、天皇墓の位置づけは、他の官制と比べて低位に置かれたと考えることも可能である。もっとも、最初の諸陵寮「頭」は、旧水戸藩士香川敬三（かがわけいぞう）（一八四一―一九一五）で、彼は皇后宮職「太夫」との兼務であり〔宮内庁編 一九七一：五四二頁〕、皇后宮職「太夫」が勅任官であったので、実質的には勅任官が諸陵寮「頭」をつとめていた。

明治維新後の一八六九年（明治二）五月の神祇官「上申」書では、天皇墓管理は、神事とともに再重要課題とされていた。しかし、近現代国家形成過程のなかで、その政治的枠組が完成する時期には、天皇墓の管理の意義は相対的に低下していたといってよいかもしれない。あるいは、天皇墓は、幕末・明治維新期には、文久天皇墓改築事業のように、尊王思想の具体的発現として、政治運動とでもいうべき性格を持たされたが、そうした積極性が後景に退いた、ということができるかもしれない。

そうであるとしても、この宮内省官制により、天皇墓の管理は、宮内省諸陵寮のもとで完成することになった。それにより、泉涌寺境内をはじめとする天皇墓は、仏教寺院・僧侶の管理下から完全に分離されることが決定した。たとえば、泉涌寺境内の天皇墓でいえば、すでに一八七一年（明治四）一月五日、太政官布告として社寺に対する上知令が出され、泉涌寺境内の天皇墓は官有地に編成され、泉涌寺境内地から分離させられた〔総本山御寺泉涌寺編 一九八四a：四九三―四九八頁〕。そして、この一八八六年（明治一九）二月四日宮内省諸陵寮の設置にともない、泉涌寺境内の天皇墓もその管理下に置かれることが決定した。宮内省諸陵寮の設置とは、天皇墓の寺院境内墓地からの完全な分離の決定であるとともに、天皇墓をめぐる神仏分離という意味でいえば、神道式による天皇墓祭祀の完成でもあった。

一八八六年（明治一九）二月四日の宮内省官制により諸陵寮が設置された前年、一八八五年（明治一八）一二月二二日、内閣制度が確立している（太政官制廃止）。一八八九年（明治二二）二月一一日、大日本帝国憲法が公布され、翌一八九〇年（明治二三）一一月二五日、国会が開設される。憲法施行は国会開設と同時であった。神道式による天皇墓祭祀の完成時期は、明治憲法体制の確立期にあった。

なお、一九四五年（昭和二〇）アジア太平洋戦争敗戦後、一九四六年（昭和二一）四月一日、諸陵寮は廃止される。翌一九四七年（昭和二二）五月三日宮内省が宮内府に改編され、二年後の一九四九年（昭和二四）六月一日の宮内庁発足にともない書陵部（しょりょうぶ）が置かれ、そのなかの陵墓課が天皇墓を管理するようになり現在に至っている［宮内庁ホームページ www.kunaicho.go.jp/kunaicho/kunaicho/enkaku.html：最終閲覧二〇一六年一〇月九日］。

黒戸と仏教の排除――「皇霊」祭祀の前提　次は、一八六九年（明治二）五月（日付なし）神祇官「上申」書によって建議された第一の点、「祭儀司」による神事が、その後、どのように展開していったかである。

幕末までの天皇の葬送儀礼と天皇墓造営が、泉涌寺など仏教寺院・僧侶が主導する「西方極楽」往生のためであったとすれば、そのような仏教の浸透は宮中にもおよんでいた。宮中には「黒戸」があり、そこには、死した歴代天皇の念持仏・「位牌」が安置され、仏教的死者供養の対象となっていた。幕末の段階では、宮中には、天照大神を祀る賢所はあったが、死した歴代天皇を祭神とする社殿、「皇霊」は存在しなかった。死した歴代天皇のためには、その仏教的死者供養のための「黒戸」だけが存在していた。

しかし、その「黒戸」が排除され、それに代わる、神道式の「皇霊」が創出され、跪拝の対象とされるようになる。まずは、この「黒戸」が排除されていく経過である。

> 御所のお黒戸は、御一新後はございませぬが、（中略）吾々で云ふお仏壇でございます。これへ向けて、仏さんがお祀りになつてございますので、お黒戸間（くろとのま）と云ふのが一つございます。（中略）お黒戸へ向けて御仏がございます。日々御供（おそなえ）が上がる、それは本当でございます［下橋 一九二二：一一八―一一九頁］。

通常でいう仏壇を、宮中では「黒戸」といっていたというのである。これについては、谷川士清『和訓栞』が、「くろとのみと」の項目のなかで、「禁裡女中詞に仏壇を御黒戸といふ」［谷川士清 一九六八a：七〇〇頁］とし、広島藩の儒医黒川道祐（一六二三—九一）の一六七五年（延宝三）刊行『遠碧軒記』でも、「禁中の黒戸に御仏壇あり、（中略）本尊は代々の御尊崇の仏を安置」［日本随筆大成編輯部編 一九七五a：二五頁］としているので、宮中の「黒戸」とは常設の仏壇と考えて間違いないだろう。なお、一五〇〇年（明応九）死去の後土御門天皇の葬儀に際して、すでにみた東坊城和長『明応凶事記』が、後土御門天皇は「黒戸」「御所」で死去したと記している。この『明応凶事記』の「黒戸」が幕末まで継続した「黒戸」と同じものかどうかを確定することはできないが、仮に、同じものであるとすれば、すでに中世後半、室町期には、宮中に仏壇としての「黒戸」が存在したことになる。

また、幕末までは、宮中での仏事もあった。毎年、一月七日朝には七草粥を食べ、昼間、紫宸殿で白馬の節会が行なわれた。翌八日には、この紫宸殿には仏壇が設営され、ここで新年参賀にきた宮門跡と天皇が対面し、法事が行なわれていた。これは一四日まで続けられた［下橋 一九二二：五四—六〇頁］。そして、二〇日には、延暦寺・南禅寺および東福寺・万寿寺・建仁寺・天龍寺・相国寺の僧侶が、新年参賀にきて、小御所で天皇と対面することになっていた［下橋 一九二二：六六—六七頁］。

このように、幕末までは、宮中は、常設の仏壇の「黒戸」をはじめ、仏教色が豊かであった。しかし、一八六七年（慶応三）から一八六八年（慶応四・明治一）までに、仁和寺門跡をはじめ、宮門跡の還俗が実行される［阪本 一九六八：二一一—二一三頁］［藤田大誠 二〇〇五：八五—八八頁］。それにより、一月七日から一四日まで宮中紫宸殿で仏壇を設営しての、宮門跡の天皇に対する新年参賀と法事は廃止される。[*81] 二〇日の僧侶の新年参賀については、一八六九年（明治二）一月二〇日は、僧侶ではなく、伊勢神宮をはじめ合計一三社の神職の新年参賀に転換している［宮内庁編 一九六九a：一九頁］。

このように、明治維新期、急速に、宮中の仏教色が排除されるにともない、「黒戸」も宮中から京都東山の方広寺に設営された恭明宮に移転される。『太政類典』第一編第五三巻四二によれば、一八六八年（慶応四・明治一）七月二三日、中御門経之（一八二一―九一）が恭明宮造営掛を命じられる［雄松堂『太政類典』マイクロフィルムR11］。ただし、この時点で、すぐに恭明宮造営が進められたか否かについては不明である。恭明宮造営が本格化するのは、『太政類典』第一編第五三巻四三によれば、二年後の一八七〇年（明治三）六月からであった。方広寺境内地に恭明宮が造営され、「黒戸」を全面移転することが決定している［雄松堂『太政類典』マイクロフィルムR11］。恭明宮の完成は一八七一年（明治四）六月三〇日である。

これにより、「黒戸」の「宮中安置ノ仏像」および「列聖霊牌」が恭明宮に移転された［東京大学史料編纂所編 一九六六：二四六頁］。この「黒戸」の移転については、二月二五日の日付があるだけで年未詳の、中山忠能からその家臣あての手紙で、「西京大仏寺内ニ恭明宮ト唱へ、御一新之際御建造御所御黒戸ニ従来被祭候仏像御位牌之類ヲ被移候」［村上他編 一九二九：四頁］とあるので、先にみた谷川士清『和訓栞』など近世の記録では、「黒戸」は仏壇として念持仏の安置だけを記していたが、「黒戸」には歴代天皇の念持仏だけではなく、歴代天皇の「位牌」も安置されており、それらが恭明宮へ移転されたことがわかる。「西京」は京都、「大仏寺」は方広寺のことである。そして、同年一一月一〇日、恭明宮は中御門経之の管理から宮内省の管理となった［雄松堂『太政類典』マイクロフィルムR53］［東京大学史料編纂所編 一九六六：二六八頁］。

このようにして、京都の宮中の「黒戸」に安置されていた念持仏・「位牌」は、一八七一年（明治四）六月三〇日の恭明宮の完成により、宮中外に排除されることになった。これにより、明治維新期まで継続してきた、宮中の「黒戸」における、仏教的死者供養は廃止されたことになる。いっぽう、あとで述べるように、神祇省に設置されていた「皇霊」が東京の皇居の賢所に並祀されるのは、同年九月三〇日であった。「黒戸」の排除と恭明宮の新設は京都の旧宮中における行為、賢所への「皇霊」並祀は東京の新皇居における行為であり、場所は異なるとはいえ、宮中における仏教的死者供養の排除と、神道式の「皇霊」祭祀の創出は、軌を一にしていたことになる。

やがて、この恭明宮も廃止される。『太政類典』第二編第五三巻三九によれば、一八七三年（明治六）三月、恭明宮の念持仏・「位牌」は泉涌寺へと移される［雄松堂『太政類典』マイクロフィルムR53］。泉涌寺の引取は、三月一七日であった［阪本 一九六八：二四七頁］。

このようにして、明治維新まで宮中の「黒戸」にあった念持仏・「位牌」は、恭明宮経由で、泉涌寺へ移された。なお、泉涌寺は、この恭明宮の念持仏・「位牌」の受け取りに先立ち、一八七二年（明治五）一〇月五日、宗派を律宗から真言宗にあらためている［総本山御寺泉涌寺編 一九八四a：六八八頁］。

それでは、これら念持仏・「位牌」は、泉涌寺ではどのようになったのであろう。

まずは、「位牌」である。

これは、霊明殿に安置され、現在に至っているものと推測される。泉涌寺解説パンフレット『御寺泉涌寺』は、霊明殿を次のように説明する。

> 霊明殿は、明治十五年（一八八二）十月の炎上の後、明治天皇が、同十七年に再建せしめられた尊牌殿で、入母屋造り檜皮葺きの、外観は宸殿風である。（中略）殿内は内陣、中陣、下陣に分かれ、内陣は五室の宮殿となり、それぞれ御扉を設け、中央御扉内には、四条天皇像（木像）と尊牌をはじめ、明治天皇、皇后、大正天皇、皇后の御真影、尊牌が奉安され、それより先皇と皇妃、親王方の尊牌は次第をおうて、近い代の御方より遠い代の御方へと、左右の御扉内に奉安されている。（中略）明治四年（一八七一）九月、宮中に皇霊殿が造営されて、内裏の仏像や、諸寺の尊牌がすべて泉涌寺霊明殿に移安されることとなった［真言宗泉涌寺派寺務所編 一九六一：「霊明殿」の項、原文頁数なし］。

ただし、この霊明殿については、この泉涌寺解説パンフレット『御寺泉涌寺』にもあるように、一八八二年（明治一五）一〇月四日焼失した。内部の「位牌」などは救出されいったんは塔頭（たっちゅう）雲龍院に置かれた。翌一八八三年（明治一六）五月一一日、宮内省の指示による財政援助による再建が決定される。現在に至る霊明殿の竣工は一八八四年（明治一七）一〇月一四日である［総本山御寺泉涌寺編 一九八四a：五三七―五四一頁］。また、この泉涌寺解説パンフレット『御寺泉涌寺』にもあるように、再建に際して、この霊明殿には、従来から泉涌寺にあった天皇などの「位牌」だけではなく、他の諸寺院にあった天皇などの「位牌」も集められている［高木博志 二〇一一：一一五―一一七頁］。

次は、念持仏である。

これは、海会堂（かいえどう）と呼ばれる小堂に安置され、現在に至っている。泉涌寺解説パンフレット『御寺泉涌寺』は、海会堂を次のように説明する。

海会堂は京都御所の御黒戸を遷されたもので、歴代天皇、皇后、皇族方の御念持仏が奉安されている。（中略）内陣の御扉の中には多くの御厨子が置かれ、その一つ一つに、代々の天皇がお守り本尊として、日夕祈念をこめられた仏像が宝蔵されているのである［真言宗泉涌寺派寺務所編 一九六一：「海会堂」の項、原文頁数なし］。

この海会堂についても、一八八二年（明治一五）一〇月四日の火災で焼失したが、霊明殿に続いて再建されている［総本山御寺泉涌寺編 一九八四a：五四二頁］。

このようにして、幕末・明治維新期まで、宮中にあった仏教的死者供養は、諸寺院のそれを含め、最終的には、火災後の一八八四年（明治一七）再建の泉涌寺へと一元化された。その後、すでに述べたように、泉涌寺境内の天皇墓は、一八八六年（明治一九）二月四日の宮内省官制により諸陵寮の管理下に置かれている。天皇墓は泉涌寺とは分断され、神道式の跪拝となった。また、宮中の「黒戸」における仏教的死者供養に代わり、再建された東京の皇居に、宮中三殿（賢所・皇霊殿・神殿）が造営され、その皇霊殿での「皇霊」祭祀が最終的に完成するのが、このあとみるように、一八八九年（明治二二）一月九日である。幕末・明治維新期まで宮中に存続してきた仏教的死者供養の排除の完成、京都の泉涌寺への一元化は、同時に、東京の皇居における「皇霊」祭祀の完成でもあった。[*82]

このように、天皇の葬送・墓制における明治維新とは、「西方極楽」往生のための仏教的死者供養を廃止させ、神葬祭による葬送儀礼と死去した天皇を祭神とする天皇墓を新造し、それとともに、それまでは存在しなかった「皇霊」を新造していた。一八八四年（明治一七）霊明殿をはじめとする泉涌寺再建は、皇居の宮中三殿および天皇墓における「皇霊」祭祀の新造とは対照的に、明治維新までの天皇をめぐる「西方極楽」往生のための仏教的死者供養の残存を、京都東山の一画、泉涌寺のみに収斂させ、この空間のみに隔離させていた。近世的性格は、近現代「皇霊」祭祀の外側に再編成されて定置させられるようになったといってもよいかもしれない。

一九一二年（明治四五・大正一）七月三〇日死去の明治天皇は、神葬祭で葬儀が行なわれ、その「霊代（たましろ）」は、一年後の翌一九一三年（大正二）七月三〇日の一周年祭を経て、皇居内宮中三殿のうちの皇霊殿で神として祀られた。しかし、いっぽうで、泉涌寺でも「位牌」が作成され、霊明殿で仏教的死者供養が行なわれている。一九一二年（明治四五・大正一）一〇月七日、泉涌寺霊明殿に、その「位牌」・遺影が安置された［宮内省編 二〇一四：六八八頁］。その上で、泉涌寺では、一〇月一三日、「位牌」を安置した霊明殿で「光明三昧」を読み、明治天皇大法要を行ない、在京華族も法要に訪れている［『東京朝日新聞』一九一二年一〇月一四日第四面「泉涌寺の御法要」］。さらに、翌一九一三年（大正二）一〇月二日、明治天皇皇后一条美子（いちじょうはるこ）（一八四九―一九一四）は、この時点では宮内省諸陵寮管理下の泉涌寺旧境内天皇墓「月輪陵」および孝明天皇墓「後月輪東山陵」などを参拝したあと、泉涌寺霊明殿に行き、そこに置かれた四条天皇以来の天皇の「位牌」への参拝をも行なっている［宮内庁編 二〇一四：七一九頁］。

結果的には、近現代の泉涌寺における天皇に対する仏教的死者供養は、死去した天皇に対する二重祭祀の形成でもあった。死去した天皇は、神葬祭により新たに「皇霊」となり神として祀られるが、いっぽう、泉涌寺は「位牌」・遺影によって仏教的死者供養の対象としている。天皇における仏教的死者供養は、制度外における私的行為として継続したといってよいかもしれない。

「皇霊」祭祀と招魂場——皇霊殿と靖国神社の原型　それでは、「黒戸」の排除にともなう、「皇霊」祭祀の形成は、どのように行なわれていったのであろう。

一八六九年（明治二）五月の神祇官がその「上申」書で、「祭儀司」「陵祀司」設置の建議をした翌月六月二八日、神祇官に「神座」が設営される。明治天皇は、神祇官に行き、この「天神地祇竝びに歴代皇霊の霊代を奉祀」した「神座」で「幣物」を供え参拝する。そのあと、輔相三条実美（一八三七—九一）が、最初「天神地祇」（天照大神をはじめ八百万神）に、次に「歴代皇霊」（神武天皇をはじめ歴代天皇の「霊」）に対して祝詞を言い、続いて、各知藩事をはじめ官僚が参拝している［宮内庁編　一九六九a：一四四—一四六頁］。この神祇官における「天神地祇」と「歴代皇霊」のための「神座」の設営は、国学者大国隆正の影響下にあった神祇官によって主導されていた［石野　二〇〇八：三八頁］。ただし、これは仮「神座」で［阪本　一九六八：二一七頁］［石野　二〇〇八：三八、四九頁］、社殿としては整備されていないものであった。

この「神座」の設営は、東京における招魂社設立とも連動していた。

その翌日、六月二九日から五日間、東京九段坂上に設営された招魂場で、戊辰戦争戦死者三五八八人を祀るために祭典が五日間連続で行なわれた。それに先立つ五日前、六月二四日の軍務官布告は次のようなものであった。

> 来ル廿九日ヨリ五日間之間、於九段坂上招魂場、昨年来戦死候者、右祭典被為行候、此段申達候事
>
> ［内閣官報局編　一八八七b：二二七頁］［句読点—引用者］。

この招魂場の祭典実施とともに、同日、その祭典内容を記した、もうひとつの軍務官布告が出されている。

祭事順序初而祝砲　勅使御差立相成候事

第二日三日四日之間角力奉納之事

第五日昼夜花火奉納之事［内閣官報局編 一八八七b：二三七頁］［闕字─原文］。

五稜郭の旧幕府軍が降伏し函館戦争が終了、鳥羽伏見の戦い以来の戊辰戦争がすべて終了したのが、前月五月一八日であった。それにともなう、招魂場の設営でありそこでの祭典であった。この招魂場では、明治天皇は「勅使」を派遣し、この「勅使」が「幣物」を供え参拝している。祭典の祭主は、戊辰戦争で奥羽越列藩同盟との戦闘で司令官であった小松宮彰仁[*83]（一八四六─一九〇三）であった［宮内庁編 一九六九a：一四六─一四七頁］。

祭典は、六月二八日夜、「霊招ノ式」を行ない、二九日には、参列した「勅使」・華族などが参拝しているが、その際の神饌は、酒・餅・洗米・鮮魚・干魚・海菜（昆布・わかめ）・山の物（栗・柿・ぶどう）・野菜（大根・人参・ゴボウ・長芋・しょうが）・塩・水であった。この神饌を供えての参拝は、七月三日まで五日間、連日行なわれた［靖国神社編 一九八三：三〇─三二頁］。二日目から四日目までは相撲の興行、最終日の五日目には花火の打ち上げがあり、都市的な祭礼でもあったが、その基本は、招魂場に「霊招」した戊辰戦争戦死者の霊魂に対しての神事であった。

厳密にいえば、この時点では、五日間の臨時の祭典のための招魂場であった。しかし早くも、この招魂場は、祭典終了三日後の七月八日、社地確保のための軍務官「上申」書において、恒常的な社殿とする招魂社として転換させられている［靖国神社編 一九八三：三五─三六頁］。

すでにみたように、前年一八六八年（慶応四・明治一）五月一〇日、豊臣秀吉を祭神とする豊国神社・豊国廟再建と京都東山の招魂社造営と、それぞれの太政官布告が同日に出されていた。それに対して、翌一八六九年（明治二）になると、場所を東京に遷し、六月二八日神祇官に明治天皇がきての「神座」での参拝、そして、翌日二九日が、軍務官布告による招魂場祭典であった。神祇官と軍務官とで、関係官庁が異なるが、二八日の明治天皇が直接行なった

「天神地祇」と「歴代皇霊」のための「神座」への参拝と、二九日の戊辰戦争戦死者のための招魂場祭典とは、日程的に連続していた。そして、この「神座」がこのあとその過程を追うように、宮中三殿の起点となる。いっぽう、この招魂場は直後に常設の招魂社となり、さらに、一八七五年（明治八）一月一五日には、京都東山の招魂社の祭神をも合祀し［靖国神社編 一九八七：一一三頁］、その上で、一八七九年（明治一二）六月四日、別格官幣社靖国神社となる。

宮中三殿の原型と靖国神社の原型は、相前後して設営されていたのである。

宮中三殿の形成、靖国神社による戦死者祭祀の形成、さらには、楠正成の湊川神社・豊臣秀吉の豊国神社などによる「忠君愛国」死者祭祀の形成、これらは、分離していたのではなく、相互に連動した同質の歴史過程のなかの現象であった。「歴代皇霊」として祭神となった死去した天皇、神社の祭神となった死去した「忠君愛国」者、招魂社の祭神となった天皇の軍隊の戦死者、彼らは軌を一にして、人格神として形成されていた。

宮中三殿の形成過程――「皇霊」祭祀の新造　一八六九年（明治二）六月二八日、神祇官に設営された「神座」は、同年一二月一七日、神祇官に仮神殿が竣工し、同日、鎮座祭・鎮魂祭が行なわれ、その内容をいっそう明確にさせる。この仮神殿は、三座あった。

東座が「天神地祇」、
中央座が「八神」で、神産日神・高御産日神・玉積産日神・生産日神・足産日神・大宮売神・御食津神・事代主神、
西座が「歴代皇霊」、
を祭神としていた。

まず鎮座祭が行なわれた。これには「勅使」がくる。神祇官では、「勅使」参列の上で、これらの祭神に対して、大祓・鎮火祭などを行ない、「八神」「天神地祇」「歴代皇霊」の順序でその「霊代」を安置する。そして、神祇伯

中山忠能がこれら「八神」「天神地祇」「歴代皇霊」に対して祝詞を言い、神饌を供え、「勅使」が宣命を言い、それに対して、返答の祝詞が言われ、「勅使」が退席して鎮座祭を終了している。この鎮座祭には、右大臣三条実美・大納言岩倉具視（一八二五―八三）をはじめ奏任官以上の政府高官が参列していた。夜、鎮魂祭が行なわれた［宮内庁編 一九六九a：二三九―二四〇頁］。

この神祇官での一二月一七日の鎮座祭・鎮魂祭をみると、半年前の六月二八日、同じく神祇官で設営された「神座」と比べて、その祭神が増加しているのがわかる。六月二八日の「神座」は「天神地祇」と「歴代皇霊」だけであった。しかし、一二月一七日には、「八神」がそれらに加わり、しかも、仮神殿の中央に位置していた。「八神」が重視されている。

「八神」とは何であろう。

ここにおける「八神」とは、九二七年（延長五）完成『延喜式』巻第九「神名上」に記された、「宮中神卅六座」のうち「御巫祭神八座」［虎尾編 二〇〇〇：五〇六―五〇九頁］の復活と考えてほぼ間違いないだろう。古代、宮中の神祇官で祀られた神々の「八神」であった。これら「八神」のうち、前五者、ムスヒ五神についてみると、神産日神・高御産日神は、『日本書紀』『古事記』で高天原に登場したいわゆる造化三神のうちの二神であり、玉積産日神は鎮魂の神、生産日神・足産日神は生き生きとし満ち足りた神の美称であり、最初の神産日神・高御産日神のムスヒ神が分化して五神になったとされる。後三神のうち、大宮売神は宮殿を守護する女神、御食津神は食物神、事代主神は神意を伝える神とされる。注意すべきは、これら「八神」には、皇室の先祖神とされる天照大神が入っていないことであった［虎尾編 二〇〇〇：五〇八―五〇九、九二七―九二九頁］。古代、宮中における「八神」の成立は、天武天皇（?―六八六、在位六七二―六八六）の時代と考えられている。ただし、この古代に成立し、神祇官に祀られた「八神」はやがて衰退し、近世初頭には、吉田神道による吉田家が京都吉田山に八神殿を設営し、幕末・

明治維新期までその祭祀を継続していた。また、白川家・有栖川宮家でも八神殿の祭祀を行なっていたという［西田一九七八：四〇一―四〇八頁］。

このように、古代、律令体制下に形成された宮中における「八神」祭祀は、宮中の外で、幕末・明治維新期までかろうじて継続するのみであった。しかし、近現代国家によって新たに組織された神祇官が、一八六九年（明治二）一二月一七日の鎮座祭・鎮魂祭によって、その「八神」祭祀を復活させた。

神祇官に設置された「八神」「天神地祇」「歴代皇霊」を祀るためのこの仮神殿は、やがて、宮中に移転される。それは、一八七一年（明治四）八月八日、神祇官が神祇省に格下げとなり、翌一八七二年（明治五）三月一四日この神祇省が廃止され教部省となる過程のなかで実行された。

まずは、「歴代皇霊」が宮中の賢所に並祀された。賢所は、宮中で天照大神を祀る拝所であり、これについては、明治維新前から継続してきた。近現代に形成され重視されている宮中三殿のうち、明治維新前から存在していたのは、この賢所だけである。賢所は、天の岩屋にこもった天照大神を外側に引き出すのに使われた八咫鏡を神鏡としているといわれ、内侍所とも呼ばれた。といっても、幕末までの賢所（内侍所）における祭祀は次のようなありさまであった。

内侍所と申しますのは、年中御代拝は、白川さんに限つて居ります。天子様も、偶には御拝遊ばされますけれども、内侍所へ一々行幸遊ばされませぬ。唯今と違ひまして、白川家の御受持になつて居つた［下橋　一九二二：七九頁］。

賢所（内侍所）での祭祀は白川家にまかされ、天皇（「天子様」）が参拝することは稀にしかなかったというのである。白川家とは、中世以降近世にいたるまでの宮中における神祇担当家である。明治維新の時点で、八咫鏡を神器として天照大神を祀ると称しながら、そこでの祭祀は重視されていなかった。

一八七一年（明治四）九月一四日、明治天皇は「列聖皇霊」祭祀を宮中で行なう「詔書」を出す。これに基づき、同月三〇日、神祇省の「皇霊」が宮中の賢所に移転される。太政大臣三条実美が「奉迎使」となり神祇省に行き、宣命をいい、神祇省から「皇霊」を宮中の賢所に移動させる。賢所に移った「皇霊」に対して、三条実美が祝詞をいい、そのあと、明治天皇が「玉串」をおさめている［宮内庁編 一九六九ａ：五四〇、五四五―五四六頁］。これにより、最初、神祇官に設置された「皇霊」は、格下げになった神祇省から賢所に並祀されることになった。

同年一二月二三日、この賢所で、神楽が行なわれる。太政大臣三条実美はじめ参議など政府高官が賢所に参列し、三条が神饌・幣物を供え、祝詞をいい、明治天皇が「玉串」を供えている。そのあと、神楽が行なわれた［宮内庁編 一九六九ａ：六〇八―六〇九頁］。「皇霊」の並祀にともなうものであろう、賢所が再確認されている。

二日後の一二月二五日は孝明天皇命日であった。宮中に設置されたこの「皇霊」で、死去した天皇に対する跪拝がはじめて行なわれた。賢所の「皇霊」が開扉（かいひ）され、太政大臣三条実美はじめ参議などが参列、三条が祝詞をいう。そのあと、明治天皇が「玉串」を供え、三条はじめ政府高官も参拝している。明治天皇皇后も参拝する予定であったが、「御都合」のために、女官による代拝であった。また、この日は、京都の孝明天皇墓でも参拝が行なわれている［宮内庁編 一九六九ａ：六一〇―六一二頁］。皇后の「御都合」とは生理の血穢（けつえ）であろうか。そうであるとするならば、血のケガレを忌避していることになり、死した天皇に対する「皇霊」祭祀が、神事となり、それにより、死した天皇がケガレた存在ではなく神になったことを意味している。*84 まさしく孝明天皇祭が成立していたことになる。

六日後の一八七二年（明治五）一月一日元旦、宮中で四方拝（しほうはい）が行なわれた。宮中における賢所の再確認とそれへの「皇霊」の並祀にともない、この元旦未明の四方拝も再編成される。

幕末、孝明天皇のときまでの四方拝は、未明の午前三時から、清涼殿前庭で四方を屏風で囲い、その中に天皇が入り行なわれた。まず、天照大神をはじめ天神地祇、そのあと、北斗星（ほくとせい）など星の名前をいい遥拝し、そのあと、天皇墓を遥拝する。これにより、四方拝が終わり、はじめて烹雑（雑煮）を食べていた［下橋 一九二二：二七頁］。幕末までの四方拝では、天照大神をはじめとする天神地祇への遥拝だけではなく、北斗星など星への遥拝があった。北斗星といえば妙見信仰で知られるが、このような星座信仰が宮中にあり、しかもそれが元旦未明の四方拝で行なわれていた。陰陽道との関係が推測されるが、もしそうであるとすれば、天皇が行なう四方拝に、神事と陰陽道が習合していたことになる。いっぽう、この幕末までの四方拝では、賢所は無関係であった。

しかし、一八七二年（明治五）一月一日元旦の四方拝からは、星座信仰を排除し、また、四方拝のあとに、賢所・「皇霊」への参拝がはじめられている。

明治天皇は、早朝午前四時から、賢所前庭で、皇大神宮（伊勢神宮内宮）・豊受大神宮（伊勢神宮外宮）、天神地祇、神武天皇墓、孝明天皇墓、氷川神社をはじめ六神社を遥拝、いっぽう、この年の元旦からは、北斗星など星への遥拝は行なわれず、この四方拝のあと午前六時から、明治天皇は、賢所および「皇霊」を参拝した。そのあと「晴御膳」（元旦の朝食）となった。翌一八七三年（明治六）以降はこれと同じ形式で行なわれるようになる。[*85] ただし、この時点では、いまだ、「八神」「天神地祇」は神祇省に設置されていたので、三日、明治天皇が神祇省に行き参拝している［宮内庁編 一九六九ａ：六一七―六二〇頁］。

宮中における、賢所の復活と、「皇霊」の新設にともない、神事に習合していた陰陽道が排除され、神事の純粋化がはかられていた。そして同時に、天照大神を祀る賢所と死去した天皇を祭神とする「皇霊」祭祀が、宮中の神事の中心に位置するようになった。

さらに、神祇省に残っていた「八神」「天神地祇」が宮中に移転される。

一八七二年（明治五）一月一七日、吉田家の吉田神社八神殿の「八神」、白川家の「八神」、有栖川宮家の「八神」が、神祇省の「八神」に合祀される［宮内庁編 一九六九ａ：六三一―六三二頁］。これにより、幕末・明治維新期まで宮

写真 76　吉田神社大元宮（京都府京都左京区吉田神楽岡町）2015 年

中外に置かれ分化していた「八神」が神祇省の「八神」に統一された。

写真76は、吉田家の吉田神社八神殿が並祀されていた大元宮（だいげんぐう）である。この写真では正面からだけなのでややわかりにくいが、その形状は八角形である。一五九〇年（天正一八）、宮中からここに移されたとされ、この一八七二年（明治五）一月一七日の神祇省へ「八神」への合祀までの約二八〇年間、「天神地祇」を祀るとされる八神殿がここにあった。そして、その形状は八角形である。すでにみたように、古代の舒明天皇墓、天智天皇墓、天武天皇・持統天皇墓、そして、孝明天皇墓は八角台形であった。そして、「天神地祇」を祀る八神殿が置かれたこの吉田神社大元宮も八角形であり、ここに祀られていた八神殿は神祇省に合祀されていた。天皇墓の八角台形とは、仏教的塔ではなく、国家・国土全体を統治する帝王、そうした意味があったと仮定できるかもしれない。[*86]

同年三月一四日、神祇省が廃止され教部省となる。それにともない、四月二日、神祇省に残されていた「八神」「天神地祇」は、宮中の賢所に並祀される。この賢所への移転に際しては、明治天皇も臨席し「玉串」を供え、太政大臣三条実美はじめ参議・勅任官以上が参列している。これにより、「八神」「天神地祇」を合祀し、名称を八神殿とした。同年一一月二九日、この八神殿は神殿と改称される[宮内庁編 一九六九a:六六二―六六三頁]。

これによって、一八七二年(明治五)までに、宮中において、天照大神を祀る賢所への、「皇霊」と神殿(「八神」「天神地祇」)の並祀が完成した。宮中三殿(賢所・皇霊殿・神殿)の原型が形成されたのである。くりかえしになるが、これらのうち、明治維新をむかえた時点で、宮中に存在したのは、賢所だけであった。神殿となる「八神」は古代から中世にかけては宮中にあったが、近世は宮中外で分化しかすかに継続していたにすぎなかった。皇霊殿となる、死した天皇の霊魂を祀る神道式の「皇霊」祭祀については、それまで、宮中には存在すらしたことがなかった。明治維新後、神祇官そして神祇省に祀られた「皇霊」祭祀を起点として、それが宮中に移転され、はじめて、神道式での「皇霊」祭祀が実施されるようになっていた。

現在まで宮中に続く宮中三殿のうち、死去した天皇の霊魂を祀る皇霊殿とは、明治維新後の新造であり、神仏分離を経た上での神道による新たな形成であった。天皇墓が仏教を排除し、神道式の〈鳥居〉を設置した神域として跪拝の対象へと転換させられたように、これにより、その死去した霊魂も、神道による「皇霊」の名のもとに、新たに跪拝の対象となる。

死去した天皇の霊魂は、仏教的死者供養の対象から、「皇霊」の名のもとに神道的祭神へと転換させられたのである。しかし、このように、一八七二年(明治五)までに形成された宮中三殿(賢所・皇霊殿・神殿)の原型、賢所・「皇霊」・神殿(「八神」「天神地祇」)は、翌一八七三年(明治六)五月五日の皇居(旧江戸城西の丸)全焼により、仮皇居とされた赤坂離宮(旧紀伊徳川家屋敷)への移転を余儀なくされる。仮社殿の完成は同月一七日である[宮内庁編 一九六九b:六一―六二、六八頁]。その後、約一五年間余、賢所・「皇霊」・神殿(「八神」「天神地祇」)は、仮皇居の赤坂離宮に置かれることになった。

宮中三殿の完成――明治憲法体制の確立　旧江戸城内に、あらたに皇居が造営され竣工するのは一八八八年（明治二一）一〇月二七日である。翌一八八九年（明治二二）一月九日、賢所・「皇霊」・神殿（「八神」「天神地祇」）が、この皇居に移され、宮中三殿（賢所・皇霊殿・神殿）が完成する。この日、明治天皇は皇居に行き、仮皇居の赤坂離宮から移される宮中三殿を迎え、祭典を行なう。その二日後の一一日、明治天皇が正式に皇居へ転居している［宮内庁編　一九七二：一四二、一八一頁］。これにより、皇居と宮中三殿の一体化が完成した。この皇居は、のちに明治宮殿と呼ばれ、一九四五年（昭和二〇）五月二六日、アメリカ軍機の東京爆撃により焼失するまで存在した。

明治天皇が皇居へ転居してからちょうど一ヶ月後の二月一一日、「紀元節」とされた日に、大日本帝国憲法が公布された。

明治天皇は、公布に先立ち、宮中三殿の賢所で、憲法制定を誓約する「告文」を読みあげる。賢所の祭神は天照大神であるから、大日本帝国憲法の制定とは、第一義的には、天皇の祖先神に対しての誓約であった。宮中三殿の完成は、大日本帝国憲法の成立、明治憲法体制確立の大前提であり、不可分の関係にある。

午前九時、明治天皇が、内大臣三条実美はじめ宮廷官僚、枢密院議長伊藤博文（一八四一――一九〇九）・内閣総理大臣黒田清隆（一八四〇――一九〇〇）をはじめ閣僚を従え、宮中三殿に行く。賢所に「玉串」を供え参拝し、次のような「告文」をいう。

長文になるが、全文を確認しておきたい。

皇朕レ謹ミ畏ミ

皇祖

皇宗ノ神霊ニ誥ケ白サク皇朕レ天壌無窮ノ宏謨ニ循ヒ惟神ノ宝祚ヲ承継シ旧図ヲ保持シテ敢テ失墜スルコ

ト無シ顧ミルニ世局ノ進運ニ膺リ人文ノ発達ニ随ヒ宜ク
皇祖
皇宗ノ遺訓ヲ明徴ニシ典憲ヲ成立シ条章ヲ昭示シ内ハ以テ子孫ノ率由スル所ト為シ外ハ以テ臣民翼賛ノ道
ヲ広メ永遠ニ遵行セシメ益々国家ノ丕基ヲ鞏固ニシ八洲民生ノ慶福ヲ増進スヘシ茲ニ皇室典範及憲法ヲ制定
ス惟フニ此レ
皆
皇祖
皇宗ノ後裔ニ貽シタマヘル統治ノ洪範ヲ紹述スルニ外ナラス而シテ朕カ躬ニ逮テ時ト倶ニ挙行スルコトヲ得
ルハ
洵ニ
皇祖
皇宗及我カ
皇考ノ威霊ニ倚藉スルニ由ラサルハ無シ皇朕レ仰テ
皇祖
皇宗及
皇考ノ神祐ヲ禱リ併セテ朕カ現在及将来ニ臣民ニ率先シ此ノ憲章ヲ履行シテ愆ラサラムコトヲ誓フ庶幾ク
ハ
神霊此レヲ鑒ミタマヘ［伊藤博文 一九三五：一—三頁］［宮沢校註 一九四〇：一九一—一九二頁］［宮内庁編
一九七二：二〇四—二〇五頁］［平出—原文］。*87

明治天皇は、賢所でこの「告文」を読んだあと、皇霊殿に参拝し、再び、この「告文」を読み、神殿に参拝している。「皇祖」（天照大神）・「皇宗」（死去した天皇の「皇霊」）に対する明治天皇の「告文」は、「皇祖」を祭神とする賢所と「皇宗」を祭神とする皇霊殿の二ヶ所で読まれ宣誓されていた［宮内庁編 一九七二：二〇四―二〇六頁］。

明治天皇は、大日本帝国憲法の公布以前に、宮中三殿の賢所と皇霊殿で、「皇祖」「皇宗」に対して、皇室典範・大日本帝国憲法の公布を誓約し、さらに、それらと「皇考」（天皇の父・ここでは孝明天皇）に対して、「臣民」とともにあるべき大日本帝国憲法の履行を誓約していた。それが、大日本帝国憲法制定の前提であった。

午前一〇時四〇分、皇居正殿での憲法公布式がはじまる。内閣総理大臣黒田清隆・枢密院議長伊藤博文はじめ閣僚・華族・官僚などが参観するなか、明治天皇が正殿に入る。その明治天皇に対して、内大臣三条実美が大日本帝国憲法をおさめた箱を渡す。それに対して、明治天皇が次のような文言ではじまる勅語をいう。

朕国家ノ隆昌ト臣民ノ慶福トヲ以テ中心ノ欣栄トシ朕カ祖宗ニ承クルノ大権ニ依リ現在及将来ノ臣民ニ対シ此ノ不磨ノ大典ヲ宣布ス［伊藤博文 一九三五：三頁］［宮内庁編 一九七二：二〇六―二〇七頁］。

明治天皇は、「祖宗」（「祖」＝天照大神、「宗」＝死した天皇の「皇霊」）から承けた「大権」を根拠として、現在だけではなく将来の「臣民」に対して、大日本帝国憲法を制定するという。その上で、内閣総理大臣黒田清隆に対して、大日本帝国憲法をおさめた箱を渡している［宮内庁編 一九七二：二〇六―二〇七頁］。

そして、この大日本帝国憲法の第一条は、「大日本帝国ハ万世一系ノ天皇之ヲ統治ス」であった［伊藤博文 一九三五：一〇頁］。

いうまでもなく、大日本帝国憲法は天皇の統治権を決定した最高法規である。しかし、その最高法規は、これによって天皇の統治権が決定されたのではなく、憲法制定儀礼が宮中三殿、そのうちの賢所・皇霊殿での「皇祖」「皇宗」に対する明治天皇の「告文」宣誓からはじめられ、それにより、「皇祖」「皇宗」から継承してきたとされる所与の権利としての統治権に基づき、大日本帝国憲法を「臣民」に授与する形式であった。大日本帝国憲法における統治権の確認は、「臣民」に対して行なわれたのではなく、第一義的には、賢所・皇霊殿の祭神、「皇祖」「皇宗」に対して行なわれていた。

大日本帝国憲法における天皇の統治権の論理は、宮中三殿、特に、賢所・皇霊殿が存在していなければ、成立し得ないものであった。

そのためであろう、日本帝国憲法および皇室典範制定が報告されたのは、左記の神社・天皇墓などであった。その日のうちに「勅使」が派遣されている。

○神社　伊勢神宮　靖国神社　官幣社・国幣社（府県知事・道庁長官による）

○墓　神武天皇墓　孝明天皇墓　岩倉具視墓　大久保利通墓　山内容堂墓　鍋島直正墓　木戸孝允墓　島津久光墓（鹿児島県知事による）　毛利敬親墓（山口県知事による）［宮内庁編　一九七二：二〇九―二一〇頁］

「皇祖」を祭神とする伊勢神宮を筆頭に、戦死者を祭神とする靖国神社、「皇宗」の初代とされている神武天皇墓、明治天皇の「皇考」孝明天皇墓をはじめ、明治維新の「忠臣」の墓前への報告である。靖国神社は、ここでも、「皇祖」「皇宗」と並立している。

明治憲法体制とは、新造された「皇祖」「皇宗」の論理、神々と「皇霊」祭祀を根拠として、天皇統治権の正当性を主張したところに、そもそもの出発点があった。幕末・明治維新期から継続した、仏教的死者供養から神道式の「皇霊」祭祀への転換、天皇墓の神道式跪拝への転換、それらの到達点は、大日本帝国における天皇統治権の正当性の原点を提出する論理構築になっていたのである。

V 近現代(1)——神葬祭の様式的完成

1 近現代皇族墓の新造

豊島岡墓地の成立——明治天皇子供墓の一元化　幕末・明治維新期を境とする天皇墓の転換は、皇族墓の転換をももたらした。

幕末までは、皇族のうち「親王」になっていた皇子・皇女は「薨去」とされ、泉涌寺塔頭雲龍院(うんりゅういん)に葬られていた。しかし、そうではない天皇の子供は、皇子・皇女といえどもただの「逝去」であり、生んだ女性の家の寺院境内墓地に葬られ、また、天皇の子供で、宮家・摂家などへ養子縁組をした皇族も、その家の寺院境内墓地に葬られていたという。そのために、近世を通じて、天皇墓こそ泉涌寺境内にあったが、皇族墓については、京都のあちらこちらの寺院境内に存在するありさまであった［下橋 一九二二：二〇―二四頁］。

一例として、孝明天皇と典侍堀河紀子(ほりかわもとこ)（一八三七―一九一〇）との間の子、寿万宮(すまのみや)が夭逝した際の葬法は次のようなものであった。

御尊骸を、其晩の中に堀河さんの御宅へ御引きになつて、翌日が御葬式、それも泉涌寺へはいけませぬ、堀河さんのお寺です。（中略）御棺には入れてございますが、御病気の体で御寺へ持つて行つて、お寺でおかくれ遊ばしたと云ふことに致しまして、坊さんに引導を渡して貰つて、直にお墓へ埋めて仕舞ふ、其お墓も京都へ行つて御参詣になれば分かりますが、吾々の墓と隣合ひです。詰らぬ商法人の墓と列んで居ります。廬山寺と申します寺や、浄華院などは、今でこそ、鴨川が浚へて大水と云ふものがありませぬが、御維新前までは、鴨川の大水で五条大橋、三条大橋の流れたこともあります。其鴨川に沿うて居る所でございますから、お墓を掘りますと直水が出ます、一間程下には水がある。さう云ふ所へ、恐多くも是は言ふべきことではございませぬが、御石棺もありませぬで、其中へ埋めて仕舞ふ［下橋 一九二二：二二一―二二三頁］。

かつては、天皇の子供といえども、夭折する子供が多かったので、このような事態を生み出しているともいえるが、「親王」以外の天皇の子供は、母親の実家の寺院境内墓地に、民間人と混在しつつ葬られていた、しかも、天皇のような遺体槨納葬ではなく遺体埋葬であったというのである。

しかし、一八六九年（明治二）二月二四日の事実上の東京遷都（太政官を東京に遷す）にともない、皇族の拠点も東京となり、皇族墓も東京に新造される。写真77の豊島岡墓地（東京都文京区大塚）である。[*88] 豊島岡墓地については、詳細な資料集ともいえる『東京市史稿 御墓地篇』（一九一三）が全容を伝えており、また、近現代の空間に「創られた伝統」が定置されていく過程を追った詳細な研究もあるが［岩崎 二〇〇五：八九―九六頁］、ここでは、東京遷都にともなう、近現代における皇族墓の新造が、近世までの皇族墓からの質的変容でもあったことを確認しておきたいと思う。

豊島岡墓地のある場所は、近世を通じて、護国寺（真言宗。東京都文京区大塚）境内地であった。護国寺は、一六八一年（天和一）、江戸幕府五代将軍徳川綱吉（一六四六―一七〇九）の生母桂昌院（一六二七―一七〇五）の祈願寺として建立され、一六九一年（元禄四）、境内地には東照宮が建立された［村磯編 二〇〇八：九〇―九一頁］。この東照宮の存在により、その部分は権現山と通称され、また、毎年四月一七日（徳川家康死去日）はこの東照宮が

写真 77　豊島岡墓地入口（東京都文京区大塚）2015 年

開放されたために、参詣客でにぎわったという〔東京市役所編　一九一三a：一二七―一二八頁〕〔岩崎　二〇〇五：八五―八九頁〕。しかし、この権現山は、一八七一年（明治四）一月五日の太政官布告（社寺に対する上知令）により東京府管轄地となった。

一八七三年（明治六）九月一八日、明治天皇と権典侍葉室光子（一八五三―七三）との間に生まれた男子の死去（死産）は、この権現山を大きく変える。この男子は、明治天皇にとっては第一子であり、また、明治天皇の子供のなかでは最初の死去であった。二日後の二〇日、この権現山が東京府から宮内省へと移管される。徳川将軍家と関係の深い上野寛永寺と同じく、護国寺境内地の多くの部分が明治政府によって接取されたことになる。名称も権現山から豊島岡と改称、その墓地名を豊島岡墓地とし、現在に至っている。この男子が豊島岡墓地に葬られたのは、その死去から七日後の二五日である。稚瑞照彦尊という「諡号」がつけられた〔東京市役所編　一九一三a：一二八―一三二頁〕〔宮内庁編　一九六九b：一三〇―一三一頁〕。

この稚瑞照彦尊が豊島岡墓地を使用したはじめての皇族

写真 78　葉室光子墓（東京都文京区大塚 護国寺）2015 年

である。

母親の葉室光子は、その出産から四日後の九月二二日死去した［宮内庁編 一九六九b：一三〇頁］。葉室は、豊島岡墓地に隣接する護国寺境内墓地に葬られた。写真78は、現在に残るこの葉室光子の墓である。内部構造は不明であるが、地上施設は周囲を円形に石積みし、〈円墳〉に盛土している。石塔はなく、墓誌がこの〈円墳〉の前部にある。表面は「故権典侍正五位葉室光子墓」、裏面は「従二位葉室長順女母広橋氏明治四年八月一日任権典侍叙正五位同六年九月十八日生皇子稚瑞照彦尊同月二十二日卒二十一年七月」と記されている。

続いて、同年一一月一三日、明治天皇と権典侍橋本夏子（はしもとなつこ）（一八五六―七三）との間に生まれた女子が死去（死産）した。明治天皇にとっては第二子であった。稚高依姫尊（わかたかよりひめのみこと）と命名され、その死去から六日後の一九日、豊島岡墓地に葬られた［東京市役所編 一九一三a：一三四頁］［宮内庁編 一九六九b：一五九―一六〇頁］。

母親の橋本夏子も、出産翌日の一四日死去した。橋本も、豊島岡墓地に隣接する護国寺境内墓地に葬られた。写

写真79　橋本夏子墓（東京都文京区大塚 護国寺）2015年

真79は、現在に残るこの橋本夏子の墓である。葉室光子の墓と同じく、内部構造は不明であるが、地上施設は周囲を円形に石積みし盛土している。現在では、盛土が扁平になり、葉室光子の墓のような〈円墳〉ではないが、設営時は盛り上がり〈円墳〉であったのではないかと推測される。そして、ここにも石塔はなく、前部に墓誌がある。表面は「故権典侍正五位橋本夏子墓」、裏面は「明治六年第十一月十四日逝去 享年十七年十箇月」と記されている。

このように、一八七三年（明治六）に相次いで死去（死産）した明治天皇の第一子と第二子は、新たに設営された豊島岡墓地に葬られた。図9によれば、その後に夭逝した明治天皇の子供たちの墓とともに、豊島岡墓地の入口からもっとも近い場所に設営されている。これらのうち、「一」が稚瑞照彦尊、「五」が稚高依姫尊の墓である。また、宮内庁書陵部陵墓課編『陵墓地形図集成〈縮小版〉』所収「豊島岡墓地之図」によれば、これらは小規模ながら〈円墳〉である［宮内庁書陵部陵墓課編 二〇一四：三三二―三四頁］。一八六六年（慶応二）死去の孝明天皇のあと、それから八年後、東京ではじめて死去した皇族の墓地は、その地上施

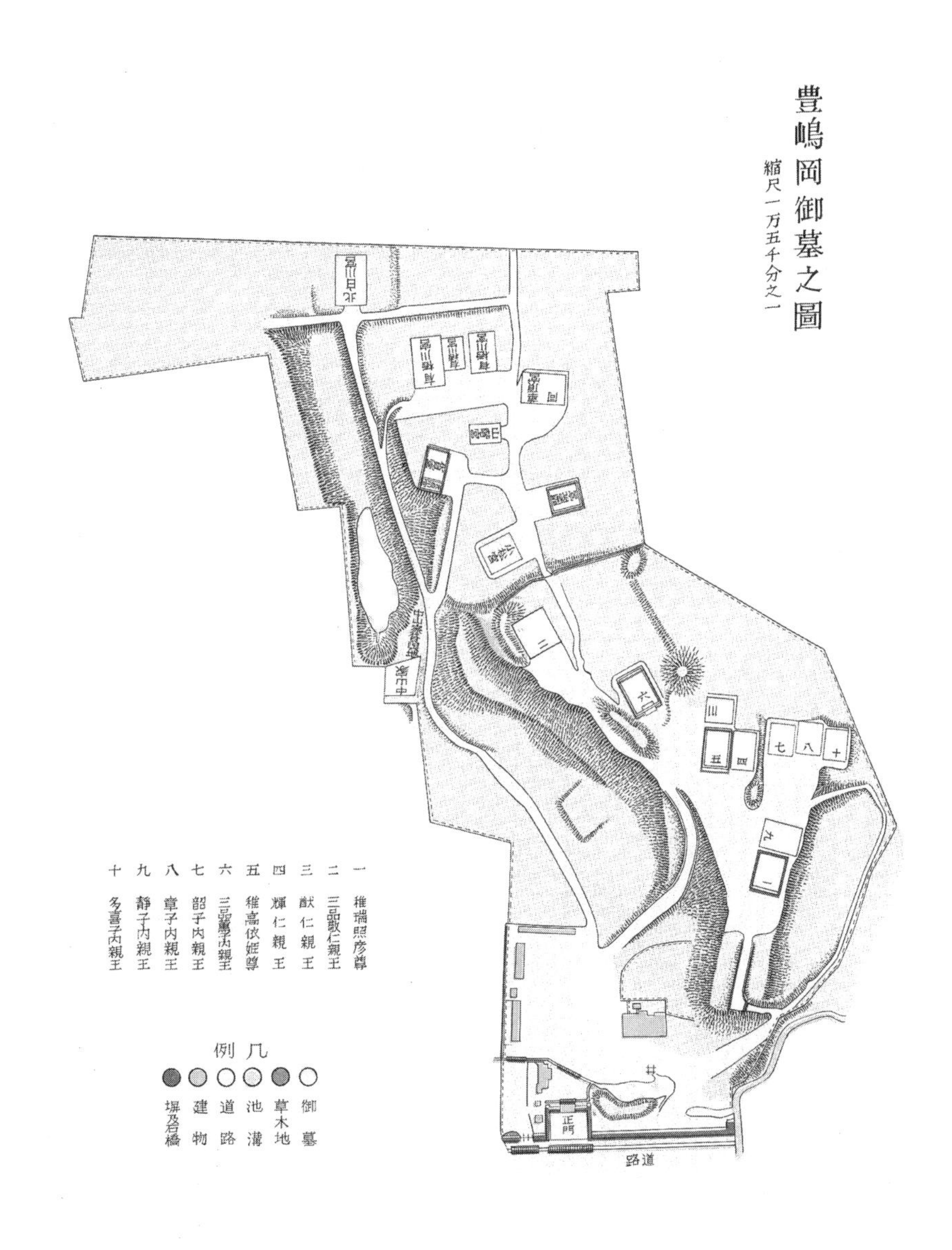

図9　豊島岡墓地図［東京市役所編 1913：「豊島岡御墓之図」］

設を孝明天皇墓のような八角台形ではなく、〈円墳〉として造営されている。

その後、この豊島岡墓地には宮家墓も造営されるが、それらの地上施設も〈円墳〉であった。やがて、一九一二年（明治四五・大正一）死去の明治天皇墓は、その地上施設を〈円墳〉にするが、その原型がすでに一八七三年（明治六）死去の明治天皇の子供、死産であった二人の墓からはじまっていた。また、その母親、死産の子供とともに死んだ、二一歳の葉室光子、一七歳の橋本夏子、彼女たちも、隣接の護国寺境内墓地で、同じく〈円墳〉の地上施設であった。

そして、豊島岡墓地に設営された死産の二人の子供の墓、これらは、幕末まで、孝明天皇の時期の皇族墓まではなかった特徴を生み出していた。

それは、第一には、その墓域の設営が寺院境内ではなく、宮内省管轄下の豊島岡墓地であったことである。かつての護国寺境内地であるとはいえ、それから分離させられて、新たに宮内省管轄下となっていた。「西方極楽」往生を目的とする仏教寺院とは切り離されている。

第二には、この死産の二人の子供は「親王」ではなかったにもかかわらず、皇族墓の豊島岡墓地に葬られたことである。幕末までは、たとえば、孝明天皇と堀河紀子との間に生まれた寿万宮は、「親王」ではなかったために、堀河家の寺院境内墓地に葬られていた。稚瑞照彦尊と稚高依姫尊は「諡号」の命名はあったが、「親王」ではない。しかし、その「親王」ではない二人が、新たに設定された皇族墓、豊島岡墓地での最初と二番目の人物であった。

このように、明治天皇の子供は、その第一子と第二子がともに死産であった。また、その母親たちも出産死であった。当時の劣悪な皇族の出産事情が関係しているのであろう、一八七五年（明治八）一月一八日、天皇の子供の誕生について規定が作られた。誕生から七日後に命名儀礼が行なわれるべきこと、そして、「親王」になるのは、「嫡出ノ皇子女ハ命名ノ即日」「庶出ノ皇子女ハ百日或ハ満一年等」に、天皇の「宣下（せんげ）」によると決められる［宮内庁編一九六九b：三八四―三八六頁〕。これにより、いったんは、皇后の子供は出産七日後の命名日、権典侍などの子供は百日後あるいは一年後に「親王」になるとされた。その三日後の二一日、明治天皇の第三子が生まれる。母親は権典侍柳原愛子（一八五九―一九四三）であった。七日後の二七日、命名儀礼が行なわれ、薫子と命名され、その誕生と命名が皇居の賢所・「皇霊」・神殿に報告されている。薫子の賢所・「皇霊」・神殿へのはじめての参拝は二月二〇日であった〔宮内庁編　一九六九b：三八九、四〇〇頁〕。形成まもない賢所・「皇霊」・神殿が、こうした皇族の儀礼においても、早くも中心的位置をしめるようになっていた。また、この第三子の薫子が、死産ではなかったはじめての明治天皇の子供であった。

　薫子の成長にともなってのことであろう、翌一八七六年（明治九）五月三〇日、天皇の子供についての規定が改訂される。前年一月一八日の規定では、「親王」になるのは、天皇の「宣下」によったが、それを廃止し、母親の地位とは無関係に、出生と同時に、男子は「親王」、女子は「内親王」になることになった〔宮内庁編　一九六九b：六〇五―六〇六頁〕。これにより、たとえば、死産や出生直後の死であっても、天皇の子供は出生と同時にすべて自動的に「親王」「内親王」となる。薫子も自動的に薫子「内親王」となった。

　同年六月八日、薫子「内親王」は死去した。薫子は、死産ではなく誕生から約一年半が経過していることもあろう、神葬祭による葬儀が行なわれた。一二日「霊遷」祭と納棺、一五日「棺前」祭、一六日「棺前」祭・「霊」祭のあと出棺、豊島岡墓地に葬られた。五〇日祭ののち、七月三一日「霊代」を皇居に遷している〔宮内庁編　一九六九b：六二三頁〕。死後名は「三品内親王薫子尊」、墓標は「三品内親王薫子尊墓」とされた〔東京市役所編　一九一三a：一四六―一四七頁〕。明らかな神葬祭であった。

　以後、彼ら・彼女ら、第一子・第二子・第三子を含めて、明治天皇の子供は、一八九九年（明治三二）までに合計一〇人が死去し、豊島岡墓地に葬られた〔東京市役所編　一九一三a：一二八―一七三頁〕〔岩崎　二〇〇五：八二頁〕。

幕末までは、天皇の子供の墓といえども、母親方の寺院境内墓地にあるために、複数に転在していたが、この豊島岡墓地の造営により皇族墓の一元化がはかられたことになる。同時に、それは、幕末までのような仏教的死者供養によったのではなく、神葬祭への転換でもあった。

〈円墳〉新造の背景——神儒混淆葬からの展開　それではなぜ、孝明天皇墓が八角台形であったにもかかわらず、明治初年に死去した明治天皇の第一子・第二子・第三子たちの地上施設が〈円墳〉とされ、それがその後の皇族墓、さらには、明治天皇墓にも適用されるようになるのであろう。なぜ、明治政府は、神葬祭による天皇墓・皇族墓において、孝明天皇墓のような八角台形ではなく、〈円墳〉を採用したのであろう。

神葬祭が形成されてくるのは、中世末から近世に入ってからであった。その嚆矢は一五一一年（永正八）死去の吉田兼倶であると考えられ［國學院大学日本文化研究所編 一九九五：一頁］、吉田神道によって神葬祭が徐々に構成される。すでにみた事例でいえば、一六一六年（元和二）死去の徳川家康の遺体が久能山へおさめられたとき、その祭式は、神道的であった。吉田神道の神葬祭かどうかを確認することはできないが、吉田家出身の僧梵舜が立ち会い、その祭式が行なわれた。

しかし、吉田神道の墓の造営方法は〈円墳〉ではなかった。たとえば、吉田兼倶の遺体埋葬地点には、神龍社という小祠が造営されている。写真80は、吉田神社境内地にある現在の神龍社である。この現在の小祠が、吉田兼倶死去から継続しているものであるとすれば、この小祠は兼倶の墓であると同時に、それを神体とする社殿ということになる。

近世の吉田神道による神葬祭のマニュアル本をみても、その地上施設は〈円墳〉ではなく小祠が造営されている。たとえば、吉田神道を学んだ橘三喜（一六三五—一七〇三）の『神道葬祭之家法』は、前面に〈鳥居〉を設営した「神廟」、つまりは小祠の造営を解説している［國學院大学日本文化研究所編 一九九五：一〇六—一〇七頁］。また、藤原千何哉（？—？）の『神道葬祭式実』（一六九五）は、「五十日過れば墓上に石壇を築き、社を立る」とする［國

写真 80　神龍社（京都府京都左京区吉田神楽岡町）2015 年

學院大学日本文化研究所編 一九九五：一二四頁〕。

このように、中世末から近世初頭にかけて、吉田神道が形成しようとした神葬祭は、遺体槨納地点また遺体埋葬地点上に「神廟」としての社殿を造営する形態であった。

吉田神道が、〈円墳〉ではなく社殿造営を模範としているとすれば、近現代の天皇墓・皇族墓における〈円墳〉の採用は、吉田神道によるものではないといえよう。それでは、〈円墳〉の原型は、どこに求めればよいのであろう。

すでにみた、地上施設を「馬鬣封」または円錐形に造営していた近世の儒葬との関連を仮定してみる必要がありそうである。近現代の天皇墓・皇族墓に採用された〈円墳〉は、その形状についてみれば、明らかに、近世の儒葬における「馬鬣封」また円錐形と類似している。

たとえば、近世の儒葬のマニュアル本のうち、そのもっとも代表的作品と考えられる、徳川光圀が編纂させた『神道集成』巻一二「葬祭」は、その地上施設については、「墳高三尺六寸、巓植賢樹（いただきにけんじゅをうえる）」「墳前立石碑（ふんぜんにせきひをたてる）」といい〔神道大系編纂会編 一九八一：五二一頁〕、図10のような「墳墓図」をえがいている。盛土をして、その頂上部分に植

図 10　墳墓図（『神道集成』巻 12「葬祭」）［神道大系編纂会編 1981：p.525］

樹をし、前面には、墓碑を立てる構図である。近世の儒葬墓は、「馬鬣封」か円錐形の違いはあれ、すでにみたきたように、おおむねこのような構図をとる。

あくまで仮説ではあるが、近世には神葬祭と儒葬との混淆、神儒混淆葬とでもいうべき現象があり、それが、近世の儒葬における円錐形から、神葬祭における〈円墳〉を形成させたと考えることはできないだろうか。

管見の限りでは、会津藩主保科正之（一六一一—七二）の、現在の土津神社およびその奥院（福島県耶麻郡猪苗代町見祢山）における神儒混淆葬しか、具体例をあげることができないのであるが、それは次のような形態であった。

保科正之は、二代将軍徳川秀忠の子供、三代将軍徳川家光の弟にあたり、会津藩松平家の初代藩主である（正之は高遠藩保科家を継承したために保科姓。三代藩主正容から松平姓）。正之は、神道を吉川惟足（一六一六—九五）に、儒学を山崎闇斎（一六一九—八二）に師事した。そして、その葬儀と墓の造営については、吉川惟足が全体を指揮している。惟足は、吉田神道を学びつつも、儒学・陰陽五行説をも学び、これらを混淆させた理学神道を提唱し、一六八二年（天和二）には幕府神道方に就任した［國學院大学日本文化研究所編　一九九五：三二一—三二四頁］。吉田神道の影響を受けつつも、それを発展させて、儒学・陰陽五行説をも含めた独自の神道学説を展開したのが惟足であった。

この吉川惟足が指揮した保科正之の神儒混淆葬は、『会津鏡』によれば、次のように行なわれた。

一六七二年（寛文一二）一二月一八日、保科正之は江戸で死去した。同月三〇日、正之の遺体を入れた棺は会津若松城三の丸に到着した。ここで「殯」が行なわれる。翌一六七三年（寛文一三）三月九日、棺を猪苗代の「仮屋」に移し、ここで「殯」を行なう。葬儀と棺の槨納は、同月二七日であった。吉川惟足に導かれた二代藩主保科正経（ほしなまさつね）（一六四七―八一）が、二丈三尺×二丈四尺四寸×二丈四寸（一尺三〇cmとして、六m九〇cm×七m三二cm×六m一二cm）の「壙（こう）」のなかの「石椁（せきかく）」に「漆棺（しっかん）」（「柀（まき）」で「棺」を作り「布漆十二重」）をおさめた。間隙には油・蠟・灰を「浴」した。「石椁」は二重で、直接の「椁」と「外椁」により、それぞれに蓋をして、両者の間には厚さ一尺三寸（九九cm）の「松脂」を入れた。最上部には土・沙・灰などを敷いている。そして、この葬儀後の同年五月二四日、「墳」が完成、一〇月一五日、この「墳上」に「土津（はにつ）の墳」と篆書した石を建て、土津神社の社前に「亀趺」による石碑を建立している［國學院大学日本文化研究所編 一九九五：一八六―一八七頁］。

　保科正之の葬儀から墓の造営について、このような経過を概観しただけでも、それが重厚で丁重な遺体槨納葬であることがわかる。そして、それは明らかな神儒混淆葬であった。たとえば、神葬祭のような「殯」が行なわれ、この保科正之墓の前には、土津神社が造営され、正之はその神社の祭神となった。いっぽうで、その社前の石碑には、儒葬式に、「亀趺」による石碑が建立されていた。一八六八年（慶応四・明治一）の戊辰戦争により荘厳な権現造りの社殿は焼失し、現在の社殿は再建されたものであるが、この土津神社の境内地に、写真81の「亀趺」による「土津霊神碑」があり、その奥院として、写真82の保科正之墓がある。前部に「会津中将源君之墓」の石碑を置き、その墳墓の形状は儒葬特有の円錐形である。そして、その「墳上」には、「土津神墳鎮石」と刻まれた八角錘形の石を置く。『会津鏡』で「土津の墳」と篆書した石を建てたとあるのが、この八角錘形の石のことであろう。

　保科正之墓は、土津神社の奥院をその墓域とするので、その構図だけをとれば、同じように神社の奥院が墓となっている日光東照宮、正之からみて祖父にあたる徳川家康墓と同じ構図である。しかし、保科正之のばあい、その奥院イコール墓は、儒葬による巨大な円錐形の墳墓であった。また、土津神社境内には、「亀趺」による「土津霊神碑」があった。

写真 81　土津霊神碑（福島県耶麻郡猪苗代町見祢山）2016 年

写真 82　保科正之墓（福島県耶麻郡猪苗代町見祢山）2016 年

神儒混淆葬の具体例について、管見の限りでは、この保科正之墓しかあげることができないのであるが、この神儒混淆葬の保科正之墓が明らかな円錐形であることは看過できない現象であろう。なお、吉田神道の卜部兼隆（一七三九―九六）の『神祇道葬祭本式次第』では、墓上には、「壇を築き其上に高く土を封ず（壇は方形に之を築き、円形に土を封ず。若し墓誌を納むることあらば、是に先だち之を埋むべし）」［國學院大学日本文化研究所編一九九五：一六三頁］とあり、吉田神道でも、神葬祭における円錐形の墳墓造営をマニュアル化しているものもある。中世末から近世初頭にかけて、吉田神道は墓イコール社殿とした神葬祭の形態を形成させていた。しかしそれが、近世初頭以降、儒葬を受容し、その墓を社殿とするのではなく、墓には儒葬式に円錐形の墳墓とする修正を行ない、社殿と墓を分離させる神儒混淆葬を形成させていたように思われるのである。

近現代の天皇墓・皇族墓において、この一八七三年（明治六）の豊島岡墓地造営にはじまる〈円墳〉の形成は、このような、近世の儒葬墓、さらには、その儒葬を受容した神葬祭における神儒混淆葬からの延長線上にあった、と仮定しておきたいと思う。この仮定が成立するとすれば、明治維新後、国家神道下における神葬祭の形成とは、近世の儒葬を取り入れ、中世末から近世初頭にかけて形成されていた吉田神道による神葬祭の修正であったと考えることが可能であろう。

しかし、そうであるとすれば、近世の儒葬墓は、庶民墓だけではなく仏教式の天皇墓・武士墓とも大きく乖離したものであったから、近世までは庶民墓・武士墓とともに仏教的死者供養という意味で同質性を持っていた天皇墓・皇族墓は、近現代の豊島岡墓地造営を起点として、庶民墓とは大きく異なる性格を持つ存在になったことになる。近現代の天皇墓・皇族墓における〈円墳〉とは、他から突出した特殊な墓制であると考えなければならない。

豊島岡墓地の拡大――皇族墓の一元化　豊島岡墓地を利用したのは明治天皇の子供だけではなかった。他の皇族、宮家墓としても配分され使用される。宮家墓も神葬祭により豊島岡墓地に一元化されていく。

宮家の死者で最初に豊島岡墓地に葬られたのは、華頂宮博経（一八五一―七六）であった。彼は、もともとは、知恩院門跡であったが、一八六八年（慶応四・明治一）還俗し華頂宮となっていたもので、一八七六年（明治九）五月二四日死去し、三〇日に豊島岡墓地に葬られた［東京市役所編 一九一三a：一九五頁］。以後、一九一二年（明治四五・大正一）の明治天皇死去までに、有栖川宮家（三人）・伏見宮家（一人）・山階宮家（一人）・北白川宮家（三人）・小松宮家（一人）・閑院宮家（一人）・華頂宮家（二人）、合計七宮家（合計一二人）が豊島岡墓地を利用している［東京市役所編 一九一三a：一七三―一九七頁］。これら宮家墓地については、豊島岡墓地の墓域の拡大とともに、その入口に近くに位置する明治天皇の子供墓より奥の墓域が、第一号地〜第九号地に分割、各宮家に配分され、また、その管理も一九〇九年（明治四二）には宮内省諸陵寮の管轄下に置かれた［岩崎 二〇〇五：九六頁］。

それでは、豊島岡墓地に造営された宮家墓はどのようなものであったのであろう。

その例として、一八九五年（明治二八）に死去し、豊島岡墓地で葬儀が行なわれ葬られた、有栖川宮熾仁（一八三五―九五）と北白川宮能久（一八四七―九五）をみてみよう。

まずは有栖川宮熾仁からである。有栖川宮は、一八九五年（明治二八）一月一五日、日清戦争（一八九四―九五）時の陸軍参謀総長として現職のまま死去した。松浦辰男（一八四三―一九〇九）による編纂で一八九七年（明治三〇）には完成されていた『熾仁親王行実 巻下』（一九二九）によると、同月二九日、豊島岡墓地で葬儀が行なわれ葬られた。葬儀は国葬であった。明治天皇などの「勅使」による代参があり、また、イタリア公使など駐日外交官の参列も多い。同書にはその墓を正面から撮影した写真が掲載されており、それによると、墓の正面入り口には灯籠が並べられ、遺体をおさめた地点は〈円墳〉である［松浦辰男編 一九二九：三六九―三七三頁］。もっとも、この写真からでは、その内部構造は不明であり、また、この〈円墳〉が土盛りなのかそれとも他の物質による設営なのかを判断することもできないが、宮家墓でも、〈円墳〉の地上施設が造営されるようになっていた。

その後、有栖川宮熾仁の墓前では、二月二日に十日祭、三月一六日に五十日祭、そして、五月三日には百日祭が行なわれた。百日祭に先立ち、四月一七日に下関条約が締結され日清戦争が終結したために、この百日祭に際しては、明治天皇の代拝者が下関条約調印の「宣命」を読みあげている。さらに、六月一六日には、日清戦争大本営の代表として西郷従道（一八四三—一九〇二）などが報告を行ない、翌一八九六年（明治二九）四月一日には大本営解散の報告が行なわれている。一周年祭は同年一月二五日であった［松浦辰男編 一九二九：三七三—三七九頁］。

宮家墓も、幕末までのような「西方極楽」往生のための仏教的死者供養ではなくなっていた。神葬祭で葬儀が行なわれ、地上施設として〈円墳〉が造営され、それに対して、くりかえし跪拝と報告が行なわれた。そして、一八七三年（明治六）死去の明治天皇の二人の子供、稚瑞照彦尊・稚高依姫尊の墓が〈円墳〉であり、また、現在、護国寺境内に残る彼らの母親、葉室光子・橋本夏子の墓が〈円墳〉であったように、この有栖川宮熾仁の墓も〈円墳〉であった。

次は北白川宮能久である。北白川宮能久は、幕末、輪王寺門跡・寛永寺山主であり、そのために、戊辰戦争では、奥羽越列藩同盟の盟主として新政府軍に抵抗、降伏した経歴を持つ。一八七〇年（明治三）還俗、翌々一八七二年（明治五）北白川宮能久となり、ドイツ留学を経て陸軍軍人となる。日清戦争後の下関条約による台湾領有に際しては、台湾住民の抵抗を鎮圧するために、近衛師団長として出征する。しかし、この台湾抵抗住民鎮圧戦争の最中、マラリアに感染し、一八九五年（明治二八）一〇月二八日、現職のまま死去した。

台湾教育会編『北白川宮能久親王御事蹟』（一九三七）によると、北白川宮能久の遺体は東京に移送され、一一月一一日、豊島岡墓地で葬儀が行なわれ、遺体は、有栖川宮熾仁の隣接地におさめられた。葬儀には、各皇族・伊藤博文総理大臣など閣僚・官僚のほかに、各国公使が参列している。葬儀では、棺に対して神饌が供えられ、天皇・皇后などの代拝が行なわれ、祭主による「祭詞」および「誄」が述べられ、参列者が「玉串」を供えている。そのあと納棺が行なわれた。深さ一丈×長さ二間×幅八尺（一尺三〇cmとして、深さ三〇〇cm×長さ三六〇cm×二四〇cm）の墓穴を掘り、その上部に、板葺屋根を設営、三面に幕をたらし、その左右に小屋を設営し、左側の小屋は奏楽・喪主・近親者など、右側の小屋は神饌・祭主などの控え場所とされた。この墓穴の前面には、天皇・皇后などから贈られた榊・鉾・旗などが置かれ、墓穴に納棺されると、神饌が供えられ、墓標および榊・鉾・旗が置かれている［台湾教育会編 一九三七：二五九―二八八頁］。墓穴、地下施設の造営方法が明確ではないが、葬儀と墓穴前では神饌が供えられ、葬儀では「祭詞」および「誄」が述べられている。神葬祭である。そして、その遺体に対して供えられた神饌に象徴されるように、死者である北白川宮能久はこれらにより神として祀られていた。[*89]

葬儀と遺体の墓穴への納棺後、その時期も明確ではないが、その後、地上施設が造営された。この地上施設も、宮内庁書陵部陵墓課編『陵墓地形図集成〈縮小版〉』所収「豊島岡墓地之図」によれば、有栖川宮熾仁と同じく、〈円墳〉であった［宮内庁書陵部陵墓課編 二〇一四：三三―三四頁］。

そして、この北白川宮能久の葬儀でも、各国公使など駐日外交官が参列しただけではなく、各国領事館・駐日外国船舶は弔旗をかかげ、弔砲を打った。たとえば、横浜港碇泊のアメリカ軍艦・フランス軍艦・ロシア軍艦など各艦二〇発の弔砲を打ったという。また、北白川宮能久の棺の葬列に対しては、学校生徒の拝礼もあった。神田錦町の国民英学校・錦城学校の生徒は、道路に出て棺を見送っている［台湾教育会編 一九三七：二八八―二九五頁］。これらが、政府の要請によっていたかどうかを確認するはできないが、北白川宮能久の葬儀は、公的性格を帯び、しかも、国際社会のルールのなかに組み込まれていた。すでに、孝明天皇の葬儀に際して、外国領事館・軍艦の弔旗掲揚があった。それが、陸軍参謀本部長（有栖川宮熾仁）・近衛師団長（北白川宮能久）ということもあろう、その後の宮家の葬儀でも実行されていたのである。

このように、近現代の皇族の葬儀は神葬祭により、地上施設は〈円墳〉に統一されるようになった。それと同時に、その葬儀は、国際的秩序のなかにも組み込まれるようになっていた。私人として死去し葬儀が実行されるのではなく、公的人間として死去し、近現代国家の国際秩序のなかで、公的な神葬祭が行なわれ、また、その最後は〈円墳〉の造営であった。

日本は、一八九五年（明治二八）日清戦争の勝利により、はじめて植民地を獲得し、帝国主義国家への原型を形成する。それと同時であった有栖川宮熾仁・北白川宮能久の葬儀およびその墓は、神葬祭による〈円墳〉とでもいうべき形態でありながら、国際的秩序のなかに存在していた。一九一二年（明治四五・大正一）死去の明治天皇の葬送・墓制に先立ち、皇族の葬送・墓制が天皇・皇族の近現代的様式を形成していた。この豊島岡墓地における皇族の葬送・墓制を、量的に拡大・本格化させたのが、明治天皇の葬送・墓制であったと考えることもできよう。

2　帝室制度調査局の天皇墓・皇族墓原案

帝室制度調査局と公式令――天皇墓の近現代法制化の起点　有栖川宮熾仁・北白川宮能久が死去した一八九五年（明治二八）から三年後、一八九八年（明治三一）二月、内閣総理大臣伊藤博文が皇室制度についての意見書を明治天皇に提出した。それに対して、明治天皇は、翌一八九九年（明治三二）八月二四日、伊藤博文を総裁として、天皇・皇族にかかわる法令・儀礼を調査・制定するための帝室制度調査局（ていしつせいどちょうさきょく）を設置させる［宮内庁編　一九七三：六九五頁］［春畝公追頌会編　一九四〇：四一七―四一八頁］。この時点では、天皇・皇族制度についての法令は、一八八九年（明治二二）制定、しかし未公布の皇室典範があるにすぎなかった。それに対して、この帝室制度調査局が、いっそう広範囲で厳密な天皇・皇族制度を、国法として制度化させるための原案作成を行なうことになる。

この帝室制度調査局の設置から閉局に至る経緯については、皇室典範の公布過程を中心として、すでに詳細に明らかにされており［小林・島編著　一九九六：一五〇―一七一頁］、それによれば、帝室制度調査局は、皇室典範をはじめとする皇室法規を公的法規として位置づけるために、積極的役割を果たすことであった。

帝室制度調査局設置にともない、一八九九年(明治三二)九月五日、土方久元(ひじかたひさもと)(一八三三—一九一八)が副総裁、伊東巳代治(いとうみよじ)(一八五七—一九三四)など九名がその「御用掛」となる。一二日、伊藤は、副総裁・「御用掛」などの職員一同に対して、整備すべき皇室制度を、「礼典」、「法律的行為」、「皇族に限る規定」の三種類に大別し、それらの確定を強調する訓示を行なう。筆頭の「礼典」については、次のように述べている。

礼典に関しては首として指を即位の礼に屈する。皇室典範に於ては、京都に於て之を行ふ旨を規定せられたけれども、其の応(まさ)に如何なる礼典を以てすべきかは実に未定の問題に属する。此は可成丈(なるべくだ)け歴史に徴し、上代の古典に遡つて審査を遂げ、其の今日に行はれて不都合のないものは之を存するが宜いのである。次に婚姻の事であるが、此亦同様である。葬祭喪紀の制、此等も一定の制規を要する。彼の民間の仏法等に依つて、風俗習慣上自然の沿革に任せ来つた如きは、決して帝室の典例とすべきでは無い［春畝公追頌会編 一九四〇：四二一—四二二頁］［平塚編 一九二九：三四四—三四五頁］［平塚編 一九三〇：一三六—一三七頁］。

「即位の礼」の詳細、「婚姻」「葬祭喪祀」制度の制定、それらの重要性が強調されている。それだけではなく、それらが「仏法等」の「風俗習慣上自然の沿革に任」されてきたことを否定する。葬送・墓制に限定してみても、それらから仏教を排除し、そうではない儀礼を、新たな制度として制定しようとしていた。一八九五年(明治二八)死去の有栖川宮熾仁・北白川宮能久の葬送・墓制では、仏教的死者供養が排除され、神道式となっていた。そうした既成事実を、慣例ではなく、天皇・皇族における制度として定着させようという目的であった。

一九〇〇年(明治三三)九月一五日、伊藤は、立憲政友会総裁となった。そのために、帝室制度調査局総裁を辞職し、土方久元が総裁心得となる。一九〇三年(明治三六)七月一六日、伊藤が帝室制度調査局総裁に復帰し、同時に土方が辞職、二日後の一八日、伊東巳代治が副総裁に就任する［宮内庁編 一九七四：四七二頁］。この帝室制度調査局を実質的に統轄していたのは副総裁の伊東巳代治であったようで、伊東が、のちに、一九二六年（大正一五）一〇月一九日、帝室制度審議会総裁として、昭和天皇（この時点では摂政）に対して行なった講義「御前講話」では、「其の（伊藤博文の―引用者）晩年には老躯統監の印綬を佩ひて韓国に赴任する等、終始国事に尽瘁して殆んと寧日なき状態なりしか故に、巳代治に対し主として局務を統理すへきを委せられたり」［国立国会図書館憲政資料室―伊東巳代治関係文書R27・分類番号126―3「御前講話筆記」］［句読点は適宜補った―引用者］と回想している。帝室制度審議会総裁としての自画自賛も含まれていようが、伊東巳代治の実質的統轄について、事実を伝えているのではないかと考えられる。

そして、帝室制度調査局は、一九〇七年（明治四〇）一月三一日公布の公式令の制定（勅令）までを行ない、同年二月一一日廃局となった［平塚編 一九二九：三四七頁］。

この公式令は、その第一条で、皇室のことがらと「大権」施行は「詔書」によって「宣誥」されると規定し、第三条で憲法改正、第四条で皇室典範改正は「上諭」をつけて公布されると規定する。その上で、第五条は、次のようにいう。

皇室典範ニ基ツク諸規則、宮内官制其ノ他皇室ノ事務ニ関シ勅定ヲ経タル規程ニシテ発表ヲ要スルモノハ皇室令トシ上諭ヲ附シテ之ヲ公布ス［『官報』一九〇七年二月一日］。

この公式令の制定は、それまでの皇室法規の性格を大きく変更することになった。

第一には、一八八九年（明治二二）制定の皇室典範のような皇室法規を未公布のままで天皇・皇族の家法・私事とするのではなく、公布・施行により国法と位置づけたことにあった。これについては、すでに指摘されているように［高久 一九八三：一六〇―一七八頁］、二月一一日、皇室典範が皇室典範増補として公布されたことにより、皇室典範ははじめて明確な国法となった［栗原 一九四一：一四―一五頁］。これによって、伊東巳代治が、さきにみた昭和天皇への「御前講話」のなかで、「皇室典範増補を立案して以て皇族の国法上の地位を明確にし」〔国立国会図書館憲政資料室―伊東巳代治関係文書R27・分類番号126―3「御前講話筆記」〕と述べているように、天皇・皇族の社会的行為・存在が国法により規定されることにもなった。

第二には、皇室典範に準ずる皇室法規として、新たに、皇室令という法規の範疇を作ったことであった。これにより、このあと、皇室法規の多くが、この皇室令という範疇により公布・施行される。皇室典範と同じように、この皇室令も公布・施行される法規であり、未公布の天皇・皇族の家法・私事ではなく、国法となった。

帝室制度調査局の国葬令原案――国家行事としての天皇の葬儀

天皇・皇族の葬送・墓制を決定する国葬令・皇室喪儀令・皇室陵墓令も、この帝室制度調査局の審議対象となり、原案が作成された。ただし、それらは、帝室制度調査局によっては制定されず、その勅令（国葬令）と皇室令（皇室喪儀令・皇室陵墓令）による制定は、のちの帝室制度審議会の再審議の結果であり、大正天皇死去の約二ヶ月前、一九二六年（大正一五・昭和一）一〇月二一日であった。

明治期の帝室制度調査局の段階では、いまだ、天皇・皇族の葬送・墓制は、制度化されなかったことになる。したがって、のちの大正天皇の葬送・墓制は、国葬令・皇室喪儀令・皇室陵墓令に基づく国家の法令によって実行されたが、明治天皇の葬送・墓制は、そうではなく、豊島岡墓地における皇族墓・宮家墓における葬送・墓制を継承しつつ、原案段階で未制定の状態であった国葬令・皇室喪儀令・皇室陵墓令原案によって実行された。

一九一六年（大正五）の帝室制度審議会設立にあたり、その総裁となる伊東巳代治が提出した意見書「皇室制度再査ノ議」では、明治期の帝室制度調査局の審議の結果、制定された法令は、一九〇七年（明治四〇）制定の公式令、皇室典範増補の公布など合計三三法令であった。いっぽう、原案が起草されたものの未制定となったのは、国葬令・皇室喪儀令・皇室陵墓令など合計一八法令であった。ただし、国葬令・皇室喪儀令・皇室陵墓令についていえば、国葬令・皇室喪儀令は一九〇六年（明治三九）六月、皇室陵墓令は一九〇六年（明治三九）二月、それぞれ明治天皇に

「上奏」されている［国立国会図書館憲政資料室—倉富勇三郎文書R38・分類番号28—1「皇室制度再査議 帝室制度審議会資料一」］。帝室制度調査局の審議、原案作成によって、一九〇六年（明治三九）までには、国葬令・皇室喪儀令・皇室陵墓令は制定直前にまで至っていたといってよいだろう。

なぜ、これらが「上奏」されたにもかかわらず、制定されなかったのか、その理由を明らかにすることは難しい。ただし、このあとそれぞれについてみるように、原案における中心部分で調整が生じたからではないか、と考えることができるように思われる。

それでは、その制定のための原案作成の趣旨はどのようなものであったのだろう。

「国葬令案定本 伊藤帝室制度調査局総裁上奏」[*90]によれば、伊藤博文は、帝室制度調査局作成の国葬令原案冒頭の「上奏文」のなかで、次のように述べる。この「上奏」の年月日は「明治三十九年六月十三日」である。

> 大喪儀及皇嗣皇嗣妃ノ喪儀ハ亦宜ク国家ノ凶体トシテ国資ヲ以テ其ノ一切殮葬（れんそう）ノ需ニ供スヘシ、其ノ他ノ皇族及臣僚ニシテ国家ニ偉勲アル者ニ、特ニ国葬ヲ賜フノ制モ此ヨリ前キ唯々之ヲ事例ニ徴見スルノミ、其ノ実未タ一定ノ条規ノ拠テ準的トナスヘキモノアラス、是レ茲（ここ）ニ皇室喪儀令ヲ査定スルト同時ニ又勅令案トシテ国葬令ヲ具審シタル所以ナリ［国立国会図書館憲政資料室—平沼騏一郎文書R32・分類番号240—14「国葬令案定本」］［句読点は適宜補った—引用者］。

天皇の葬儀（「大喪儀」）をはじめとする国葬が、慣例として実行されているので、そうではなく、正式な国家行事として行なわれるように、法令を整備すべきであるという。

また、この「上奏文」のあとに記された国葬令案についての説明は、次のようなものであった。

> 天皇三后皇嗣及皇嗣妃ノ喪儀ハ国家ノ凶体ニシテ、四海遏蜜（しかいあつみつ）挙テ喪ヲ服シ悼ヲ表スル所、則チ国資ヲ以テ其ノ葬時ノ用ニ供スルハ、亦我国体ニ視テ当然ノコトニ属ス［国立国会図書館憲政資料室—平沼騏一郎文書R32・分類

番号240―14「国葬令案定本」〔句読点は適宜補った―引用者〕。

天皇などの葬儀が、「国家ノ凶体」と位置づけられ、「国資」でその費用がまかなわれるのが、「国体」にてらして当然とされる。

帝室制度調査局が皇室典範を皇室典範増補として公布し、また、皇室令を新造したように、天皇の葬儀は皇室の私事・家事ではなく、国家行事とされている。

国葬令とは、天皇の葬儀（「大喪儀」）を国家の制度として確定するための法令であった。皇室喪儀令・皇室陵墓令は、国葬令の細部についての規定であるので、同じく、天皇などの葬儀を制度化された国家行事として実行するための法令であったと考えてよいだろう。

帝室制度調査局の国葬令原案の第一条は、次のようなものであった。

第一条　大喪儀及皇太子皇太子妃皇太孫皇太孫妃ノ喪儀ハ国葬トス摂政タル親王内親王王女女王ノ喪儀亦同シ〔国立国会図書館憲政資料室―平沼騏一郎文書R32・分類番号240―14「国葬令案定本」〕。

これに対して、帝室制度審議会の審議の結果、最終的に、一九二六年（大正一五・昭和一）一〇月二一日に制定された国葬令の第一条は、次のようなものであった。

第一条　大喪儀ハ国葬トス〔『官報号外』一九二六年一〇月二一日〕。

帝室制度調査局の国葬令原案の第一条とは異なり、第一条は、天皇の葬儀（「大喪儀」）だけに限定されている。続いて、第二条が皇族の葬儀についてである。

第二条　皇太子皇太子妃皇太孫皇太孫妃及摂政タル親王内親王王女王ノ喪儀ハ国葬トス但シ皇太子皇太孫七歳未満ノ殤（しょう）ナルトキハ此ノ限ニ在ラス〔『官報号外』一九二六年一〇月二一日〕。

天皇の葬儀（「大喪儀」）を第一条におき、皇族の葬儀（「喪儀」）を第二条におき、帝室制度調査局の国葬令原案とは異なり、天皇を第一条に、皇族を第二条に、分離させている。法令としての精密さを整備し、これにより、国葬令とは、第一義的には、天皇の葬儀（「大喪儀」）のための法令であることが明確に示されている。

仮説としていえば、明治期の帝室制度調査局の国葬令原案が制定されなかった理由は、原案の条文が、天皇の葬儀（「大喪儀」）を突出させる性格が弱かったからであろうか。仮にそうであるとすれば、国葬令が原案にとどまり、未制定のままで行なわれた明治天皇の葬儀（「大喪儀」）は、それが最高の国家行事であることを志向していたために、逆に、国葬令制定未制定による執行となった、と考えることができるように思われる。

帝室制度調査局の皇室喪儀令原案――竪穴式「石槨」 それでは、天皇・皇族の葬送・墓制の細部を規定する皇室喪儀令・皇室陵墓令について、帝室制度調査局によるそれぞれの原案はどのようなものであったのだろう。

まずは、皇室喪儀令（「附式」を含む）原案についてである。

「皇室喪儀令案定本　伊藤帝室制度調査局総裁上奏[*91]」によれば、帝室制度調査局によって作成された皇室喪儀令原案は、天皇の葬儀（「大喪儀」）を突出させて、皇族の葬儀（「皇族喪儀」）との違いを強調しつつ、両者とも、最終的には皇霊殿に祭祀するものとして、条文が構成されている。伊藤博文のこの「上奏」の年月日は、国葬令原案と同じく「明治三十九年六月十三日」であった。

皇室喪儀令原案は、第一章「大喪儀」と第二章「皇族喪儀」の二つに分かれている。天皇・太皇太后・皇太后・皇后の死去だけが「崩御」であり「大喪儀」として、他の皇太子・皇太子妃・皇太孫・皇太孫妃・親王・親王妃・内親王などの死去は「薨去」であり「皇族喪儀」として、行なうことが決定された。「大喪儀」を行なうのは、天皇と、その祖母の太皇太后・母の皇太后・妻の皇后のみであり、他の皇族は皇太子といえども「喪儀」であった。

天皇の「崩御」は、宮内大臣・内閣総理大臣の連署により「公告」される（第一条）。「追号」を決定し、宮内大臣・

内閣総理大臣の連署によりそれを「公告」し（第二条・第三条）、その葬儀を行なうための「大喪使」をおき（第五条）、遺体をおさめた棺を「殯宮」におく（第六条）。葬儀後は、天皇の「霊代」を「権殿」におき、一周年祭後、それを皇霊殿に移す（第一一条）［国立国会図書館憲政資料室―平沼騏一郎文書R31・分類番号240―1「皇室喪儀令定本」］。

この皇室喪儀令原案は、死去した天皇・太皇太后・皇太后・皇后を、皇霊殿で神として祭祀対象とすることを、法令（皇室令）によって決定し、制度化しようとしている（これについては皇太子などの皇族の死去についても同じ）。天皇をはじめ皇族の葬送・墓制が、天皇家の家事・私事としてではなく、国家の制度として行なわれ、最終的には、その「霊代」が皇霊殿で神となることが決定されようとしていた。なお、これらは、最終的に、一九二六年（大正一五）一〇月二一日成立の皇室喪儀令にも、条文もほぼそのままに継承され制定されている。

このあとでみる、明治天皇およびその皇后一条美子の葬儀において実行された、「大喪使」の設置、「殯宮」における祭祀、さらには、一周年祭後に「霊代」を皇霊殿に移し神として祀ることが、この皇室喪儀令原案によって準備されていたと考えてよいだろう。

さらに、皇室喪儀令原案の重要な点は、それに詳細な「附式」が添付され、その葬儀の詳細な手順を規定するとともに、葬儀と関係する天皇墓の内部構造をも規定していたことであった。皇室喪儀令「附式」は、その葬儀後、「霊柩」をおさめる方法を次のように記す。

　霊柩ヲ石槨ニ斂メ土ヲ覆フ
　此ノ時陵誌ヲ埋メ埴輪ヲ樹ツ［国立国会図書館憲政資料室―平沼騏一郎文書R31・分類番号240―1「皇室喪儀令定本」］。

「霊柩」をおさめる場所は「石槨」であった。「土」で「覆」う、とあるので、地下を掘り抜き「石槨」造営を企図していることがわかる。それまでと同じく、竪穴による「石槨」を造営しての遺体槨納葬である。

実際に、このあとみるように、明治天皇およびその皇后一条美子、それぞれの墓は、竪穴式「石槨」により造営された。明治天皇墓およびその皇后一条美子墓の造営は、皇室喪儀令「附式」原案に基づいていた。

しかし、これもあとでみるが、一九二六年（大正一五）一〇月二一日制定の皇室喪儀令「附式」では、この部分は大きく修正された。竪穴式「石槨」ではなく、横穴式「石槨」の造営が企図され、大正天皇墓は実際にそのように造営される。

この皇室喪儀令原案についても、これがなぜ制定されなかったのか、それの回答を出すことは難しい。しかし、このようなその「附式」における「石槨」造営方法の根本的修正をみたとき、仮説としていえば、ここでも、天皇の葬送・墓制にかかわる中心部分の確定が不充分であったために、未制定のままとなったのではないか、そのように考えることができると思われる。[*92]

帝室制度調査局の皇室陵墓令原案――形状規定なし　次は、皇室陵墓令原案についてである。

「皇室陵墓令案定本　伊藤帝室制度調査局総裁上奏」[*93]によれば、帝室制度調査局によって作成された皇室陵墓令原案は、天皇墓を「陵」として、皇族墓の「墓」から区別し、さらには、前者の面積を基準として、後者はそれを縮小する空間構成として、天皇墓・皇族墓を造営しようとしている。

具体的には、皇室陵墓令原案は、天皇・太皇太后・皇太后・皇后の墓のみを「陵」とし（第一条）、他の皇太子・皇太子妃・皇太孫・皇太孫妃・親王・親王妃・内親王などの墓は「墓」とする（第二条）。「陵」とは天皇・太皇太后・皇太后・皇后の墓、「墓」とは皇太子など他の皇族の墓であり、「陵」を「墓」から区別して格上とする。ふつう「陵墓」とは天皇を含めた皇族全般の墓を示すと理解されているが、この皇室陵墓令原案にのっとれば、「陵」は天皇・太皇太后・皇太后・皇后の墓、「墓」は皇太子など他の皇族の墓であり、「陵」と「墓」とを区別した上で、両者をトータルに意味するのが「陵墓」ということになる。

面積も条文に組み込まれた。

第二〇条　陵ノ兆域ハ各々五百坪トス〔国立国会図書館憲政資料室―平沼騏一郎文書Ｒ34・分類番号245―17「皇室陵墓令案定本」〕。

天皇墓など「陵」の面積は一律に五〇〇坪とされた。また、皇太子など皇族の「墓」は五〇坪とされた（第二一条。天皇墓など「陵」を基準とすると一〇％の面積）〔国立国会図書館憲政資料室―平沼騏一郎文書Ｒ34・分類番号245―17「皇室陵墓令案定本」〕。

このような、皇室陵墓令原案による、天皇墓と皇族墓との区別、また、それぞれの面積の規定、これらは、明治天皇墓およびその皇后一条美子墓にほぼ適用され、さらに、一九二六年（大正一五・昭和一）一〇月二一日制定の皇室陵墓令にも継承されていった[*94]。

しかし、皇室陵墓令原案にも、のちに制定された皇室陵墓令からみたとき、大きく欠落する部分があった。それは、皇室の「陵」と「墓」についての法令原案でありながら、その「陵」と「墓」をどのようなものにするのか、たとえば、その外観の形状、地上施設をどのようにするのか、そうした規定がまったく存在しないことであった。あとでみるように、制定された皇室陵墓令では「陵形」を〈円墳〉とする規定があるので、これについては、大正期の帝室制度審議会の再審議段階で付け加えられ、はじめて明確になっている。

とはいっても、明治天皇墓もその皇后一条美子墓も、その地上施設は〈円墳〉に造営された。明治維新後の皇族墓の形状〈円墳〉が、もはや自明視されていたと考えることもできよう。

なお、この皇室陵墓令原案には、天皇墓・皇族墓の場所を東京とする条文が盛り込まれていた。

第一六条　将来ノ陵及墓地ハ東京府下ニ在ル御料地内ニ就キ区域ヲ限リ之ヲ勅定ス〔国立国会図書館憲政資料室―平沼騏一郎文書Ｒ34・分類番号245―17「皇室陵墓令案定本」〕。

すでに、皇族墓の豊島岡墓地は東京に立地しているので、皇族墓については、その既成事実の制度化であるが、一八九七年（明治三〇）死去の孝明天皇皇后の九条夙子墓は、京都に造営されたので（孝明天皇墓「後月輪東北陵」内）、天皇墓・皇后墓に限っていえば、この皇室陵墓令原案の時点では、東京にそれらが造営されたことはなかった。しかし、それらの東京での造営を制度化しようとしていた。

これについては、一九二六年（大正一五・昭和一）一〇月二一日制定の皇室陵墓令では、条文の微調整を経て、第二一条「将来ノ陵墓ヲ営建スヘキ地域ハ東京府及之ニ隣接スル県ニ在ル御料地内ニ就キ之ヲ勅定ス」［『官報号外』一九二六年一〇月二一日］とする。東京の隣接県にまで選定地域が拡大されたが、根本的な修正ではない。

皇室陵墓令原案は、天皇墓・皇族墓を、京都ではなく、皇居のある首都東京に造営しようとしていたことになる。なお、これについては、結果的には、皇室陵墓令原案が未成立に終わったために、明治天皇墓およびその皇后一条美子墓は東京に限定される必然性はなかったともいえよう。実際に、このあとみるように、それらは京都に造営された。

この皇室陵墓令原案についても、それがなぜ制定されなかったのか、厳密な理由を確定することは難しい。ただし、仮説としていえば、皇室陵墓令原案が天皇墓を東京に選定しようとしていたこと（しかし明治天皇墓は実際には京都に造営された）、また、この原案では形状規定がないこと（しかし制定された皇室陵墓令は〈円墳〉などの形状規定をしている）など、決定するにはいまだ判断が難しい要素があったからではないかと思われる。

しかし、未制定に終わったとはいえ、これら国葬令原案・皇室喪儀令原案・皇室喪儀令原案が、天皇・皇族の葬送・墓制全体のなかで、天皇を頂点とする様式を整備しようとし、条文を準備していたことは確実であった。近現代天皇の葬送・墓制が完成に近づきつつあった。結果的には、これらは、帝室制度調査局の段階、明治期には未制定に終わり、そのために、明治天皇の葬送・墓制は、これらの原案が参考にされたとは考えられるが、法令による制度としての実行ではなかった。厳密にいえば、明治天皇の葬送・墓制は近現代天皇の葬送・墓制の様式的完成の段階にとどまった。やがて、それを基本として、大正期の帝室制度審議会の段階、一九二六年(大正一五・昭和一)一〇月二一日の国葬令・皇室喪儀令・皇室喪儀令制定によって、はじめて制度的完成に到達する。そしてそのうえで、この制度的完成が、大正天皇の葬送・墓制によって実行に移される。

政治史的にみれば、明治天皇の死去は、桂園時代の末期である。そのあと大正政変が起こる。大正天皇の死去は、政党内閣期「憲政の常道」の時期である。近現代天皇墓が、明治天皇墓の様式的完成を経て、大正天皇墓による制度的完成に至る時期は、それ以前の藩閥政治の時代でもなく、それ以後の戦争の時代、天皇の絶対性がいっそう強められた時代でもなかった。逆に、政党政治へ向かう、また、政党政治の時代、桂園内閣期から大正デモクラシー期であること、ここではそれを時期的な特徴として確認しておきたいと思う。

3　明治天皇の遺体梛納葬

明治天皇の遺体梛納葬——近現代神葬祭の様式的完成　一九一二年(明治四五・大正一)七月三〇日、明治天皇が死去した。一八六六年(慶応二)死去の孝明天皇から四六年ぶりの天皇の死去であった。葬儀は同年九月一三日、東京の青山練兵場で行なわれ、翌一四日その遺体は汽車で京都に搬送され、「伏見桃山陵(ふしみももやまのみささぎ)」と名づけられたその墓におさめられた。

この明治天皇の死去から葬儀までの経過をみると、たとえ、それが法令による制度化以前であったとしても、その死が一私人としてではなく、「大日本帝国」という近現代国家の皇帝としての死であり、[*95]国内的秩序のみにとどまらず、欧米列強を中心とする国際的秩序のなかで、公的性格を持たされていたことがわかる。国葬令・皇室喪儀令・皇室喪儀令は未制定であったが、それは、制度化された葬送・墓制であるかのような、整然とした秩序に基づいて実行されていた。
具体的に、明治天皇の葬儀から墓の造営までを追ったとき、そこには、近現代天皇の葬送・墓制として、次のような顕著な五つの特徴をみることができよう。

第一には、明治天皇の葬儀と墓の造営は、近現代天皇として、はじめての完全な神葬祭であり、造営された明治天皇墓の地下施設は厳重な遺体槨納葬、地上施設も〈円墳〉により、その葬儀と墓の造営時点から、天皇を祭神とする様式が完成したことであった。孝明天皇の葬儀は神葬祭ではなく、仏教式と神道式との中途半端な折衷であったが、近現代天皇として、明治天皇の葬儀ははじめて完全な神葬祭となった。また、孝明天皇墓の地上施設は八角台形であったが、明治天皇墓のそれは、近現代天皇としてはじめての〈円墳〉である。明治天皇の死去により、神葬祭および〈円墳〉の形態が、はじめて近現代天皇に実現していた。

明治天皇死去一〇日前の七月二〇日、宮内省からその病状悪化が公表された。糖尿病にともなう尿毒症、合併症による身体の衰弱であった［宮内庁編 一九七五：八〇七—八〇九頁］。

七月三〇日、明治天皇が死去すると、内閣総理大臣西園寺公望（一八四九—一九四〇）・宮内大臣渡辺千秋（一八四三—一九二一）の「告示」によりその死去が発表された。また、同日、大正天皇が皇位を継承、明治から大正への改元が発表される［宮内庁編 一九七五：八一八—八一九頁］。明治天皇死去直後の大正天皇への皇位継承、「践祚」は、「賢所ニ祭典ヲ行ハシメ　皇霊殿　神殿ニ奉告セシメラレ同時宮中ニ於テ　剱璽渡御ノ儀」［『官報号外』一九一二年七月三〇日］［闕字—原文］を実施したことによるものであった。

明治天皇死去の七月三〇日、大正天皇の「勅令」により、その葬儀を行なうための「大喪使官制」が公布された［『官報号外』一九一二年七月三〇日］。一般的に「御大喪」（あるいは「御大葬」）と呼ばれるが、この「勅令」には「御」はなく単に「大喪」である。そして、この「大喪」は「祭事」（第六条）とされ、その職員の代表は「祭官長」

（第七条）であった。皇位継承の「践祚」が賢所での「祭典」であったように、葬儀も「祭事」「祭官長」である。この単語をとりあげるだけでも、天皇の葬儀が「西方極楽」往生のための儀礼ではなく、死去した明治天皇を神にするための神事になっていることがうかがわれる。

死去の翌三一日、「玉体」は「御槽（おふね）」におさめられ、八月五日には、この「御槽」がさらに「霊柩（れいきゅう）」におさめられた［宮内庁編 一九七五：八二九頁］。翌六日、葬儀を九月一三日—一五日に行ない、墓所を京都府紀伊郡堀内村大字堀内字古城山（現京都府京都市伏見区桃山町古城山）にすることが決定された[*96]。これについても、内閣総理大臣西園寺公望・宮内大臣渡辺千秋の「告示」により発表された［『官報号外』一九一二年八月六日］。八日、大正天皇などの参列により十日祭が行なわれた。そして、一三日、「玉体」を入れた「霊柩」は宮中内の「殯宮（ひんきゅう）[*97]」に移された［宮内庁編 一九七五：八三二頁］。以後、葬儀が行なわれた九月一三日までの約一ヶ月間、明治天皇の「玉体」は、この「殯宮」に置かれた。「殯（もがり）」が行なわれた最後の天皇は、古代、七〇七年（慶雲四）死去の文武天皇であったから、形式的には、「殯」が約一二〇〇年ぶりに復活したことになる。しかし、実質的には、この明治天皇の葬儀が神事、神葬祭として、近世までの仏教式の葬儀とは異なり新たに創られた様式であったように、この「殯宮」も新造であった。

「殯宮」は、周囲を白布で覆い、中央に「御座（ござ）」を設置、その「御座」の傍に「内槨（ないかく）」を置いている。前面には榊・剣などが置かれた。「霊柩」は「内槨」におさめられた。そして、大正天皇などがその「内槨」に対して跪拝を行なった。その後、葬儀の九月一三日までの間、大正天皇をはじめ皇族・宮家、閣僚・官僚などが、随時、参拝を行なっている。また、一八日の二〇日祭、二八日の三〇日祭、九月七日の四〇日祭はこの「殯宮」で行なわれた［宮内省 一九七五：八三一—八三三頁］。このような「殯宮」が設営されたことにより、この「殯宮」では、明治天皇の遺体、「玉体」は、遺体＜「御槽」＜「霊柩」＜「内槨」として、三重におおわれたことになる。

明治天皇の遺体がこの「殯宮」に置かれている間、葬儀の式次第が決定される。葬儀場所を青山練兵場とし、名称を「青山葬場殿」*98（以下、「葬場殿」と略）とし、葬儀の進行・設営、臨席者および臨席順・臨席場所が決められた［『官報号外』一九一二年九月七日］。また、「葬場殿」での葬儀終了後、墓予定地である京都への汽車による遺体搬送についても、その搬送時刻・方法が詳細に決められた［『官報号外』一九一二年九月三日］。図11は、この「葬場殿」およびその付近の略図である。「葬場殿」には「表門」から入場する（図の最下部「表門」）。現在の青山通り（国道二四六号線）青山二丁目交叉点付近である。そこから北方に一直線の参道が「霊柩」を安置する正面の「葬場殿」（図では記号「ソ」）までのびる。現在の明治神宮外苑入口の銀杏並木がそれにあたる。その参道には一の〈鳥居〉（図では記号「へ」）がある。「幄舎」（図では記号「ニ」）と呼ばれる参列者席の入口にも〈鳥居〉が設置され、さらには、「葬場殿」前面にも二の〈鳥居〉（図では記号「ホ」）が設置されている。これら〈鳥居〉の存在をみるだけでも、明治天皇の葬儀が、その「葬場殿」に置かれた遺体に対して跪拝を行なう神葬祭であったことがうかがわれる。この「葬場殿」および「幄舎」の設置された地点は、現在の明治神宮外苑聖徳記念絵画館付近であり、その北側は現在のＪＲ中央・総武線線路である。写真83は、聖徳記念絵画館裏に残る、「葬場殿」跡地である。円形に囲われ、その中央に楠が植樹され、跡地として保存されている。そして、「仮停車場」（図では記号「ソ」）とされた地点から、「霊柩」は汽車に乗せられ、京都まで移送された。この「仮停車場」は、現在のＪＲ総武線信濃町駅やや西方に位置している。

明治天皇の葬儀会場は、東京の青山通りとＪＲ中央・総武線の間、現在の明治神宮外苑のうち、聖徳記念絵画館付近を中心に、青山二丁目交叉点から一直線に続く銀杏並木を経て軟式野球場を含む広大な面積であった。そこで、明治天皇を跪拝する神葬祭が行なわれた。なお、聖徳記念絵画館は明治神宮外苑造営完成の同年、一九二六年（大正一五・昭和一）竣工・開館、その内部の四面を、明治天皇の一代記を描く壁画（日本画）によって展示した記念館である。

明治天皇「葬場殿」は、明治神宮外苑として、なかんずくその中心地は、聖徳記念絵画館および「葬場殿」跡地と

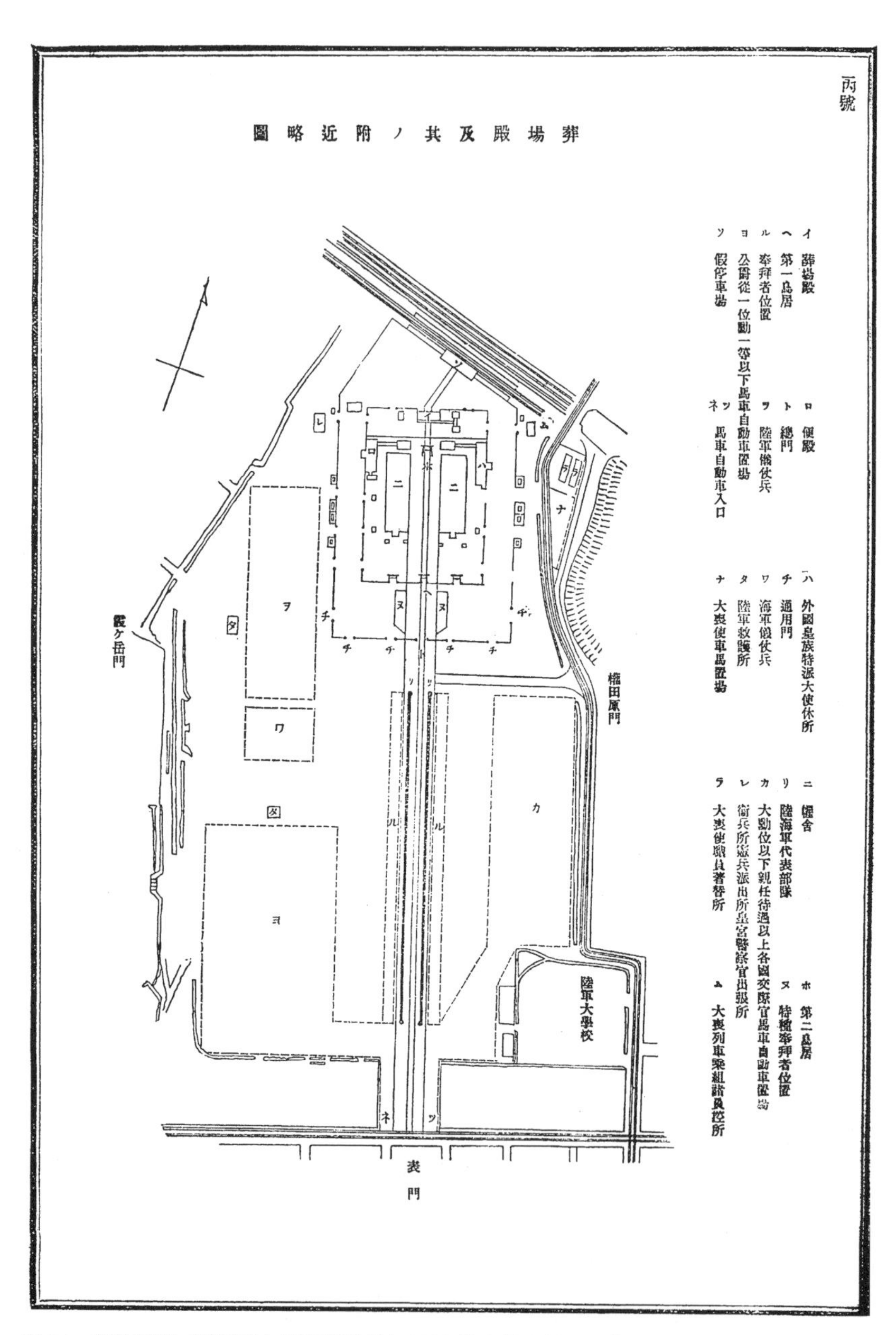

図 11　明治天皇「葬場殿」［『官報号外』1912 年 9 月 8 日：p.7］

写真83　明治天皇「葬場殿」跡地（東京都新宿区霞ヶ丘町）2016年

して、保存されたことになる。のちの大正天皇・昭和天皇の「葬場殿」は「新宿御苑」であったが、その「葬場殿」跡地は庭園・公園状態に戻されているので、孝明天皇をも含めて、近現代天皇で、その葬儀会場跡地が史蹟として保存されたのは、明治天皇のみである。

九月一三日、明治天皇の葬儀が行なわれた。午前九時、「殯宮」で「霊代」「奉安」が行なわれ、続いて午前一〇時、大正天皇などが参列して「殯宮」での最後の参拝が行なわれた。葬儀は夜である。午後七時、「霊柩」は「殯宮」から「轜車」に搬出され、五頭の牛に曳かれたこの「轜車」が皇居から「葬場殿」へ移動する。「葬場殿」正門への到着は午後八時二〇分、「葬場殿」に「霊柩」が安置されたのは午後一〇時五六分、葬儀の開始は午後一一時一五分であった。祭官長が「祭詞」を言い、大正天皇が「霊柩」の前面で、侍従長桂太郎（一八四七—一九一三）から「誄」[*99]を受け取り、それを読む。同時に、皇居から弔砲が発せられ、国民の黙とうと「遙拝所」からの跪拝が行なわれた。続いて、各国特派大使・使節、皇族が参拝、内閣総理大臣西園寺公望・宮内大臣渡辺千秋が「誄」

を読み、閣僚などが参拝する。日付がかわり、九月一四日、午前〇時四五分、明治天皇の葬儀は終了した［宮内庁編　一九七五：八三八―八四三頁］。

午前一時四〇分、「霊柩」は「仮停車場」の汽車に移される。この「霊柩」列車が東海道線から京都駅を経由して、墓所に予定された京都府紀伊郡堀内村大字堀内字古城山最寄りの桃山「仮停車場」に着いたのは、同日午後五時一〇分であった。墓所予定地の「葬場殿」に着いたのが午後七時三五分である。すでに夜であり、ここで「霊柩」が「御須屋」内の墓穴におさめられた。納棺および儀礼のすべてが終了したのは、さらに、日付がかわり、九月一五日午前九時五五分であった［宮内庁編　一九七五：八四五―八四六頁］。

明治天皇の墓所造営は、八月一九日が地鎮祭で、この日からはじまった［宮内庁編　一九七五：八三二頁］。その墓穴は竪穴式であり、重層構造で堅固である。東西一四尺二寸×南北一七尺九寸（一尺三〇cmとして東西四二六cm×五三七cm）の大きさで、その四壁を厚さ二尺（六〇cm）のコンクリートで固め、その内側は厚さ一尺三寸（三九cm）を積み、底部には厚さ一尺二寸（三六cm）の石を敷き、この底部から一尺（三〇cm）の高さになるように石枕二本を並べている。これが墓穴の外郭である。そして、この外郭のなかに「木槨」を設置している。「木槨」は厚さ二寸（六cm）で、長さ八尺九寸（二六七cm）×幅六尺一寸（一八三cm）×高さ五尺九寸（一七七cm）の大きさで、下部には底部から五寸（一五cm）になるような高さに木枕二本を置いている。明治天皇の遺体を入れた「霊柩」は、この木枕の上、「木槨」のなかに置かれた。その内部の空所には木炭を詰め、「木槨」の蓋を覆っている。そして、その「木槨」の蓋の上部にも木炭を詰め、その上に、外郭全体をおおう石蓋をおいている。その石面には「伏見桃山陵」の字を記したという。さらに、その上をコンクリートで固めている［上野　一九二五：三四一頁］。

明治天皇墓の内部構造は、「木槨」∧外郭（コンクリート+石詰）によって緻密かつ堅固に構成されていた。そして、この「木槨」内部に「霊柩」が置かれた。明治天皇の遺体は「御槽」に入れられ、その「御槽」が「霊柩」におさめられていたので、それが墓におさめられたとき、遺体∧「御槽」∧「霊柩」∧「木槨」∧外槨（コンクリート＋石詰）の四重に囲われていたことになる。完全な遺体槨納葬である。また、竪穴式であるが、厳密にいえば、それは石室ではない。外郭はコンクリート＋石詰製であるから、正確に表現すれば、明治天皇墓「伏見桃山陵」は、竪穴式コンクリート＋石詰製外枠内「木槨」とでもいうべき墓穴による遺体槨納葬であった。

その葬儀直前、報道関係者には、この墓穴外観の見学が許可されていたようで、それによると、その「御須屋」内墓穴への遺体槨納方法は次のように説明されている。竪穴式であるために、上部から下げ下ろす方法になる。

御須屋（おすや）内の御霊柩を御宝壙（ごほうこう）に奉安する設備は誠に複雑且厳重なるものにして、当日御霊柩を軌条に拠り御須屋内に移すと同時に、八字形に組合せる三脚の上部に取附けある三箇の滑車を通じて鉄線（タイヤロープ）を御霊柩に懸け参らせ、ウインチスにて之を上方に引上げ参らす、其間に軌条を手早く撤却（てっきゃく）し終つて徐々ウインチスにて之を解き、御霊柩を御宝壙内に奉安する［『東京朝日新聞』一九一二年九月一二日第四面「霊柩奉安の順序」］［句読点は適宜補った――引用者］。

その墓穴、竪穴式コンクリート＋石詰製外枠内「木槨」への「霊柩」の槨納は、鉄線と滑車を利用して、上部から吊るし、内部へ下降させておさめる方法であった。

そして、竪穴式の墓穴への槨納とその後の処理は次のように行なわれた。やや長くなるが、次の大正天皇墓における遺体槨納葬との違いを明確にするために、その実際をみておこう。

停車軌道より平地軌道上の台車に移御（いぎょ）、梶田技手之を司（つかさど）る、次に御須屋前平地軌道の中央に台車を進め、霊柩に力綱（ちからづな）を懸（か）く、梶田技手之を司る、次に霊柩を御須屋の裡（うち）に進め、力綱を懸け捲上機を運転せしめ霊柩を軌道より放ち、梶田技手之を司る、中央ウインチは山本雇之を司る、此時山本技師、梶田技手は御宝壙の裡に入る、次に台車を御須屋の裡に返し、御宝壙上の鉄路を撤却、尚、停車軌道左右の足代（あしば）を撤去し、山柴を据附く、西川技手、山口、岡本場所附雇之を司どる、次に霊柩を御槨内に奉安す、梶田技手之を司どる、霊柩の周囲に石灰を塡め御槨内に木炭を充塡す、梶田、林両技手外横山場所附雇之を司どる、次に御物を御槨蓋上に奉安す、山本技手之を司どる、次に御石槨は蓋石の下より順次南に向ひ据附く、此時宝穴内を退去す、梶田技手、小巻、水口両場所附雇之を司どる、前項着手と同時に混凝土を打、岡本技手、前田、山口、小寺、水口、種山の場所附雇之を司どる、山口、小寺、種山は塗方、水口は途中の監督に従事す、次に両側石力梁連結の筋違並にブローグを撤去す（但し中央の力梁は存在す）村上技手、荒井、福井両場所附雇之を司どる、次に岡本技手、小巻場所附雇埴輪を納む、次に梶田技手、山本雇は御陵詞を納む、次に林技手、山口、小寺両場所附雇、御埋棺式を終りて清砂を持込む、次に林技手、前田雇は清砂止枠に達すれば止枠を撤去す（中央ブローグを使用す）、次に御浄土に次ぎ盛土を為す、林技手、前田雇之を司どる［『東京朝日新聞』一九一二年九月一四日第六面「御埋柩の順序」］。

「霊柩」を墓穴の「木槨」に下ろすと、周囲に石灰と木炭を詰め、そのうえに、副葬品を置き、石蓋をしている。さらに、そのうえにコンクリートを流し込み、その外側に埴輪を置いた。[*100] そして、「清砂」「浄土」を盛り、全体の造営を終わった。技手たち一〇数名による作業であった。きわめて堅固な竪穴式の遺体槨納葬である。

葬儀後、明治天皇をおさめた墓穴上の「御須屋」は取り払われ、方形三段、最上部を〈円墳〉とする地上施設が造営された。写真84が、「伏見桃山陵」と名づけられた現在の明治天皇墓である。前面に三重の〈鳥居〉が置かれ、方形三段の上に〈円墳〉をみることができる。

神葬祭によって実施された明治天皇の葬儀であった。そして、造営された明治天皇墓は、遺体槨納葬により竪穴式地下施設に明治天皇の遺体を置き、地上施設は〈円墳〉であった。そして、その空間は三重の〈鳥居〉によって神域とされたなかに配置されていた。〈鳥居〉の向こう側に、明治天皇の遺体を神体として跪拝する構図である。明治維新直後、神仏分離を経て、天皇墓にはケガレがないと決定されていたが、この葬儀の経過と墓の空間配置をみるだけ

写真84　明治天皇墓（京都府京都市伏見区桃山町古城山）2014年

でも、天皇墓にはケガレがないだけではなく、それが神として跪拝の対象とされる構図を生成させていることがわかる。天皇墓の近現代とは、その遺体をおく墓にはケガレを認めず、逆に、神聖視する墓の形成であった。それを、葬儀と墓造営開始時点から完全に完成させたのが、明治天皇墓であった。

葬儀後の九月一四日、皇居内に「権殿（ごんでん）」と呼ばれる拝殿が設営された。一七日の五〇日祭はこの「権殿」で行なわれた。以後、翌一九一三年（大正二）七月三〇日の一周年祭まで、明治天皇の死後祭祀はこの「権殿」で行なわれている。そして、三日後の八月二日、明治天皇「霊代」は宮中三殿の皇霊殿へ移された［宮内庁編 二〇一四：六八五、七一一―七一二頁］。これについては、一九〇九年（明治四二）から一九一四年（大正三）まで皇居内「御内儀」および「青山御所」で女官をつとめた山川三千子が次のように回想している。

大正二年七月三十日の御一週年をさかいに、御（み）霊（たま）は神様として皇霊殿に渡御、黒く覆いかぶさった雲は晴れて、諒闇明けになりました［山川 一九六〇：二二九頁］。

一周年祭を経て、明治天皇は皇霊殿で他の「皇霊」と融合して神となった。一八六六年（慶応二）孝明天皇死去の時点では、皇霊殿は存在していないので、孝明天皇までの歴代天皇は皇霊殿新造後の合祀であったが、明治天皇死去の時点では皇霊殿は既設であった。その葬儀と一周年祭により、皇霊殿に合祀されたはじめての天皇が、明治天皇であった。

統制と「謹慎」――明治天皇神葬祭への社会的動員　明治天皇の葬儀と墓造営をめぐる、第二の特徴は、法令によって制度化されていないとはいえ、その様式を完成させた実質的な国家行事であることにより、日本社会全体を大きく巻き込み、国民全体への政治的統制と「謹慎」が強制されていたことである。これについても、孝明天皇の葬儀までは、天皇の葬儀ではそのようなことはなかった。

その状況を、東京市役所編『明治天皇 御大葬奉送始末』（一九一三）により、東京市を一例としてみてみよう。

明治天皇の病状悪化が公表された七月二〇日、東京市長阪谷芳郎（一八六三―一九四一）は宮中に行き、侍従長徳大寺実則（一八三九―一九一九）などに見舞いをいう。三日後の二三日には、東京市議会を招集し、明治天皇の病気治癒祈念の議決を行ない、阪谷市長がその議決「上奏文」を宮中に届ける。五日後の二八日には、再び、東京市議会を招集、病気治癒祈念の議決を行ない、再度、阪谷市長が議決「上奏文」を宮中に届けた。このような東京市の行動は市内各区でも同様で、二〇日以降、市内一五区による病気治癒祈念「上奏文」と病気治癒祈念の記名帳が東京市役所・各区役所などから宮中に届けられ、阪谷東京市長、各区長・区議会議員などによる病気治癒祈念の神社参拝がくりかえされた［東京市役所編 一九一三b：一―二三頁］。

東京市・各区は、「謹慎」を指示した。出火・皇居近辺での衛生・市電の騒音への注意などである。

たとえば、市電の「謹慎」は次のようなものであった。

聖上御違例ノ趣公表セラルヽヤ、本市電気局ハ直ニ宮城附近ノ電車ニ最徐行ヲ命ジ、且宮城ニ最モ近接スル半蔵門日比谷公園ノ交叉点ニハ適当ノ装置ヲ為シ、以テ音響ノ発生ヲ防ギ切ニ　御病床ニ御障リナカラムコトヲ期シ、同時ニ一般電車従事員ニ対シ、特ニ謹慎シテ業務ニ服ス可キコトヲ命ズ［東京市役所編　一九一三b：二五頁］［闕字—原文］。

このような市電の騒音防止が、明治天皇の病状快復に役立つとは思われないが、そのような「謹慎」が実行されていた。また、各区学校では、生徒に対して病状悪化を説明し、近隣神社での病気治癒祈念を行なっている。劇場・寄席などの休業、川開き・避暑旅行の中止など、市民の「謹慎」もあった*101［東京市役所編　一九一三b：二二三—二二八頁］。たとえば、各種興行物については、「陛下御不例以来市内各大劇場は一般に御遠慮休業し小劇場の一部のみ開場し来りしが昨日に至り残部の各劇場も全部休場と決し」［『東京朝日新聞』一九一二年七月二九日第四面「各興行物全部休業」］、「昨夜の各花柳界は何処も彼処も火の消えたやうな有様であつたが殊に新橋界隈はいつも景気立つて居る場所丈に一層此感も深かつた」［『東京朝日新聞』一九一二年七月二九日第四面「淋しい花柳界」］という状況であった。

このような「謹慎」は、内務省の訓示によっていた。七月二二日、治安担当の内務大臣原敬（一八五六—一九二一）は、宮内大臣渡辺千秋と相談の上で、東京府知事・警視総監および各地方長官に対して「此際国民一般に謹慎の意を表し諸興行物等を始め事細大となく御遠慮申上げ居ること」を指示する訓示を出している［『東京朝日新聞』一九一二年七月二三日第五面「興行物の遠慮に就いて」］。それだけではなく、内務次官が警視総監・警保局長および各新聞社を呼びその訓示の主旨を伝達している［原編　一九六五a：二三九—二四〇頁］。さらに、死去翌日七月三一日には、警視総監が各警察署長あてに、五日間、「歌舞音曲」を完全に禁止する「内訓」を伝達している［『東京朝日新聞』一九一二年八月一日第五面「音曲停止に就て」］。

七月三〇日、明治天皇死去が公表されると、東京市では、阪谷市長が東京市議会を招集、哀悼文を議決し、それを宮中に届けた。市内一五区でも同様であり、東京市役所・区役所は弔辞受付所を設置し、市民からの弔辞を取りまとめ宮内省に届けている。そして、市民に対しては、死去前からの「謹慎」に続いて、いっそうの「謹慎」を指示する。火事の注意、学校に対しては華美な服装禁止、図書館休館・講習会中止、修学旅行・運動会などの中止などである。同時に、東京市は区役所経由で市民全体に対して弔旗の掲揚を指示する。弔旗掲揚方法については、七月三〇日内閣総理大臣西園寺公望名の「閣令」が、図版入りで、竿球は黒色、旗竿上部に黒布の添付、という説明を行なっており［『官報号外』一九一二年七月三〇日］、それをそのまま紹介している［東京市役所編 一九一三b：三四—五七頁］。

天皇死去に際して、日本社会ではじめて行なわれた弔旗掲揚であった。孝明天皇死去に際しては、欧米列強による弔旗掲揚はあったが、日本社会でのそれはなかった。その欧米列強のルールが、半強制的にはじめて日本社会にも適用されていた。この弔旗掲揚ということじたいが、日本の近現代国家における天皇の死去が、欧米列強がリードする国際ルールのなかに存在するようになったことを示しているといえよう。

八月六日、「葬場殿」が青山練兵場と決定されたために、東京市では、八月一九日、その葬儀のための市議会を開いた。その葬儀における、道路・橋梁の改修、水道・電車・電灯修築などの予算計上のためである。総額一〇万八〇二七円の予算が組まれた。そのうち二万五〇〇〇円は企業を「指定」し依頼した寄付金であり（実際には三万三三四四円が集められた）、たとえば、三井物産・三井合名・三井鉱山・三井銀行の二千円を筆頭に合計二三一社から寄付金が集められ電灯費に充てられた［東京市役所編 一九一三b：一〇五—一一二頁］。

特に、皇居から「葬場殿」までの道路・橋梁の改修と周辺の装飾は重要であった。皇居から青山の「葬場殿」までのルート［『官報号外』一九一二年九月八日］を、現在に再現すると、皇居から日比谷公園、霞が関二丁目交叉点から六本木通りに入り、溜池（ためいけ）で外堀通り（そとぼりどお）り、赤坂見附（あかさかみつけ）から青山通りに入り、青山通りの青山二丁目交叉点付近から「葬場殿」に入る道行である。直線距離にしても約四㎞あり、その間の改修と装飾が行なわれた。

> 本市ノ施設シタル奉送設備ハ、大約　霊轜通御ノ御道筋ニ当ル道路ヲ整理シ、橋梁ヲ修繕シ、奉送装飾ヲ施シ、電灯水道及衛生上ノ諸設備ヲ為シ、御道筋若クハ其傍近ノ市区改正未完部分ヲ急施シ、河川ヲ浚渫シ、奉送遙拝乃至市内警備ノ手筈ヲ整へ、市民ニ諭告シ、兼テ大喪使ノ委嘱ニ係ル青山御式場ノ電灯水道ヲ整備シタル等也［東京市役所編 一九一三b：一三八頁］［闕字—原文］。

道路・橋梁の改修と周辺の装飾が、その事業を説明する文章の筆頭に位置している。東京市役所編『明治天皇 御大葬奉送始末』は、その事業進捗状況を示す写真を掲載しているが、その多くは、道路・橋梁改修と周辺の装飾を写したものである。道路がいまだアスファルト舗装以前の土道であるために、牛に曳かせた鉄ローラー・「蒸気ローラー」を使い舗装する光景、支柱を等間隔に配置し、それらに喪布を巻き、また、支柱から支柱へと喪布を渡りめぐらし、「大真榊」を各所に配置した光景が多い。また、「御道筋トシテ見苦シキ個所若クハ建物等アラハ、之ヲ適当ニ整理スルコト」と指示され、道路・橋梁周辺はゴミひとつないまでに整備されている［東京市役所編 一九一三b：一一六—一六〇頁］。

葬儀当日の九月一三日には東京市内各所に市民のための「遙拝所」が設置された。また、東京市は、市内市立学校に「遙拝所」設置と、午前八時からの「遙拝式」実施を指示する。「遙拝所」は、「御霊柩ノ方位ニ向テ」設置、「祭壇」は「白布」で覆う形態であった［東京市役所編 一九一三b：二〇五—二〇七頁］。

その「祭壇」の詳細は次のようなものである。室外に設置するばあいの一例である。

> 室外ニ於テ祭壇ヲ設クルニハ、土地ヲ清浄ニシ、其ノ上ニ清砂ヲ盛リ、四隅ニ斎竹（青葉ノツキタル竹）ヲ立テ注連縄ヲ張リ、之ニ四手ヲ付ケ、其ノ内ニ素薦ヲ敷キ、中央ニ八足ヲ置キ、其ノ上ニ麻ト四手トヲ附シタル真榊（竹筒ノ内ニ立ツ）ヲ置ク。八足ノ前二三尺ヲ離レタル処ニ、四足ヲ置キ、此処ニ玉串ヲ捧グ。（玉串ヲ捧グル前ニ於テ清祓ヲナス。清祓ヲナサヾル時ハ食塩ヲ置キテ之レニ代フ。）

遙拝者ハ、斎場ニ入リテ清祓ヲ受ケ、玉串ヲ捧ゲテ最敬礼ヲナスベシ［東京市役所編 一九一三b：二〇七頁］。

この「遙拝所」の「祭壇」をみるだけでも、明治天皇の葬儀が神葬祭で、日本社会全体にその遺体を跪拝させていることがわかる。「遙拝所」とは、ひらたくいえば、神棚であった。そこには、明治天皇の遺体に対するケガレ観はまったくない。孝明天皇墓造営を境として、この明治天皇墓の時点で、その遺体のケガレが完全に解消され、それは「遥拝所」からも跪拝される神となっていた。

このケガレのない明治天皇の遺体に対する跪拝が、日本社会全体に対して指示されていたことになる。同時に、それは、日本の近現代国家の皇帝である天皇、その天皇をめぐる最大のイベントに際して、国民に対する社会的動員がはじめて完成形態をもって立ち現れてきたことをも示していた。

明治天皇死去を悲しむ人々——近現代天皇の社会的浸透 明治天皇の葬儀と墓造営をめぐる第三の特徴として、第二の特徴のような政治的統制と「謹慎」のいっぽうで、国民のなかに、明治天皇の死去を悲しむ人々がおり、また、半強制的社会的動員とも自発的活動のどちらとも判断の難しい、また、両者混然一体とも判断できる跪拝があったことがあげられる。

その死去以前、病気の重体が発表されている期間には、病気治癒祈願が行なわれた。皇居前付近はそのメッカであった。明治天皇死去四日前、七月二六日の『東京朝日新聞』は、二重橋前で日傘を閉じひざまずき皇居に向かって祈願する老婆の写真とともに次のような記事を伝えている。

昨日午前三時頃より正午十二時に至る二重橋（にじゅうばし）外及坂下門（さかしたもん）外の遙拝者（ようはいしゃ）は、前日に比し一層増加せる模様にして、所轄警察署の調査に依れば、団体・個人を合せ其数実に六千二百余名に及びたり、団体は小学校生徒多く、個人は地方より来りしもの多き模様なりき、何れも静粛（せいしゅく）に宮城の方に向ひ赤誠（せきせい）を籠めて陛下の御平癒を祈らざるはなし［『東京朝日新聞』一九一二年七月二六日第三面「二重橋下の臣民」］［句読点は適宜補った—引用者］。

小学校の団体的参拝は半ば強制的といってよいだろう。しかし、個人的に地方からわざわざ上京して参拝する人々も多いという。

東京市郊外、東京府北多摩郡千歳村粕谷（現東京都世田谷区粕谷）で「田園生活」をする徳富蘆花（一八六八―一九二七）は、明治天皇死去の翌日、そのエッセイ「明治天皇崩御の前後」に次のように記した。

> 七月三一日。鬱陶しく、物悲しい日。（中略）余は明治元年十月の生れである。即ち明治天皇陛下が即位式挙げ玉うた年、初めて京都から東京に行幸あった其月東京を西南に距る三百里、薩摩に近い肥後葦北の水俣と云う村に生れたのである。余は明治の齢を吾齢と思い馴れ、明治と同年だと誇りもし、恥じもして居た。
>
> 陛下の崩御は明治史の巻を閉じた。明治が大正となって、余は吾生涯が中断されたかの様に感じた。明治天皇が余の半生を持って往っておしまいになったかの様に感じた。
>
> 物哀しい日。田圃向うに飴屋が吹く笛の一声長く響いて、腸にしみ入る様だ［徳富蘆花　一九三八：八三―八四頁］。

九月一三日、明治天皇の葬儀の日、蘆花はエッセイ「御大葬の夜」で次のようにもいう。

> 明治天皇大葬の夜である。（中略）
>
> 柱時計の短針が八時を指すか指さぬに、
>
> ドオ………ン！
>
> 待ち設けても今更人の心魂を駭かす大砲の音が、家をも我等の全身をも揺り撼かして響いた。今霊轜宮城を出でさせられるのだ。
>
> 主人は東に向い一拝して香を焚き、再拝して退った。妻がつゞいて再拝して香を焚き、三拝して退いた。七歳の鶴子も焼香した。最後に婢も香を焚いて、東を拝した。

余が家の奉送は終った［徳富蘆花 一九三八：八九頁］。

トルストイアンの蘆花である。しかし、その彼が自宅に祭壇を設置し跪拝している。蘆花は屋外に出る。都も鄙も押並べて黒きを被る斯大なる哀の夜に、余等は茫然と東の方を眺めて立った［徳富蘆花 一九三八：九〇頁］。

天皇の死去に際して、孝明天皇までは、一国民がこのような悲しみを感じることはなかったであろう。日本の近現代国家は、その国家の皇帝、天皇の死去をめぐり、その神葬祭に半強制的に国民を動員するようになっていた。いっぽうでは、国民のなかには、その半強制性にかかわりなく、その死去に自発的な悲しみを覚える人々も出てきていた。天皇の死去が、公的存在にとどまらず社会的存在となり、国民ひとりひとりにまで政治的統制と「謹慎」がおよんだいっぽうで、国民のなかには天皇の死去を内面化する人々も出現してきていた。

東京市では、明治天皇死去直後には、その墓を東京に誘致しようとする動きさえもがあった。明治天皇死去日の七月三〇日に招集された東京市議会では、市議会議員・市民からその墓を東京に誘致したいという申し出があり、宮中に「哀悼文」を届けた阪谷市長が宮内省でその希望を請願している。これについては、東京市下の区議会でも同様で、各区議会で七月三一日から八月一日にかけて行なわれた東京誘致の議決を阪谷市長がとりまとめている［東京市役所編 一九一三b：五七―五九頁］。東京市議会での請願、区議会での議決に基づいてのことであろう、八月二日には、阪谷市長が内務大臣原敬を訪問して、東京への明治天皇墓誘致を請願している［原編 一九六五a：二四三頁］。ただし、この東京への明治天皇墓誘致運動については、八月六日、墓を京都にすることが発表されたために、その後は解消している。

明治神宮造営についても、東京市は、明治天皇死去直後から積極的であった。早くも、八月一日には、東京市長阪谷芳郎が総理大臣西園寺公望・宮内大臣渡辺千秋などを訪れ、明治神宮造営を請願している［『東京朝日新聞』

一九一二年八月一日第二面「明治神宮奉祀」〕。また、翌二日には東京市助役が内務省に行き明治神宮造営を請願、七日・一四日・一六日には市参事会、八日には渋沢栄一（一八四〇―一九三一）などによる実業家連合協議会の協議を経て、一九日には市参事会が、内苑は国家予算により、外苑は寄付金により造営するべきであるという「覚書」を決定している。その予定地は、内苑は代々木御料地、外苑は青山練兵場（「葬場殿」）であり〔東京市役所編 一九一三b：五九―六〇頁〕、現在地と同じ場所がすでに比定されている。なお、この「覚書」決定に先立ち、一二日には、渋沢栄一が内務大臣原敬を訪問し、明治神宮造営を懇談している〔原編 一九六五a：二四五頁〕。

「覚書」は次のようなものである。

神宮ハ、内苑外苑ノ地域ヲ定メ、内苑ハ国費ヲ以テ、外苑ハ献費ヲ以テ、御造営ノ事ニ定メラレ候。

神宮内苑ハ代々木御料地、外苑ハ青山練兵場ヲ以テ、最モ適当ノ地ト相シ候、但、内苑外苑間ノ道路ハ、外苑ノ範囲ニ属スルモノトス。

外苑内ヘハ頌徳紀念ノ宮殿及臣民ノ功績ヲ表彰スヘキ陳列館、其他林泉等ノ設備ヲ施シ度候〔東京市役所編 一九一三b：六〇頁〕。

そして、この「覚書」では、東京市による明治天皇の「葬場殿」の神域としての保管さえも確認している。

青山ニ於ケル御葬場殿ハ、或ル期間ヲ定メ之ヲ保存シ、人民遙拝ヲ許サレ候事ニ致度候。

前項ノ御葬場殿取除ノ後モ、該地所ノ清浄ヲ保ツ為、差向東京市ニ於テ相当ノ設備ヲ為シテ之ヲ保管シ、追テ神苑造営ノ場合ニハ、永久清浄ノ地トシテ、人民ノ遙拝ニ便ナル設備ヲ施シ度候〔東京市役所編 一九一三b：六〇頁〕。

明治天皇葬儀場所がケガレとされないのみならず、そこを清浄な空間として保存し、跪拝の場所として、整備したいというのである。ここでも、明治天皇死去をめぐり、その遺体に対する神聖視をうかがうことができよう。このような、東京市の希望が、さきにみた、植樹された楠と「葬場殿」跡地として［写真83］、「葬場殿」を現在に至るまで残存させた起点であると考えてよいだろう。

明治天皇およびその皇后一条美子を祭神とする明治神宮（内苑）完成は一九二〇年（大正九）であった。全国から動員された青年団員などの労働作業により、聖徳記念絵画館をはじめとする外苑が完成したのは一九二六年（大正一五・昭和一）である。

このような、東京市の明治天皇墓誘致活動および明治神宮造営・「葬場殿」神聖視活動をもってして、それらを、半強制的社会的動員と考えるか、それとも、自発的活動と考えるか、判断は難しい。ただし、社会の表層にあらわれた現象としては、自発的活動としての性格が強いように思われる。

明治天皇の葬儀後、明治天皇の「葬場殿」は九月一五日から一〇月一五日まで（一一月六日まで延長）、明治天皇墓「伏見桃山陵」は九月一八日から一〇月一五日まで（一一月三日まで延長）、見学・参拝が許可された［『官報』一九一二年九月六日、一〇月八日］。特に、明治天皇墓「伏見桃山陵」へは、秋季という気候、京都・大阪・奈良など各方面から国鉄桃山駅（現JR桃山駅）・京阪電車伏見駅（現伏見桃山駅）などを利用する交通の利便性もあり、見学・参拝者が殺到した。期間中の全見学・参拝者数は実に三九九万六一〇〇人（一日平均八万六八七二人）であった［鉄道省編 一九二八：四五六頁］。その見学・参拝許可の五日後、九月二二日の様子は次のようなものであった。

> 桃山御陵参拝者は毎日十万を下らず、二十二日の如きは其絶頂に達し、降り頻る猛雨を突き狭隘なる六地蔵道の泥濘脛を没する中を、御陵目蒐けて犇々と詰め掛け混雑の様名状すべからず、参拝者は御陵前広場にて等しく帽を脱しヅブ濡れとなり、土下座して拝するものあり、此日参拝者の総数十二万を超えたりと云ふ［『東京朝日新聞』一九一二年九月二三日第五面「桃山御陵の群集」［句読点は適宜補った―引用者］。

ややオーバーな表現を割り引いても、物見遊山的ではなく、真摯に見学・参拝に訪れている様子がうかがわれる。

東京では、明治天皇葬儀の当日自死した陸軍軍人乃木希典（一八四九―一九一二）・静子（一八五九―一九一二）夫妻の葬儀、墓参りへの熱狂もあった。九月一八日の乃木夫妻葬儀ではその葬列への見学・参拝者の人垣で大混雑し［『東京朝日新聞』一九一二年九月一九日第四面「十重廿重の人垣」］、青山墓地内のその墓は墓参者でごったがえした。

故乃木伯夫妻の葬儀を送り、明けて十九日の朝ともなれば、純忠貞烈なる二個の英霊を弔はんとして続々青山墓地に来り拝する者、引きも切らず、徹宵跪坐黙禱、中には夜を込めて墓前に跪坐し黙禱の内に夜を明かした人々も多数であつた、朝の電車の通る頃よりは市の内外遠近を問はず、青山葬場殿の参拝を兼ねて繰出すので、十時頃からは孰の電車も満員の赤札を掲げ、赤坂見附から向ふは歩みもならぬ程の雑踏を極めた、午後からは学校帰りの学生等が申合せた様に青山指して参拝に廻つたので、一層の混雑を呈し、女学校や小学校の生徒等は教師に引率され、隊伍を組んで参拝する者も多数であつた［『東京朝日新聞』一九一二年九月二〇日第五面「市民墓前に泣く」］［句読点は適宜補った―引用者］。

これもややオーバーな表現を割り引いても、自発的で真摯な乃木希典・静子夫妻の墓への見学・参拝であった。そして、その墓が青山墓地内であり、明治天皇の「葬場殿」が青山通りを隔てて近距離にあるために、明治天皇の「葬場殿」と乃木希典・静子夫妻の墓をワンセットにして見学・参拝を行なう人々が多かったというのである。

明治天皇墓「伏見桃山陵」、青山の「葬場殿」への見学・参拝、さらには、乃木希典・静子夫妻の墓への見学・参拝は、流行現象といってもよいだろう。しかし、この流行現象は浮薄ではない。自発的な性格をうかがうことができるだけではなく、真摯な印象をうける。死去した天皇に対して、このような真摯で自発的な哀悼があったことは、明治維新から四五年、近現代的な忠君愛国思想、「大日本帝国」皇帝としての天皇の存在が、国民的レベルで浸透させられた結果ともいえるが、それを近現代国家史としてみれば、天皇を統治権者とする近現代国家が完成形態となっていた、と考えることができよう。

世界秩序のなかの明治天皇葬儀――日本の「伝統」と国際　このように、明治天皇の葬儀と墓造営は、近現代の国民国家（a nation state）の国家行事として、国内に向けて、日本社会全体と国民ひとりひとりを巻き込む性格を持っていた。また、それらは、国外に向けて、近現代の欧米列強を中心とする世界秩序、国民国家の国際的な国家連合のなかに置かれてもいた。

明治天皇の葬儀と墓造営をめぐる第四の特徴は、それらが、近現代の国民国家の国家連合、世界秩序のなかでの実行であったことである。

日本は、日清戦争終結を取り決めた一八九五年（明治二八）四月一七日調印の下関条約により台湾を獲得し、アジアの近現代国家としてはじめて植民地領有国家となった。また、日露戦争終結を取り決めた一九〇五年（明治三八）九月五日締結のポーツマス条約により、中国の大連・旅順の租借権、長春以南の鉄道および附属利権、樺太（からふと）（サハリン）北緯五〇度以南を獲得している。さらに、一九一〇年（明治四三）八月二二日韓国併合条約調印（二九日公布・施行）により、韓国を植民地としていた。

また、一八九四年（明治二七）七月一六日日英通商航海条約（および付属議定書）調印により、幕末、安政五ヶ国条約以来の領事裁判権を撤廃、一九一一年（明治四四）日米新通商航海条約（および付属議定書）調印により関税自主権を回復し、幕末以来の不平等条約を完全に撤廃している。また、一九〇二年（明治三五）一月三〇日には日英同盟協約が調印された。

明治天皇が死去した一九一二年（明治四五・大正一）時点で、日本は、イギリス・アメリカを中心とする欧米列強中心の世界秩序の一角に位置するようになっていた。

一八六六年（慶応二）の孝明天皇死去に際しては、すでにみたように、その死去が幕府から駐日各国公使に連絡され、それに対する、弔意の返信もあった。それに対して、明治天皇死去に際しては、その死去と大正天皇践祚の通知が、大正天皇の親書として、欧米列強の皇帝・大統領に対しておくられた。具体的には、明治天皇死去から一ヶ月後の八月三〇日、イギリス・ドイツ・ロシア・オーストリア＝ハンガリー・イタリア・ベルギー・オランダ・スペイン・タイ・スウェーデン・ノルウェー・デンマーク・ギリシアの各国皇帝・国王、フランス・アメリカ・チリ・コロンビア・アルゼンチン・ブラジル・メキシコ・ポルトガル・スイスの各国大統領に宛てておくられた〔宮内庁編 一九七五：八三三頁〕。孝明天皇死去に際しての連絡は各国駐日公使のレベルにすぎなかったが、明治天皇死去に際しては、その連絡が、近現代の国民国家の統治権者としての天皇から、他国の統治権者あてにおくられていた。

この大正天皇の親書に対して返信がくる。たとえば、イギリス国王ジョージ五世（一八六五—一九三六）名義の返信は、コノート公爵アーサー王子（一八五〇—一九四二）を、国王代理として葬儀に参列させる旨を記している〔宮内庁編 一九七五：八三四—八三六頁〕。イギリス国王ジョージ五世は、ヴィクトリア女王を継いだその長男のエドワード七世（一八四一—一九一〇）の長男であり、コノート公爵はヴィクトリア女王（一八一九—一九〇一）の三男なので、コノート公爵は当時のジョージ五世からみて叔父にあたる。日英同盟協約に基づいているのであろう、イギリスは王家の重要人物を派遣している。

九月四日、各国駐日大使および大使館員などが、「殯宮」を来訪、大正天皇・皇后に面会、明治天皇「霊柩」への参拝を行なう。一一日には、ドイツ・スペイン・アメリカ・ロシア・オースリア＝ハンガリーの各国特派大使、スウェーデン・メキシコ・スイス・ベルギー・アルゼンチン各国特派使節、翌一二日にはイギリス（コノート公爵）・フランス・イタリアの各国特派大使、オランダ・タイ・チリ・デンマーク・ノルウェー・ブラジル・ポルトガルの各国使節が、「殯宮」を来訪し「霊柩」への参拝を行なう〔宮内庁編 一九七五：八三六—八三八頁〕。九月一三日の「葬場殿」おける葬儀に、彼らは駐日大使などとともに参列、参拝する〔宮内庁編 一九七五：八四一—八四三頁〕。その参列位置は最上位である。明治天皇の「霊柩」を置いた「葬場殿」に向かって、参列者席「幄舎」での位置は、「葬場殿」に向かって左側第一列が、大正天皇・皇后、明治天皇皇后、皇族であるのに対して、右側第一列は、コノート公爵など欧米列強の皇族、特派大使・駐日大使、特派使節などである。左側第二列が内閣総理大臣・各大臣・元帥などであり、右側第二列は外国皇族・特派大使などの随員であった［『官報号外』一九一二年九月八日］。明治天皇の葬儀では、欧米列強の代表者が、その葬儀の施主にあたる大正天皇などと同列に位置していた。

このように、明治天皇の葬儀は、近現代の国民国家の国家連合のなかに存在している。そして、その葬儀と天皇墓の構成は、明治維新後の神仏分離を経て新たに形成された神葬祭によっていた。明治天皇の葬儀と墓において、この日本の近現代の「創られた伝統」と世界秩序が連結するようになっていた。

日本の近現代国家では、日本の「伝統」と日本の「国際」は矛盾しない。それは、そこにおける「伝統」が、近世以前からの継続ではなく近現代の「創られた伝統」であるからであり、「国際」も近現代国民国家連合において存在しているからである。両者ともが欧米列強が構成の中心となる近現代世界秩序のなかにある。明治天皇の葬儀と天皇墓造営とは、日本における「伝統」と「国際」が連結して存在するようになった、はじめての顕著な実例ではないかと思われるのである。

天皇・皇后一対墓――典侍・権典侍墓とは分離　このような欧米列強中心の近現代世界秩序のなかに置かれた天皇墓は、天皇墓のみを独立させる構成を改編する。明治天皇墓をめぐる第五の特徴として、天皇墓と皇后墓をセットとして並置する、天皇・皇后一対墓の採用をあげることができる。欧米列強の王室秩序を模倣しているのであろうか。

正確にいえば、明治天皇・皇后一対墓以前に、孝明天皇墓とその皇后九条夙子の墓がそれに近い形態を採用している。九条夙子は孝明天皇死去の一八六六年（慶応二）から三一年後の一八九七年（明治三〇）一月一一日、東京の「青山御所」で死去した。二三日、墓を孝明天皇墓「後月輪東山陵」からみて、規模を三分の二の大きさにして、北側の土地のやや低地に造営することが決定される。二月二日、九条夙子の「霊柩」は京都の「大宮御所」へと移送され、七日、この「大宮御所」で葬儀が行なわれ、葬儀に続いて八日早朝、墓穴におさめられた〔宮内庁編一九七三：一七八―二〇一頁〕。この九条夙子、孝明天皇皇后墓を、宮内庁書陵部陵墓課編『陵墓地形図集成〈縮小版〉』によって確認すると、それは、孝明天皇墓と同じく、三段の〈円墳〉を重ねその最上部を八角台形としている。地形上の問題もあろう、同じ「後月輪東山陵」地内の孝明天皇墓からやや離れた場所であるが〔宮内庁書陵部陵墓課編二〇一四：一七五頁〕、同一墓域内に天皇・皇后墓を並置させ、同じ形状により造営されている。

明治天皇の皇后一条美子は、一九一四年（大正三）四月九日、静岡県の「沼津御用邸」で死去した（公表では一一日とされた）。遺体はいったん東京に移される。二一日、葬儀を五月二四日・二五日・二六日、墓を明治天皇墓「伏見桃山陵」東側隣接地とし、規模をやや小規模にして〈円墳〉とし、葬儀方法も明治天皇に準ずることを決定する。「殯宮」も設営される。東京での葬儀と京都への「霊柩」の移送など、明治天皇死去から二年余しか歳月が経っていないということもあろう、明治天皇とほぼ同内容で神葬祭の葬儀と墓の造営が実行された〔宮内庁編二〇一四：七四二―七五三頁〕。遺体は「御槽」∧「霊柩」におさめられ、それが、竪穴式墓穴の「石槨」内の「木槨」におさめられた〔宮内庁編二〇一四：七五三―七五四頁〕。明治天皇の墓穴ではコンクリートを利用しているので、皇后一条美子の墓穴でも同様であったのではないかと考えられるが、それについては明確ではない。墓穴の外周部は石製であったとされているので、遺体∧「御槽」∧「霊柩」∧「木槨」∧「石槨」の四重におおわれた遺体槨納葬であった。

「霊柩」は、滑車・ロープなどを利用して墓穴におさめられたが、そのときの様子は、次のようであった。

霊柩の傾かないようにと、特別に作ったかっ車付の台にお乗せして、静かにロープを引きますと、レールの上を音もなくすうっと滑るようにして山頂へ御到着になり、そして深く深くほり下げられた御孔穴(ごこうけつ)にお鎮りになりました〔山川一九六〇：二六五頁〕。

明治天皇のときと同じ方法で、滑車を利用しての、竪穴式「石槨」内「木槨」への遺体槨納葬であった。

そして、地上施設は、直径一五尺×高さ四尺（一尺三〇㎝として直径四五〇㎝×高さ一二〇㎝）の〈円墳〉が造営され、「伏見桃山東陵（ふしみのももやまのひがしのみささぎ）」と名づけられた。葬儀後、「権殿」が設置され、一九一五年（大正四）四月一一日の一周年祭のあと、その「霊代」が皇霊殿に移されたのも明治天皇と同じであった［宮内庁編 二〇一四：七五四―七五六頁］。

それによって、皇后一条美子も皇霊殿で神となった。この皇霊殿への移送に立ち会った山川三千子は次のように回想している。

> 昨日までは諒闇中でございましたから、すべて喪の形式によってお祭り申し上げておりましたが、今度は神様として賢所（ママ）へ神様としてお鎮（しず）まりになるのでございます。
>
> 御霊（みたま）をお乗せした鳳輦（ほうれん）の御列は装束をつけた多勢の人たちによって、前後左右からお守り申し上げられながら、思い出のお車寄から宮城さして御出発になりました［山川 一九六〇：二八四頁］。

「賢所」とあるのは、正確には、皇霊殿である。

このようにして、一九一二年（明治四五・大正一）死去の明治天皇、二年後の一九一四年（大正三）死去のその皇后一条美子、この明治天皇・皇后の時点から、彼らの死去に際して、葬儀は「殯宮」を造営してのちの神葬祭、墓は〈円墳〉、一周年祭後、皇霊殿に神として合祀する、それが天皇だけではなく皇后をも含めて、彼らをセットにして構成するようになっていた。もっとも、これらは、皇后墓が天皇墓に対して小規模であったように、あくまで天皇を基準として、皇后はそれに準ずる形態をとったうえでのセットであった。

写真85は、明治天皇墓の東側の隣接地、明治天皇墓からみるとやや低地に下る位置にある「伏見桃山東陵」と名づけられた皇后一条美子墓である。明治天皇墓［写真84］と同じく、その三重の〈鳥居〉の向こう側に、上部の地上施設を〈円墳〉とした墓が存在している。

写真 85　明治天皇皇后一条美子墓（京都府京都市伏見区桃山町古城山）2014 年

　このように、天皇墓と皇后墓とを一対墓とする形態を完成させたのが明治天皇墓・皇后墓であった。[*102]いっぽうで、それは明治天皇と性的関係のあった女官に対するそこからの排除でもあった。

　皇居内での天皇の日常生活は、そのほとんどが女官たちによって補助された「御内儀」と呼ばれる空間でおくられていた。その女官たちのうちには、天皇と性的関係を持つ女性がいた。明治天皇まではこのような女官制度があった（制度じたいは大正天皇まであったが大正天皇からは女官との性的関係はなくなった）。すでにみた、一八七三年（明治六）にその出産とともに死去した明治天皇の権典侍葉室光子と権典侍橋本夏子はそのような女性たちであった。葉室も橋本も皇后ではない。しかし、明治天皇との間に子を出産、出産とともに死去していた。

　彼女たちのほかに、明治天皇との間に子を出産した女官は、確認し得る限りでは、典侍柳原愛子（やなぎはらなるこ）（一八五九―一九四三）・権典侍千種任子（ちくさことこ）（一八五五―一九四四）・権典侍園祥子（そのさちこ）（一八六七―一九四七）

いない。

それでは、彼女たちの墓はどのように造営されているのであろう。明治初年に死去した権典侍葉室光子と権典侍橋本夏子の墓は護国寺境内墓地にあり〈円墳〉であった。いっぽう、明治天皇死去後も三〇年以上を生き抜き、一九四〇年代半ばに死去した彼女たちの墓はどのようなものなのであろう。

典侍柳原愛子の墓は祐天寺（浄土宗。東京都目黒区中目黒）境内墓地、柳原家墓地の一画にある。写真86がそれであり、個人墓として官位・氏名が刻まれ、一般的な四角柱の墓石によっている。権典侍千種任子の墓は伝通院（浄土宗。東京都文京区小石川）境内墓地、千種家墓地の一画にある。写真87がそれであり、個人墓として官位・氏名が刻まれ、円筒形の積石によって内部が土によっておおわれている。横には、その父千種有任（一八三六―九二）の墓があるが、これは一般的な四角柱であり、千種任子だけがこのような円筒形である。権典侍園祥子の墓は西光庵（浄土宗。東京都新宿区新宿）境内墓地、園家墓地の一画にある。写真88がそれであり、個人墓で官位・氏名が刻まれ、一般的な四角柱の墓石により、その前部に「顕彰碑」として墓誌が建立されている。

皇后一条美子墓［写真85］と、典侍柳原愛子墓［写真86］・権典侍千種任子墓［写真87］・権典侍園祥子墓［写真88］とを比べると、決定的に異なる点は、規模の大と小ということだけではなく、皇后一条美子墓が明治天皇墓に準じて〈鳥居〉によって区切られ神域が形成されているのに対して、典侍柳原愛子墓・権典侍千種任子墓・権典侍園祥子墓はいずれもその出身の家の墓域で、しかも、寺院境内墓地に存在しているということである。皇后と女官たちとの間には、明確な区別が存在している。女官たちは、たとえ、天皇の子を生んだとしても、また、天皇の母であったとしても、あくまで「臣民」なのであろうか。なお、偶然であろうか、これらの寺院はいずれも浄土宗である。

皇后だけが突出して天皇と一対となり、その墓は神域とされ、皇霊殿で「皇霊」となった。しかし、女官たちは、

写真 86　柳原愛子墓（東京都目黒区中目黒 祐天寺）2015 年

写真 87　千種任子墓（東京都文京区小石川 伝通院）2016 年

写真 88　園祥子墓（東京都新宿区新宿 西光庵）2016 年

たとえ明治天皇の子を生んだ女性であっても、天皇墓・皇后墓およびそれらにおける祭祀とは分離されている。権典侍葉室光子墓・権典侍橋本夏子墓が〈円墳〉状の土盛りで、権典侍千種任子墓が円筒形であることが、近現代の天皇・皇后一対墓に準じていることをかすかに推測させるくらいである。

Ⅵ　近現代(2)——近現代天皇墓の完成

1　国葬令・皇室喪儀令・皇室陵墓令の制定

帝室制度審議会による国葬令・皇室喪儀令・皇室陵墓令審議——近現代天皇墓の制度化過程　一九二一年（大正一〇）一一月二五日、大正天皇の病気のために、皇太子裕仁（ひろひと）のちの昭和天皇が摂政となった。大正天皇死去はそれから約五年後の一九二六年（大正一五・昭和一）一二月二五日である。

すでにみたように、明治期の帝室制度調査局による、国葬令原案・皇室喪儀令原案・皇室陵墓令原案は、明治期には原案にとどまり、制定されるまでには至らなかった。しかし、大正天皇死去の約二ヶ月前の一〇月二一日、天皇・皇后などの葬儀を国葬とすることを規定する国葬令が勅令として制定され、同日、合計七つの皇室令が制定された。皇室の系譜・戸籍を規定する皇統譜令、皇室の儀礼・紋章などを規定する皇室儀制令、皇族の学校・教育を規定する皇族就学令、未成年の皇族などの後見についての皇族後見令、皇族の相続などをめぐる遺言についての皇族遺言令、そして、天皇・皇后などの葬儀を規定する皇室喪儀令（「附式」を含む）、天皇・皇族などの墓制を規定する皇室陵墓令である［『官報号外』一九二六年一〇月二一日］。

これら皇室令の制定は、大正天皇の病気療養による摂政（昭和天皇）への世代交代、皇位継承を射程に入れての、宮内省・宮廷官僚主導による皇室制度整備であった［西川 一九九八：九九―一〇〇、一一六―一一七頁］。特に、国葬令・皇室喪儀令・皇室陵墓令については、これらの制定から大正天皇死去まで約二ヶ月しかなかったことを考えると、大正天皇死去を想定していたと考えてよいだろう。

大正天皇の葬儀と墓の造営は、これら制定された国葬令・皇室喪儀令・皇室陵墓令により行なわれた。それらによるはじめての天皇の葬儀と墓の造営であった。正確にいえば、これら国葬令・皇室喪儀令・皇室陵墓令は、一九四七年（昭和二二）五月二日公布の皇室令、皇室令及附属法令廃止ノ件によって廃止されたので［『官報』一九四七年五月二日］、天皇・皇后に限定すれば、国葬令・皇室喪儀令・皇室陵墓令により葬儀と墓の造営を行なった唯一の存在が大正天皇であった（大正天皇皇后九条節子の死去は一九五一年）。

皇室典範には天皇の葬送・墓制についての規定はなく、一九〇九年（明治四二）六月一〇日皇室令として制定された皇室服喪令は皇室関係の喪の範囲、喪中期間などを決定し、「天皇大行天皇太皇太后皇太后皇后ノ喪」を「大喪」と規定しているにすぎないので［『官報』一九〇九年六月一一日］、国葬令・皇室喪儀令・皇室陵墓令の制定によって、はじめて天皇・皇族の葬送・墓制が制度化されたことになる。

それでは、明治期の帝室制度調査局による国葬令原案・皇室喪儀令原案・皇室陵墓令原案が、大正期の帝室制度審議会の修正によって、一九二六年（大正一五・昭和一）一〇月二一日に制定されるまでの経過はどのようなものであったのだろう。

一九一六年（大正五）九月、明治期の帝室制度調査局副総裁伊東巳代治が、一九一〇年（明治四三）の韓国併合によって日本の華族に編入された李王家についての制度制定、および、帝室制度調査局が制定できなかった未制定原案の再審議を建議する［国立国会図書館憲政資料室―倉富勇三郎文書R38・分類番号28―1「皇室制度再査議 帝室制度審議会資料 一」］。同年一一月一四日[*104]、伊東巳代治を総裁として帝室制度審議会が設置される。設置時点の「伊東帝室制度審議会総裁演説」によれば、主な審議内容は、「第一特別委員 李王家関係ノ諸案起草」「第二特別委員 皇統譜令及施行規則」「第三特別委員 皇室裁判令」「第四特別委員 請願令」「第五特別委員 遺言令及後見令」であった［国立国会図書館憲政資料室—倉富勇三郎文書R38・分類番号28—2「伊東帝室制度審議会総裁演説 帝室制度審議会資料二」］。これらには、国葬令・皇室喪儀令・皇室陵墓令は含まれていない。この時点では、大正天皇の健康状態も良好であったので、天皇・皇族の葬送・墓制についての制度化は優先順位が低かったのであろうか。

管見の限りで、帝室制度審議会のなかで、国葬令・皇室喪儀令・皇室陵墓令の本格的審議がはじまるのは、一九二〇年（大正九）八月二日ではなかったかと思われる。この日の帝室制度審議会総会で、国葬令・皇室喪儀令についての審議がはじめられ、その審議順序が、総裁伊東巳代治から次のように説明されているからである。

> 喪儀令案同附式案及国葬令案ノ三案ノ審議順序ハ、第一ニ喪儀令案、第二ニ国葬令案トシ、喪儀令附式案ハ喪儀令ト引離シ別ニ之ヲ審議シタリ［東京大学法学部近代日本法政史料センター原資料部所蔵—岡本愛祐関係文書第1部［2］9「帝室制度審議会ニ於ケル喪儀令案・国葬令案 議事要録」］［句読点は適宜補った—引用者］。

国葬令・皇室喪儀令については、皇室喪儀令を先行して、そのあとに、国葬令の審議を行ない、皇室喪儀令「附式」については、さらに別に審議を行なうという趣旨である。皇室陵墓令については、これらから遅れて、一九二四年（大正一三）から審議がはじまっている。

実際には、この一九二〇年（大正九）八月二日の総会に先立ち、すでに同年五月一日から六月一九日までの間、合計一六回を数える主査委員会という会議が委員岡野敬次郎（一八六五—一九二五）を責任者として開かれ、そこでは皇室制度審議会委員ではないメンバーをも加え、国葬令・皇室喪儀令についての実質的な審議が行なわれていた。八月二日の総会で岡野が次のように述べている。

> 喪儀令ト国葬令トハ便宜之ヲ合セテ説明セントス、主査委員会ハ本年五月一日第一回ヲ開キ、夫レヨリ六月十九

日ニ至ル間前後十六回会議ヲ開キ、其中大半ハ附式ノ修正ニ費シ、本令ノ案ハ約二日ヲ以テ議了セリト思フ［東京大学法学部近代日本法政史料センター原資料部所蔵―岡本愛祐関係文書第1部［2］9「帝室制度審議会ニ於ケル喪儀令案・国葬令案 議事要録」］［句読点は適宜補った―引用者］。

一六回開かれた主査委員会のなかで、国葬令・皇室喪儀令の本令についての審議はわずか二日間にとどまり、大部分は皇室喪儀令「附式」についての審議であったというのである。その議論の内容はあとでみるとして、帝室制度審議会における天皇・皇族の葬送・墓制の制度化をめぐり、もっとも議論の対象となったのは、国葬令でも皇室喪儀令でもなく、皇室喪儀令に付属する「附式」であった。

一九二〇年（大正九）八月二日の総会のあと、再び、同年九月一三日から一一月一九日まで合計五回の主査委員会が開かれ、同年一二月二日の総会でその内容が説明された。この時点で国葬令・皇室喪儀令の内容はほぼ固まってきたものと思われ、その後、実質的な審議を行なっていた主査委員会の開催はなくなる。そして、翌一九二一年（大正一〇）六月二七日の総会に、これら三法令の帝室制度審議会案が提出されている［東京大学法学部近代日本法政史料センター原資料部所蔵―岡本愛祐関係文書第1部［2］9「帝室制度審議会ニ於ケル喪儀令案・国葬令案 議事要録」］。一九二〇年（大正九）一二月二日の総会を経ての作成であろう、翌一九二一年（大正一〇）二月一日の日付を持つ国葬令案・皇室喪儀令案をみると［国立国会図書館憲政資料室―平沼騏一郎文書R31・分類番号237「国葬令・皇室喪儀令」］、のちに、一九二六年（大正一五・昭和一）一〇月二一日制定のそれらとほぼ同内容になっている。一九二一年（大正一〇）までに、国葬令・皇室喪儀令、それぞれの帝室制度審議会案が完成していたと考えられる。

一例として、国葬令第一条・第二条についてみてみよう。

くりかえしになるが、明治期の帝室制度調査局の国葬令原案の第一条は、次のようなものであった。

第一条　大喪儀及皇太子皇太子妃皇太孫皇太孫妃ノ喪儀ハ国葬トス摂政タル親王内親王王女女王ノ喪儀亦同シ

〔国立国会図書館憲政資料室―平沼騏一郎文書R32・分類番号240―14「国葬令案定本」〕。

一九二一年（大正一〇）二月一日の国葬令案の第一条・第二条は、上記の原案から修正され、次のようなものになっている。

第一条　大喪儀ハ国葬トス。

第二条　皇太子皇太子妃皇太孫皇太孫妃及摂政タル親王内親王王女王ノ喪儀ハ国葬トス但シ皇太子皇太孫七歳未満ノ殤ナルトキハ此ノ限ニ在ラス〔国立国会図書館憲政資料室―平沼騏一郎文書R31・分類番号237「国葬令・皇室喪儀令」〕。

そして、これもくりかえしになるが、一九二六年（大正一五・昭和一）一〇月二一日制定の国葬令の第一条・第二条は、次のようなものであった。一九二一年（大正一〇）二月一日の国葬令案の第一条・第二条とまったく同じである。

第一条　大喪儀ハ国葬トス。

第二条　皇太子皇太子妃皇太孫皇太孫妃及摂政タル親王内親王王女王ノ喪儀ハ国葬トス但シ皇太子皇太孫七歳未満ノ殤（しょう）ナルトキハ此ノ限ニ在ラス〔『官報号外』一九二六年一〇月二一日〕。

このように、一九二一年（大正一〇）までに帝室制度審議会の国葬令案・皇室喪儀令案がほぼ完成されていたと考えられる。しかし、なぜか、その審議は約五年間中断された。審議の再開は一九二六年（大正一五・昭和一）である。

その間、一九二四年（大正一三）から皇室陵墓令の審議がはじまる。一九一六年（大正五）帝室制度審議会設置時点での特別委員会は、すでにみたように、第一から第五までであった。一九二四年（大正一三）第六特別委員会が設置される。これが皇室陵墓令検討のための特別委員会であった。宮内次官関屋貞三郎（せきやていさぶろう）（一八七五―一九五〇）を委員長として、同年一一月七日から一二月二六日まで合計五回の特別委員会がひらかれた。その審議の結果、翌一九二五年（大正一四）七月二二日の総会で皇室陵墓令案が確定している〔東京大学法学部近代日本法政史料センター原資料

部所蔵―岡本愛祐関係文書第1部［2］7「帝室制度審議会ニ於ケル皇室陵墓令案議事要録」］。

この帝室制度審議会による皇室陵墓令案は、枢密院の審議へとおくられる。一九二六年（大正一五・昭和一）四月二四日、枢密院副議長平沼騏一郎（一八六七―一九五二）・帝室制度審議会総裁伊東巳代治・宮内大臣一木喜徳郎などが出席する枢密院委員会で審議される。そのうえで、同年六月二三日、摂政裕仁および枢密院議長倉富勇三郎（一八五三―一九四八）・副議長平沼騏一郎・宮内大臣一木喜徳郎などが出席する枢密院本会議において最終審議が行なわれ、皇室陵墓令が確定している［東京大学法学部近代日本法政史料センター原資料部所蔵―岡本愛祐関係文書第1部［2］8「枢密院ニ於ケル皇室陵墓令案・皇室後見令案・皇室遺言令案議事要録」］。

いっぽう、約五年間、据え置かれていた国葬令案・皇室喪儀令案が再び帝室制度審議会の審議対象となるのは、この皇室陵墓令が枢密院の審議対象となった時期からであった。皇室陵墓令がほぼ確定した段階で、あらためて、国葬令案・皇室喪儀令案・皇室喪儀令「附式」案が審議対象となる。

一九二六年（大正一五・昭和一）六月四日、帝室制度審議会に第七特別委員会・第八特別委員会が設置される。第七特別委員会は皇室葬儀令、第八特別委員会は国葬令審議のための委員会であった。実際には、この第七特別委員会・第八特別委員会は合同開催で、同年六月四日から八月二七日まで合計五回の特別委員会がひらかれた。八月二七日の第五回特別委員会では、同日のうちに、帝室制度審議会総会が開催されている。この総会で、総裁伊東巳代治から国葬令案・皇室喪儀令案が最終説明され、帝室制度審議会案が確定する［東京大学法学部近代日本法政史料センター原資料部所蔵―岡本愛祐関係文書第1部［2］10「帝室制度審議会ニ於ケル喪儀令案・国葬令案再査議事要録」］。

この帝室制度審議会による国葬令案・皇室喪儀令案が、枢密院へおくられたのは、同年一〇月であった。一〇月四日、枢密院議長倉富勇三郎・帝室制度審議会総裁伊東巳代治・宮内大臣一木喜徳郎・宮内次官関屋貞三郎・総理大臣若槻礼次郎（一八六六―一九四九）などが出席する枢密院委員会で審議される。そのうえで、一〇月一三日、摂政裕仁および枢密院議長倉富勇三郎・副議長平沼騏一郎・帝室制度審議会総裁（枢密院顧問官）伊東巳代治・宮内大臣一木喜徳郎・宮内次官関屋貞三郎・陸軍大臣宇垣一成（一八六八—一九五六）・海軍大臣財部彪（一八六七—一九四九）・内務大臣浜口雄幸（一八七〇—一九三一）などが出席する枢密院本会議で最終審議が行なわれ、国葬令・皇室喪儀令が確定している［東京大学法学部近代日本法政史料センター原資料部所蔵—岡本愛祐関係文書第1部［2］11「枢密院ニ於ケル皇室喪儀令案・国葬令案議事要録」］。

そして、これまでくりかえしてきたように、国葬令・皇室喪儀令・皇室陵墓令の制定は、それから八日後の一〇月二一日であった。大正天皇死去はそれから約二ヶ月後の一二月二五日であったから、天皇・皇族の葬送・墓制の制度化のためのこれらの法令は、大正天皇死去を近未来に予想して、一九二六年（大正一五・昭和一）に入り、一気にすすめられたと考えてよいだろう。*105

大正天皇発病——近現代天皇墓制度化の契機　このような、国葬令・皇室喪儀令・皇室陵墓令の制度化過程を概観してみると、これらは、帝室制度審議会のなかでは、当初は、明らかに優先順位が低かった。一九一六年（大正五）年帝室制度審議会発足時点で設置された第一から第五までの特別委員会の審議には、これら天皇・皇族の葬送・墓制についての法令は含まれていない。国葬令・皇室喪儀令の審議がはじまるのは、帝室制度審議会発足から約五年後の一九二〇年（大正九）からである。しかも、これらの審議は、最初は、主査委員会という小委員会での審議であり、他の法令案が特別委員会での審議であったこととは異なっている。皇室陵墓令案については、一九二四年（大正一三）の第六特別委員会の設置からであった。国葬令案・皇室喪儀令案の審議のための第七・第八特別委員会設置は一九二六年（大正一五・昭和一）である。

それでは、帝室制度審議会発足時点では、その中心的な審議に含まれていなかったこれらが、審議対象として浮上してくるのは、どのような理由があったのだろう。

あくまで仮説であるが、大正天皇の発病と関係があると考えられるのである。[*106]

大正天皇の発病は、国葬令・皇室喪儀令の審議がはじまる前年、一九一九年（大正八）であった。

大正天皇の発病について、そのもっとも早い時期の様子を明確に伝えるのが、大正天皇の侍従武官四竈孝輔(しかまこうすけ)（一八七六―一九三七）の『侍従武官日記』の一九一九年（大正八）八月六日の記述である。[*107] 大正天皇は皇后九条節子などとともに、同年七月二一日から日光田母沢「御用邸」に出かけ避暑中であった。大正天皇に敬意と親近感を抱き、身近で接していた人物の記述であるから、信頼できる情報であろう。

> 聖上（大正天皇―引用者）御気色は何時もに変り給はざるも、御体力は何処と言ふに非ざるも稍々御減退あらせられたるには非ずやと拝察し奉る点なきに非ず。時々御言葉の明瞭を欠くことあるが如きは、近来漸く其の度を御増進あらせられたるには非ずやと拝し奉るも畏れ多き極みなり［四竈 一九八〇：一四六頁］。

体力減退と言語障がいの兆候があらわれている。

四竈が大正天皇のこの変調を記した三日後の八月九日、総理大臣原敬が日光の大正天皇および皇后九条節子のもとへ「参内」している。原敬は大正天皇に政治上の報告を行ない、そのあと、皇后九条節子と面談する。原敬は、「皇后陛下に拝謁したるに種々御物語りあり」と記す［原編 一九六五b：一一八頁］。この面談の内容は不明だが、この「種々御物語り」のなかで、原敬が大正天皇の変調を感じとった可能性はある。

約五〇日後の同年九月二六日には、身体障がいの兆候があらわれる。

> 玉座(ぎょくざ)に臨御(りんぎょ)あらせ玉ひしも、多少御気色(おんけしき)勝れさせ玉はざるものあり。御咳(おんせき)これに伴ひ、御姿勢等思はしからざるを拝し奉れりとは畏(かしこ)き極みこそ。（中略）階段の御昇降には、昨今侍従両側より御扶(おたす)け参らするに非(あら)ざれば叶(かな)はせられずとは何たることぞ［四竈 一九八〇：一六三頁］。

同年一二月二六日開会の第四二帝国議会の開院式での、大正天皇による「勅語」朗読がこの病気のために中止される。内大臣松方正義（一八三五—一九二四）から相談をうけた総理大臣原敬によれば、その状態は、「松方云ふに誠に遺憾の次第ながら数日来御練習になりたるも何分にも御朗読御困難にて明日の開院式に臨御六ケしと内情詳説したり」［原編　一九六五b：一九三頁］であった。言語障がいにより、「勅語」朗読が不可能になっているというのである。

大正天皇の病気が社会全体に、はじめて公表されたのは翌一九二〇年（大正九）三月三〇日であった。やがて、大正天皇の身体は、右側に極度に屈曲する状態となる。同年九月二八日「聖上玉体の右に屈曲せらるること甚だし」［四竈　一九八〇：二七〇頁］、同年一一月八日「御運動中例の玉体屈曲を拝し奉る」［四竈　一九八〇：二七四頁］。

しかし、大正天皇はこのような病状にありながら、それについて、自身は無自覚であったようである。大正天皇の発病に伴い、公務を皇后九条節子が代替することが増えるようになっていた。[*108] おそらくは、その現実についても、大正天皇は自覚できなかったのではないかとさえ推測される。それについての、同年四月一二日、侍従武官四竈孝輔の記述である。

> 聖上には専ら御摂養のため当分何等の御儀式にも臨ませ給はざることとなりたるを以て、皇后陛下代つて斯くも勤めさ（ママ）給ふ次第にして、特に御病気御自覚あらせられざる主上は、果して如何に思召し給ふにや、御心中拝察し奉るだに畏し［四竈　一九八〇：二〇四頁］［傍点—引用者］。

また、裕仁が摂政に就任した翌一九二一年（大正一〇）一一月二五日から約一五日後、同年一二月八日の大正天皇は次のような言葉を吐いていたという。

> 度々の御言葉に「己れは別に身体が悪くないだろー」と仰せらるゝは、其御意何れに存せらるゝやを拝察するに由なきも、今日の御境遇誠に御痛はしき極みなり。尤も御自身には格別御病症御自覚あらせられざるものならん［四竈　一九八〇：二八三頁］［傍点—引用者］。

大正天皇の病気については、「脳病」という表現がされるが、その病気の特徴は、現代人にもっとも多い癌・血圧系の疾患、また、当時多かった結核でもなく、みずからの病気に無自覚でさえもある精神的疾患を伴なう身体障がい・言語障がいとでもいうべきものであった。帝室制度審議会発足時点の一九一六年(大正五)年は、前天皇の明治天皇死去から四年しか経過しておらず、また、大正天皇は一八七九年(明治一二)生まれであるから、この時点での大正天皇の年齢は三七歳の若さである。ふつうの発想であれば、天皇・皇族の葬送・墓制の整備を緊急課題とする必要性はない。しかし、大正天皇の発病がその制定を急がせたと仮定することができよう。

特に、国葬令・皇室喪儀令・皇室陵墓令の最終的審議は、大正天皇死去の年、一九二六年(大正一五・昭和一)に入ってからであり、これまでその日付をくりかえしてきたように、一〇月二一日にこれらが制定され、それから約二ヶ月後の一二月二五日に大正天皇は死去している。また、その死去に直接関係すると思われる病状悪化は、すでに一一月二二日にはみとめることができる。当時、内大臣秘書官長であった河合弥八(かわいやはち)(一八七七―一九六〇)が、その日記のなかで、一一月二〇日には「聖上、益御軽快なり」と記したが、二日後の二二日には「天皇陛下、少しく御病勢昂進あらせらる」と記し[高橋紘他編 一九九三:五〇頁]、以後、ほぼ連日病状悪化を記述するようになる。

大正天皇死去に間に合わせるように制定されたのが、国葬令・皇室喪儀令・皇室陵墓令であったといえよう。また、俗な表現になるが、国葬令・皇室喪儀令・皇室陵墓令の制定は、駆け込みセーフ、そのような状況でさえあったのではないか、そのようにさえ推測できるのである。

帝室制度審議会における天皇墓――横穴式〈玄宮〉の新造　それでは、明治期の帝室制度調査局原案からの修正の中心点はどのようなものであったのだろうか。すでに皇室喪儀令・皇室陵墓令の修正点について簡単に述べ、また、国葬令の修正点についても整理したので、ここでは、皇室喪儀令・皇室陵墓令における最大の修正点を、その修正経過をも含めて整理しておこう。

明治期の帝室制度調査局原案に対して、もっとも修正点が必要とされたのは、皇室喪儀令原案における、葬儀後、「霊柩」をおさめる方法であった。それは「附式」で規定される。くりかえしになるが、この原案の部分をあらためて確認しておきたい。

霊柩ヲ石槨ニ斂メ土ヲ覆フ

此ノ時陵誌ヲ埋メ埴輪ヲ樹ツ［国立国会図書館憲政資料室―平沼騏一郎文書R31・分類番号240―1］。

実際に、明治天皇墓は、この帝室制度調査局原案のように、竪穴式「石槨」に棺をおさめ、外郭をコンクリートにより堅固に造営し、さらに、四体の埴輪を周囲に配置していた。

しかし、帝室制度審議会では、この部分に対して、もっとも議論が行なわれ、大きな修正が加えられた。天皇・皇族の葬送・墓制がはじめて審議された一九二〇年（大正九）の主査委員会の段階で、それはすでにはじめられていた。一九二〇年（大正九）八月二日の帝室制度審議会総会で、委員岡野敬次郎が同年五月一日から六月一九日まで合計一六回開いた主査委員会での議論を次のように整理して報告する。特に、それは山口鋭之助の修正意見についてであった。

山口氏（山口鋭之助―引用者）ノ憂ヘラルハ、第一ニ明治天皇ノ御陵ハ縦ニ穴ヲ据（ママ）リ上ヨリ下ニ霊柩ヲ収メ、其上ヲ人足ニ踏マシメ如何ニモ不敬ナリシヲ以テ、将来之ヲ横壙トシ、霊柩ヲ横ニ収メタシト云フニアリ［東京大学法学部近代日本法政史料センター原資料部所蔵―岡本愛祐関係文書第1部［2］9「帝室制度審議会ニ於ケル喪儀令案・国葬令案議事録」］［句読点は適宜補った―引用者］。

帝室制度調査局原案による皇室喪儀令原案では、天皇墓が竪穴になるために、棺をおさめたあと、その上を、作業員が上部から踏み固める作業が伴ない、それが「不敬」であるので、そのような竪穴式の造営を修正したいという意見である。主査委員会のまとめ役であった岡野もこの山口の修正意見に同意している。

一九二〇年（大正九）八月二日の帝室制度審議会総会のあと、再び、同年九月一三日から一一月一九日まで合計五回の主査委員会が開かれ、さらにこの修正意見が整理される。そのうえで、同年一二月二日の帝室制度審議会総会で、まとめられた修正意見が岡野から提出される。

岡野の発言は次のようなものであった。長文になるが、ほとんど知られていない発言なので、ほぼ全文を紹介しておきたい。

次ハ山口御用掛ノ多年ノ且熱心ナル主張ニヨル修正ニシテ、第二次ノ主査委員会ハ此問題ノ為メニ開カレタリト云フモ不可ナシ、陵所ノ儀ヲ見ルニ「次ニ霊柩ヲ御外槨ニ斂土ヲ覆フ此ノ時陵誌ヲ埋メ埴輪ヲ樹ツ」（喪儀第十号ノ一63頁）ト簡単ニ規定セリ右ニ付山口氏ハ

一ニハ陵所ニ於テハ相当厳粛ナル儀式ヲ行ヒタシ

二ニハ明治天皇喪儀ノ実例ニヨレハ、先ツ御穴ヲ掘リ之ニ霊柩ヲ納メ、其ノ隙間ニセメント類ヲ詰メ体裁甚宜シキヲ得サルニヨリ、霊柩ヲ納ムル特別ノ室ヲ設ケ、之ヲ玄宮（げんきゅう）又ハ玄室（げんしつ）（黒キ部屋ノ意ナラン）ト称シ[*109]、其ノ内面周囲ニ種々ノ物ヲ布列シタシ

三ニハ明治天皇大喪儀ノ時ハ御穴ヲ立穴式トシ、之ニ上ヨリ下ニ霊柩ヲ納メ其ノ上ヨリ土ヲ覆フ為、人足共モ直接御穴ノ上ニ登リテ土又ハ石ノ類ヲ置キ、甚（はなはだ）恐レ多キ事故、成ルヘク横穴式ニシタシ、之ヲ横壙式トスレハ霊柩ヲ納ムルトキハ既ニ玄宮ハ石又ハセメントニテ作ラレ居ルヲ以テ、之ニ霊柩ヲ納ムルニ当リ稍（やや）モスレハ不敬トナルガ如キ動作ヲ避クルコトヲ得ヘシ、又縦壙式ナレハ crane（起重機）等アリテ、儀式モ円満ニ行ハレサルニ反シ、横壙式ナレハ玄宮ノ前ニ於テ儀式ヲ行フコトヲ得体裁モ宜シ

ト云フ理由ニテ、陵所ノ儀ニ関スル修正案ヲ提出セラレタリ、仍テ数回会議ヲ開キ意見モ交換シタル後、之ニ同意シ陵所ノ儀ヲ修正スルコトトセリ、是レ山口氏ノ意見ニ譲歩シタルニハ非ス、其ノ内容ニ於テ採ルヘキモノア

リト認メタルガ故ニ賛成セルコトナレハ、本総会ニ於テモ御採用アリタシ［東京大学法学部近代日本法政史料センター原資料部所蔵─岡本愛祐関係文書第1部［2］9「帝室制度審議会ニ於ケル喪儀令案・国葬令案議事録」］［句読点は適宜補った─引用者］。

この岡野の発言からまずわかることは、天皇墓の竪穴式「石槨」を横穴式「石槨」へと転換させる修正意見は山口鋭之助の主張であり、それに対して、岡野をはじめとする主査委員会委員が同意したことであった。

山口はもともとは京都帝国大学などで教鞭をとった物理学者であるが、この帝室制度審議会の時期、一九二一年（大正一〇）まで宮内省諸陵頭をつとめていた。天皇墓について、積極的な持論を持ち、また、それを展開でき得る立場にもあった。山口は、『山稜の研究』（一九二三）という著作をもあらわしているほどで、その序文において、「私は一体この日本といふお国柄は、皇室を総本家と仰ぎ奉り、天照大御神を始めとし御代々の天皇は元より、国家に功労のあつた我々の祖先に至るまで、この高恩を感謝し之を崇敬することが一般国民の第一の心得でなければならぬと思ふて居ります。即ち祖先崇拝といふことが我国体の根本で、その神霊に仕へ奉ることが神道の本義であらうと思ふて居ります」［山口鋭之助 一九二三：一頁］と述べている。おだやかな皇室中心主義者とでもいうべき人物であった。

山口鋭之助の主張は、大きく三点あった。

第一には、天皇墓のある場所で厳粛に儀礼を行なう必要があること。

第二には、竪穴式の遺体槨納葬で、しかもセメントを詰めて、周囲に副葬品を押し込むやり方は不体裁であること。そうならないように、〈玄宮〉を作り、そこに天皇の棺をおさめるようにするべきであること。

第三には、竪穴式の遺体槨納葬では、墓穴への棺の槨納後、作業員がその上を踏み固めることになるので、不敬であり、しかも、竪穴への棺の槨納はクレーンを使うので、円滑な儀礼の進行に妨げになるので、それを防がなければならない。横穴式で〈玄宮〉を造営すれば、そのような欠点を修正できる。

要は、横穴式の〈玄宮〉を造営することにより、第一から第三までの課題を解決できるという主張である。

この山口鋭之助の主張に対しては、委員岡野敬次郎だけではなく、総裁伊東巳代治も賛同している。伊東の賛成意見は次のようなものであった。

> 私モ横穴ハ余程暇ヲ要スト考ヘタルガ、立穴ト雖、唯埋ムルニハ非スシテ相当設備ヲ要スルガ如シ、結局縦壙横壙ハ天井ノ有無ノ区別ニシテ大ナル差ナシ、実ハ横壙式ハ実地ノ工事困難ニシテ多数ノ日子ヲ要スト考ヘタルモ、段々承レハ人足共モ霊柩ノ上ニ上ラズ、式モ奇麗ニ行ハル［東京大学法学部近代日本法政史料センター原資料部所蔵―岡本愛祐関係文書第1部［2］9「帝室制度審議会ニ於ケル喪儀令案・国葬令案議事録」］［句読点は適宜補った―引用者］。

横穴式の方が、竪穴式よりも、儀礼進行上においても、物理的にも、好都合である、という総裁伊東巳代治の判断であった。

また、山口鋭之助は、帝室制度調査局原案のなかの皇室喪儀令原案にあり、また、明治天皇墓で実際に実行された、埴輪の副葬廃止をも主張している。一九二〇年（大正九）一一月一〇日の主査委員会で、山口は、古代の埴輪の多くは地表に置くものであり、それを、「現代ニ於ケル陵ノ様式トシテ陵ノ上ニ装飾物ヲ置クハ不体裁故廃止」するべきであるという［東京大学法学部近代日本法政史料センター原資料部所蔵―岡本愛祐関係文書第1部［2］9「帝室制度審議会ニ於ケル喪儀令案・国葬令案議事録」］。この山口の主張も、帝室制度審議会総会で認められた。

その結果、さきにみた国葬令案と同じく、一九二一年（大正一〇）二月一日段階では、皇室喪儀令案は、次のような文章に修正されている。

> 霊柩ヲ玄宮ニ奉遷シ御外郭石槨ニ斂ム［国立国会図書館憲政資料室―平沼騏一郎文書Ｒ31・分類番号237「国葬令・皇室喪儀令[*110]」］

一九二六年（大正一五・昭和一）一〇月二一日制定の皇室喪儀令と一文字異なるだけで、すでにほぼ同じ文章である。

この部分について、最終的に制定された皇室喪儀令は、次のような文章であった。

霊柩ヲ玄宮ニ奉還シ御外郭石槨ニ斂ム［『官報号外』一九二六年一〇月二一日］。

「奉遷」が「奉還」に修正されただけである。一九二一年（大正一〇）二月一日の皇室喪儀令案の段階で、帝室制度審議会は、天皇墓を竪穴式の遺体槨納葬ではなく、横穴式による〈玄宮〉造営へと修正することを決定していたと考えてよいだろう。

なお、制定された皇室喪儀令では、〈玄宮〉に副葬品をおいたあとは、次のように続く。

玄宮ノ門ヲ閉ツ［『官報号外』一九二六年一〇月二一日］。

皇室喪儀令によれば、天皇墓の〈玄宮〉は、門を閉じることにより密閉する開閉式扉を採用していたことがわかる。この開閉式扉をもってしても、〈玄宮〉とは竪穴式ではなく、明らかに横穴式であった。

明治天皇墓とその皇后一条美子墓は、かっ車を利用して「霊柩」を持ち上げ、柩を槨納していた。竪穴式槨納であった。江戸時代の後光明天皇以来の遺体槨納葬は、明治天皇墓と皇后一条美子墓までは竪穴式であった。しかし、この皇室喪儀令によって、天皇墓は〈玄宮〉と呼ばれる横穴式の遺体槨納葬へと大きく修正され、また、それが法令による制度としても規定された。

それでは、このような皇室喪儀令の修正にともない、後まわしの審議となった皇室陵墓令は、どのように修正されたのであろう。

これもくりかえしになるが、帝室制度調査局の皇室陵墓令原案では、天皇墓などの「陵」、皇族墓などの「墓」について、その形状についての規定はなかった。第四条が「陵ニ付テハ陵籍ヲ設ク」とあり、その「陵籍」に記す内容を「一追号及御名　二陵所　三陵名　四崩御ノ年月日　五営建ノ年月日　六陵形　七兆域ノ坪数　八附属物」を規定するのみで［国立国会図書館憲政資料室—平沼騏一郎文書R34・分類番号245—14「皇室陵墓令案」］、天皇墓の形状については、まったく触れられていない。

しかし、一九二四年（大正一三）から、帝室制度審議会の第六特別委員会ではじめられた、帝室制度調査局の皇室陵墓令原案に対する修正で、もっとも議論の対象となったのが、この天皇墓の形状規定についてであった。

一九二四年（大正一三）一一月七日、帝室制度審議会第六特別委員会の第一回の会議が開かれた。開催にあたり、第六特別委員会委員長、関屋貞三郎が次のように述べている。

> 明治天皇ハ王政ヲ復古シテ維新ノ大業ヲ建テタマヒタレハ、其ノ御陵ハ古制ニ復シテ伏見桃山陵ヲ建営シタリ、此ノ御陵ハ当時宮内大臣ノ訓示ニ基キ、歴代山陵ノ制度ヲ参考シテ、質素堅固森厳幽高ヲ旨トシテ、上円下方三段型ニ造リタルモノニテ、予（あらかじ）メ模型ヲ作　天皇皇后両陛下及昭憲皇太后ノ叡覧ニ供シ奉リ、其ノ勅裁ヲ経タリ、当時ノ記録ヲ見ルニ、桃山陵ハ大要外形ヲ天智天皇ノ山科陵ニ則リ、内容ヲ孝明天皇ノ後月輪東山陵ニ則リ、御拝所ヲ神武天皇ノ畝傍山東北陵ニ則リタリ［東京大学法学部近代日本法政史料センター原資料部所蔵—岡本愛祐関係文書第1部［2］7「帝室制度審議会ニ於ケル皇室陵墓令案議事要録」］［闕字—原文］［句読点は適宜補った—引用者］。

ここでも、実際には八角台形であった天智天皇墓・孝明天皇墓を〈円墳〉とみなす誤認があるが、これらの形状にのっとり、明治天皇墓を「上円下方三段型」にしたというのである。しかもそれは、あらかじめ、模型を明治天皇に見せ、「勅裁」を得ていたという。

関屋は、皇族墓についても、次のように述べている。

> 明治ニ至リ、明治天皇ノ皇子女ノ御墓ハ古制ニ復シテ豊島岡ニ円墳ニ築カレタリ、其ノ他明治以後営建セラレタ

ル皇族墓亦何レモ円墳型ニ依ル［東京大学法学部近代日本法政史料センター原資料部所蔵―岡本愛祐関係文書第1部［2］7「帝室制度審議会ニ於ケル皇室陵墓令案議事要録」］［句読点は適宜補った―引用者］。

明治以降、豊島岡墓地の皇族墓は、「古制ニ複シテ」、〈円墳〉になったという。

帝室制度審議会の皇室陵墓令の検討は、このような天皇墓・皇族墓の形状を〈円墳〉とする共通認識のなかですすめられた。そして、最終的には、同年一二月四日の第三回の第六特別委員会のなかで、委員平沼騏一郎が次のように述べ、天皇墓の形状についての条文がほぼ確定する。

> 自分ハ強テトハ云ハサルモ、今後中世大分流行セル仏式ノ陵表(あら)ハルルカ如キコトアリテハ不可故(ふかゆえ)、何トカ陵形ヲ定メタシ、或ハ上円下方ノ外ニ今一ツ他ノ形式ヲ定メテハ如何
>
> 第三条ノ三ヲ「陵形ハ上円下方又ハ円墳トス」ト改ム［東京大学法学部近代日本法政史料センター原資料部所蔵―岡本愛祐関係文書第1部［2］7「帝室制度審議会ニ於ケル皇室陵墓令案議事要録」］［句読点は適宜補った―引用者］。

仏教式の天皇墓を排除しつつ、それへの復帰のないように、天皇墓の形状を規定すべきという意見であり、強固な皇室中心主義者平沼らしい主張であったともいえよう。そして、この段階で、その条文は「陵形ハ上円下方又ハ円墳トス」とされている。

そして、実際に制定された皇室陵墓令は、このような天皇墓の形状は〈円墳〉であるという共通認識のもとで、条文は第三条から第五条に移動し、次のようになった。

> 第五条　陵形ハ上円下方又ハ円丘トス［『官報号外』一九二六年一〇月二一日］。

平沼の提案した条文のなかでは、「円墳」とあった部分が「円丘」とだけ修正されている。形状についての規定なので、「墳」という文字が「丘」に修正されたのであろう。しかし、これにより、近現代の天皇墓の形状は〈円墳〉

として制度化されたことになる。

これもくりかえしになるが、孝明天皇墓とその皇后九条夙子墓は、下段を三段の〈円墳〉・上部を八角台形としていたので、天皇・皇后に限定していえば、近現代では、下部を三段の方形・上部を〈円墳〉として造営したのは、明治天皇墓とその皇后一条美子墓が最初であった。皇室陵墓令の第五条は、その形状を範型として、「上円下方」または「円丘」、つまりは〈円墳〉とすることが決定していた。

しかし、同じく〈円墳〉とはいっても、その造営方法には大きな違いがあった。皇室陵墓令は、明治天皇墓とその皇后一条美子墓に準拠しその形状を〈円墳〉としたが、皇室喪儀令では、その〈円墳〉を〈玄宮〉とし、門の開閉式による横穴式としたので、その外観は明治天皇墓とその皇后一条美子墓を継承した〈円墳〉であるが、その内部構造は横穴式の〈玄宮〉とする天皇墓を新造していたことになる。

2 大正天皇墓の円形ドーム

大正天皇墓の〈玄宮〉――横穴式「石槨」による遺体槨納葬の実行　大正天皇墓とは、このように制度化されたばかりの〈玄宮〉、横穴式「石槨」の実現でもあった。

一九二六年（大正一五・昭和一）一二月二五日、皇室喪儀令・皇室陵墓令が一〇月二一日に公布されてから約二ヶ月後、大正天皇は病気療養地、神奈川県の葉山「御用邸」で死去した。[*111] 即日、宮内大臣一木喜徳郎・内閣総理大臣若槻礼次郎の「告示」によりその死去が公表された。また、即日、皇居内賢所での祭典と皇霊殿・神殿への報告により、昭和天皇が「践祚」、昭和天皇の「勅令」により、大正天皇の大喪使官制が公布された［『官報号外』一九二六年一二月二五日］。

写真 89　大正天皇墓（東京都八王子市長房町）2016 年

一九一二年（明治四五・大正一）の明治天皇死去から一四年後である。歳月を大きく隔てているわけではないが、国葬令・皇室喪儀令・皇室陵墓令の規定があり、一九一〇年代の大戦景気をはさんだ社会経済的発展、市民社会の本格的展開のなかで、大正天皇の葬送・墓制にはさらに新たな特徴があらわれる。

第一の特徴は、皇室喪儀令・皇室陵墓令に基づき、横穴式「石槨」[*112]の〈玄宮〉による遺体槨納葬が実行されたことであった。外観は〈円墳〉であるが、明治天皇墓およびその皇后一条美子墓のような地面を掘り下げた竪穴式ではなく、〈玄宮〉を地表に造営し、地下施設を造営しない完全な遺体槨納葬を実現している。

写真89にみるように、外観から見る限りでは、〈円墳〉の大正天皇墓は、その前部に神域を示す〈鳥居〉を設営し、その〈円墳〉を祭祀対象としており、これについては、明治天皇墓［写真84］およびその皇后一条美子墓［写真85］と同じ構図である。また、大正天皇死去からその「霊柩」が墓におさめられるまでの葬儀の経過も、明治天皇およびその皇后一条美子とほぼ同じであった。

一九二六年（大正一五・昭和一）一二月二五日、大正天皇が死去したその翌二六日、大正天皇の遺体は「御槽」、さらに、「霊柩」におさめられ、二七日、皇居に移された〔四竈 一九八〇：四四一頁〕〔奈良 二〇〇〇：三四八―三四九頁〕。年が明けて、一九二七年（昭和二）一月三日、宮内省「告示」により、大正天皇墓の場所が公表される。「東京府多摩郡横山村浅川村及元八王子村所在御料地」のうち「武蔵陵墓地」と命名された範囲のなかの「横山村大字下長房字龍ヶ谷戸」とされる〔『官報号外』一九二七年一月三日〕。翌四日、宮内大臣一木喜徳郎・内閣総理大臣若槻礼次郎の「告示」により、その葬儀を同年二月七日・八日とすることが公表され、翌々五日には皇居内に「殯宮」が設営され、大正天皇の「霊柩」はこの「殯宮」に置かれた〔『官報号外』一九一二年一月四日〕。

明治天皇の「殯宮」のときのように、「殯宮」への参拝はくりかえされ、そこには、各国外交官のそれもあった。国際的秩序のなかの日本の統治権者天皇の死去であり、これについては、明治天皇のときと同様であった。

葬儀は、二月七日、「新宿御苑」で行なわれ、昭和天皇・内閣総理大臣若槻礼次郎・宮内大臣一木喜徳郎などが「誄（るい）」を述べた。八日、「霊柩」は汽車により千駄ヶ谷仮停車場から東浅川仮停車場まで移送され、「霊柩」はさらにそこから「武蔵陵墓地」に運ばれ、そのうちの、大正天皇墓に指定された「横山村大字下長房字龍ヶ谷戸」の〈円墳〉＝〈玄宮〉におさめられた。同日、この大正天皇墓は「多摩陵（たまのみささぎ）」と名づけられた〔『官報号外』一九二七年二月八日〕。そして、その死去から一年後、一九二七年（昭和二）一二月二五日、昭和天皇および皇后久邇良子（くにながこ）（一九〇三―二〇〇〇）臨席のもと、皇居内「権殿」および大正天皇墓で一周年祭が行なわれ、その後、大正天皇の「霊代」は皇霊殿に移される〔『官報』一九二七年一二月二七日〕。大正天皇の「霊代」は皇室の先祖「皇霊」の群に融合したことになる。

大正天皇の葬儀は神葬祭であり、一周年祭後には皇霊殿にその「霊代」が移され「皇霊」たちのひとりとして合祀され、その祭神とされた。大正天皇も皇霊殿で神となった。また、その墓も〈鳥居〉の背後の神域とされていた。このような経過を追ってみる限りでは、大正天皇の葬儀は、明治天皇および皇后一条美子の葬儀と基本的には同じであった。

しかし、皇室喪儀令・皇室陵墓令によって規定された、その墓の造営方法は、大きく異なっていた。

二月八日、「多摩陵」に移送された大正天皇の「霊柩」は、〈玄宮〉前に設営された「葬場殿」外陣に置かれた。最後の神事はここで行なわれた。現在の大正天皇墓「多摩陵」では、その前面にある鳥居外側付近の平坦な空間がそこである。そのあと、大正天皇の「霊柩」は、「葬場殿」内陣に移動される。「葬場殿」内陣は、現在の大正天皇墓「多摩陵」では、平坦な空間にある〈鳥居〉から階段を上り切った位置にあった。

「葬場殿」内陣の後部に〈玄宮〉が、あらかじめ造営されていた。明治天皇およびその皇后一条美子のばあいでは、「御須屋」の後部に竪穴式「石槨」を準備し、そこに滑車を利用して「霊柩」を下ろしていた。しかし、大正天皇墓「多摩陵」は、その「葬場殿」を外陣と内陣と二ヶ所造営し、そのうちの内陣の背後に横穴式「石槨」による〈玄宮〉を造営し、そこに「霊柩」を地上移動させ「石槨」に槨納していた。

現在では、この外陣も内陣も存在せず、〈鳥居〉の向こう、階段の背後に〈玄宮〉を見上げる形態をとるが［写真89］、葬儀当日には、この階段はなく、軌道を敷いた斜面であった。図12は、この斜面の移送を管轄した鉄道省が残した、「霊柩」を〈玄宮〉に移送する練習風景の写真である。斜面に軌道を設営し、その軌道に沿って「霊柩」を巻き揚げ、〈玄宮〉前の「葬場殿」内陣に「霊柩」を移送している［鉄道省編 一九二八：一八三―一九一頁］。そして、この「葬場殿」内陣から連続する〈玄宮〉に移していた。図13が、この「葬場殿」内陣と〈玄宮〉、および、その内部の「石槨」の設計図である。この「霊柩」移送を担当した鉄道省の残した実測図によれば、〈玄宮〉があらかじめ地上に造営されているだけではなく、「霊柩」をおさめる内部の「石槨」もその内部の地上に造営されていることがわかる。大正天皇墓「多摩陵」には、明らかに、地下施設がない。すべてが地表面上に造営され、遺体∧「御槽」をおさめた「霊柩」を、その地表面上の造営物、「石槨」∧〈玄宮〉におさめている。

図 12　大正天皇「霊柩」移送練習風景［鉄道省編 1928：口絵写真］

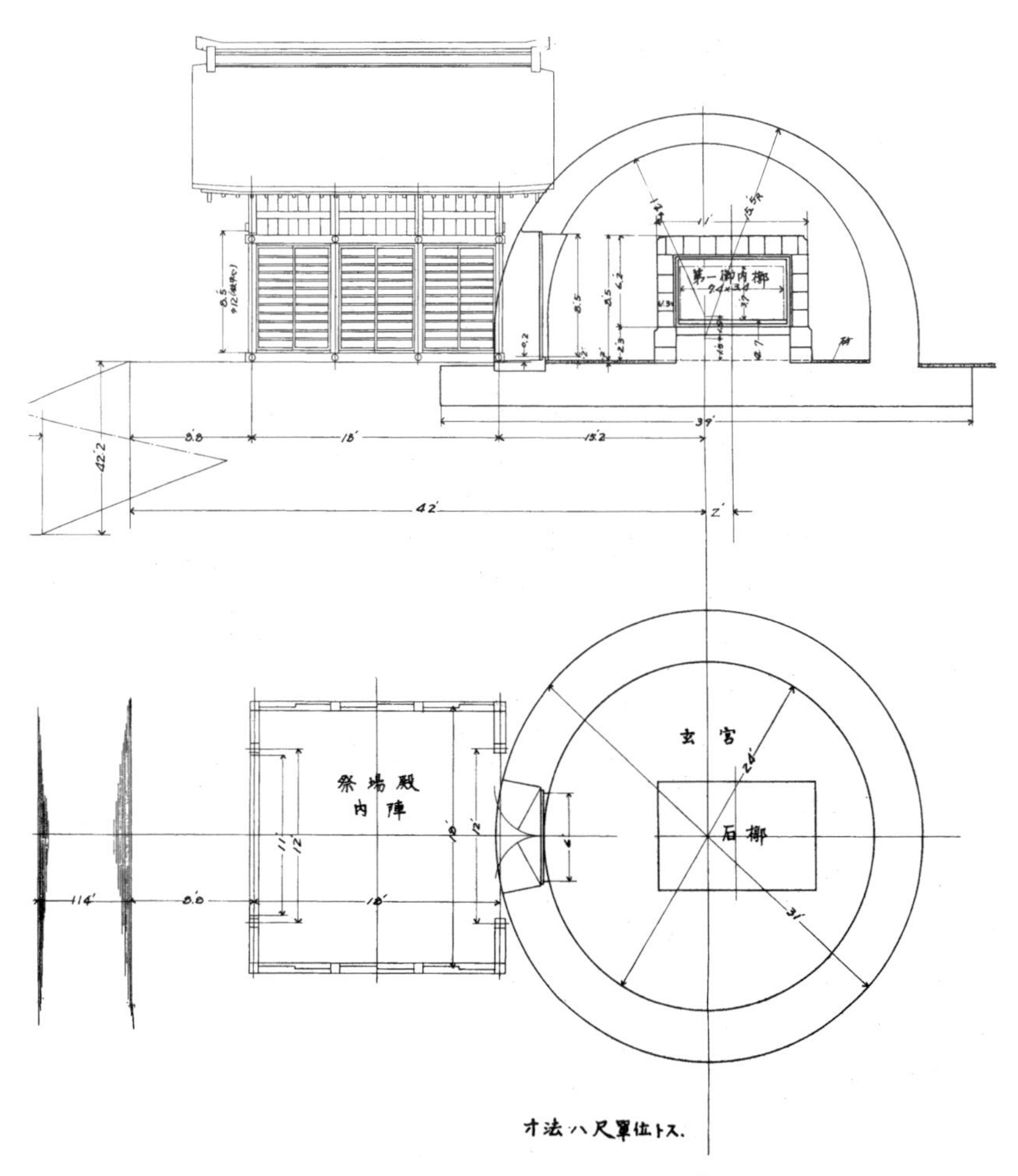

図 13　大正天皇〈玄宮〉設計図 ［鉄道省編 1928：第二十五図］

このようにして、大正天皇の遺体∧「御槽」をおさめた「霊柩」は、地表面上の「石槨」∧〈玄宮〉に置かれることになった。

一六五四年（承応三）死去の後光明天皇以来火葬が廃止され、遺体槨納葬が採用され、一八六六年（慶応二）死去の孝明天皇、一九一二年（明治四五・大正一）死去の明治天皇まで継続してきた。それは、竪穴式「石槨」、地下施設に対する遺体槨納葬であり、それにより、地上施設として、江戸時代の天皇墓は九重塔を、孝明天皇墓では八角台形を、明治天皇墓では〈円墳〉を造営していた。同じく遺体槨納葬でありながら、これらは地下施設として竪穴式「石槨」（明治天皇墓「伏見桃山陵」はコンクリート＋石詰製）を造営し、いっぽう、地上施設としては九重塔、八角台形、〈円墳〉を造営する二重構造を持っていた。しかし、大正天皇墓は、横穴式「石槨」を持つ〈玄宮〉を地表面上にのみ造営し、すべてを地上施設とする遺体槨納葬であった。

したがって、大正天皇墓「多摩陵」の〈玄宮〉を、いっそう正確に表現すれば、それは地下施設を伴なわないために、地表面上の「霊柩」をおおう円形ドームと表現することさえも可能である。形態的にも、明治天皇墓およびその皇后一条美子墓の地上施設〈円墳〉が完全な半円球形ではなく、ややいびつな形状であるのに対して、大正天皇墓「多摩陵」は完全な半円球形である。

これが近現代天皇墓の完成形態であった。

しかも、地上施設のこの〈玄宮〉内は空洞であった。その空洞内に「石槨」を設置し、そこに遺体∧「御槽」をおさめた「霊柩」を槨納していた。

この〈玄宮〉に、大正天皇の遺体∧「御槽」をおさめた「霊柩」を槨納する最後の作業に立ち会った技術者の次のような長文の回想は、大正天皇墓の〈玄宮〉とは、内部が空洞で円形ドームによる地上施設であることを明確に伝えてくれる。[*113]

舗道をふみしめて上つて来られたのが杉諸陵頭でした。その次のいかなるお方におはしますか、胸とゞろかせつゝ待ち参らせて拝すれば、これぞ外套も召されぬ秩父宮殿下でありました。次で高松宮、閑院宮両殿下の御三方でありました。それから暫く間を置いて登らせられたのは竹田宮昌子、北白川宮房子、朝香宮允子の三内親王殿下で、殊にこの寒い朝を房子内親王には御杖を突かせ給ひて御登りになりました。このほの暗い玄宮内に御色どり一つなき三殿下の御姿を拝した時は、何ともいへぬ悲しみがこみあげて来ました。（中略）次に一木宮相、最後に東久世内匠頭が登り、やがて六殿下には冷たい玄宮にいらせられた。そして六殿下の御眼はいま御ふた石の作業を終へた、見るからにヒヤリとする大石槨の上へ注がれ、御鄭重にお頭をさげさせられつゝ、暫しは御立ち去りかねる御容子に拝しました。然し時は参りました。今こそ永久に開かれざる御玄扉を閉ぢる時です。杉諸陵頭は意を決して低い声で、『殿下それでは玄宮の御門を閉ぢてよろしうございますか。』と申上げる。東の空は全く橙色になつた。金色の太陽は燦爛として上つた［高木八太郎他編 一九二七：五六三―五六四頁］。

大正天皇の遺体∧「御槽」をおさめた「霊柩」は、〈玄宮〉内部の「石槨」におさめられた。そして、その〈玄宮〉内部には、昭和天皇「名代」の大正天皇次男秩父宮雍仁（一九〇二―五三）、大正天皇の三男高松宮宣仁（一九〇五―八七）、葬儀の「大喪使総裁」閑院宮載仁（一八六五―一九四五）、昭和天皇皇后久邇良子の「名代」竹田宮昌子（一八八八―一九四〇）、大正天皇皇后九条節子の「名代」朝香宮允子（一八九一―一九三三）、北白川宮房子（一八九〇―一九七四）、すくなくともこの六人は入っている。彼ら・彼女らのうち、竹田宮昌子・北白川宮房子・朝香宮允子の三人は、明治天皇と園祥子との間の子供なので、大正天皇からすると、母親は異なるが、妹たちということになる。人間六人が入ることのできる空洞が〈玄宮〉内にはあった。〈玄宮〉内は物体によって充満させられてはいない。

この〈玄宮〉を密閉する作業は次のようなものであった。

杉さん（杉諸陵頭―引用者）は進んで永久に開かざる鉄扉に手をかけた。六殿下も玄宮上の諸員も息を呑む。私と和田技手は杉さんに手伝ひ、三十貫の中央に金色の御紋章輝く扉を全身の力を出して押した。ああ！　最早之が最後であつた。ピーンといふ音は玄宮内に響く。その音を我々はわき返る心臓に固く固くお受けした。時に午前六時五十分でした［高木八太郎他編　一九二七：五六四頁］。

これらの作業により、〈玄宮〉が、三〇貫（一貫三・七五kgとして一一二・五kg）もの重量であるとはいえ、鉄扉によって開閉できる構造であったことがわかる。

これが、国葬令・皇室喪儀令・皇室陵墓令に基づき、実際に実行された、天皇墓における横穴式石室による遺体槨納葬であった。正確にいえば、一九四七年（昭和二二）国葬令・皇室喪儀令・皇室陵墓令の廃止により、この〈玄宮〉によって造営された唯一の天皇墓がこの大正天皇墓であった。

厳戒下の大正天皇墓――強圧的な政治的統制　大正天皇の葬儀と墓をめぐる第二の特徴は、明治天皇のときと同じような大規模な社会的動員があっただけではなく、社会全体に対する政治的統制がいっそう強力にすすめられたことであった。

東京市を例とすれば、市および市内一五区が全面的に市民への「謹慎」を要請、実行させ、また、その葬儀のための準備を行ない、予算措置をとり、さらには、各所に「遙拝所」を設置している。明治天皇死去と葬儀のあと、東京市は、その記録集、東京市役所編『明治天皇　御大葬奉送始末』（一九一三）を編纂したが、大正天皇死去と葬儀のあとでも、その構成をほぼ同じくして、東京市役所編『大正天皇御大葬奉送誌』（一九二七）を編纂している。

東京市では、大正天皇の病状悪化にともない、一九二六年（大正一五・昭和一）一二月一日、東京市長西久保弘道（一八六三―一九三〇）は市議会を招集、大正天皇の病気見舞いと治癒祈願を議決、一六日、その議決文書を葉山「御用邸」に持参する［東京市編　一九二七：五―九頁］。その時点から東京市での社会的動員が開始された。市民に「謹慎」を通達するとともに、明治天皇のときと同じように、道路・橋梁などの装飾を行ない、各所に「遥拝所」を設置する。たとえば、市役所内では応接室に祭壇を設置、神葬祭による「遙拝所」とする［東京市編 一九二七：五〇七頁］。

警察による政治的統制も顕著であった。警視庁がその先頭である。明治天皇の葬儀に際しても、厳重な警戒が行なわれたが［『東京朝日新聞』一九一二年九月一三日「一般市民の奉送注意」］、警視庁は、大正天皇の葬儀に際して、大正天皇葬儀から一周年祭までを終了した段階で、その警戒活動の全記録を、警視庁総監官房文書課記録掛編『大正天皇御大喪儀記録』（一九二八）として編纂しているほどである。その編纂が成立したことじたいに、明治天皇の葬儀に比べて大正天皇のそれが、よりいっそう組織的かつ大規模に行なれたことをうかがうことができる。*[114]

警視庁は、大正天皇死去当日の一九二六年（大正一五・昭和一）一二月二五日、「御大喪ニ関スル諸般ノ事務ヲ審議掌理セシム」（規定第一条）ために警視庁大喪事務部を置き、その死去から葬儀、葬儀後まで、社会全体への統制を行なうことを決定する。同日、警視総監太田政弘（一八七一―一九五一）は、各警察署長・消防署長あてに、「管内治安維持ノ重責ニ顧ミ火災ノ警防各種要視察人要注意人並精神病者ノ行動ノ監視、犯罪ノ予戒衛生保安上ノ注意」および「静謐」の保持についての内訓を発表している［警視庁総監官房文書課記録掛編 一九二八：六三、七〇頁］。

正確にいえば、大正天皇死去以前、すでにその重患が公表されている時点で、こうした政治的統制は実行されていた。たとえば、死去一〇日前の一二月一六日から各種興行物営業への取り締まりは徹底されている。

大正天皇御大患ノ報一タヒ公表セラルルヤ、保安部長ハ各警察署長ニ通牒シテ、各管内ノ興行場、飲食店、料理店、待合、茶店等、苟モ歌舞音曲トノ関係ヲ有スル営業者ヲ懇諭説示セシメ、万一ニモ不敬ニ亘ルカ如キ失態ナカラムコトヲ期シタリ［警視庁総監官房文書課記録掛編 一九二八：五七六頁］。

特に、大劇場は「謹慎」、その興行を中止した。このような状況を、たとえば、『東京朝日新聞』の一二月一九日夕刊は、次のように伝える。

市内外の劇場、活動写真館等は師走興行に全力を注ぎつゝあるが、大劇場たる帝劇、歌舞伎、新橋演舞場、等は十八日より、御遠慮中止することになり、それ〴〵各劇場入口前にその旨(むね)張りだし、行人(こうにん)の眼をそば立たせてゐる。尚、活動写真は松竹、日活系を始め各館本日より御遠慮すべきや否やにつき協議中であるが、宮内省公表次第により十八日午後からでも中止する事になるらしく、寄席は落語睦派は十七日夜から休止した。かくて市内の主な興行は中止となり、市民謹慎の気はます〳〵ます濃厚になつた［『東京朝日新聞』一九二六年一二月一九日夕刊第二面「市内の大劇場休み 帝劇、歌舞伎等本日から 活動各館は午後中止か 帝都全く謹慎す」］［句読点は適宜補った―引用者］。

演劇・歌舞伎・寄席・映画館など、大劇場を中心に休業した営業者が多かったが、「不敬」にならないような営業を継続した興行主もあったという。こうした休業は、大正天皇死去後も実行され、年明けの一九二七年（昭和二）一月五日まで継続した［警視庁総監官房文書課記録掛編 一九二八：五七三頁］。

大正天皇死去当日一二月二五日、東京の繁華街の様子を、『東京朝日新聞』は次のように伝える。

前夜まであれ程賑(にぎ)やかさと花やかさを競うて居た銀座街も、松屋・松坂屋を始め銀行・カフエーいづれも戸を閉ぢて、『謹んで休業』の立看板が立て並べられて、人出さへない尾張町の角にはぬけ目ない商人がてふ形の喪章を箱に入れて『裏表つき僅十銭』と人を呼んでゐる。（中略）浅草公園六区はまた火の消えた様な静けさで、いづれも一夜に毒々しい色彩の絵看板は全部とり払はれ、かはるに喪章付の日の丸の大旗と黒白まんだら幕が六区全体にはりめぐらされ、日頃の歓楽の世界に打ち代つて、墓場のやうなせきばくさが支配してゐる［『東京朝日新聞』一九二六年一二月二六日夕刊第二面「一夜に姿を正して けふ帝都の哀悼」］［句読点は適宜補った―引用者」。

当時、東京の代表的繁華街、銀座も浅草も、店舗は休業、閑散として、喪章・弔旗でおおわれた。自主的な「謹慎」もあったと思われるが、警視庁の政治的統制の結果の街頭風景であった。

こうした社会全体に対する政治的統制は、衛生・防火・犯罪など多岐にわたった。そうしたなかで、大正天皇死去をめぐり、警視庁がいかに絶対的な強制力をもって社会全体に対していたのかを典型的に示す例がある。ハンセン病患者を衛生管理を理由に隔離していた。

浮浪癩患者ニシテ、葬場殿、御陵御道筋附近、其ノ他関係方面ヲ徘徊スルコトアラムカ、寔ニ恐懼ノ至リナルハ勿論、多数奉拝者ニ対シテ、病毒伝播ノ虞ナキヲ保シ難キニ因リ昭和二年一月十日衛生部係員ヲ、目黒慰癈園及府立全生病院ニ派遣シテ、之カ収容ニ関スル協議ヲ為サシメ、常ニ救護ノ迅速ヲ期スル為、其ノ聯絡ヲ図ラシメタリ。（中略）其ノ結果発見救護シタル患者十名、及曩ニ一時救護シタリタル患者十二名ハ、共ニ之ヲ全生病院ニ送致ノ上収容シタリ［警視庁総監官房文書課記録掛編 一九二八：六二二―六二三頁］。

流浪するハンセン病患者を「救護」の言辞のもとで、全生病院（現国立療養所多磨全生園）に収容・隔離した。それだけではなく、自宅療養中のハンセン病患者に対しては、厳重に監督し外出禁止としている。

現在管内ニ於ケル私宅療養中ノ癩患者ハ、八十三名ヲ算シ、其ノ大部分ハ東京市内ニ散在シ、而カモ該患者ノ特有性トシテ、群集雑沓ノ場所ニ出入スルヲ欲スルノ傾向アリ。随テ御大喪儀前ニ当リテハ、之ニ対シ衛生取締上相当顧慮スルノ必要アルヲ認メ、関係各警察署ヲ督励シテ之カ取締ヲ為サシムルト共ニ、衛生部ヨリハ直接係員ヲ派遣シテ其ノ視察取締ニ勉メシメ、尚患者及其ノ扶養義務者ニ対シ、懇篤諭示ノ上、御大喪儀終了マテノ期間、患者ノ外出阻止ノ方途ヲ講セシムル等、取締ノ万全ヲ期シタルヲ以テ、御大喪儀終了ニ至ルマテ、全ク該患者ノ片影ヲモ認メサリキ［警視庁総監官房文書課記録掛編 一九二八：六二三頁］。

ハンセン病患者に対する実質的な自宅軟禁であった。人権侵害であることはいうまでもない。

また、大正天皇墓「多摩陵」造営のために、衛生管理を理由に、その近隣の庶民墓を強制撤去させている。長泉寺（臨済宗）・東照寺（曹洞宗）という二寺院およびその境内墓地、点在している家墓、合計五八七基の庶民墓が、八王子警察署の指示により、改葬・移転させられた。*115

やや長文になるが、それについての概要の全文を紹介しておく。

> 御登遐ノ御発表後間モナク、大正天皇ノ御陵ヲ府下南多摩郡横山村及元八王子村所在御料地内ニ御工営ノ御内定アリ。依テ其ノ地域拡張ノ為ニ買収シ置キタル同郡横山村ヨリ元八王子村ニ亘ル二十余町歩ノ地域内ニ、散在スル長泉東照ノ二寺院ニ属スル墓地及民間ノ私有墓地六箇所ハ、即日移転ヲ励行セシムルノ必要アル趣、帝室林野管理局長ヨリ通報アリシヲ以テ、直ニ此ノ旨ヲ所轄八王子警察署長ニ通牒シ、機宜ノ方策ヲ講セシムルト共ニ、事態責任ノ重大ナルニ稽ヘ、川村衛生部長ハ昭和元年十二月二十九日都築衛生課長ヲ従ヘ、現場ニ出張シ、其ノ状況ヲ視察スルト共ニ、之カ督励ニ勉メ尋テ寺田警部並及川警部補等ヲ派遣シ、其ノ実行方ニ関シテ、所轄警察署長ト協議セシメタリ。然ルニ該墓地ニ於ケル埋葬遺骨ハ五百八十七基ノ多数ヲ算シ而モ住民ノ醇朴ナル祖先崇拝ノ観念ニ厚ク、今ヤ其ノ遺霊ニ極度ノ愛着ヲ感シ、一朝一夕ニシテ之ニ応スルノ模様ナカリシモ、関口八王子署長及同署衛生主任以下ノ係員ハ、連日戸別的ニ墓地所有者ノ其ノ他ノ関係者ヲ訪問シテ、其ノ趣旨ヲ懇諭セシ結果、漸ク諒解快諾シ、茲ニ墓地改葬ノ整理並跡地ノ消毒ニ着手シ、昭和二年一月十日ニ至リ全部ノ移転改葬ヲ完了セシヲ以テ、同年一月二十一日、其ノ旨ヲ帝室管理局長ニ報告セリ［警視庁総監官房文書課記録掛編 一九二八：五九四—五九五頁］。

大正天皇墓造営のために、庶民墓合計五八七基が強制撤去、改葬・移転させられている。その処理は迅速である。現場確認が、一九二六年（大正一五・昭和一）一二月二九日、強制撤去の完了が翌一九二七年（昭和二）一月一〇日である。正月をはさんでいるにもかかわらず、わずか一〇日間余で、合計五八七基もの庶民墓を改葬・移転させている。具体的に、どのような作業が行なわれたかは不明であるが、強い強制力が働いての改葬・移転であったことは疑いないであろう。

一基の天皇墓を造営するために、合計五八七基もの庶民墓が強制撤去、つまりは、破壊された。

そもそも、大正天皇墓「多摩陵」造営全体が、昼夜無関係の突貫工事であった。大正天皇死去から九日後、正式に、その墓地を決定した一九二七年（昭和二）一月三日の段階で、すでに、中央線南浅川仮停車場（大正天皇の「霊柩」を下車させる仮駅）からその墓までの参道が完成している有様である。

> 御陵所造営工事は大喪使事務所（たいそうしじむしょ）を三十一日から帝室林野局（ていしつりんやきょく）に置き、北村・森両宮内省技師出張監督の下に、元日も休まず昼夜兼行で工事を急ぎつゝあり、（中略）青木組請負の参道工事は既に大半を了（りょう）し、浅川に架設の長さ四十八間（けん）、幅員（ふくいん）四間半の橋りやう（橋梁）工事も大いに進行してをり、浅川村千駄ケ谷に新設の三千五百坪の仮停車場も二日から着工したが、いづれも一月二十日までに完成の予定で浅川の河原には木工場並に人夫の宿舎等十数棟が建られ、宮内省御用の札を立てた工事材料満載の貨物自動車は八王子から横山村にかけて往復頻繁を極め、付近一帯はあたかも戦場の如き後景を呈してゐる［『東京朝日新聞』一九二七年一月三日朝刊第二面「工事進む御陵所にけふ荘厳な地鎮祭」］［句読点は適宜補った―引用者］。

大正天皇墓「多摩陵」とは、このような、宮内省主導による突貫工事で完成させられたものであった。葬儀の二月七日から八日前の一月三〇日時点で、すでに、南浅川仮停車場から参道、そして中心部の大正天皇墓「多摩陵」は完成していたようで、新聞記者団への公開・内見が行なわれている［『東京朝日新聞』一九二七年一月三一日朝刊第二面「大喪儀間近に完成せる葬場殿御陵所拝観の記」］。

その葬儀は、大規模かつ厳重な警戒態勢のもとで行なわれた。たとえば、一二月二七日、大正天皇「霊柩」が葉山

「御用邸」から皇居に移される際の、東京での警備は、汽車・沿道警備合計一〇八七人、昭和天皇「赤坂仮御所」移動警備合計一〇八五人、大正天皇「霊柩」移動警備合計三一九八人であった（いずれも警視・警部以下巡査など、予備人員を除く）［警視庁総監官房文書課記録掛編 一九二八：九六、九八、一一一頁］。大正天皇「霊柩」移動の当日だけで、五〇〇〇人を超える警察官を動員している。また、葬儀当日の一九二七年（昭和二）二月七日の警備人員は、皇居から「葬場殿」の新宿御苑までの警備が合計四七九〇人、神宮外苑など交通整理が四八六人、「霊柩」列車沿線警備合計一〇九九人、大正天皇墓「多摩陵」付近警備合計八五八人、昭和天皇警備七九五人である［警視庁総監官房文書課記録掛編 一九二八：二三〇―二三三頁］。葬儀当日、警備ために動員された警察官は、これら主要部分だけで合計八〇二六人である。これらは現場関係だけの動員人数であり、予備・本部配置人員などを含めていないので、実際の動員総警官数はより多かったと思われる。たとえば、二月七日、警察関係者のために用意されたこの日の夕食数は八〇八〇食（一食四〇銭×八〇八〇＝三二三二円〇〇銭）、夜食は九〇二四食（一食二二銭×九〇二四＝一九八五円二八銭）であった。また、大正天皇の葬儀で動員された警察官のための経費だけで（超過勤務手当＋食費＋旅費など）、総額三万六三八七円〇〇銭であった［警視庁総監官房文書課記録掛編 一九二八：八四〇頁］。なお、大正天皇葬儀から一周年祭までの一年間、警視庁が大正天皇葬儀のために使った支出総額は二〇万八九六八円八五銭（当初支出一一万一六二八円八五銭＋第一次臨時支出四万〇一六〇円〇〇銭＋第二次臨時支出五万七一八〇円〇〇銭）である［警視庁総監官房文書課記録掛編 一九二八：八二四―八二五頁］。

鉄道線路付近、道路、「葬場殿」の「新宿御苑」、大正天皇墓「多摩陵」付近での「霊柩」送迎・参拝も警視庁が管理し、許可制であり、許可されたのは、「既設ノ公的団体」に限定されていた。警視庁警務部に許可を申請し、許可された団体だけが、場所を指定されて送迎・参拝した。申請した団体総数は三八三団体、総人数は一七万五〇二七人におよんだ。警視庁が許可したのは、一七八団体（四六・五％）、四万五四三七人（二六・〇％）であった［警視庁総

監官房文書課記録掛編　一九二八：四四八―四四九頁〕。

東京郊外の天皇墓――市民社会の郊外型物見遊山　このように、大正天皇の葬儀と墓をめぐり、半強制的な社会的動員、政治的統制が顕著であった。しかし、その第三の特徴として、市民社会が成長、量的にも拡大するなかでの、市民の自発的参加があったことがあげられる。たとえば、いまみた、送迎・参拝への申請が多数あり、許可が選別されていたことは、そこに自発性を推測することも可能であろう。

それはすでに大正天皇の重体が公表されている段階でも同様であった。すでにみたように、各種興行物営業への取り締まり、「謹慎」が徹底され、政治的統制が強行されていた。また、明治神宮・皇居前などを団体で訪れ大正天皇の病気治癒祈願を行なうような社会的動員もあった。しかし、個人としての病気治癒祈願も多かった。たとえば、一日平均約二五〇〇通もの見舞いの手紙・電報が宮内省などに届き、なかには、「秘伝の妙薬を小包として献上してくるもの」「小学生数名が連名で御全快を祈つてきた書状」「母子が筆をそろへて書きあげた見るも涙ぐましいさゝやかなる家庭からの上書」などもあった〔『東京朝日新聞』一九二六年一二月一九日夕刊第二面「全国から涙ぐましい御見舞の書状」〕。こうした個人の行動をもってしたとき、そのすべてを強制的社会的動員とみなすことはできないだろう。

また、葬儀後、「新宿御苑」に造営された「葬場殿」と大正天皇墓「多摩陵」は公開され、見学・参拝が許可された。それらに多くの人たちが殺到している。

「新宿御苑」内「葬場殿」跡への見学・参拝は、葬儀終了後、最初は、二月九日から二八日まで（第一次期間）であったが、訪れる人々が多かったために、三月一日から七日まで（第二次延期）延長され、合計二七日間見学・参拝期間が許可された。この二七日間の「新宿御苑」内「葬場殿」跡最寄駅、千駄ヶ谷駅の降車人数は四六万〇七四八人、信濃町駅のそれが一七万八八六人、両駅合計で六三万九六三四人（前年一九二五年同期間の両駅合計降車人数は一二万二七九六人）であった。五一万六八三八人増加（一日平均一万九一四二人増加）である。乗車人数についてみると、千駄ヶ谷駅は二二万四九二〇人、信濃町駅が二二万七〇五四人、両駅合計で四五万一九七四人である（前年一九二五年同期間の両駅合計乗車人数は一二万二九四七人）。三三万九〇二七人増加である（一日平均一万二一八六人増加）である［鉄道省編 一九二八：四五〇―四五一頁］。これら増加降車・乗車人数分のほぼすべてを「新宿御苑」内「葬場殿」跡への見学・参拝者と考えてよいだろう。もちろん、これら千駄ヶ谷駅・信濃町駅の両駅だけではなく、新宿駅利用、また、東京市電の利用、あるいは徒歩などでの参拝もあったと思われるので、多くの人々が、「新宿御苑」内「葬場殿」跡への見学・参拝に訪れていた。

二月九日から二八日までの第一次期間には、信濃町駅からの経路、「新宿御苑」正門から東京市立四谷第六小学校（現新宿区立四谷第六小学校）までの歩道の両側には、露天商が立ち並び、その営業が許可された［警視庁総監官房文書課記録掛編 一九二八：五五八頁］。見学・参拝に訪れる人たちを目当てにした露天商である。約二〇〇mの区間にすぎないが、都市祭礼の縁日のように、露天商の営業が成り立っていた。その賑わいを想像することが可能であろう。

たとえば、見学・参拝の初日、九日は次のような様子であった。

新宿御苑内の葬場殿は九日午前九時から一般に拝覧を許されるといふので、まだ夜が明けない五時頃から正門前に四、五十人のものが待つてゐた。定刻になると拝観の行列は四谷小学（東京市立四谷第四小学校―引用者）附近まで続き、それより絶間もない拝観者が詰めかけ、正午頃には約二万人に達した［『東京朝日新聞』一九二七年二月一〇日夕刊第二面「大喪儀の荘厳を目のあたりに」］［句読点は適宜補った―引用者］。

「新宿御苑」の「葬場殿」跡の見学・参拝は、初日から、真冬二月の朝にもかかわらず行列になり、大混雑であった。大正天皇墓「多摩陵」への見学・参拝も、葬儀終了後、二月一三日から三月一四日まで（第一次期間）であったが、これも訪れる人々が多かったため、三月一五日から三一日まで（第二次延期）延長され、さらに、四月一日・二日・四日（第三次延期）の三日間延長され、合計五〇日間見学・参拝が許可された。この五〇日間、大正天皇墓「多摩陵」最寄りの浅川駅（現JR高尾駅）降車人数は四六万六〇七五人（前年一九二五年同期間浅川駅降車人数は一万三九二七人）であった。四五万二一五八人増加（一日平均九〇四三人増加）である。これらのうち、浅川駅降車の切符購入者の四三万二〇一四人は東京鉄道局管内発売の切符であったので（九五・五％）、浅川駅に降車して大正天皇墓「多摩陵」を見学・参拝した人々のほとんどが東京都心から、あるいは、東京都心経由によって訪れていたことがわかる［鉄道省編 一九二八：四五〇、四五七頁］。

その大混雑ぶりは次のようなものであった。

> 多摩陵一般の拝観は、去る十三日から一ヶ月間を限つて許されて居るが、初日以来市内、近郊はもち論、全国津々浦々からの拝観者が毎日大混雑の盛況で、昨今新宿駅の如き午後二時頃までの下り列車はほとんどどの列車も文字通りの鈴ナリ、満員でデツキにまで溢れ、五、六割の定員超過といふトテツもない混雑振りで、しかも、それでさへ尚乗りきれない乗客が大変な数に上つてゐる有様である。最初鉄道省では、季節が季節だからと多寡を括つてゐたところが、この有様なので、花見時以上の転手古舞を演じ、新宿、浅川間には、定期列車の外に普通列車が五往復、祭日・日曜日にはこれで間に合はず更に四往復の臨時列車を運転して急に備へるといふ状態である［『東京朝日新聞』一九二七年二月一九日朝刊第七面「多摩御陵参拝で身動きならぬ鉄道」［句読点は適宜補った――引用者］。

新宿駅から浅川駅行き列車は満員で大混雑、平日五往復、休日にはさらに四往復の臨時列車によってそれに対応したというのである。厳寒の気候がぬるむ日が増えつつある時期とはいえ、二月中旬以降の冬季から初春、しかも、東京市中心部に比べてやや寒冷地であるにもかかわらず、多くの人々が訪れていた。

これら「新宿御苑」の「葬場殿」跡、大正天皇墓「多摩陵」への見学・参拝の大混雑をみると、流行現象でさえあった。また、「新宿御苑」への参道では露天商が軒を連ねるなど、都市祭礼的な華やかさえ持っている。真摯な参拝のいっぽうで、物見遊山とでもいうべき状況がなかっただろうか。これらのうち、東京市街地から郊外、浅川駅（現JR高尾駅）下車の大正天皇墓「多摩陵」までの見学・参拝の往復は、ちょうど日帰り旅行とでもいうべき行程である（現在JR新宿駅―JR高尾駅は四二・八㎞）。浅川駅は、現在でも、東京都民に親しまれている日帰り登山・行楽地、高尾山（たかおさん）登山の入口駅でもある。地理的には、浅川駅を下車して、甲州街道（こうしゅうかいどう）沿いに、西方へ行くと高尾山登山口、東方へ行くと大正天皇墓「多摩陵」である。郊外型の物見遊山、日帰り行楽（こうらく）、そのような感覚での大正天皇墓「多摩陵」見学・参拝でもあったように思われるのである。

現実に、大正天皇墓「多摩陵」への見学・参拝は、浅川駅東方、甲州街道沿いを一気に「御陵門前町」とでもいうべき繁華街に変貌させた。飲食店・土産物屋の急増が顕著であった[*116]。

御陵参拝者が陸続としてこの地の参道を通過するに及んで、飲食店の増築、新築、はてはテント張りができ、絵葉書其他の土産物屋が同様の形式で出現し、甚しきは道路の片側は低き河原であるため舞台を作りたるもあり、燎原の火の如く参道筋両側を埋めた［田中啓爾 一九二七：七九頁］。

大正天皇墓「多摩陵」への見学・参拝が許可された初日、二月一三日時点での、この「御陵門前町」の具体的状況は、早くも次のようであった。

沿道の総戸数一五五の内新築二五％、増築（掛け出し）二五％、天幕（テント）張り六％、合計五六％の多きに当る。（中略）職業別に吟味すれば、普通民家（農を主とす）は二六％、地方向営業は五％に過ぎないのに、飲食店は三〇％、土産物は三四％、交通業一・三％、新築中にて御陵参拝者関係の営業なること明かなるもの七％（中略）、即ち以上御陵参拝に関係ある新営業者は七二％の多きに上つて居る［田中啓爾 一九二七：七九頁］。

新営業者の七二％が、飲食店・土産物屋などであり、大正天皇墓「多摩陵」見学・参拝者向けの店舗であったというのである。急激な「御陵門前町」の形成であった。

あたかも、神社仏閣の期間限定「開帳」、有名社寺の祭礼をおもわせる。それが、鉄道を利用しての郊外型物見遊山とでもいうべき、大正天皇墓「多摩陵」見学・参拝の実態でもあった。団体による社会的動員も多かったと思われるが、いっぽうでは、個人による自主的な見学・参拝も多かったことであろう。このような東京市民による郊外型物見遊山のための「御陵門前町」形成、それが、大正天皇墓「多摩陵」造営の副産物でもあった。

大正天皇の葬儀と墓の造営は、政治的統制、社会的動員により、「大日本帝国」の統治権者としての天皇の存在を、市民社会のすみずみまで徹底させていた。市民社会の本格的形成は、警察などによる政治的統制を、明治天皇の死去のときよりも、いっそう大規模に徹底させている。いっぽうでは、市民が、前統治権者を、物見遊山の対象として娯楽的要素をももって受容するようになっていた。統治権者の側からすれば、絶対的「神聖」性からの逸脱ともいえよう。しかしそれは、いっぽうでは、天皇という「大日本帝国」の統治権者が、市民社会にゆとりをもって受容されるようになっていたことをも示している。

しかも、このような状況は、天皇の大嘗祭・即位礼のような吉事に際してではなく、天皇の死去という凶事において出現していた。

「新宿御苑」の「葬場殿」および大正天皇墓「多摩陵」への、市民の物見遊山的見学・参拝からは、日本の近現代国家における市民社会の成長とともに、天皇の存在がその市民社会に本格的に浸透しつつある状況をうかがうことができるように思われるのである。[*117]

3　火葬による神葬祭

大正天皇皇后九条節子の「御影殿」——観音経　大正天皇が、一九二六年（大正一五・昭和一）一二月二五日に死去したのち、その皇后九条節子には、一九五一年（昭和二六）五月約一七日に死去するまで、約二五年間、前皇后として、天皇の母親として、皇太后の生活があった。その約二五年間は、戦争と敗戦、占領の時代でもあり、同時に、それは天皇・皇族をめぐる制度に大きな転換がもたらされた時代でもあった。

比較的よく知られているように、大正天皇皇后九条節子は、その約二五年間を、独特の生活スタイルで過ごした。「大宮さま」と呼ばれる皇太后になった大正天皇皇后九条節子は、その「大宮御所」で、夫でもあった大正天皇を供養するようになっていた。「供養」という仏教語彙は適切ではないかもしれないが、大正天皇皇后九条節子は観音経を唱えていたというので、やはり「供養」と表現しなければならないだろう。大正天皇の霊魂は、その死去から一年後の翌一九二七年（昭和二）一二月二五日、一周年祭のあと、皇居内の皇霊殿に移され、皇室の先祖神「皇霊」に融合している。にもかかわらず、大正天皇のための「皇霊」祭祀を、その妻でもあった大正天皇皇后九条節子は、神道式とのみ断定できない方法により行なっている。

大正天皇皇后九条節子は、五摂家のひとつ九条家に生まれた。明治期は皇太子妃として、また、大正天皇皇后として、近現代の皇室儀礼を実践するなかで、国家神道についての知識・実践をおのずと身につけていたはずである。さらに、一九二四年（大正一三）二月二六日から五月六日まで八回にわたり、東京帝国大学法科大学教授筧克彦（一八七二—一九六一）から「神ながらの道」についての講義（「御進講」）を受けている。筧学説は、仏教・キリスト教などをも混淆させた内容であるというが〔片野 二〇〇三：一四四—一五六頁〕、その講義内容を刊行した『神ながらの道』（一九二六）では、仏教・キリスト教的要素はほとんどなく、『古事記』『日本書紀』の神代（じんだい）により、君臣・国家一体観とでもいうべき内容がくりかえされる。たとえば、天孫降臨にふれて、「天皇又は臣民の間に於ても、民が進みて　大君に合一し奉ることを「まつろふ」と申し、　大君が進み給ひ民を以て御自分の御延長となし給ふことを「まつりごと」と申します」〔筧克彦　一九二六：六三一頁〕〔闕字—原文〕という。「まつろふ」「まつりごと」の語義の解釈を行ないつつ、政治行為もが天皇と国民との一体感によって成立すると説明する。

　この講義の時期、大正天皇皇后九条節子は次のような歌を詠んでいる。

　　皇神の　大御心を　むねとして　つたへ来にけり　あきつしま人〔筧素彦　一九八七：二五五頁〕。

講義を行なった筧克彦と同じような、君臣・国家一体観を身につけていたといってよいだろう。一九四五年（昭和二〇）五月二五日、アメリカ軍機の爆撃により「大宮御所」が焼失した際に、大正天皇皇后九条節子は、「これで国民といっしょになった」と言ったという〔主婦の友社編　一九七一：二三九頁〕。美談として語られてきたが、大正天皇皇后九条節子は、日本の近現代国家を、機構としてというよりも、「神ながらの道」を基本とした素朴な君臣・国家一体社会として認識しようとする姿勢が強かったのではないかと推測される。

　一九三〇年（昭和五）五月、大正天皇皇后九条節子は、新造の「大宮御所」に、大正天皇墓「多摩陵」への遥拝所として「御影殿（みえでん）」[*118]と呼ばれる建物を併設する。大和絵に堪能な皇太后太夫入江為守（いりえためもり）（一八六八—一九三六）に大正天皇の画像を描いてもらい、それを「お御影（みえ）さま」と呼び、この「御影殿」に安置している。そして、毎朝夕、この「御影殿」に入り、「お御影さま」への礼拝を日課とする。特に、朝の礼拝は長時間に及び、お昼近くまで行なわれるのが常であったという。毎朝、「お御影さま」に対しては、洗米・水、野菜・果物、一日・一五日には鯉などを供え、さらに、「大宮御所」への「献上物」、毎日の新聞などを供えるほか、世界の出来事、大事件などを報告し、大正天皇による加護を祈念していた〔主婦の友社編　一九七一：一六九—一七〇、一七四頁〕。

この「御影殿」は、一九四五年（昭和二〇）五月二五日のアメリカ軍機の爆撃により、「大宮御所」とともに焼失した。しかし、一九四六年（昭和二一）末、「大宮御所」が再建されると、「御影殿」焼失後、宮内省図書寮に置かれていた「お御影さま」は、翌一九四七年（昭和二二）一一月七日、「大宮御所」内の部屋に安置された［筧素彦一九八七：二一五―二一六頁］。

そして、アジア太平洋戦争敗戦後も、大正天皇皇后九条節子は「お御影さま」への遥拝を続ける。その様子を、その次男秩父宮雍仁は次のように記す。

近年の日常御生活の主体は、大正天皇の御影（大和絵の御肖像）にお仕えになることの一事であった。午前中の大部分は、御影を祭った室にすごされるので、特別の場合の外はこの時間には絶対に人にはお会いにならないのである。また夕方にも、その一時を御影の前にすごされるのであった。「生ける人に仕えるように――」という表現がよく使われるが、母上の場合、この言葉には少しの誇張も感ぜられないのであった。冬の寒い底冷えのする日でも、その間では座布団はお使いにならない［秩父宮雍仁二〇〇五：八〇頁］。

大正天皇皇后九条節子の日常は、毎日が服喪とでもいうべき生活であった。そのなかで、大正天皇の「お御影さま」を神聖視している。しかし、大正天皇皇后九条節子は、この「お御影さま」への拝礼のとき、御詠歌のときもあったが、たいていは、観音経を詠んでいたという［主婦の友社編一九七一：一七四頁］。神仏混淆である。神道式の大正天皇墓「多摩陵」への遥拝所「御影殿」のなかに、観音経という仏教供養が存在していた。

観音経は法華経のなかの一部分であり、観世音菩薩が世情の困苦を救済するための経典である。大正天皇の「お御影さま」に対してのその詠唱は、夫でもあった大正天皇に対して、観音経による現世の救済を祈念していると考えることもできよう。あるいは、生前の大正天皇が心身ともに病魔に侵されるなかで、大正天皇皇后九条節子には妻・皇后として強い懊悩があったと推測される。あくまで仮定であるが、みずからの救済をも観音経に求めていたと考えることもできるかもしれない。

一九二四年（大正一三）、筧克彦の講義の時期、次のような歌が詠まれている。

苦しみは　幸の門出と　よろこびて　如何なることをも　つとむべきかな

くるしさを　与へましける　幸なくば　この深きみち　いかでわくべき［筧素彦　一九八七：二五七頁］。

強い懊悩と大正天皇死去を経て、大正天皇皇后九条節子は、みずからに対してをも含む、独自の救済観を獲得するようになっていたと仮定することができないだろうか。それが、「御影殿」での服喪と「お御影さま」祭祀であり、観音経詠唱ではなかったかと思われる。外観上、それらは大正天皇墓「多摩陵」への遥拝所であり、神道的ではある。しかし、その内実は、故大正天皇を供養対象とし、観音経による、社会全体およびみずからに対する救済祈念空間でもあった。

大正天皇皇后九条節子は、前皇后であり天皇の母でありながら、アジア太平洋戦争敗戦前においても敗戦後においても、その私事において、実質的には、国家神道から逸脱をはじめていたようにも思われるのである。

国葬令・皇室喪儀令・皇室陵墓令廃止――皇室典範のみによる規定　天皇・皇后に限定していえば、国葬令・皇室喪儀令・皇室陵墓令にのっとって、その葬儀と墓の造営が行なわれたのは、結果的に、大正天皇のみであった。アジア太平洋戦争敗戦後、これらは廃止された。かわって、新皇室典範により、天皇墓は新たに規定される。それにより、天皇・皇族の葬送・墓制は、その内実を国家神道に限定されなくともよく、また、儀礼内容の自由を獲得することになった。

一九四七年（昭和二二）一月一五日、新皇室典範が公布された（施行は日本国憲法施行同日の五月三日）。そこでは、天皇の葬儀と墓については、次のように記されている。

第二五条　天皇が崩じたときは、大喪の礼を行う。

第二七条　天皇、皇后、太皇太后及び皇太后を葬る所を陵、その他の皇族を葬る所を墓とし、陵及び墓に関する事項は、これを陵籍及び墓籍に登録する〔『官報』一九四七年一月一六日〕。

天皇・皇族のうち、「大喪の礼」は天皇のみとされた（第二五条）。しかし、かつての皇室陵墓令における「陵」と「墓」を区別する規定については、この新皇室典範に活かされ継承されている（第二七条）。制度上は、天皇墓・皇后墓を「陵」とし、それ以外の皇族墓を「墓」とする規定は、その名称とともに継続したことになる。もっとも、天皇・皇族の葬送・墓制についての規定はそれだけである。

同年四月一七日、「日本国憲法施行の際現に効力を有する命令の規定」についての法律により〔『官報』一九四七年四月一八日〕、勅令によった国葬令が廃止される（施行は日本国憲法施行同日の五月三日）。同年五月一日、一九〇七年（明治四〇）公布の旧皇室典範廃止が公布された（施行は翌日の五月二日）〔『官報号外』一九四七年五月一日〕。また、同日、それまでに公布・施行されたすべての皇室令・附属法令の廃止が公布され（施行は翌日の五月二日）〔『官報』一九四七年五月二日〕、それにより、皇族の葬送・墓制を制度化していた皇室喪儀令・皇室陵墓令も廃止された。

これらにより、日本国憲法施行の一九四七年（昭和二二）五月三日の段階で、天皇の葬儀と墓の造営を規定していた国葬令・皇室喪儀令・皇室陵墓令はすべて廃止され、日本国憲法施行と同日施行の新皇室典範のみが、天皇の葬儀と墓を規定することになった。この新皇室典範が現行皇室典範でもある。

天皇の葬儀は「大喪の礼」となった。しかし、この「大喪の礼」の内容についての規定はなく、また、天皇墓・皇族墓の「陵」と「墓」について、名称など規定はあるが、内容についての規定はない。天皇・皇族の葬送・墓制の内容が、法令によって決められた制度ではなく、一九二六年（大正一五・昭和一）国葬令・皇室喪儀令・皇室陵墓令制定以前と同じ、制度外に戻ったといってよいだろう。

天皇・皇族の葬送・墓制の内容についての規定が存在しないということは、それが宗教上の自由を獲得し、その内容の修正を可能とするようになった、と考えることもできる。また、逆に、法令による制度ではなくなったことにより、天皇・皇族の葬送・墓制は、国家予算によるものでありながら、天皇・皇族の私事として神道的儀礼の継続を可能とするようになったともいえる。その儀礼の費用は国家予算の枠内で支出されながらも、私事としての形態をとり、結果的には明治天皇・大正天皇などの葬送・墓制と同じく、神道的儀礼の選択を可能とさせているということもできよう。

大正天皇皇后九条節子墓――竪穴式石室への遺体槨納葬　国葬令・皇室喪儀令・皇室陵墓令が廃止され、新皇室典範が施行されてから、約四年後、大正天皇皇后九条節子が死去した。一九五一年（昭和二六）五月一七日午後、大正天皇皇后九条節子は、狭心症の発作をおこし、発病からわずか四〇分でその死去が確認されている［主婦の友社編一九七一：二八四頁］。

日頃、健康であったといわれる人間の急死であったこともあろう、大正天皇皇后九条節子には遺言はなかった[*119]。このあとでみる秩父宮雍仁は病気療養期間が長く、遺言が残されていたが、大正天皇皇后九条節子には遺言はなかった。天皇・皇族の葬送・墓制といえども、法令による制度ではなくなっているので、死者の遺志が尊重されることが可能となっていた。しかし、大正天皇皇后九条節子には遺言はなく、宮内庁と政府の協議により、その葬儀と墓の造営が実行に移されることになった。

死去から二日後の五月一九日、宮内庁は、その葬儀と墓の造営の大要を発表する。その主な点は、(1)葬儀の名称を「皇太后大喪儀」とする、(2)その執行のために「皇太后大喪儀」委員長・副委員長・委員をおく、(3)葬儀会場を豊島岡墓地とする、(4)墓を「武蔵陵墓地」内の大正天皇墓と同じ墓域で「多摩東陵」とする、(5)葬儀などの費用は国費から支出する、(6)「殯宮[*120]」を「大宮御所」内に設営する、(7)喪主を昭和天皇とする、などであった［『毎日新聞』一九五一年五月二〇日第一面「御喪主は天皇陛下」］［『朝日新聞』一九五一年五月二〇日第三面「きのう御舟入儀」］。

葬儀委員長は、宮内庁長官田島道治（一八八五―一九六八）である〔『官報』一九五一年五月二五日〕。「皇太后御喪儀」は国家予算からの支出であった。

六月二日、「御舟入り」[121]が行なわれた。大正天皇皇后九条節子の遺体は、白無垢の衣装を着用し、直接の棺である「御舟」に入れられ、そこにはお茶が詰められた〔『毎日新聞』一九五一年五月二〇日第三面「両陛下・最後のお別れ」〕〔『朝日新聞』一九五一年五月二〇日第三面「きのう御舟入儀」〕。六月二日、その「御舟」は、「大宮御所」内の「殯宮」に移され〔『官報』一九五一年六月五日〕、葬儀までそこに置かれた。六月二日の「殯宮移御の儀」は、「御舟」を「霊柩」におさめ、内閣総理大臣吉田茂（一八七八―一九六七）・最高裁長官・衆参両院議長など三権の長、宮内庁職員が参列、宮内庁楽師が音楽をかなでるなか、祭官長が祭詞を読みあげ、昭和天皇および皇后などが拝礼している〔『毎日新聞』一九五一年六月三日第三面「両陛下 永別の御対面」〕。この時点で、大正天皇皇后九条節子の遺体は、「御舟」∧「霊柩」の二重におおわれたことになる。

くりかえしになるが、この時点では、すでに国葬令・皇室喪儀令・皇室陵墓令は廃止されている。しかし、この大正天皇皇后九条節子の「御舟入り」から「殯宮移御の儀」までの経過をみるだけでも、それが神葬祭であり、その内容の骨子は大正天皇のそれと大きく異ならないことがわかる。制度ではなくなっても、国葬令・皇室喪儀令・皇室陵墓令により完成された皇室儀礼はおおむね継承された。そして、それは国家予算により執行されている。

大正天皇皇后九条節子の一周年祭までの経過は次のようなものであった。この「殯宮移御の儀」を含め、重要部分だけ記すと、

六月二日「殯宮移御の儀」
六月三日「殯宮移御後一日祭の儀」
六月五日「殯宮二十日祭の儀」

六月一五日「殯宮三十日祭の儀」
六月二一日「霊代奉安の儀」
六月二二日「斂葬の儀」
六月二三日「斂葬後一日山陵祭の儀」「斂葬後一日権殿祭の儀」
七月五日「山陵五十日祭の儀」「権殿五十日祭の儀」
八月二四日「山陵百日祭の儀」「権殿百日祭の儀」［『官報』一九五一年五月二五日］。

である。これらのうち、六月二二日の「斂葬の儀」が葬儀である。「霊代奉安の儀」は、「大宮御所」内の「権殿」にその「霊代」を祀り込めることであり、最終的には、翌一九五二年（昭和二七）五月一七日の一周年祭により、皇居内の皇霊殿に移され、大正天皇皇后九条節子の霊魂は、皇室の先祖神「皇霊」に融合している。

六月二二日の葬儀は次のような順序で行なわれた。午前八時三〇分、大正天皇皇后九条節子の「霊柩」をおさめた「霊轜」（馬車）が、葬儀会場である豊島岡墓地へ向けて「大宮御所」を出発した。午前九時一六分、豊島岡墓地に到着、そこで、昭和天皇・皇族、総理大臣吉田茂ほか政府・民間代表者、駐日外交二二ヶ国外交使節団などが参列、喪主でもある昭和天皇が「御誄」を詠んだ。豊島岡墓地での葬儀が終わり、「霊轜」は原宿駅（皇室用）に移送され、午後一時五〇分発の特別列車により、中央線東浅川駅まで運ばれた。そこから、「霊柩」は予定された「多摩東陵」前に運ばれ、午後三時に到着した［『毎日新聞』一九五一年六月二三日第一面「皇太后様と御永別」］［『朝日新聞』一九五一年六月二三日第一面「貞明皇后御葬儀」］［『官報』一九五一年六月二三日「皇太后大喪儀」］。

そして、その「霊柩」は次のようにして、地下施設に槨納されている。

御霊柩はトロに乗せられ長さ約五十メートルの赤土のインクラインをまき上げられていった。登りつめると六名の白衣の奉仕車の手で丈余に掘り下げられた御影石の石室に次第に下げられ高松宮様の記された墓誌がその上に

図 14　大正天皇皇后九条節子墓造営過程［『朝日新聞』1951 年 6 月 16 日第 3 面］

埋められ、御道具やおくつも添えられてコンクリートでその上を固められた［『毎日新聞』一九五一年六月二三日第一面「皇太后様と御永別」］。

図14は、造営途中の大正天皇皇后九条節子墓「多摩東陵」である。前方部分が「祭場殿」、後方部分が「御須屋」であり、この「御須屋」の下に「霊柩」が槨納された。この造営途中をみると、斜面にレールを敷きそれにより「霊柩」を「御須屋」まで巻き揚げる方法（「インクライン」）は大正天皇墓「多摩陵」［図12］と同じであった。写真90は、大正天皇墓「多摩陵」に並列する現在の大正天皇皇后九条節子墓「多摩東陵」である。外観上は、大正天皇墓［写真89］をやや小規模にした円形ドームである。外観上は、大正天皇墓と同じであり、明治天皇墓とその皇后一条美子墓と同じように、夫婦一対墓として、配置されている。

しかし、その内部構造はまったく異なってい

写真 90　大正天皇皇后九条節子墓（東京都八王子市長房町）2016 年

た。大正天皇墓が地下施設を造営せず、地上施設としての〈玄宮〉内に「霊柩」を安置する方法をとったのに対して、大正天皇皇后九条節子墓は、地下施設として「御影石」にかこわれた竪穴式石室を造営し、そこへ「霊柩」を下げ入れ、槨納していた。この竪穴式石室への槨納に立ち会った高松宮宣仁が残したメモによると、「陵所石室へオ柩ヲオロス（一五三二―一五三五）」（「高松宮宣仁親王」伝記刊行委員会編 一九九一：五八一頁）とあり、その所要時間はわずか三分間であるので（「一五三二―一五三五」は一五時三二分―一五時三五分の意味）、人力のみによったのではなく、クレーンなどの機械を使い、竪穴式石室へ「霊柩」を下げ降ろす方法が採用されたと推測される。斜面の軌道にそって「霊柩」を巻き上げる方法までは、大正天皇墓と大正天皇皇后九条節子墓は同じであったが、そのあと、「霊柩」を石室におさめる方法が異なっていた。

大正天皇皇后九条節子墓は、地上施設の円形ドーム〈玄宮〉による横穴式石室であった大正天皇墓とは異なり、明治天皇墓および明治天皇皇后一条美子墓と同じく竪穴式石室への遺体槨納葬であった。そして、この遺体槨納葬は、遺体が、遺体∧「御舟」∧「霊柩」として二重におおわれ、それが竪穴式石室に槨納される形態であった。地上施設は円形ドームであるが、その地下施設は、国葬令・皇室喪儀令・皇室陵墓令制定以前の、明治天皇墓・明治天皇皇后一条美子墓と同じ形態に戻っていた。

そのために、大正天皇墓では、その「霊柩」を地上施設としての〈玄宮〉におさめたあと、〈玄宮〉内に昭和天皇「名代」秩父宮雍仁など合計六人が入ることが可能であったが、大正天皇皇后九条節子墓では、それが地下施設であるために、そのようなことは当然不可能であった。

そして、「霊柩」がこの地下施設におさめられたあと、この墓前での儀礼「陵所の儀」が行なわれた。

> 鷹司祭官長以下ごく少数の祭員と工事の係の人達が奉仕して、見る見る土饅頭の山がその上に築かれていった。同四時五十分ごろ天皇、皇后両陛下、皇太子様、秩父宮妃、高松宮、同妃、三笠宮、同妃の宮様方はお休所から打ちそろって御須屋にのぼられた。同五十五分天皇陛下は一握りの土をとって土饅頭の上に心をこめてかけられ、皇后、皇太子様、そして次々に宮様方もそれにならわれた。それから一時間のち六時三十八分祭場殿前の幕は再びあげられお別れの儀式がはじまった。同五十二分天皇陛下は祭壇に進み玉串をささげ皇太后御霊に深く御礼拝、御告文を奏された。ついで皇后、皇太子、親王、同妃、内親王の順に玉串をささげ同七時陵所の儀を終った〔『毎日新聞』一九五一年六月二三日第一面「皇太后様と御永別」〕。

祭官長、明治神宮宮司鷹司信輔（たかつかさのぶすけ）（一八八九―一九五九）などが遺体を槨納した地上施設を整備している。その上で、昭和天皇をはじめとする参列者の拝礼が行なわれ、墓前での儀礼を終了している。

実は、この墓前での儀礼「陵所の儀」は、大正天皇の葬儀までと、若干異なっていた。というのは、明治天皇・明治天皇皇后一条美子・大正天皇の葬儀では、当日、その「陵所」じたいには天皇・皇后が行くことはなく、遺体の槨納が行なわれていた。しかし、この大正天皇皇后九条節子の葬儀では、天皇・皇后も「陵所」に行き、土をかけ、最後の「祭場殿」での「陵所の儀」が行なわれている。

国葬令・皇室喪儀令・皇室陵墓令の廃止により、天皇・皇族の葬送・墓制はもはや法制度ではなくなっていた。そのために、神葬祭により、最終的にその霊魂は「皇霊」として皇霊殿に融合するという中心部分を継続させながら、細部における修正が可能であったともいえよう。

秩父宮雍仁の遺言――火葬と無宗教の遺志　大正天皇皇后九条節子の葬送・墓制は、大正天皇のそれらからの修正を含みつつ、しかし、その基本は神葬祭であった。そうしたなかでも、国葬令・皇室喪儀令・皇室陵墓令の廃止は、徐々に、天皇・皇族の葬送・墓制に変容をもたらすようになっていく。

なんといっても、遺言による遺志が尊重されるようになる。制度外になったことにより、生前の希望が実行されることが可能となった。

その最大のことがらは、火葬が行なわれるようになったことである。神葬祭は遺体の損壊を忌避するので、火葬は基本的には否定されるが、遺言により火葬が行なわれ、アジア太平洋戦争敗戦後は、皇族また旧皇族では、火葬が一般化する。

その最初は、一九五一年（昭和二六）一月一日死去の梨本守正（なしもともりまさ）（一八七四―一九五一）であった。一九四七年（昭和二二）一〇月一四日、アジア太平洋戦争以前には合計一四家あった宮家のうち、直宮（じきみや）三家（秩父宮家・高松宮家・三笠宮家）を除く合計一一家が皇籍離脱をし、梨本宮家もそのなかに含まれていたために、正確にいえば、梨本守正は、その死去の時点では、旧宮家、一国民としての死去であった。その梨本は、皇籍離脱のとき、妻の梨本伊都子（なしもといつこ）（一八八二―一九七六）に対して次のようにいったという。

死んだ時には火葬にしてくれ。そうすれば土地も少なくてすむからね。

また、旧皇族の集まりに出た際にも、笑いながら、次のようにいっていたという。

死んだら火葬にするんだよ。

規則だなんていわずに、自分は火葬にしたほうがさっぱりしていいから、そうしてくれ［梨本 一九七五：二七三頁］。

梨本守正の死去は正月元旦未明の急死であった。文書による遺言は残されていなかったが、日頃からこのような発言をしていたために、妻の梨本伊都子は、その発言にしたがい、火葬により火葬骨を墓におさめた。墓は、皇族墓地の豊島岡墓地である。豊島岡墓地に葬られた人物のうち、最初の火葬が梨本守正であった。しかし、一月六日にその自宅で行なわれた葬儀は神葬祭で、葬儀のあと、幡ヶ谷（はたがや）火葬場（代々幡斎場。東京都渋谷区西原）を利用しての火葬を行ない、その後、豊島岡墓地へ納骨している。一〇日祭・二〇日祭・五〇日祭なども行なわれた［梨本 一九七五：二七四頁］。

梨本守正が、その晩年、皇籍離脱後、なぜ火葬を希望するようになったのか、それについては不明である。ただ、梨本は、敗戦後、陸軍大将・元帥、皇族などの地位を失っただけではなく、一九四五年（昭和二〇）一二月には、皇族として唯一、戦犯容疑で巣鴨プリズンへ収監された経験をも持つ（一九四六年四月釈放）。晩年の梨本は、「生きる気力を失ったように、ぼんやりと過ごす日が多かった」［梨本 一九七五：二六七頁］。高齢になってからの公私含めての激変が、みずから火葬を希望させ、それを公言するような精神状況にさせていたと推測することもできる。

この梨本守正の死去から約二年後、大正天皇皇后九条節子の死去から約一年半後の一九五三年（昭和二八）一月四日、神奈川県藤沢市鵠沼（くげぬま）の別邸で、秩父宮雍仁が死去した。一九四〇年（昭和一五）からの結核療養の生活が長く、一二年余の療養生活ののちの死去であった。厳密にいえば、梨本守正は、生前に火葬を希望しそれが実現されたといっても、その死去の時点ではすでに皇族ではなかったから、近現代の天皇・皇族のうち、火葬によって葬られた最初の人物が秩父宮雍仁であった。秩父宮は、その手帳に遺言を残していた［秩父宮妃勢津子 一九九一：三二四頁］。

その火葬希望についての部分は、次のようなものであった。

葬儀は、若し許されるならば、如何なる宗教の形式にもならないものとしたい。僕は、神――此の字で表現することの適否は別として宇宙に人間の説明し能はない力の存在を認めないわけにはいかぬ――を否定しない。（中略）然し現代の宗教は何れも平和をもたらすものとは云へない。相互に排他的であり、勢力拡張の為には手段を選ばない傾向さへある［秩父宮家 一九七二：八二二頁］［秩父宮二〇〇五：二一〇九頁］。

その手帳に記されていたという原文の「火葬にすること」には、その部分を強調する囲いがあった。葬儀は、無宗教を希望している。理由として、宗教一般における排他性・攻撃性をあげているが、無宗教葬の希望は、神葬祭の拒否であったと考えることも可能であろう。また、深読みすれば、国家神道の排他性の指摘、また、侵略戦争の基本思想としての国家神道の否定、と読むことも可能であるが、一般論としての文章なので、そこまで断定することはできない。しかし、すくなくとも、秩父宮雍仁は、みずからの墓と葬儀に限っていえば、火葬と無宗教を希望していたことだけは確認できる。

もはや、天皇・皇族の葬送・墓制は、法令による制度ではなくなっていた。制度上はその遺志の実行にはなんら問題はない。

この遺言は、国家神道そのものの否定ではなくとも、その私的領域である葬儀と墓に限定しつつ、国家神道に規定されてきた近現代の天皇・皇族が、選択の自由を主張しているととらえることも可能であろう。国家神道のもっとも中枢であるべき皇室の内部から、限定的ではあるとはいえ、その葬儀と墓における国家神道の非選択が主張されるようになっていた。すでに、秩父宮雍仁の母親、大正天皇皇后九条節子は、その生前、「御影殿」における「お御影さま」礼拝で、観音経を詠み実質的な神仏混淆を実践していた。そして、その次男秩父宮雍仁は、その遺志により、その葬儀と墓に限定してではあるが、国家神道からの逸脱を実践しようとしていたと考えてよいように思われるのである。

天皇・皇族に対しても、国家神道はその信教・思想の自由を奪う、強制的なものであり、そのために、その国家神道の中核にあるべき皇室、その内部から、国家神道への違和感が表現されていたと理解することが可能かもしれない。仮に、そうであるとすれば、国家神道とは、日本の近現代国家の政策であり、また、当事者の天皇・皇族をも規制する可能性を持つ不自然な人為的装置であると考えなければならないだろう。

また、秩父宮雍仁は、その死後、みずからの遺体の解剖をも希望している。これについては、第一義的には、結核による病気療養が長かったために、結核治療に役立てたいという遺志のあらわれであった。解剖を希望する遺志を述べるにあたり、秩父宮雍仁は、まず、次のようにいう。

> 僕は五十年の生涯をかへり見て唯感謝あるのみ。特殊な地位に生れたと云ふだけで限りない恵まれた一生を終へたと云ふ外はない、平々凡々たる一人の人間だが。
>
> 殊に最後の十年は我民族として国家として歴史上未曾有の難局と困苦の間にあつたが、此の間を静かに療養の生活を送れたことは、幾多の同病の人が筆舌に尽し得ない欠乏の中に此の世を去つたのに比し、余りに恵まれ過ぎてゐたと云ふの外ない。
>
> 何も我民族の為になることもせず、引いては世界人類の為にも役にたゝなかつた此の体の最後を、少しでも意義あらしめる為に、勢津子さへ反対——敢へて我慢が出来るならばと云ひたいところだが——しないならば、
>
> 解剖に附してもらひ度い　〔秩父宮家　一九七二：八二〇—八二一頁〕〔秩父宮二〇〇五：二〇八頁〕。

「解剖に附してもらひ度い」には、「火葬にすること」と同じく、四角い囲いがあった。この「解剖」も強調されている。「勢津子」というのは、秩父宮雍仁の妻、秩父宮妃勢津子（一九〇九—九五）のことである。皇族という「特殊な地位」に生まれ育ったために、長期の恵まれた結核療養を送ることのできたことへの謝辞と、その返礼としての、

病巣部位についての解剖希望であった。

さらに、その解剖については、具体的に次のようにいう。

部位 病気に侵された所のみ（中略）

其の他の条件

一、標本としては如何なる部分と雖も残さない

二、結果は絶対に発表せず

三、研究上に引用するは差支なし

墓地もないことだし、勢津子と二人だけのことだから、出来るだけ簡素に総べてをしたい［秩父宮家 一九七二：八二一―八二二頁］［秩父宮 二〇〇五：二〇八―二〇九頁］。

みずからの病巣部分の解剖と同時に、その墓などについて「簡素」にすべきことを希望している。無宗教、そして、火葬と解剖による薄葬、それが秩父宮雍仁の遺言による、その葬送・墓制への希望であった。

火葬にせよ、解剖にせよ、これらは肉体の破壊を伴なう。秩父宮雍仁は昭和天皇の次弟であるから、その肉体は、准「玉体」とでもいうべき意味を持つ。実際に、一九四四年（昭和一九）五月、その結核が重体になったとき、気胸針を秩父宮雍仁の胸に刺すという治療方法が選択されたが、そのような身体にかかわる治療でさえ、当時は忌避される傾向があったという。妻の秩父宮妃勢津子が次にような回想を残している。

気胸針を胸に刺すというこの治療に踏み切ったのは、当時としては大英断だったのです。種痘でさえ、親王さまや内親王さまには勝手にできない時代でした［秩父宮妃勢津子 一九九一：二八五頁］。

秩父宮妃勢津子は、最後の会津藩主松平容保の四男、外交官を経て、宮内大臣（一九三六―四五）、アジア太平洋戦争敗戦後は初代参議院議長（一九四七―四九）をつとめた松平恒雄（まつだいらつねお）（一八七七―一九四九）の長女である。会津

松平家は神儒混淆葬によった保科正之を初代とし、それを歴代藩主が継承した家である。松平恒雄は華族としての会津松平家を継承すべき立場に生まれながらそれを放棄した人物であったが、その長女が秩父宮妃勢津子であるから、彼女には神葬祭に対する理解は充分にあったはずである。その秩父宮妃勢津子の回想であるから、火葬にせよ解剖にせよ、准「玉体」破壊の重要性は理解していた上での記録と考えることができよう。

その秩父宮妃勢津子に宛てた遺言で、秩父宮雍仁は、「解剖に附してもらひ度い」と「火葬にすること」の二つを強調していた。

あくまで、仮説にすぎないが、秩父宮雍仁が、その遺志をもって、そのみずからの准「玉体」における「玉体」性を否定しようとしていたと考えることも可能であろう。秩父宮雍仁の遺言をみると、そこには、断定を控えなければならない点は多いにせよ、みずからの遺志により、その死と遺体をもってして、国家神道や天皇・皇族の神聖性に対する疑問を提出しようとしていたのではないか、という仮定さえもが可能な、そうした内容を含んでいることは否定しきれない事実であろう。陸軍軍人としての通常業務、皇族としての公務の一人二役の激務をこなし、おそらくはそれによる健康破壊[*122]、死と隣りあわせの長期の結核療養を経て、みずからがその遺書でいうところの「特殊な地位」に疑問を持つような、そうした境地に達していたと考えることができないだろうか。それは、天皇・皇族そのものの否定というよりも、その存在のありよう、極度に肥大化したその存在に対する疑問としてとらえられるであろうが、その遺志がその葬儀における近現代の天皇・皇族をも規定してきた神葬祭と神聖性の拒否と考えることもできる可能性があることを指摘しておきたい。

秩父宮雍仁死去の翌五日夜、その遺体の病巣部分は、その遺言にしたがい、結核専門医五人により解剖された。その結果、臨床診断と対応するその病状が確認され、解剖後は防腐処置の上で縫合された〔『朝日新聞』一九五三年一月八日夕刊第七面「秩父宮様の御遺体を解剖」〕。遺体を直接的な棺におさめる「御舟入り」は翌六日であった〔『朝日新聞』一九五三年一月六日夕刊第三面「両陛下 最後の御対面」］。秩父宮雍仁の死去が鵠沼の別邸であったため、九日、棺は東京千代田区麹町の宮内庁分室に移された。棺を担いだのは各スポーツ界代表者であった。その際の写真によれば、その柩は白布でおおわれた通常の寝棺である［『毎日新聞』一九五三年一月九日夕刊第三面「故秩父宮さまの御遺体 悲しみのうちに東京へ」］［『朝日新聞』一九五三年一月九日夕刊第三面「悲しみの御入京 秩父宮様の御遺体」］。

秩父宮雍仁墓——皇族の火葬と神葬祭　それでは、実際の秩父宮雍仁の葬儀はどのように行なわれたのであろう。*[123] その遺志が実行されたのであろうか。

まず、確認されておかなければならないことは、秩父宮雍仁の葬儀と墓の造営は国家予算によって行なわれたことである。その葬儀の三日前の一九五三年（昭和二八）一月九日の閣議で、一般会計予備費から宮内庁予算に援助し行なうことが決定されている［『朝日新聞』一九五三年一月九日朝刊第七面「政府 御葬儀に七百万円」］。

葬儀は、一月一二日、豊島岡墓地で行なわれた。氷雨のなか厳寒の気候であった。神葬祭によったが、司祭長は元宮内事務官前田利男（一八八六—一九六六）であり、祭主は神職者ではなかった。その棺を担いだのは、ここでも各スポーツ界代表者であった［秩父宮妃勢津子 一九九一：三二五—三二六頁］。また、葬儀の様子を示す写真をみると、豊島岡墓地前の不忍通りにはスポーツ団体旗が弔旗となって整列し、オールを弔旗としたボート選手の整列さえもある。［『毎日新聞』一九五三年一月一二日夕刊第三面「御柩にむせぶ道筋のスポーツ団体旗」］［『朝日新聞』一九五三年一月一二日夕刊第二面「豊島岡へしめやかな葬列」］。生前の秩父宮雍仁が、ラグビーをはじめとするスポーツを好み、その振興に尽力していたからであるという。実際に、秩父宮雍仁は、その病をおしてさえも競技場を訪れていた。その死去の約三ヶ月余前、歩行には息切れする状態の一九五二年（昭和二七）九月であってさえも、来日したオックスフォード大学対慶大（一四日）、早大（一七日）、明大（二〇日）のラグビー親善試合、三戦全戦を観戦している［秩

父宮家 一九七二：八〇五―八〇六頁〕。よく知られるように、東京の秩父宮ラグビー場の名称は、日本ラグビーフットボール協会名誉総裁であった秩父宮雍仁を記念している（一九四七年創設の東京ラグビー場を一九五三年秩父宮ラグビー場と改称）。

午前九時二分、秩父宮雍仁の棺を乗せた「霊車」（馬車）は宮内庁分室を発車、午前九時五〇分、豊島岡墓地内の「葬場殿」に着いた。祭官長が祭詞を読み、そのあと、昭和天皇「名代」およびその皇后久邇良子「名代」による玉串奉納が行なわれた。これら葬儀のあと、午前一〇時五〇分からは一般会葬者による告別式で、その棺の置かれた「葬場殿」を開放しての弔問であった。[*124] 午後〇時四〇分までで打ち切られたというが、厳寒のなか、二万五〇〇〇人がおとずれている〔『毎日新聞』一九五三年一月一二日夕刊第一面「秩父宮さま御葬儀」〕〔『朝日新聞』一九五三年一月一二日夕刊第一面「氷雨のなか故秩父宮御葬儀」〕。そして、この一般会葬者告別式では、その間、宮内庁楽部員によりベートーベン「告別」、チャイコフスキー「アンダンテ・カンタービレ」などが演奏された〔秩父宮妃勢津子 一九九一：三二六―三二八頁〕。

午後〇時四五分、秩父宮雍仁の棺は落合火葬場（落合斎場。東京都新宿区上落合）へ向けて出発した。ここで火葬され、午後三時一五分、その火葬骨は再び豊島岡墓地に戻った。そして、予定された墓にその火葬骨は槨納され、その地上は土盛りされ、前部に「大勲位雍仁親王墓」と書かれた白木の墓標が立てられた。そして、このような墓のしつらえがすべて整ったのちに、「墓所の儀」が行なわれている〔『毎日新聞』一九五三年一月一三日朝刊第三面「宮さま、さようなら」〕。これについては、その棺がおさめられたあとで「陵所の儀」が行なわれた大正天皇皇后九条節子の葬儀と順序が同じであった。火葬骨が槨納されたのちの「墓所の儀」であった。なお、天皇・皇后がこの秩父宮雍仁墓を訪れたのは翌一月一三日であった。

このように、秩父宮雍仁の葬儀と墓は、その遺志にしたがい、解剖が行なわれ火葬によっていた。そして、それが近現代の天皇・皇族としてははじめてのことがらであったために、次のような三点にわたる新たな現象が起こってきている。

第一には、その火葬手続きが通常の法制度の適用外とされたことである。火葬手続きは、一九四八年（昭和二三）五月三一日公布の「墓地、埋葬等に関する法律」（同年六月一日施行）により、市町村・区への死亡届の提出の上で市町村長・区長の許可が必要であり（第五条・第八条）、その上で、火葬場の管理者が火葬許可証の受理後火葬を行なわなければならない（第一四条）［『官報号外』一九四八年五月三一日］。しかし、天皇・皇族の属籍は皇統譜により、戸籍などによらないために、死亡届が市町村・区へ提出されることはなく、おのずと、市町村長・区長による火葬許可証も発行されない。したがって、天皇・皇族の火葬を行なうとすれば、それは、「墓地、埋葬等に関する法律」の適用外、火葬許可証発行以外の措置で行なわれなければならない。実際に、秩父宮雍仁の火葬にあたり、宮内庁は内閣法制局に法解釈を相談し、その火葬が「墓地、埋葬等に関する法律」の適用外であることを確認している。その結果、秩父宮雍仁の火葬は、宮内庁が落合火葬場の経営者東京博善株式会社に依頼し、両者の合議による火葬として行なわれた［『毎日新聞』一九五三年一月一一日夕刊第三面「埋葬法の適用外で」］。なお、「墓地、埋葬等に関する法律」の適用外であることについては、火葬であるかどうかにかかわらず、秩父宮雍仁以外の天皇・皇族についても同様である。たとえば、一九八九年（昭和六四・平成一）死去の昭和天皇は火葬ではないが、同じく、この法律の適用外とされている［『朝日新聞』一九八九年二月二三日朝刊第一五面「埋葬許可いらず土葬可能」］。

第二には、火葬にともない、その火葬骨を入れる骨壺が作られたことである。遺体槨納葬では骨壺は必要ないので、近現代の天皇墓・皇族墓において、はじめて、骨壺が使用された。骨壺は新たに焼かれた。生前の秩父宮雍仁は、その療養地の御殿場別邸に窯を持つほど陶芸を好んでいた。骨壺は、妻の秩父宮妃勢津子が、そこで交流のあった陶芸家加藤土師萌（かとうはじめ）（一九〇〇—六八）に依頼し、急遽、完成されたものであった。大きさは蓋つきの三〇cm立方ほどのふくらみを持った円筒形で、紋章・文様はなく、色は薄茶色であった［『毎日新聞』一九五三年一月一二日朝刊第七面「お骨つぼは名工精魂の作」］［『朝日新聞』一九五三年一月一二日朝刊第七面「御遺骨を納めるツボ」］。なお、どのようにそれが取材されたのか不明確であるが、火葬後の収骨について、「まず妃殿下が竹バシと木バシで故殿下のお足の骨を拾って骨ツボにお入れになった。ついで高松、三笠両宮夫妻をはじめ肉親の方たちが同様骨を拾われ最後にまた妃殿下が頭のお骨をお拾いになった。そして骨ツボは白木の箱に納められ、妃殿下がかき抱くようにして自動車におのりになり、三時十五分豊島岡につかれた」という記録がある［『毎日新聞』一九五三年一月一三日朝刊第三面「宮さま、さようなら」］。この記録が確かなものであるとあるとすれば、ここでの収骨方法はごく一般的であり、特別な作法があったとは考えられない。また、分骨が行なわれるばあいは収骨時点で火葬骨を分けることが多いので、分骨も行なわれていないものと思われる。秩父宮雍仁の火葬骨は、一般的な収骨で、それが墓に槨納されていたと考えてよいだろう。

第三には、秩父宮雍仁墓は、火葬により、近現代の天皇・皇族として、はじめて、遺体槨納葬ではなく、火葬骨槨納葬となった。その墓は次のように造営された。

墓所は御遺体を火葬にするため地下に鉄筋コンクリート造りの埋葬室（縦五尺、横六尺の長方形）を造り、そのなかに御遺骨をおさめ、その上に地盛りして墓碑が建てられる［『朝日新聞』一九五三年一月六日夕刊第三面「両陛下 最後の御対面」］。

地下施設として、竪穴式のコンクリート槨を造営し、そこに骨壺をおさめるというものであった。実際には、その内部が、コンクリートの剥き出しであったは考えられず、内面を石室にしたと推測されるが、その構造は、横穴式ではなく、竪穴式であった。現在通常の墓でよく見られるような、石塔下部に石室を造営し、その前部あるいは後部を開閉可能として、火葬骨をおさめる形態とは異なっている。そのすべてを地上施設とした円形ドームの大正天皇墓を除き、近現代の天皇墓・皇族墓は竪穴式石室への遺体槨納葬であったので、それを小規模にした火葬骨槨納用の竪穴式石室を造営し、そこに火葬骨をいれた骨壺をおさめる形態をとったと推測される。

このような秩父宮雍仁の葬儀から火葬骨槨納までの経過をみたとき、彼の解剖と火葬という二つの遺志はその遺言通りに実行されたといってよいだろう。また、国民との垣根を低くしようともしていた。

しかし、無宗教葬の遺志は、実行されなかった。近現代天皇・皇族の葬儀と墓のもっとも中心的部分、神葬祭については、それを継承している。祭官長をつとめたのは神職ではなかったが、その「葬場殿」では、昭和天皇代理および昭和天皇皇后久邇良子代理による玉串奉納があった。鵠沼の別邸には、秩父宮雍仁の「霊代」を祀る「権舎（ごんしゃ）」が設営された。その死去から一年後の一九五四年（昭和二九）一月四日、この「権舎」で一周年祭が行なわれた〔『朝日新聞』一九五四年一月四日夕刊第三面「きょう秩父宮一年祭」〕。その上で、同月一六日、その「霊代」は、この「権舎」から皇居内の皇霊殿に移された〔『朝日新聞』一九五四年一月一六日夕刊第三面「霊代、東京へ 秩父宮さま」〕。秩父宮雍仁の霊魂も、皇霊殿に祀られ「皇霊」なかに融合している。

なお、秩父宮雍仁の妻秩父宮妃勢津子の死去は、歳月を隔てて、一九九五年（平成七）八月二五日、胃癌と慢性心不全の合併症によるものであった〔『毎日新聞』一九九五年八月二五日夕刊第一面「秩父宮妃勢津子さま死去」〕。同月三一日、豊島岡墓地で葬儀が行なわれ、その後、夫の秩父宮雍仁と同じく、落合火葬場で火葬され、再び、豊島岡墓地に戻り、秩父宮雍仁墓の横に葬られた〔江間 一九九六：三〇二―三〇八頁〕。

国葬令・皇室喪儀令・皇室陵墓令の廃止後、秩父宮雍仁の死去にともない、天皇・皇族における、火葬による神葬祭という新たな様式が誕生した。墓も、それまでの遺体槨納葬ではなく、火葬骨槨納葬となった。一六一七年（元和三）死去の後陽成天皇まで行なわれた天皇の火葬は、仏教的死者供養であり、「西方極楽」往生のための火葬であった。これに対して、ここでの火葬は意味が異なる。火葬は簡素化の象徴であり、また、「玉体」性、神聖性の否定とでもいうべき遺志も見え隠れする。しかし、その葬儀は火葬により、司祭長も神職ではなかったが、行なわれた内容は神葬祭であった。

近現代の天皇・皇族は、その死去後の神葬祭により、最終的には皇霊殿で「皇霊」となるという基本線は貫かれたといってよいだろう。もっとも、この時期、火葬が可能となったのは、それがすでに法制度ではなくなっているということだけではなく、秩父宮雍仁が、昭和天皇の次弟とはいえ、天皇ではないので、それが可能とされやすかった、ともいえる。

秩父宮雍仁の葬儀と墓の造営は、国家予算からの支出であったから、その神葬祭は、天皇・皇族の私事ということになる。いっぽうで、遺言による遺志が尊重され、解剖と火葬が実行されたこと、これについても、それらが法制度ではなく天皇・皇族の私事と理解されているために可能になったことがらであった。国葬令・皇室喪儀令・皇室陵墓令の廃止は、天皇・皇族の葬儀と墓を、二重の意味で、私事とすることになった。一つは、国家予算によって行なわれながらも、皇室の私事であるがゆえに、神道という特定の宗教による神葬祭を可能としているということである。もう一つは、天皇・皇族がみずからの遺志を反映させることが可能となり、たとえば、それは秩父宮雍仁のばあいは解剖と火葬の実行であったということである。

この、私事としての火葬による神葬祭および火葬骨槨納葬、これが、このあとみる高松宮宣仁をはじめ、その後の皇族では一般化する。秩父宮雍仁が基準となった、といってもよいだろう。

「今上（きんじょう）」天皇も火葬を希望しているという。その火葬が実行されるとすれば、「今上」天皇からすれば叔父にあたる秩父宮雍仁がその原型である、ということができないだろうか。

高松宮宣仁墓――皇族墓における火葬と〈円墳〉　一九五三年（昭和二八）秩父宮雍仁の死去のあと、皇族の死去は、一九八七年（昭和六二）二月三日死去の高松宮宣仁まで、約三四年間なかった。高松宮宣仁は、肺癌のため、入院先の日赤医療センター（東京都渋谷区広尾）で死去した。

歳月を隔てているとはいえ、火葬によって行なわれたその葬儀と墓の造営は、高松宮宣仁にとっては兄にあたる秩父宮雍仁のそれらを、あたかもくりかえすような内容であった。

その葬儀と墓の造営のための費用は、国家予算から支出された。閣議における了解を経て、宮内庁の予備費が充当されている［『毎日新聞』一九八七年二月五日朝刊第一面「葬儀など国費で」］。

高松宮宣仁の遺体は、妻の高松宮妃喜久子（一九一一―二〇〇四）の希望により、昭和天皇の同意を得た上で、死去当日三日のうちに、入院先であった日赤医療センターで、病巣部位についての解剖が行なわれた［「高松宮宣仁親王」伝記刊行委員会編 一九九一：六八二頁］［『毎日新聞』一九八七年二月一〇日朝刊第二二面「肺がん、じん臓にまで転移 ご遺体の解剖結果」］［『朝日新聞』一九八七年二月四日朝刊第二三面「ご遺体を解剖」］。遺体は、三日のうちに自宅に戻され、翌四日、遺体を棺におさめる「御舟入り」が行なわれた［「高松宮宣仁親王」伝記刊行委員会編 一九九一：六八五頁］［『毎日新聞』一九八七年二月五日朝刊第一面「両陛下 悲しみのお別れ」］［『朝日新聞』一九八七年二月五日朝刊第二三面「眠る弟宮に言葉なく 両陛下、ご一緒にお別れ」］。九日、その「霊代」がその自宅に設営された「権舎」に祀られている［「高松宮宣仁親王」伝記刊行委員会編 一九九一：六八六頁］。

葬儀は、二月一〇日、豊島岡墓地に「葬場殿」を設営し、そこで行なわれた。祭司長は高松宮宣仁の友人、元日本赤十字社社長・結核予防会総裁島津忠承（一九〇三―九〇）で、秩父宮雍仁のばあいと同じく、祭主は神職ではなかった。また、自宅から豊島岡墓地まで「霊車」（自動車）によって運ばれた棺が、降ろされ「葬場殿」に安置されるまでは、各スポーツ界の代表者により担がれたのも［「高松宮宣仁親王」伝記刊行委員会編 一九九一：六八九頁］［『毎日新聞』一九八七年二月一〇日夕刊第一面「斂葬の儀 しめやかに」］、秩父宮雍仁と同じである。また、写真から判断すると、その棺は、火葬を前提としているからであろうか、これも秩父宮雍仁と同じく、通常の寝棺である

「『毎日新聞』一九八七年二月一〇日夕刊第三面「高松宮殿下 安らかに」」「『朝日新聞』一九八七年二月一〇日夕刊第一一面「豊島岡に悲しみの調べ」」。

午前九時、高松宮宣仁の棺を乗せた「霊車」(自動車)がその自宅を発車、午前九時二五分、豊島岡墓地正門に到着した。降ろされた棺は、「葬場殿」に安置され、九時三〇分から葬儀がはじめられた。昭和天皇代理および昭和天皇皇后久邇良子代理、高松宮妃喜久子などによる玉串奉納により葬儀が行なわれた。午前一一時三〇分から一般会葬者による会葬が行なわれ[*125]、午後〇時五四分、葬儀が終了した「『毎日新聞』一九八七年二月一〇日夕刊第一面「斂葬の儀 しめやかに」」「『朝日新聞』一九八七年二月一〇日夕刊第一面「しめやかに高松宮さま ご葬儀」」。一般会葬者の会葬にあたっては、ショパン「葬送行進曲」、シューベルト「死と乙女」などが流された「『高松宮宣仁親王』伝記刊行委員会編 一九九一:六八一―六九〇頁」。葬儀終了後、午後一時一七分、高松宮宣仁の棺は、豊島岡墓地を発車、落合火葬場に向かい、ここで火葬が行なわれた。収骨後、午後四時、再び、その火葬骨は豊島岡墓地に戻った。そして、火葬骨があらかじめ造営されていた石槨におさめられ、「墓所の儀」では、妻の高円宮妃喜久子が玉串奉納を行ない、火葬骨槨納が終わった「『毎日新聞』一九八七年二月一一日朝刊第一面「高松宮殿下墓所の儀 喜久子さまがお別れの言葉」」「『朝日新聞』一九八七年二月一一日朝刊第一面「高松宮さま 兄君のそばに」」。

墓の地上施設については、翌一九八八年(昭和六三)一月二二日、高さ一・九m×直径三mで表面を玉石葺きにした〈円墳〉が竣工した「『高松宮宣仁親王』伝記刊行委員会編 一九九一:六八七、六九一、七六〇頁」。総工費は五千二百万円である「『朝日新聞』一九八八年二月三日朝刊第二六面「きょう一周年祭」」。庶民の墓の造営で、これほどの費用をかけることは通常あり得ないので、やはり、その墓は、「特殊な地位」の人の墓と考えなければならないだろう。

そして、同年二月三日、自宅「権舎」と豊島岡墓地の〈円墳〉で一周年祭が行なわれ、二日後の五日、「権舎」の

「霊代」が皇居の皇霊殿に移されている［『高松宮宣仁親王』伝記刊行委員会編 一九九一：七六〇頁］［『毎日新聞』一九八八年二月三日夕刊第八面「しめやかに一周年祭の儀」］［『毎日新聞』一九八八年二月五日夕刊第一〇面「故高松宮さまの「皇霊殿祭典の儀」」］［『朝日新聞』一九八八年二月三日「高松宮さまの一周年祭 皇族ら迎えしめやかに」］。これにより、高松宮宣仁の霊魂も皇霊殿で「皇霊」に融合している。

高松宮宣仁の葬儀は、秩父宮雍仁と同じく、祭主を神職とはしなかったが、その基本は、火葬による神葬祭であった。儀礼進行を整理すると、葬儀当日は豊島岡墓地に「祭場殿」を設営し、そこで葬儀を行ない、そのあと、落合火葬場での火葬、そして、豊島岡墓地への火葬骨槨納である。その儀式進行順序まで、秩父宮雍仁とほぼ同じであった。そして、その墓の地上施設は〈円墳〉として造営され、一周年祭を経て、「皇霊」となっていた。秩父宮雍仁を基準とした、その弟、高松宮宣仁の葬儀と墓の造営、彼ら昭和天皇の二人の弟により、アジア太平洋戦争敗戦後、国葬令・皇室喪儀令・皇室陵墓令廃止後の皇族の葬儀と墓の基本的形態が完成されたといえよう。

あらためて、それを確認すれば、葬儀は火葬による神葬祭、墓は火葬骨槨納葬とし地上施設は〈円墳〉とする、その上で、その霊は「皇霊」となり皇霊殿の祭神となる、そのような内容である。墓所は豊島岡墓地である。そして、それらは国家予算の一部を使用しつつも、あくまで、皇室の私事、私的儀礼であると解釈され、そのために、神道という特定の宗教にのっとった儀礼の執行が可能になっている

もっとも、このように、神葬祭により豊島岡墓地の〈円墳〉に葬られた高松宮宣仁であったが、その死去から約三六年前の一九五一年（昭和二六）、その母、大正天皇皇后九条節子の死去後、その通夜の経験から、天皇・皇族の葬送・墓制に疑問を持つような、次のようなメモを残していた。

大宮様（大正天皇皇后九条節子—引用者）ノオツヤヲシテヰテ、トテモ私ガ死ンデモ私ノオツヤニ集ル人々ハヤハリコウシタ種類ノ人々ニナルダラウ、トテモ一人カ二人ノ来テホシイ人ガオレルヤウナ空気ニハナリソウモナ

イ、ヤッパリ生キテキナクテハ話ニナラヌ、オ墓モ豊島岡ノヤウナ区域ノハコノマシクナイ、多摩（ママ）墓地ハ遠スギル、ヤハリ青山墓地辺ナラ思ヒツイタ人ガ気軽ニ花デモクレヤウ、ソウ云フ所ニシタイ［『高松宮宣仁親王』伝記刊行委員会編 一九九一：五八二頁］。

大正天皇皇后九条節子への弔問客の多くが形式的な拝礼であることへの嫌悪感をあらわし、みずからの墓は、豊島岡墓地ではなく、誰もがお墓参り可能で、都心にある都営青山霊園がよいという。このメモについては、その母の死去に立ち会ったなかに起こった一時的な感情であったかもしれないが、皇族みずからが豊島岡墓地に対して否定的気持ちを抱いたことになる。

確かに、豊島岡墓地は、その広大な敷地が門と塀とによって囲われ、その内部への立ち入りはできない。また、樹木もその内部と外部と遮断している。近現代の天皇墓・皇后墓についていえば、明治天皇墓・明治天皇皇后一条美子墓、大正天皇墓・大正天皇皇后九条節子墓、昭和天皇墓・昭和天皇皇后久邇良子墓は、柵によって立ち入りが制限されてはいるが、近接場所まで行くことができる。しかし、豊島岡墓地については、その墓域全体が立ち入り禁止である。近現代の天皇墓・皇族墓は、「陵」とされる天皇墓・皇后墓については墓参りが可能であるが、「墓」とされる皇族墓については墓参りが不可能となっている。

なお、高松宮宣仁の妻高松宮妃喜久子の死去は、歳月を隔てて、二〇〇四年（平成一六）一二月一八日、癌のためであった。同月二六日、豊島岡墓地で葬儀が行なわれ、その後、火葬され、再び、豊島岡墓地に戻り、高松宮宣仁墓の横に納骨された［『朝日新聞』二〇〇四年一二月一八日夕刊第一面「高松宮妃ご逝去」］［『朝日新聞』二〇〇四年一二月二七日朝刊第二六面「昭和史を生きた覚悟」］。

そして、二〇〇〇年代から二〇一〇年代にかけては、三人の男性皇族が死去している。

三笠宮崇仁の三男、高円宮憲仁（たかまどのみやのりひと）（一九五四―二〇〇二）は、二〇〇二年（平成一四）一一月二一日死去した。スカッシュをしている最中に倒れた急死であった［『毎日新聞』二〇〇二年一一月二二日朝刊第一面「高円宮さま急逝」］。同月二九日、豊島岡墓地で葬儀が行なわれ、その後、落合火葬場で火葬され、再び、豊島岡墓地に戻り納骨された［『朝日新聞』二〇〇二年一一月二九日夕刊第一面「故高円宮さま「斂葬の儀」」］。

三笠宮崇仁の長男、寛仁（ともひと）*126（一九四六―二〇一二）は、二〇一二年（平成二四）六月六日死去した。約二〇年余におよぶ癌との闘病生活ののちであった［『毎日新聞』二〇一二年六月七日朝刊第一面「寛仁さま逝去」］［『朝日新聞』二〇一二年六月七日朝刊第一面「寛仁さま逝去」］。同月一四日、豊島岡墓地で葬儀が行なわれ、その後、火葬され、再び、豊島岡墓地に戻り納骨された［『毎日新聞』二〇一二年六月一五日朝刊第二四面「寛仁さまと別れ惜しみ」］。

三笠宮崇仁の次男、桂宮宜仁（かつらのみやよしひと）（一九四八―二〇一四）は、二〇一四年（平成二六）六月八日、心不全のため死去した。療養生活ののちであった［『毎日新聞』二〇一四年六月九日夕刊第一面「桂宮さま逝去」］［『朝日新聞』二〇一四年六月九日夕刊第一面「桂宮さま逝去」］。同月一七日、豊島岡墓地で葬儀が行なわれ、その後、落合火葬場で火葬され、再び豊島岡墓地に戻り納骨された［『毎日新聞』二〇一四年六月一八日朝刊第二六面「ゆかりのギター埋葬」］［『朝日新聞』二〇一四年六月一八日朝刊第三七面「「斂葬の儀」終了」］。

彼らの葬儀と墓の造営については、細部については不明な点もあるが、いずれも、豊島岡墓地で神葬祭として「斂葬の儀」を行ない、その上で、火葬され、再び、豊島岡墓地に納骨されるという順序であった。秩父宮雍仁を基準として、高松宮宣仁によって完成された、皇族における火葬による神葬祭が、現在ではすでに慣例化しているものと思われる。

テレビの時代――ライブ中継と「自粛」の誕生　いっぽう、高松宮宣仁の葬儀では、従来なかった社会的反応がみられるようにもなっている。皇族の葬儀としては、一九五三年（昭和二八年）秩父宮雍仁から一九八七年（昭和六二）の高松宮宣仁まで、約三四年間の間隔があった。当然のことながら、社会状況は大きく変化している。

この約三四年間の差をもっとも顕著に示すのが、秩父宮雍仁の葬儀がラジオのライブ中継であったのに対して、高松宮宣仁のそれはテレビ、しかも、カラーテレビが完全に一般化した時代のライブ中継であったことである。

天皇・皇族における葬儀で、ラジオによる最初のライブ中継は、一九二六年（大正一五・昭和一）死去、翌年一九二七年（昭和二）に葬儀が行なわれた大正天皇であった［竹山 二〇〇二：七一―一一三頁］。続いて、一九五一年（昭和二六）死去の大正天皇皇后九条節子の葬儀でも、葬儀当日の同年六月二二日は、ライブ中継と追悼番組がくりかえされた。この時点でのラジオ局は、サンフランシスコ対日講和条約発効（一九五二年四月二八日）以前であるために、進駐軍放送の東京ＡＦＲＳ（Armed Forces Radio Service）があるが、これを除くと、通常のラジオ局はＮＨＫ第一放送・第二放送のみであった。第一放送では、午前九時五五分―午前一〇時四五分、葬儀のライブ中継「貞明皇后。大喪儀中継　豊島岡葬場殿から」を行なっている。第二放送でも、同じ放送を行なっているので、この時間帯、公共全ラジオ放送は、大正天皇皇后九条節子の葬儀のライブ中継のみであった。第一放送では、それに先立ち、午前七時三〇分―四五分「貞明皇后御歌」、午前九時三〇分―五五分「朗読「貞明皇后をしのぶ」」、ライブ中継のあとは、午後一時―午後二時「話（中略）皇太后御歌と琴」など、夜に入り、午後七時二五分―三〇分「話「貞明皇后の御徳をしのびて」」、午後七時三〇分―午後八時「蚕と共に四十年」、午後八時四五分―午後九時一五分「謡曲「千代のかざし」貞明皇后作」と続き、大正天皇皇后九条節子関係の追悼特別番組が放送された［『朝日新聞』一九五一年六月二二日第二面「ラジオ」］。

この日の公共放送は、実質的に、大正天皇皇后九条節子の葬儀一色となっていた。

約二年後の秩父宮雍仁の葬儀でも、ラジオによる、葬儀のライブ中継と追悼番組がくりかえされた。葬儀当日の一九五三年（昭和二八）一月一二日の時点では、ラジオ局は、ＮＨＫ第一放送・第二放送のほかに、東京では、ラジオ東京・日本文化の民放二局が開設されている。NHK第二放送を除き、NHK第一放送では午前九時四五分—午前一〇時三〇分、ラジオ東京では午前一二五分—午前一〇時三〇分、日本文化では午前九時四五分—午前一〇時二〇分、「秩父宮殿下御葬儀模様 文京区豊島岡斎場(ママ)」をライブ中継している。夜の放送時間帯には、追悼番組が組まれた。NHK第一放送では、午後七時一五分—午後八時「秩父宮殿下をしのぶ」、続いて、午後八時—午後八時三〇分「葬送行進曲 ショパン作」などN響演奏、午後八時三〇分—午後九時「座談会「お葬儀に奉仕して」」、午後一一時一〇分—一二〇分「秩父宮を悼む海外の声」を、ラジオ東京でも、午後九時三五分—午後一〇時五分「秩父宮の面影をしのぶ」を放送している〔『朝日新聞』一九五三年一月一二日東京版第八面「ラジオプログラム」〕。

死去の時点が「親王」と「皇太后」という違いもあろう、また、秩父宮雍仁の葬儀のときには、NHKのほかに民放局も開設されているので、公共放送全体としてみれば、大正天皇皇后九条節子のときほどには葬儀一色ではないが、葬儀のライブ中継と追悼番組がくりかえされた。

これらに対して、一九八七年（昭和六二）二月一〇日の高松宮宣仁の葬儀では、ラジオによるライブ中継（NHK第一放送・TBSラジオ・文化放送）も行なわれたが〔『朝日新聞』一九八七年二月一〇日朝刊第一五面「ラジオ」〕、その中心はテレビであった。NHK総合テレビでは午前九時三〇分—午前一〇時二五分「高松宮さまご葬儀～豊島岡墓地」のライブ中継を、夜に入り、午後九時—四〇分「ニュースセンター九時」で「高松宮さまご葬儀」を特集している。東京では、民放各局が、ワイドショー番組のなかで特集を組み、また、ライブ中継を行なった。日本テレビは午前八時三〇分—午前一〇時二五分「ルックルック」のなかの特集、TBSテレビは午前八時三〇分—午前九時三〇分「森本モーニングEYE」のなかの特集と続いての午前九時三〇分—午前一〇時三〇分「報道特別番組 高松宮さま永遠の眠りに・ご葬儀中継」、フジテレビは午前八時三〇分—午前一〇時三五分「特別番組 高松宮さまご葬儀」、テレビ朝日は午前八時三〇分—午前九時三〇分「モーニングショー」のなかの特集と続いての午前九時三〇分—午前一〇時「高松宮様を偲ぶ」、テレビ東京では午前八時五五分—午前一〇時三〇分「報道特別番組 御霊安かれ高松宮さま」である。また、民放各局は、午後のワイドショー番組でも特集を組んでいる〔『朝日新聞』一九八七年二月一〇日朝刊第二四面「テレビ」〕。

NHKをはじめ民放全局が、高松宮宣仁の葬儀をライブ中継し、また、特集番組を組んでいた。テレビ各局が足並みを揃えている。また、その報道は、NHKよりも民放各局の方が熱心ではないかと思われるほど、時間を割いている。これらにより、天皇・皇族の葬儀は、テレビ局の映像により国民に伝達された。NHKラジオ第一放送などの音声のみによる、大正天皇皇后九条節子の葬儀、秩父宮雍仁の葬儀の伝達とは大きく異なる。しかも、民放テレビ各局が、バスに乗り遅れまいとするかのように、同一歩調をとり、高松宮宣仁の葬儀を視覚化して報道していた。

このあとみる約二年後の一九八九年（昭和六四・平成一）昭和天皇死去、さらには、その葬儀では、NHKのみならず民放テレビ各局が、昭和天皇関係の特集番組を氾濫させ、また、ライブ中継を行なった。あたかもその原型が、この高松宮宣仁の葬儀で作られたかのようであった。

また、高松宮宣仁の葬儀に際しては、テレビ放送における「自粛」がすでに行なわれている。規模は小さいが、これについても、二年後の昭和天皇の葬儀のときの原型をみるかのようである。

十日午前の高松宮さまのご葬儀を、テレビ各社は特別番組を組んで放送した。代表取材のNHKの映像を中心に、各社とも約二時間の生中継。民放はこの間、スポンサーの了解を得て一部のCMの放送を自粛した〔『朝日新聞』一九八七年二月一〇日夕刊第一〇面「民放はCMを自粛」〕。

テレビ各局が同一の歩調で特集番組を組みライブ中継を行なうだけではなく、その画一化された報道は社会的自制「自粛」と表裏一体であった。明治天皇および大正天皇の死去と葬儀に際しては、政治的統制として「謹慎」が強制されていたが、高松宮宣仁の葬儀では、露骨な政治的統制ではなく、「自粛」という現象が出現していた。

もっとも、この高松宮宣仁の死去と葬儀に際しては、露骨な政治的統制も行なわれた。一九八七年（昭和六二）二月六日、文部省は「弔旗掲揚」を各都道府県教育委員会を通じて全国の小・中・高等学校に通知した。これに対して、東京都教員組合・高等学校教員組合反対の立場をとり、東京都教育委員会に対して口頭で、「学校教育の場に皇族の私的な葬儀への弔意を事実上強制するのは主権在民の憲法の趣旨に反する」と抗議したという。埼玉県教員組合・高等学校教員組合も反対の立場をとった〔『朝日新聞』一九八七年二月一〇日夕刊第一〇面「「弔旗掲揚」通知に反発の動きも」〕。福岡県でも県下公立小・中・高等学校へ「弔旗掲揚」を要請したが、これを受けた学校側では、対応は一致しておらず、扱いに困惑している学校長さえもいたという〔『毎日新聞』一九八七年二月一〇日朝刊第二二面「「きょう半旗掲揚を」福岡県教委が各校に要請」〕。

東京都教員組合・高等学校教員組合の抗議「皇族の私的な葬儀」という論理は、まさにその通りであった。天皇・皇族の私事という理解であるから、それが国家予算を使ったとしても、神葬祭と神道式〈円墳〉造営が可能となる。「皇族の私的な葬儀」であるからこそ、これらが実行され得るのであり、その「皇族の私的な葬儀」に対して官公庁が他者を強制する行動を発生させるとすれば、もはやそれは「皇族の私的な葬儀」ではなくなる。

露骨な政治的統制が「皇族の私的な葬儀」の論理を崩してしまうからこそ、「自粛」が出現するようになったといってよいだろう。そして、その先頭を切ったのが、NHKのみならず民放テレビ局各社をはじめとするメディアであった。

「昭和」の終焉――「自粛」の日本列島　一九八九年（昭和六四・平成一）一月七日午前六時三三分、昭和天皇が十二指腸部腺癌（せんがん）のため死去した〔『官報号外特第一号』一九八九年一月七日一頁〕。前年八月二九日から断続的に発熱をくりかえすようになり〔『朝日新聞』一九八八年九月七日朝刊第三〇面「天皇陛下、再び発熱」〕、九月一九日深夜高熱を発し、また、吐血（とけつ）した〔『毎日新聞』一九八八年九月二〇日夕刊第一面「天皇陛下 ご重体」〕〔『朝日新聞』

写真 91　昭和天皇死去日の街頭風景（東京都新宿区西早稲田）1989 年 1 月 7 日

一九八八年九月二〇日朝刊第一面「天皇陛下、ご容体急変か」・夕刊第一面「天皇陛下、ご病状深刻」」。この段階で危篤に陥ったことになる。その後、治療が続けられたが、年が明け、ちょうど、松の内が終わる一月七日早朝、死去した。危篤に陥ったあとは、吐血だけではなく下血（げけつ）もあり、その容体は各種メディアによりくりかえし報道されたので、いわゆる「Xデー」が間近いことは誰にでも予感された。

早朝の死去であったため、この日は、朝から日本列島全域で、日の丸弔旗が掲揚され、ネオン・音響が消え、テレビ・ラジオ・新聞をはじめ各種メディアも「自粛」一色となった。写真91は、昭和天皇が死去した当日、一月七日午前中の早稲田通り（東京都新宿区西早稲田）の街頭風景である。すでに準備されていたのであろういっせいに弔旗が掲揚された。商店・企業体をはじめ学校・交番・官公庁など、バスなど交通機関に至るまで、日の丸弔旗が氾濫した。また、営業「自粛」およびそれを知らせるポスター・貼り紙が通常風景となった。写真92は、同じく一月七日午前中の

写真92 「自粛」を知らせる掲示（東京都新宿区西早稲田）1989年1月7日

早稲田通りに面したある信用金庫入口である。「奉悼の意を表し一月七日は一部営業を自粛させて頂いております」と記された貼り紙が貼られ、営業の「自粛」が知らされている。こうしたポスター・貼り紙は多くの企業体・商店などでみられた。

すでに、昭和天皇の病状悪化以来、各種イベントを中心に「自粛」は広がっていたが、その死去当日は、スポーツ・演劇・遊園地などで多くのイベントが中止また延期され、「自粛」が相次いだ。

スポーツを例としてみよう。死去当日の一月七日は土曜日、翌八日は日曜日で、正月スポーツの最終段階であった。当時よく知られた事例をあげれば、花園ラグビー場の高校ラグビー決勝戦が中止され、決勝戦を予定した二校が優勝とされた（『朝日新聞』一九八九年一月一三日朝刊第一七面「ぼくたちは戦いたかった 消えた決勝戦」）。大学ラグビー決勝戦、社会人ラグビー決勝戦は延期、高校サッカー準決勝戦・決勝戦も延期、バスケット全日本総合選手権も延期、そして、昭和天皇が好んだといわれる大相撲では、八日に予定していた初場所初日を翌九日から一日延期、大相撲を華やかにさせる幟・懸賞金なども停止、七日午前中には理事長はじめ横綱・大関などが集合し黙禱を行なっている［『毎日新聞』一九八九年一月八日朝刊第二三面「延期、中止…慌ただしく」］。

表面的には「自粛」であった。しかし、その内実は、次のようなものであった。たとえば、高校ラグビー決勝戦中止について、その主催者毎日新聞社の『毎日新聞』がスポーツ欄で解説する記事である。

同実行委員会（第六十八回全国高校ラグビー大会実行委員会―引用者）は当初、文部省と協議したうえで日程通り大会を実施する方針だったが、七日朝、日本ラグビー協会から「閣議決定の中での民間に対する行事自粛要請を受けて48時間競技を自粛してほしい」との申し入れが大会本部にあり、同日午前九時から緊急実行委を開き対応を協議。政府の協力要請を重視、「七日の優勝戦中止はやむを得ない」と判断［『毎日新聞』一九八九年一月八日朝刊第二三面「花園の頂点に並んだ」］。

ノーサイドのなきノーサイドであった。その「自粛」によるノーサイドは、大会実行員会が、「閣議決定」による「民間に対する行事自粛要請」、「政府の協力要請」を受けた日本ラグビーフットボール協会からの申し入れによって決定していた。

それでは、この「自粛」要請の「閣議決定」とはどのようなものであったのだろう。

この「閣議決定」を行なった総理大臣竹下登（たけしたのぼる）（一九二四―二〇〇〇）を中心とするの臨時閣議は、一月七日午前八時二二分から開かれた。

政府は、（中略）国民、公共機関の弔意奉表（服喪）に関する決定を行った。それによると、①国の機関はご逝去当日から六日間、弔旗を掲揚し、歌舞音曲を伴う行事を自粛する②地方公共団体にも同じく六日間、同様の協力を要請する③地方公共団体以外の公署、一般の会社、国民にはご逝去当日と翌日の二日間、同様の協力を要請する――としている［『毎日新聞』一九八九年一月七日夕刊第一面「国民に2日間服喪を要請」］。

政府が、国家および地方の公共機関には六日間の服喪・弔旗掲揚・「自粛」（①②）を、民間企業・国民に対しては二日間の服喪・弔旗掲揚・「自粛」（③）を「要請」する、というものであった。内容的には、あくまで、政府からの「要請」である。強制ではない。官房長官小渕恵三（おぶちけいぞう）（一九三七―二〇〇〇）は、この臨時閣議後の記者会見で、この「閣議決定」の趣旨を次のように補足説明している。

心から敬愛していた天皇陛下の崩御に際し、哀悼の気持ちを表すため、国の行政機関における対応について定めるとともに、地方公共団体や広く国民のみなさまにご協力をお願いするものだ［『朝日新聞』一九八九年一月七日夕刊第二面「民間は2日間哀悼の意を」］。

「閣議決定」はあくまで「ご協力をお願い」であるという。

「自粛」とは、公的には、法制度でもなく、政府の強制でもなかった。政府による「要請」であり「ご協力をお願い」であった。

しかし、それが実質的に強制力を持った。また、社会全体が「自粛」を当然のように受容してもいた。なぜ、そのようになってしまったのであろう。政府側のみならず社会的問題としても、その原因は明らかにされるべきであろう。

そして、もっともわかりやすく、「自粛」の先頭を切ったのは、テレビであった。NHKのみならず民放各局が昭和天皇死去を独占した。図15は、昭和天皇死去当日一月七日の東京のテレビ番組である。NHK教育テレビ（現NHKEテレ）だけが通常番組で、他は、NHKをはじめ民放各局は、足並みを揃え、ほぼそのすべての放送を昭和天皇追悼特集番組に変更した。子供向けのアニメ・お笑い・各種バラエティが多いテレビ東京でさえそうである。テレビ朝日を例とすれば、午後四時「天皇と昭和史」、午後六時ニュース、午後六時四五分「天皇裕仁の喜びと悲しみ」、午後七時一五分「激動の昭和史」、午後一〇時一五分「森繁久彌の私の昭和史」、午後一一時「ナイトライン」（ニュー

時	1 NHKテレビ	3 NHK教育テレビ	4 日本テレビ	6 TBSテレビ	8 フジテレビ	10 テレビ朝日	12 テレビ東京
5	5:00ニュース特集 ▽中継～総理官邸・宮内庁ほか	5:00お母さんと一緒囲◇絵 5:30書道に親しむ囲 「筆と紙の話」榊莫山		5:00天皇崩御特別編成 公式の行事、発表は最優先で生中継します	【天皇陛下崩御特別編成番組】	4:00 天皇と昭和史 ▽戦前編 ▽戦後編ほか	5:00天皇陛下崩御特別番組 「ニュース」 ～宮内庁・首相官邸ほか キャスター・鶴岡[illegible]
6	6:00ニュース 30 各地のニュース・お知らせ・天気予報	6:00ベストスキー・中級編囲「シュテムターン」 6:30油絵入門囲 「わたしのアトリエ」	報道特別番組 「昭和逝く」	6:00ニュース 6:30ニュースコープ ▽天皇崩御、新天皇即位▽剣璽等承継の儀 ▽新元号決定▽政治、経済、暮らしへの影響 ▽皇居前から原宿、歌舞伎町まで ▽京都、伊勢、国内各地の表情▽海外の反響	ワイドニュース	6:00Ⓝ 45 天皇裕仁の喜びと悲しみ▽皇太子誕生・敗戦復興…語り・加藤治子	5:30「昭和の天皇・お人柄をしのんで」 ▽陛下を語る▽陛下と新憲法▽陛下と記者会見▽吹上御所の両陛下 6:30「ニュース」 ～宮内庁・首相官邸ほか
7	7:00囲7時のニュース ▽天皇陛下崩御 ▽新元号決まる ▽各地の反響ほか	7:00N響アワー ▽バッハ「リチェルカータ」指揮＝スラトキン▽ブラームス「交響曲第2番ニ長調」指揮＝ライトナー　N響	天皇陛下のご生涯 ▽皇太子時代の陛下▽全国ご巡幸▽ご訪米・ご訪欧▽最近の陛下ほか ▽6:00Ⓝプラス1▽囲		▽人間天皇を語る（第1部）園遊会など天皇とゆかりの人々思い出を語る　司会・森光子 ゲスト・三浦朱門 黒柳徹子　林健太郎ほか （ニュース）	7:15激動の昭和史 「天皇語録」 ▽張作霖爆殺事件 ▽二・二六事件と天皇の怒り▽聖断…忍び難きを忍び▽終戦を決断された陛下は何故開戦を止められなかったか 大江志乃夫　堺屋太一 秦　郁彦　半藤一利 司　会　渥美克彦	7:00「昭和の天皇をおしのびして」 ▽陛下のお言葉から・一般参賀・園遊会・全国戦没者追悼式・ご在位60年記念式典 ▽思い出の写真集から ゲスト・鈴木菊男　大久保利美　大木俊一 伊藤一男　大羽渕治 司会・金子勝彦
8	8:00回想・天皇陛下 明治、大正、昭和の三代にわたる天皇陛下の波乱に満ちたご生涯を激動の時代の映像とともにつづる	00 囲五木寛之美術散歩 「エルミタージュの至宝・バロック世界の聖と俗」前橋汀子 五木寛之　千足伸行 45 自然のアルバム	昭和逝く・昭和史と天皇・第一部 ▽児島襄が語る激動の昭和▽戦争、混乱、復興、繁栄それぞれの時代	8:00「天皇裕仁」第1部 ▽ご誕生とご幼少時代▽軍艦「香取」でご訪欧▽関東大震災▽摂政ご就任とご結婚▽大正天皇崩御	▽人間天皇を語る（第2部）列島縦断追悼生中継・札幌・大阪・名古屋ほか 追悼音楽　新日フィル （ニュース）		8:00「昭和を回顧する・暮らしと経済の変遷」 ▽昭和初めの金融恐慌 ▽戦後の復興▽高度経済成長▽ハイテクと産業構造の変化▽円高ほか ゲスト・神崎倫一 ・高原須美子ほか 司会・鈴木幸夫
9	9:00ニュース特集 ▽今日のドキュメント ▽内外の反響ほか	00 子どもの未来・大人の生きがい「生涯学習時代とテレビ・教育テレビ30周年記念」子どもとニューメディア▽〝山の分校〟土呂部は今▽心への関心と生涯学習　大江健三郎ほか	▽11:00Ⓝきょうの出来事▽囲 ▽11:58新元号の瞬間	9:00「天皇裕仁」第2部 ▽即位の大礼▽満州事変▽二・二六事件▽日中全面戦争へ▽第2次大戦始まる▽日米開戦▽原爆投下と敗戦	▽人間天皇を語る（第3部）終戦の玉音放送・園遊会での会話「天皇語録戦後編」 追悼音楽　新日フィル ワイドニュース		
10	10:40各地のニュース 45 追悼座談会「天皇陛下をしのぶ」～激動の昭和▽身近に接した陛下	10:30 こころの時代囲 「水が流れている・屋久島に生きて」 山尾三省	昭和逝く・昭和史と天皇・第二部 ドキュメント・昭和が終わった日 ご容体悪化から111日伝えられた第一報	10:00ニュースデスク'89 ドキュメント 「天皇崩御、新天皇即位、新元号決定まで、そのとき日本は」	▽摂政就任より天皇絶対神格化へ	10:15森繁久弥の私の昭和史 ▽満州アナウンサー時代▽敗戦▽引き揚げ ▽陛下にお会いして…	10:00「回想・素顔の昭和の天皇」 10:30「ニュース」 ▽各地の表情・京都・大阪・名古屋ほか （0:30放送終了、番組変更の場合あり）
11	11:45ニュース（0:00）映像でつづる昭和史①～④ （前3:25）音楽	11:30 きょうの料理囲 「おかず365日・サケとサツマイモのかき揚げ」 末弘百合子 11:55風景映画（11:59終了）	座談会・陛下と私 津田亮一　梢盤恭一 星野甲子久　清水健ほか 世界の反響 追悼曲・ロ短調ミサ	11:30「生物学者・裕仁」 ▽研究者として70年▽吹上御苑の自然▽新種のエビとクラゲ 0:30「天皇陛下と私」囲 2:00音楽演奏と生中継 終夜天皇崩御特別編成	▽満州事変から太平洋戦争前夜 ▽太平洋戦争・勝利から敗北へ ▽戦後10年・混乱から独立へ ▽皇室春秋	11:00Ⓝナイトライン　天皇陛下崩御・今日の動き 30 昭和と私 2:00陛下と私　森光子ほか 3:00天皇と昭和史・園遊会生物学【変更あり】	

図15　1989年1月7日テレビ番組表（東京）［『毎日新聞』1989年1月7日夕刊第12面］

ス）、午後一一時三〇分「陛下と私」、日付がかわり深夜午前二時「陛下と私　森光子ほか」」、午前三時「天皇と昭和史・座談会」、といった具合で、ニュースを除き、番組すべてが昭和天皇追悼特集番組となった［『毎日新聞』一九八九年一月七日夕刊第一二面「テレビ」、『朝日新聞』一九八九年一月七日夕刊第一二面「テレビ」］。なお、こうした状況は、政府が民間に「要請」した「自粛」期間の二日間、翌八日まで続いた。また、その葬儀当日の同年二月二四日も、その葬儀のライブ中継を含め、昭和天皇一色となった。

　そして、この七日と八日の二日間、民放各局ではCMはまったく中継されなかった。CMは広告であるから、その内容はおのずと華やかな内容が多いが、CMに慣らされた現代人にとって、それのないテレビは異様にさえ感じられた［『朝日新聞』一九八九年朝刊第一六面「CMが消えた2日間」］。また、通常番組から昭和天皇追悼特集番組への変更は、テレビ局への苦情電話を殺到させた。NHKでは全国の放送局に七日が一万本以上、八日が三九一八本（午後四時までで）、東京の民放では、日本テレビ・TBS・フジテレビ・テレビ朝日・テレビ東京五局合計で七日が四一一二本、八日が二一六一本（午後五時現在までで）の苦情電話があった［『毎日新聞』一九八九年一月九日朝刊第二六面「TV局に批判電話続く」］。

その苦情の内容は、昭和天皇追悼特集番組に一元化されたことへの批判と、通常番組放映の希望がほとんどであった。[*127]七日が土曜日、八日が日曜日であったということもあろう、昭和天皇追悼特集番組を嫌悪した人たちのなかには、レンタルビデオショップでレンタルビデオを借り、それを観る人たちも多かった〔『毎日新聞』一九八九年一月八日朝刊第二六面「TV局に苦情殺到」〕。

政府の「閣議決定」による指示は、公的には「自粛」の要請であり、官房長官小渕恵三の記者会見の言葉を借りれば「ご協力をお願い」であり、強制ではなかった。しかし、政府以上に、それに反応したのは、なにかにつけ報道の自由・権利を強調する民放各局など、むしろ民間であった。過剰反応あるいはただのお先棒担ぎといわざるを得ない。

昭和天皇の死去と葬儀に際しての「自粛」は、明治天皇・大正天皇のそれらにおける「謹慎」とは、性格が異なっている。後者の「謹慎」は強制であった。統治権者の死去であるから当然の措置ともいえる。しかし、前者の「自粛」はあくまで「自粛」であって、強制ではなく、「要請」され「ご協力をお願い」をされた民間の側の自主的な判断である。元統治権者ではあるが、死去の時点では「象徴」者の死去であるから、そのような形態をとったのであろうか。

あくまで、仮に、の話である。

たとえば、大相撲好きだったという昭和天皇は、一個人としては大相撲界の「自粛」を望まず、逆に、通常通りの初場所興行とテレビ中継を望んだかもしれない。初日のむすびの一番、派手な懸賞が土俵をまわり、さらに、横綱が敗れ座布団が乱れ飛ぶ、そんなシーンを、むしろあの世から喜んだかもしれない。あるいは、ラグビー好きだった秩父宮雍仁であったならば、自分のための喪章をつけたラガーマンが死闘を演じ、そしておとずれたノーサイドを、むしろ望んだかもしれない。

昭和天皇の死去ならずとも、現代日本社会は、死といえば、喪に服し、しめっぽく、そんな感覚が充満している。葬儀会場でのしめっぽいセレモニーと化している。しかし、つい近年まで、家で葬儀を行なうのが一般的であった庶民にとって、死去は、喪には服しつつも、しめっぽいばかりではなかった。近隣・親族・友人が集まり、それなりに賑やかで、また、葬儀後には、そこでの飲食で酔っぱらう人もよくいた。子供たちなど、大勢の人たちが集まるので、妙に浮かれてはしゃいでいたり、墓地までの葬式行列は、読経やら鉦やらでこれはこれで賑やかであった。そんな経験を持つ人は、いまでも多いはずである。

文部省の指示と記帳の人波——「弔意」の実質的強制と自主的追悼　いっぽう、政府、正確にいえば、文部省による、「弔意」の実質的強制も行なわれた。文部省は、昭和天皇死去当日の一月七日、事務次官名で都道府県教育委員会あてに、「崩御当日または学校の始業日など適当な日において適切な方法で弔意を表明する」よう通知した。「自粛」の「要請」の「閣議決定」を承けてそれは通知されたが、そこでは、「弔意」表明方法まで明示されている。(1)教職員、児童・生徒が一堂に会し黙とうを行なう、(2)（校長などが）児童・生徒に対して講話を行なう、(3)これに伴ない授業を行なわない、の三点である〔『朝日新聞』一九八九年一月八日朝刊第三面「文部省「学校で弔意」通知」〕。また、文部省は、全国の小・中・高等学校、大学に対して、六日間の弔旗掲揚を通知している〔『朝日新聞』一九八九年一月二一日夕刊第一〇面「弔旗を掲げなかった一橋大」〕。

一九八九年（昭和六四・平成一）一月は、ほとんどの学校で、三学期始業式（あるいは冬休み明け授業初日）は九日の月曜日からであった。そのため、文部省が指示した「弔意」表明は、この九日に行なわれた。東京都を例とすると、公立小・中・高等学校の八四％が弔旗を掲揚、八七％が校長などによる講話を行なった。黙とうは一九％であった〔『朝日新聞』一九八九年一月一二日朝刊第三〇面「対応割れた「黙とう」」〕。学校によって違いはあったが、講話と弔旗掲揚については、大半が実行していた。

しかし、こうした文部省の実質的強制に対して、少数ではあったが、それを実行しなかった学校も存在した。建学の精神をキリスト教による私立立教中学校（東京都豊島区西池袋）では、通常通りの新学期の開始であった。前

写真93　早稲田大学の弔旗掲揚（東京都新宿区西早稲田）1989年1月7日

もって、父兄に対して、昭和天皇死去の際、⑴予定通り授業・テスト・行事を行なう、⑵天皇死去に伴なう儀式・集会に参加せず、哀悼も表明しない、の方針を伝達していた。始業式では、校長が、「みなさんが生きてきた十数年は、豊かな恵まれた時期だったが、昭和には激動の時代もあった。それを振り返りながら、今後どう生きるかを考えてほしい」と述べたという［『毎日新聞』一九八九年一月九日夕刊第一一面「始業「平成」」］。

文部省の弔旗掲揚の指示に対して、ほとんどの国立大学・私立大学では、弔旗を掲揚した。たとえば、写真93は、私立早稲田大学が掲揚した弔旗である。正門向かって左側の樹木のなかの掲揚台に掲揚された。しかし、国立大学のなかで、唯一、一橋（ひとつばし）大学（東京都国立（くにたち）市中）だけが弔旗掲揚を行なわなかった。大学側のその理由説明は、「文部次官通知は基本的に尊重すべきではあるが、通常の大学事務とは異なる弔意表明に関するものなので、学部長や研究所長らの意見を聞き、学内の全般状況を考慮した上で掲揚をとりやめた」であった。一月九日、一橋大学学長が文部省をおとずれ、その事情説明を行なったが、それに対して、文部省は「まだ服喪期間が残っている。弔旗掲揚を再検討してもらえないか」とうながしたという。そのため、一橋大学ではそれを持ち帰り緊急会議を開き、方針不変更を確認し、再び、学長が文部省をおとずれ、学内決定を伝達した。そうしたところ、文部省大学課長は、「次官通知通り弔旗を掲揚するよう要望した」という〔『朝日新聞』一九八九年一月二一日夕刊第一〇面「弔旗を掲げなかった一橋大」〕。

文部省の対応は、「要望」であった。しかし、一橋大学を除く全国立大学が弔旗掲揚を行ない、それを実行しなかった一橋大学には、弔旗掲揚を「要望」する、こうした文部省の行為をみたとき、それは実質的強制であると判断せざるを得ないだろう。「閣議決定」は、「自粛」の「要請」であり、官房長官小渕恵三の言葉を借りれば、「ご協力をお願い」であった。しかし、この言葉が意味しているその内容は、こうした、各学校への弔意表明通知に典型的にみられるような実質的強制であった。常日頃から、口頭にせよ文書にせよ、言葉をもって仕事しているこうした政治的指導者・官公庁勤務者が、言葉とその言葉が意味する内容を違えていた。俗な表現になるが、言葉でごまかしている、あるいは、みずからが発する言葉に無責任である、ということもできるかもしれない。

こうした文部省の「要望」は、昭和天皇皇后久邇良子（くにながこ）（一九〇三―二〇〇〇）の葬儀に際しても行なわれた。昭和天皇の死去から約一二年後、二〇〇〇年（平成一二）六月一六日、その皇后久邇良子が死去した。同年七月二五日、その葬儀が行なわれた。

文部省は、その昭和天皇皇后久邇良子の葬儀前、都道府県教育委員会および国立学校に対して、閣議了解事項「国民各位に対して一定時刻に黙とうを捧げるよう協力要望する」の文書を添え、「よろしくお取り計らい願います」という通知を出していた。葬儀当日、その開始時刻午前一〇時の黙とうを「要望」していた。

ところが、当の文部省では、次のような行動がとられていた。午前一〇時には、いっせいに起立して黙とうした課もあったが、ほとんどの職員は普段通りに仕事を続けていた。職員のひとりは、「弔意は十分もっているつもりだが、仕事に追われて気がつかなかった」と話していたという。建設省では、「職員は哀悼の意を表するため、一分間の黙とうをお願いします」という庁内放送が流れた。これに対して、ある課長は起立して黙とうしたが、ある若い職員は立ち上がったが、電話を続けたままで、「仕事中は中断できませんから」と言い訳をしていたという〔『朝日新聞』二〇〇〇年七月二五日夕刊第一四面「沿道1万人越す見送り」〕。

弔意を表明することを「要望」した文部省、また、中央官庁のひとつの建設省、それらは、その「要望」を厳密に実行していなかった。「要望」した当の本人たちが実行しないのであるならば、「要望」された、たとえば、都道府県教育委員会・国立学校は、その「要望」を実行する必要はない。また、このような文部省・建設省の職員たちの現実は、それが昭和天皇皇后久邇良子であるかどうかにかかわらず、死者に対して失礼な行為であるといってもよいだろう。

しかし、このような「要望」による追悼のいっぽうで、自主的な追悼が多かったのも事実であった。

たとえば、昭和天皇死去に際して、皇居坂下門に設営された追悼のための記帳所は人波であふれかえった。

昭和天皇死去の一九八九年（昭和六四・平成一）一月七日は真冬、厳寒の冷え込みだった。それにもかかわらず、午前中から皇居坂下門に設置された弔問記帳所には、多くの人たちがおとずれた。壮年・年配の人が多いが、子供連れ・若いカップルなどもおり、喪服着用の人、泣き崩れる人さえも見られた。午前中のうちに、一五分待ち、約一km離れた東京駅との間が人列でつながるほどになったために、坂下門の記帳所は皇居前広場に移転、テント二〇張のマンモス記帳所が設営された。記帳所は全国各地に十日間設置された〔『毎日新聞』一九八九年一月七日夕刊第一一面「弔問記帳に人の波 皇居前広場」〕。この弔問記帳は、流行現象のようにもなり、気軽におとずれる人もあったと思われるが、真摯に弔問記帳を行なう人たちが多かったのも現実であった。一月二二日から二四日まで三日間行なわれた「殯宮」への一般参拝でも、初日二二日は、開門午前九時前までに約五四〇〇人が列を作り、年配の人だけではなく家族連れの人波となり、この初日の参拝者合計は約一六万四三〇〇人であった［『毎日新聞』一九八九年一月二三日朝刊第三〇面「16万人の人波」］［『朝日新聞』一九八九年一月二三日朝刊第三〇面「殯宮一般拝礼に16万人」］。三日間の参拝者合計は約三三万九一〇〇人である［『朝日新聞』一九八九年一月二五日朝刊第三〇面「殯宮拝礼は34万人」］。

二月二四日の昭和天皇の葬儀に際しても、二重橋前での「霊轜」（自動車）の一般見送りには、氷雨の厳寒のなか、約六万人が集まった。極端な例かもしれないが、そのなかには、大阪府から前日午後三時に到着、皇居前広場で一夜を過ごした八〇歳の老婆がいた。「（昭和天皇が）皇居から出られるかと思うとさびしい限りです」といっていたという［『毎日新聞』一九八九年二月二四日夕刊第一一面「「寂しい」徹夜の老女」］。また、この日、皇居前広場には、午前六時の段階で、すでに約一〇〇〇人が傘をさしながら見送りを待っていた。また、皇居前広場から「葬場殿」の設営された新宿御苑まで、「霊轜」が通る沿道は、約二〇万六千人が集まった［『朝日新聞』一九八九年二月二四日夕刊第一五面「カサの列、徹夜組も」］。

「自粛」と追悼の実質的強制のいっぽうで、このような、昭和天皇死去に対する自主的な追悼があったことも事実である。

死者に対する追悼は、個人の内面のことがらである。日本国憲法によらずとも、他者によって強制されるべきものではない。追悼の気持ちを持たない人間による外面のみの追悼は、欺瞞以外のなにものでもなく、政府が追悼を「要請」「ご協力をお願い」をすることじたいが、人間の内面を踏みにじっている。また、政府の「要請」「ご協力をお願い」による追悼、テレビ各局の追悼特集番組と「自粛」、こうした個人の追悼の気持ちにかかわりなく行なわれた追悼が、当事者の死者を喜ばせるだろうか。いわんや、文部省の行なった実質的強制による弔旗掲揚などの弔意表明は、死者に対する本心からの追悼といえるだろうか。追悼の気持ちの有無にかかわりなく死者への追悼を行なわせることは、むしろ、国民に対する欺瞞の教えであり、死者に対する冒瀆とさえ考えることができないだろうか。

これは、真摯な自主的な追悼さえもが、実質的強制のなかに組み込まれてしまうことをも意味する。昭和天皇に対して、真摯で自主的な追悼を望む人間がいたとして、その彼・彼女が、こうした実質的強制を嫌悪することも充分に考えられ得ることである。

くりかえしになるが、昭和天皇ならずとも、その死去に対する追悼は、人間の内面の気持ちである。追悼の気持ちも、そうではない気持ちも、強制されてはならないということである。しかも、天皇・皇族の死去に伴なう葬儀および墓の造営は、国家予算で行なわれる。天皇・皇族の私事とされるがゆえに、神葬祭により神道式の天皇墓・皇族墓の造営も可能となる。しかし、私事に対して、公的機関による実質的強制が行なわれたのならば、それはもはや私事ではない。

「葬場殿の儀」の〈鳥居〉——政治の強要か　昭和天皇死去にともなう政治的・社会的反応をみてきた。それでは、その葬儀と墓の造営はどのように行なわれたのであろう。

くりかえしになるが、昭和天皇死去は一九八九年（昭和六四・平成一）一月七日午前六時三三分であった。この日、午前一〇時、「剣璽等承継の儀」により、「今上」天皇が三種の神器を授受し即位した〔『官報号外特第一号』一九八九年一月七日」〔『官報』一九八九年一月一一日〕。正確には、「剣璽等承継の儀」は、午前一〇時一分からはじまり約四分間で終わったが、同時刻、「今上」天皇の代理者により、宮中三殿に対して皇位継承の報告が行なわれた〔『毎日新聞』一九八九年一月七日夕刊第一面「明仁親王 ご即位」〕〔『朝日新聞』一九八九年一月七日夕刊第三面「『剣璽等承継』『即位後朝見』国の儀式として行う」〕。

昭和天皇死去から「今上」天皇即位まで、約三時間三〇分の間隔があった。ごく素朴な理解をすれば、この間、天皇は空位であったことになる。時間の狭間が発生していた。天皇の退位を死去によるもののみと限定すれば、死去の認知と確定、そのうえでの新天皇の即位儀礼の準備と執行、このような順序となるので、このような空白の時間ができる。天皇が生前退位をせず、天皇として死去しなければならない制度は、おのずと、このような空位時間を発生させている。

昭和天皇の葬儀は、天皇を日本国の「象徴」と規定する日本国憲法と、一九四七年（昭和二二）制定の皇室典範の第二五条「天皇が崩じたときは、大喪の礼を行う」にのっとり行なわれた。これらの規定によったはじめての「大喪の礼」が昭和天皇である。もっとも、これらでは、「大喪の礼」がどのような儀礼であるのかについては、決められていない。これについて、昭和天皇死去翌日一月八日、内閣総理大臣竹下登が閣議決定行ない、次のような内閣告示を出している。

国の儀式として、大喪の礼を行う。
大喪の礼を行う期日は平成元年二月二十四日とし、場所は新宿御苑とする。
大喪の礼の日時及び細目は、内閣総理大臣が定める。［『官報号外』一九八九年一月八日］。

「大喪の礼」は「国の儀式」とされた。「国の儀式」という言葉は見慣れない日本語であるが、従来からの表現でいえば、国葬と同義であると考えてよいだろう。

具体的には、「国の儀式」としてのこの「大喪の礼」を行なうために、政府は、内閣に内閣総理大臣竹下登を委員長とする「大喪の礼委員会」を設置した。また、「大喪の礼」当日の二月二四日を休日とすることも決定している［『毎日新聞』一九八九年一月九日朝刊第一面「大喪の礼 国葬と決定」］［『朝日新聞』一九八九年一月九日朝刊第一面「大喪の礼、国の儀式に」］。これについては、「大喪の礼」の一週間前の二月一七日、昭和天皇の大喪の礼の行われる日を休日とする法律が公布（同日施行）され、国会の議決で立法された。なお、同日、国民の祝日に関する法律の一部を改正する法律が公布(同日施行)され、昭和天皇の誕生日であった四月二九日をみどりの日、一二月二三日を新たな天皇誕生日としている〔『官報』一九八九年二月一七日第三一号〕。「国の儀式」となった「大喪の礼」の予算規模も膨大であった。経費は、葬儀会場造営費が約二八億円、墓造営費が約二五億円、警備関係費が約三〇億円、儀礼費用が約一四億円、合計約九七億円が計上された〔『朝日新聞』一九八九年二月二三日朝刊第一五面「費用97億円」〕。いうまでもなく、これらは国家予算からの支出である。

昭和天皇の葬儀「大喪の礼」は、皇室典範第二五条では「大喪の礼」とあるだけで、その内容については規定はなかったが、これらの決定により、この日は法律の定める休日とされ、国家予算によって行なわる「国の儀式」として位置づけられた。昭和天皇の葬儀「大喪の礼」とは、細かな法律的解釈を行なわなくとも、誰が判断しても、その全体が皇室の私事ではなく、明らかな国家儀礼であった。

そして、その葬儀は、次のような経過ですすんだ。

一月八日、遺体を直接的な棺におさめる「御舟入り」が行なわれた〔『毎日新聞』一九八九年一月九日朝刊第一面「吹上御所で「御舟入」の儀」〕。翌九日、その遺体をおさめた「御舟」は銅製の棺である「斂棺(れんかん)」におさめられ密閉された〔『毎日新聞』一九八九年一月一〇日朝刊第二六面「吹上御所で「斂棺」の儀式」〕。この段階で、昭和天皇の遺体は、遺体∧「御舟」∧銅製の棺の二重におおわれたことになる。一九日が「殯宮移御」であった。その棺が皇居内「殯宮」に移された〔『朝日新聞』一九八九年一月二〇日朝刊第三〇面「皇居しめやか 殯宮移御の儀」〕。その後、主な儀礼は、一月二〇日「殯宮移御一日祭の儀」、二六日「殯宮二十日祭の儀」、二月五日「殯宮三十日祭の儀」、二月十五日「殯宮四十日祭の儀」と続き、葬儀前日の二月二三日「霊代奉安の儀」が行なわれ〔『朝日新聞』一九八九年一月一三日朝刊第三〇面「一般拝礼は22日から」〕、これにより、昭和天皇の「霊代」は皇居内の「権殿」に祀られた。

昭和天皇の葬儀当日、一九八九年(昭和六四・平成一)二月二四日は制定された法律に基づき国民の休日とされた。

午前九時三五分、昭和天皇の棺を乗せた「霊轜」（自動車）が皇居を出発、午前一〇時一五分、「霊轜」は葬儀会場の新宿御苑に着いた［『毎日新聞』一九八九年二月二四日夕刊第一面「昭和天皇痛み大喪の礼」］［一九八九年二月二四日夕刊第一面「昭和天皇「大喪の礼」」］。

午前一〇時三一分から、「葬場殿」において皇室の私的行事としての葬儀「葬場殿の儀」が行なわれた。「葬場殿」前には〈鳥居〉と〈大真榊（おおまさかき）〉が設営されていた。〈鳥居〉〈大真榊〉は明治天皇・大正天皇の葬儀ではその「葬場殿」に設営されたので、それと同じ構図である。祭官長は、元侍従永積寅彦（ながづみとらひこ）（一九〇二―？）で、「今上」天皇が「御誄」を読み、「今上」天皇をはじめ皇族などの拝礼があり、午前一一時五〇分、「葬場殿の儀」が終わった。そして、この「葬場殿の儀」の終了直後、「葬場殿」前の〈鳥居〉〈大真榊〉は撤去された［『毎日新聞』一九八九年二月二四日夕刊第一面「昭和天皇痛み大喪の礼」］［『朝日新聞』一九八九年二月二四日夕刊第一面「昭和天皇「大喪の礼」」］。

この「葬場殿の儀」が行なわれている間は、「葬場殿」と、内閣総理大臣竹下登など国内外の参列者席「幄舎（あくしゃ）」は、天幕でさえぎられていた。神葬祭の象徴といえる〈鳥居〉〈大真榊〉を遮断し、「葬場殿の儀」を皇室の私的行事と位置づけるための措置であった［『毎日新聞』一九八九年一月一〇日朝刊第三面「大喪の礼「政教分離」に苦心」］。日本国憲法の政教分離の原則にしたがい、皇室の私的行事については神葬祭という特定の宗教を認めつつ、しかし、引き続き行なわれた国葬「大葬の礼」についてはそれを国家行事とするがゆえに神葬祭としての意味を排除するためであった。

管見の限りでは、国葬令・皇室喪儀令・皇室陵墓令廃止後の皇族の葬儀において、〈鳥居〉が設置されたという記録はない。一九五一年（昭和二六）大正天皇皇后九条節子の葬儀以来、皇族の葬儀では、〈鳥居〉は設置されてこなかったと思われる。しかし、昭和天皇の葬儀では、その「葬場殿の儀」に限定してだが、〈鳥居〉が設置されていた。もっとも、この「葬場殿」における〈鳥居〉については、当初、宮内庁と総理大臣官邸とが作成した原案にはなかったという。葬儀の準備過程で、宮内庁長官藤森昭一（一九二六―二〇一六）が自民党の保守系議員の会合で〈鳥居〉設置を強く要望され、総理大臣官邸と再協議、〈鳥居〉設置が決定したという［『朝日新聞』一九八九年一月二六日夕刊第一九面「なぜ認めぬ「大喪の礼だけ出席」反発・疑問広がる」］。神社関係者からの働きかけもあったという［『朝日新聞』一九八九年二月一〇日朝刊第三〇面「鳥居設置に思い複雑」］。

神道、神葬祭の象徴としての〈鳥居〉設置を実現させたのは、皇室・宮内庁によるのではなく、自民党と神社関係者によってであった。政治が〈鳥居〉という神道の象徴を強要していた。そのために、皇室の私的行事としての「葬場殿の儀」には、当初、〈鳥居〉設置の予定はなかったが、〈鳥居〉が設置され、外観上における神葬祭の特徴が色濃く示された。すくなくとも、このような事実からうかがえることは、神道式の神葬祭は、政治との分離を実現することが困難であり、政治の介入を受けやすい存在であるということであろう。また、神道というものが、それの代表者としての近現代皇室にとっても、そこにおける人間の意志にかかわりなく、政治によって左右されやすい存在であるということもできよう。

「葬場殿の儀」が終わり、〈鳥居〉〈大真榊〉が撤去されたあと、午前一一時五九分から約九八〇〇人が参列した「国の儀礼」としての「大喪の礼」がはじまった。内閣総理大臣竹下登が弔辞を述べ、衆参議長・最高裁長官の拝礼、列席した各国代表の拝礼が行なわれ、午後一時過ぎ、「大喪の礼」が終了した［『毎日新聞』一九八九年二月二四日夕刊第一面「昭和天皇痛み大喪の礼」］［『朝日新聞』一九八九年二月二四日夕刊第一面「昭和天皇「大喪の礼」」］。世界各国からの参列は一三三ヶ国におよび、フランス大統領ミッテラン（一九一六―九六）、アメリカ大統領ジョージ・H・W・ブッシュ（一九二四―）など主要国要人の参列もあった［『毎日新聞』一九八九年二月二四日夕刊第二面「外国代表 苦心の席順」］［『朝日新聞』一九八九年二月五日朝刊第三面「大喪参列 顔ぶれ豪華 気配り最大級」］。明治天皇・大正天皇の葬儀と同じくして、昭和天皇の葬儀も、国際社会の秩序のなかでの葬儀であった。また、このような主要国要人の参列があったということもあろう、厳戒な警備のなかでの「大喪の礼」であった。

「昭和」を生きた人々——終わらない「戦争」　このような日本列島全体を巻き込んだ昭和天皇死去と「大喪の礼」であった。ただ、それを蚊帳の外から眺める人々もいた。おそらくは、その人々は「昭和」ともっとも大きくかかわっていたにもかかわらず、である。

昭和天皇死去の日、一九八九年（昭和六四・平成一）一月七日、国立下総療養所（千葉県千葉市緑区。現国立病院機構下総精神医療センター）には、アジア太平洋戦争の傷病者三三人が生活していた。戦争により、精神障がいを患い、また、頭部に戦傷を負った元兵隊の人たちであった。この戦争が終わって、すでに、約四四年が経過していた。元中尉（七五歳）は、南方での戦闘で精神障がいを患った。夜中に廊下で「戦闘行動」に入る、飛行機の音が聞こえるといい「見えない銃」で狙撃する、などの行動をとっていた。年齢を重ねるにつれて減少していたが、一月七日夜、再び、夢の中で戦闘をしていた。

元一等兵（七一歳）は、中国戦線で頭部に負傷した。搬送されたときには、完全に寝たきり状態であった。意識だけがあったという。懸命のリハビリテーションにより、補助器具による歩行、また、後遺症を持ちながらも言語も復活した。彼は、一月七日、テレビも電灯もつけず、ただ個室でじっとしていた。

　昔の戦争をやってるテレビも新聞も見たくない。思い出したくないんだ。

赤紙一枚で応召され青春時代もなくこんな体になって（天皇）にわだかまりはないとは言えない。でもこの年になってもういいですわ。

「昔の戦争をやってるテレビ」とは、一月七日テレビ各局による昭和天皇追悼特集番組をさす。彼はたいへんやさしい人であるという。老齢で死を目前にした仲間にそっと声をかけ、慰問にきた人々を最大限にもてなし、故郷へは千葉県名産を送り続けているという［『毎日新聞』一九八九年一月九日夕刊第一〇面「「戦後」も「昭和」も終わらない」］。

昭和天皇葬儀の日、一九八九年（昭和六四・平成一）二月二四日、午後三時一五分、成田空港に、中国残留日本人孤児第四回訪日補充調査団（五七人）が到着した。出迎えのボランティアは約一〇人だった。記者会見の席上、副団長の方（推定年齢四七歳）が次のように言った。「昭和という時代に、悲しみと喜びがあった。悲しみは両親と別れたことであり、喜びは、今回、日本に帰ってこられたことだ」。団長の方（推定年齢四七歳）はインタビューに応えて次のように言っている。「私が孤児となり中国で育ったことは、すなわち戦争が原因です」〔『毎日新聞』一九八九年二月二五日朝刊第二二面「中国残留孤児60人が来日」〕〔『朝日新聞』一九八九年二月二五日朝刊第二六面「中国孤児 今日から面接調査」〕。

昭和天皇墓――竪穴式遺体槨納葬　二月二四日「大喪の礼」終了後、午後一時四〇分、昭和天皇の棺を乗せた「霊轜」が「葬場殿」のあった新宿御苑を出発した。午後三時一五分、墓として予定された武蔵陵墓地総門に到着した。沿道で天皇の「霊轜」を見送った総数は約五七万人（警視庁による）だった〔『毎日新聞』一九八九年二月二五日朝刊第一面「昭和天皇 武蔵野陵に埋葬」〕。中国残留日本人孤児第四回訪日補充調査団（五七人）が、ボランティア約一〇人に迎えられ、成田空港に到着したのとちょうど同じ時刻であった。

昭和天皇の棺は、約三時間をかけて、「祭場殿」の深さ三m長方形の竪穴式石槨におさめられた。午後七時四〇分、「今上」天皇・皇族などの出席のもとで、「陵所の儀」が行なわれ、午後八時五五分すべての儀礼が終了した〔『毎日新聞』一九八九年二月二五日朝刊第一面「昭和天皇 武蔵野陵に埋葬」・第二三面「「昭和」に別れ13時間」〕〔『朝日新聞』一九八九年二月二五日朝刊第一面「武蔵野陵で「陵所の儀」」〕。

大正天皇墓が、地上施設としての円形ドーム〈玄宮〉による横穴式石室であったのに対して、昭和天皇墓は、地下施設として造営された竪穴式石槨への遺体槨納葬であった。葬法としては、竪穴式石槨によった明治天皇墓と同じ形態である。明治天皇墓と同じ形態に戻されたということもできる。また、国葬令・皇室喪儀令・皇室陵墓令廃止後では、一九五一年（昭和二六）死去の大正天皇皇后九条節子を除き、皇族はすべて火葬骨槨納葬であったので、天皇・皇族の死去にあたっては、約三八年ぶりの火葬ではない遺体槨納葬であった。

なお、この昭和天皇の棺をその墓におさめる際の儀礼については、明治天皇・大正天皇のときとは異なる行為が行なわれた。それは、皇位を継承した新天皇が、「陵所」まできて、遺体槨納葬に立ち会い、土をかけていることである。明治天皇・大正天皇の葬儀においては、葬儀当日、新天皇が「陵所」じたいで儀礼を行なうことはなく、代理者「名代」が代替していた。たとえば、大正天皇の葬儀では、墓での儀礼と墓への棺の槨納に際しては、新天皇の昭和天皇の代理者「名代」である秩父宮雍仁が立ち会っていた。[*128]

また、「陵所」での儀礼の進行にも変更が加えられていた。大正天皇の葬儀では、「陵所」への遺体槨納完了は、葬儀当日から日付のかわった翌朝であった。それに対して、昭和天皇のばあいは、葬儀当日、遺体を竪穴式石槨に槨納し、その日のうちに、最後の「陵所の儀」が行なわれている。これについては、大正天皇皇后九条節子の葬儀でもすでにそのような順序であり、また、火葬を行なった秩父宮雍仁以後の皇族における火葬骨槨納葬でも「墓所の儀」は火葬骨を槨納したあとその日のうちに行なわれている。

天皇・皇族の儀礼は、一般的には、「古式ゆかしい」「伝統」儀礼のようにいわれるが、昭和天皇の葬儀、その「陵所」での儀礼ひとつをとりあげてみても微妙な変更があった。

天皇の「大喪の礼」は「古式ゆかしい」「伝統」儀礼とされる。儀礼的意義を重視する本来の伝統儀礼であるならば、その儀礼の過程における改編は許されないはずである。しかし、この「大喪の礼」という神葬祭には微妙な変更があった。「古式ゆかしい」「伝統」儀礼であるかのようにみせかけつつも、実は近現代の新造された儀礼であるために、儀礼的意義は弱く、改編も容易なのかもしれない。また、こうした改編の事実は、近現代の天皇・皇族の儀礼が、状況に応じた対応を可能とさせる柔軟性を持っていると考えることもできる。秩父宮雍仁以後、皇族の火葬が常態化しているとも、こうした柔軟性を示すといってよいだろう。そもそも、神葬祭、また、〈円墳〉という神道式の墓の形態の形成が、近現代の形成である。歴史的に新しく、あるいは、近現代の「創られた伝統」であるために、おのずと、固定的ではなく、柔軟にならざるを得ない様式になっているのかもしれない。

昭和天皇死去から一年後、一九九〇年（平成二）一月七日、皇居内「権殿」と昭和天皇墓「武蔵野陵」で一周年祭が行なわれた。「権殿」での一周年祭では、天皇・皇后はじめ皇族、また、内閣総理大臣海部俊樹（一九三一―）をはじめ三権の長などが参列している。それに先立ち、昭和天皇墓「武蔵野陵」の地上施設が完成した。総工費約二六億円であった［『毎日新聞』一九九〇年一月六日朝刊第一面「昭和天皇一周年祭」］［『毎日新聞』一九九〇年一月八日朝刊第一面「昭和天皇一周年祭」］［『朝日新聞』一九九〇年一月六日朝刊第三〇面「あす昭和天皇一周年祭」］［『朝日新聞』一九九〇年一月七日朝刊第一面「きょう昭和天皇一周年祭」］［『朝日新聞』一九九〇年一月八日朝刊第一面「昭和天皇一周年祭」］。豊島岡墓地の高松宮宣仁墓の総工費は五二〇〇万円だったので、庶民墓と比べればはるかに高価なこの高松宮宣仁墓に比べても、さらに約五〇倍の総工費である。

写真94が現在みることのできる昭和天皇墓「武蔵野陵」である。〈鳥居〉の内側に〈円墳〉を配置する。形状だけをみると、明治天皇墓の〈円墳〉、大正天皇墓の円形ドーム〈玄宮〉と同じである。昭和天皇墓は竪穴式石槨によったので、大正天皇墓のような地上施設としての横穴式石室による円形ドーム〈玄宮〉ではないが、外観上からすれば、ややいびつさもみられる明治天皇墓の〈円墳〉よりも、大正天皇墓の円形ドーム〈玄宮〉に近いゆがみのない半球形をとっている。〈鳥居〉を配置した内側に、〈円墳〉を造営する近現代天皇墓の形態は、ここでも継続されている。

そして、一周年祭の翌一月八日、「霊代奉遷の儀」により、「権殿」に祀られていた昭和天皇の「霊代」が皇霊殿に移された［『毎日新聞』一九九〇年一月九日夕刊第一〇面「古式ゆかしく霊代奉遷の儀」］［『朝日新聞』一九九〇年一月九日夕刊第一四面「昭和天皇の霊代 皇霊殿に移す」］。これにより、昭和天皇も「皇霊」に融合している。

写真 94　昭和天皇墓（東京都八王子市長房町）2014 年

　なお、昭和天皇皇后久邇良子は、二〇〇〇年（平成一二）六月一六日、老衰のため死去した。同年七月二五日、豊島岡墓地で葬儀が行なわれ、そののち、遺体をおさめた棺は「武蔵陵墓地」に移送され、ここに造営された地下施設の石槨に槨納された〔『毎日新聞』二〇〇〇年七月二六日朝刊第二七面「皇太后さま「陵所の儀」」〕。翌二〇〇一年（平成一三）六月一六日、皇居内「権殿」とその昭和天皇皇后久邇良子墓「武蔵野東陵」で「一周年祭」が行なわれた〔『毎日新聞』二〇〇一年六月一六日「権殿一周年祭の儀」〕〔『朝日新聞』二〇〇一年六月一六日夕刊第一四面「香淳皇后しのび儀式」〕。それに先立ち、昭和天皇皇后久邇良子墓「武蔵野東陵」の地上施設が完成している。総工費約一八億円であった〔『朝日新聞』二〇〇一年六月一五日朝刊第三八面「香淳皇后の陵が完成」〕。

　総工費が約二六億円であった昭和天皇墓に比べて、その約七割弱であるが、五千二百万円であった高松宮宣仁墓と比べると約三五倍の総工費であり、これ

写真95　昭和天皇墓（左側）**と皇后久邇良子墓**（右側）（東京都八王子市長房町）2014年

また高価な墓であった。このような、桁違いの総工費をみたとき、そこに、「陵」とされる天皇墓・皇后墓と「墓」とされる皇族墓の違いはあれ、天皇・皇族において、遺体槨納葬と火葬骨槨納葬とでは、墓の造営に必要な経費が、火葬骨槨納葬の方が安価かつ簡素で済むことを推測させてくれる。写真95が、現在の昭和天皇皇后久邇良子墓（右側）であり、地形上、やや離れた位置への造営にならざるを得なかったものと思われるが、昭和天皇墓（左側）の近接地に位置し、夫婦一対墓として存在している。

そして、同年六月一八日、「霊代奉遷の儀」により、「権殿」に祀られていた昭和天皇皇后久邇良子の「霊代」は、皇霊殿に移され（『毎日新聞』二〇〇一年六月一八日夕刊第八面「霊代奉遷の儀、行われる」［『朝日新聞』二〇〇一年六月一八日夕刊第一八面「皇居で霊代奉遷の儀」］）、「皇霊」に融合している。

天皇墓の近未来——退位後の火葬骨槨納葬　これまで、一九四七年（昭和二二）、日本国憲法施行とともに、現行の皇室典範が施行、同時に国葬令・皇室喪儀令・皇室陵墓令が廃止、天皇・皇族の葬送・墓制が法制度ではなくなってから、二〇一六年（平成二八）九月時点までの天皇墓・皇族墓を概観してきた。それを、あらためて年代順に整理してみると次のようになる（火葬者については番号にアミをふせた）。

(1)一九五一年（昭和二六）死去　大正天皇皇后九条節子　遺体槨納葬　武蔵陵墓地
(2)一九五三年（昭和二八）死去　秩父宮雍仁　火葬骨槨納葬　豊島岡墓地
(3)一九八七年（昭和六二）死去　高松宮宣仁　火葬骨槨納葬　豊島岡墓地
(4)一九八九年（昭和六四・平成一）死去　昭和天皇　遺体槨納葬　武蔵陵墓地
(5)一九九五年（平成七）死去　秩父宮妃勢津子　火葬骨槨納葬　豊島岡墓地
(6)二〇〇〇年（平成一二）死去　昭和天皇皇后久邇良子　遺体槨納葬　武蔵陵墓地
(7)二〇〇二年（平成一四）死去　高円宮憲仁　火葬骨槨納葬　豊島岡墓地
(8)二〇〇四年（平成一六）死去　高松宮妃喜久子　火葬骨槨納葬　豊島岡墓地
(9)二〇一二年（平成二四）死去　寛仁　火葬骨槨納葬　豊島岡墓地
(10)二〇一四年（平成二六）死去　桂宮宜仁　火葬骨槨納葬　豊島岡墓地

一九四七年（昭和二二）から二〇一六年（平成二八）九月時点までで、合計一〇人の天皇・皇族が死去していた。

これらからまず指摘できることは、第一には、武蔵陵墓地の「陵」とされる三人の天皇墓・皇后墓については、火葬を行なわず遺体槨納葬であったが、豊島岡墓地の「墓」とされる皇族墓については、すべて火葬骨槨納葬であったことである。一八七三年（明治六）豊島岡墓地が皇族墓として造営されて以来、そこでの皇族墓は遺体槨納葬であったが、一九四七年（昭和二二）国葬令・皇室喪儀令・皇室陵墓令廃止後の皇族墓は、そのすべてが火葬骨槨納葬となった。一九五三年（昭和二八）死去の秩父宮雍仁以降、もっとも近年の二〇一四年（平成二六）死去の桂宮宜仁まで、死去した皇族は全員が火葬されたうえでほうむられている。現在の皇族墓では火葬が一般的である。火葬という遺体処理方法に限っていえば、現在の庶民に一般化しているそれと同様の葬法が採用されている。しかし、火葬骨槨納葬のみならず遺体槨納葬についても、天皇・皇族のこれらは、一九四八年（昭和二三）公布（施行）「墓地、埋葬等に関する法律」の適用外とされ、国民とは異なる手続き（届け出・許可が無用）により、その遺体・火葬骨の墓への処理が行なわれた。高額な墓の総工費についても、通常の庶民の墓とは異なる。また、「西方極楽」往生のための仏教的死者供養としての火葬とは意味が異なっている。

第二には、皇族墓が火葬骨槨納葬になるという変化が起こりつつも、天皇・皇族の葬送・墓制の基本は神葬祭であった。地上施設を〈円墳〉とし、天皇・皇族の霊魂が、最終的に皇居内の皇霊殿に「皇霊」として祀られる、その儀礼の様式には変化はない。一八七三年（明治六）以降に死去した天皇・皇族のひとりひとりについてここで確認したわけではないが、近現代の天皇・皇族は、その墓の地上施設が〈円墳〉として造営され、一周年祭を経て皇居内宮中三殿のひとつ皇霊殿に「皇霊」として祀られる、その神葬祭の基本は、一九四七年（昭和二二）国葬令・皇室喪儀令・皇室陵墓令廃止にかかわりなく継続している。皇霊殿は、最初一八六九年（明治二）、神祇官に新造された「神座」に「歴代皇霊」として設置、一八七一年（明治四）、それが皇居内賢所に移転、さらに、一八八九年（明治二二）新造なった皇居に宮中三殿のひとつとして設営されて以来継続してきた。また、〈円墳〉については、一八七三年（明治六）明治天皇の二人の子供が相次いで死去するとともに、豊島岡墓地が造営され、その時点からあらたに採用された地上施設であった。近世までは、皇霊殿もなければ、そこで天皇・皇族の先祖を「皇霊」とする皇室祭祀など存在せず、〈円墳〉もなかった。これらは近現代の「創られた伝統」であった。そして、その近現代に新造された「皇霊」祭祀と〈円墳〉は、一九四七年（昭和二二）国葬令・皇室喪儀令・皇室陵墓令廃止の前と後とで、火葬の有無にかかわりなく、基本的な変化がない、ということができよう。

そして現在、天皇墓をめぐって、次のような二つの予定、正確にいえば、「今上」天皇みずからの希望があるとされる。

ひとつは、「今上」天皇におけるその死去後の火葬予定である。二〇一二年（平成二四）四月二六日、宮内庁長官羽毛田信吾（はけたしんご）（一九四二―）が記者会見において、「今上」天皇が、その葬送・墓制について、

(1)「極力、国民生活への影響を少ないものにすることが望ましい」、

(2)「火葬が一般化しており、陵の規模や形式も弾力的に検討できる」、

という考えを持っていることを明らかにした（『毎日新聞』二〇一二年四月二七日朝刊第二五面「ご喪儀 火葬を検討」）。

もうひとつは、「今上」天皇における生前退位の希望である。二〇一六年（平成二八）八月八日午後三時、宮内庁が提供した「今上」天皇のビデオメッセージを、NHKはじめ民放各局が報道する形式をとり（『朝日新聞』二〇一六年八月八日第三六面「テレビ」）、「今上」天皇は生前退位の意志をみずから表明した。現行皇室典範には、生前退位の規定はなく、天皇はその死去によりはじめて退位となり、新天皇に代替わりをすることになっている。それを言い換えれば、ひとたび天皇に即位した人間は、どのような状態におかれようとも、その死まで天皇であり、天皇として死去しなければならない。これに対して、「今上」天皇は、生前退位の希望を明らかにした。

そして、この生前退位の希望は、みずからの葬送・墓制とも関係するとして、次のように述べている。

> 天皇が健康を損ない、深刻な状態に立ち至った場合、これまでにも見られたように、社会が停滞し、国民の暮らしにも様々な影響が及ぶことが懸念されます。更にこれまでの皇室のしきたりとして、天皇の終焉に当たっては、重い殯の行事が連日ほぼ二ヶ月にわたって続き、その後喪儀に関連する行事が、一年間続きます。その様々な行事と、新時代に関わる諸行事が同時に進行することから、行事に関わる人々、とりわけ残される家族は、非常に厳しい状況下に置かれざるを得ません。こうした事態を避けることは出来ないものだろうかとの思いが、胸に去

来することもあります［『毎日新聞』二〇一六年八月九日朝刊第一五面「象徴としてのお務めについての天皇陛下お言葉」］［『朝日新聞』二〇一六年八月九日朝刊第一一面「象徴としてのお務めについての天皇陛下お言葉」］。天皇の病状悪化から死去、さらには葬儀と連続する過程のなかで、それらが社会全体を大きく巻き込むことへの懸念が示されている。これを裏返せば、薄葬の希望、また、公的世界を巻き込まない皇室の私事としての葬送・墓制の希望といってよいだろう。

仮に、これら二つの予定、「今上」天皇の希望が実現したとすれば、きたるべき、天皇の葬送・墓制は次のような形態をとることが予想される。

第一には、天皇は前天皇として、代替わりののち、非天皇、一皇族として死去するので、天皇の葬送・墓制は公的行事ではなく、皇室の私事として行なうことが容易になることである。日本国憲法の政教分離の原則と相剋を起こす可能性も少なくなる。また、「今上」天皇のビデオメッセージにも指摘されているように、天皇が天皇として死去したばあいは、死去した天皇の葬送・墓制をめぐる行事と、新天皇の即位儀礼が並行して二重に進行することになるが、生前退位ののちの死去であれば、このような終わりとはじまりを重ねる並行的な代替わり儀礼ではなく、死去した前天皇の終焉儀礼と、新天皇の即位儀礼との分離が可能となる。また、生前退位後、前天皇としての死去は、すでに、新天皇への皇位継承が行なわれているわけであるから、天皇としての死去が生じさせる実質的な空位時間の解消ともなる。すでに述べたように、一九八九年（昭和六四・平成一）一月七日、午前六時三三分の昭和天皇死去から、「今上」天皇による午前一〇時の「剣璽等承継の儀」による皇位継承まで、三時間二七分の空位時間が発生していた。この空位時間の発生を防ぎ、天皇の時間、世の連続性という意味でも、生前退位は理にかなった判断といってよいだろう。

第二には、天皇墓は、地下施設を火葬槨納葬とすることにより、明治天皇・大正天皇・昭和天皇などと比べて小規模な〈円墳〉造営を可能とするのではないかと考えられることである。火葬骨槨納葬による〈円墳〉は、すでに、秩父宮雍仁以来、豊島岡墓地の皇族墓で実行されてきているので、天皇としては「今上」天皇がはじめてとなるにせよ、皇族墓まで拡大してその先例を求めれば、すでに多くの先例がある。特別に新奇な形態とはいえない。「今上」天皇にとっては叔父にあたる秩父宮雍仁以来の皇族墓を拡大し、また、「今上」天皇にとっては父にあたる昭和天皇墓を縮小するような形態で、造営が行なわれるのではないかと推測される。火葬骨槨納葬であれば、そのために必要な空間は少ないので、総工費を減少させることも可能となろう。くりかえしになるが、昭和天皇墓の造営費は約二六億円であった。バブル期のために諸経費が高騰していたとも考えられるが、それにしても、ひとりの墓としては高価である。そうした高価で大規模な天皇墓に対して、「今上」天皇については、その墓全体をめぐって簡素化が実現されると考えてよいと思われる。

第三には、このような簡素化が予想されるいっぽうで、神葬祭は変化しないであろうことが予想される。秩父宮雍仁以来、たとえば、その遺言で火葬と無宗教葬を希望した秩父宮雍仁であってさえも、その儀礼の中心部分は神葬祭であり、一周年祭を経て、その霊魂は皇霊殿の「皇霊」とされた。火葬によった他の皇族もそうであった。このように、死去した天皇・皇族が最終的には「皇霊」となる、その近現代の皇室祭祀の基本は継続していくであろうと考えられる。また、近現代天皇墓・皇族墓についていえば、その地上施設が〈円墳〉であることが、その神葬祭による墓の象徴でもあった。これについても、継続していくことが予想される。〈鳥居〉を前面に、その奥に〈円墳〉が位置する構図である。

結——政治と民俗

階層差の比較——共時的同質性と通時的同質性　古代から近現代までの天皇墓の歴史を、通史として明らかにしてみた。特に、中世と近世については、天皇墓だけではなく武士墓・庶民墓についても対象とし、主に、あらかじめ設定した分析基準、最終処理形態（遺体か火葬か）、宗教（仏教的死者供養か神葬祭か儒葬か）により、それぞれの特徴を明らかにした。その結果、確実に指摘できることがらとして、次のような点がある。

古代末から中世、そして、近世までの天皇墓を、武士墓・庶民墓と比較したとき、それらは「西方極楽」往生のための仏教的死者供養として、同質性をもって存在していた。天皇墓は、古代末から中世にかけては火葬による「西方極楽」往生を、近世では遺体槨納葬により同じく「西方極楽」往生を志向していた。それは、武士墓・庶民墓においても同じであった。武士墓・庶民墓も、中世は火葬により、近世は遺体槨納葬また遺体埋葬により、「西方極楽」往生のための仏教的死者供養を目的としていた。庶民墓では、中世には風葬の可能性もあり、近世にも火葬が行なわれ、天皇墓と武士墓・庶民墓が完全に一致するわけではないが、天皇墓・武士墓・庶民墓は階層を超えて、仏教的死者供養という同質の形態をもっていた。近世では、「位牌」による仏教的死者供養、寺院境内墓地などは、階層を超えた共通の文化様式でもあった。

また、中世の火葬による天皇墓を比較の中心に据えたとき、それは、近現代まで継続してきた民俗的火葬と同質性をもち、その変形として、「両墓制」が存在しているのではないかという仮説を提示してみた。

このように、天皇墓における仏教的死者供養は、共時的には階層横断的に、通時的には時代縦断的に、他の社会的存在と同質であった。中世・近世の文化様式のひとつ、天皇墓における仏教的死者供養を通してみたとき、その文化様式は他の社会的存在から乖離していなかった。また、これについては、中世・近世の実質的な政治権力者、将軍また武士階級についても、同様のことがいえる。

もっとも、こうした同質性をもって、単純に、天皇あるいは将軍が庶民と一体であったというのではない。課題とされるべきは、なにゆえに、このような文化的同質性、あるいは、共通の文化様式が、階層横断的に、また、時代縦断的に形成されたのか、ということである。そもそも、仏教は外来文化であり、その受容は純粋宗教としてのみならず権力者の権威の誇示でもあった。また、近世幕藩体制では、仏教は権威のみならず統治機構のなかの一歯車でもあった。

庶民は、このような純粋宗教、権力者の権威、さらには、統治機構という、二重また三重の機能をもつ外来文化としての仏教を受容し、みずからの生活レベルにまで深く浸透させていた。しかしいっぽうでは、庶民墓において、この仏教受容以前に、様式化された墓制が存在していたかどうかを確認することは難しい。たとえば、民俗事象としてとらえられてきたような一定程度様式化した墓制において、そもそも、内発的形成によるそれ、「仏教以前」が存在していたのであろうか。逆に、仏教受容によって、はじめて、民俗事象として把握可能な様式化が行なわれていたようにも考えられるのである。

民俗事象として把握されてきた様式化された墓制の形成とは、仏教という外来文化に含まれた、純粋宗教、権力者の権威、統治機構の内在化とでもいうべき現象であったと考えることもできよう。あえてわかりやすく、支配という言葉を使えば、墓制にみる、階層横断的、また、時代縦断的な文化的同質性とは、将軍権力また天皇権力の、精神的・生活的レベルにおける支配の内在化、支配の文化様式化とでもいうべき現象としてもとらえることができる。現在に至るまでそれが民俗事象として継続しているとすれば、それは過去のこうした現象の残存ということになる。代表的な民俗事象と考えられてきた墓制とは、庶民による純粋な内発的形成、「固有文化」ではなく、外在的影響を受け止めた庶民による文化様式の形成、それの現在に至る継続であった。そして、そこには、外来文化としての仏教の受容、純粋宗教としてのみならず、権力者の権威、統治機構が残滓として沈殿している。

しかし、このような性質の文化様式であるとしても、庶民がそれを受容しつつ形成し、たとえば、近世幕藩体制崩壊後であっても現在に至るまで継続させてきたとするのならば、その文化様式は、庶民からも支持され得る存在であったことを示している。庶民墓の民俗事象を通してみたとき、政治と民俗との間には、その実態において相関関係があり、たとえ民俗事象とされるような庶民の文化様式であってさえも、その様式化は純粋な内発的形成ではなく、権力による強制をも含めた外在的影響がその形成の要因になっていると考えることができないだろうか。

くりかえしになるが、ここで仮説を提出してみた「両墓制」を例とすれば、それは、古代末、中世から近世にかけて、天皇墓・武士墓でも一般的であった仏教的死者供養による「西方極楽」往生、また、そこにおける火葬と同質性をもっていた。「両墓制」のばあい、その民俗事象の性質は庶民クラスに限定されず、階層的には最上位クラスまでをも含む生活文化と通じる内容であった。権力による強制をも含めた、上位クラスの生活文化の下位クラスへの下降、浸透、それを受け止めた庶民による文化様式の形成と考えることが可能であろう。

時代差の比較——共時的異質性と通時的異質性　それでは、近現代の神葬祭による天皇墓が、おおむね仏教的死者供養によった他の階層の墓制また他の時代の天皇墓と、明らかに異質であったことは、どのように理解されればよいのだろうか。

これについて、まず指摘できることがらは、このような神葬祭による天皇墓は、いうまでもなく「創られた伝統」であることを示しているということである。しかし、ここで考えたいのは、そのような一般的理解にとどまるのではない。明治維新を分岐点として、従来の仏教的死者供養から神葬祭による「皇霊」祭祀へと転換したことは、この天皇墓に限定しそこから帰納したとき、明治維新が、天皇の存在形態に大きな質的転換をもたらしていたことを示している。これについても、いまさらいうまでもない一般論でもあるが、しかし、この質的転換を、前近代、中世・近世の再編成と評価するか、それとも、中世・近世からの断絶と評価するかによって、天皇をめぐる近現代の意味が異なってこよう。

これについて、中世・近世の天皇墓が武士墓・庶民墓と同質であったにもかかわらず、近現代の天皇墓は庶民墓と異質であり、神葬祭、そしてそれによる〈円墳〉を新造し、庶民墓とは完全に乖離したという歴史的事実において、中世・近世と近現代との間には断絶があると考えることができる。天皇墓に限定し、そこから帰納したばあいにおいて、天皇には中世・近世と近現代との間に、明らかな質的転換があった。系譜的には、周辺の貴族層をも含めて継続性がある。しかし、そのような系譜的な「万世一系」性があろうとも、天皇をめぐる文化様式には質的転換があり、新造された新たな文化様式のもとに、近現代の天皇はおかれている。系譜として天皇王朝は継続していたとしても、国家構造の転換のみならず、新たに統治権者となった天皇それじたいの存在形態そのもの、文化様式が新造されていた。系譜的には「万世一系」であったかもしれないが、中世・近世と近現代とでは、王朝の存在形態は異なっている。

実際には新造された「伝統」、「創られた伝統」は、それじたいを、中世・近世からの継続、再編成と認識させるマジックとでもいうべき作用を持っているかのようである。たとえば、神葬祭による皇霊祭祀、それは近現代の新造でありながら、「万世一系」と認識されるようになった天皇王朝の「伝統」と誤認されている。断絶を、継続また再編成と誤認させるのが、「創られた伝統」の機能であった。天皇が古代から連綿と継続してきたというばくぜんとした認識、「万世一系」という認識じたいが、近現代に普及した新造の「伝統」であるのかもしれない。

また、近現代の天皇墓、神葬祭による〈円墳〉の源流は、近世儒教、および、近世神道と儒教の混淆による神儒混淆葬に求めることができると考えられるので、そのような意味では、近現代の天皇墓は近世からの継続を持っている。しかし、それは、近世の全階層を通じた中心的墓制、仏教的死者供養とは異質であり特異でもあった。そのような点からみても、近現代の天皇墓は、他の階層また他の時代の天皇墓と断絶していると考えることがもってでも適切なのではないかと考えられる。

このような、近現代天皇墓における、中世・近世天皇墓との断絶、この点から帰納したとき、近現代日本は、近世からの再編成が強いのか、それとも、断絶が強いのか、そうした点についてもいちおうの言及を行なうことが可能であろう。明治維新をもって、絶対主義的変革であるのか（近世の再編成）、ブルジョワ革命であるのか（近世と近現代の断絶）、というような古い命題の意味ではなく、天皇墓という文化様式のひとつから帰納する点において、そこに再編成か断絶かをみることができるのではないか、ということである。

一八六六年（慶応二）孝明天皇死去から翌一八六七年（慶応三）までの孝明天皇墓造営の経過は、幕府側と明治新政府側の双方ともが、みずからの権力の正当性の根拠として、天皇を最高の権威者として戴こうとしていた。この孝明天皇墓は天智天皇墓にならうとして八角台形であったが、一八七三年（明治六）新造の皇族墓地、豊島岡墓地からは皇族墓が神葬祭による〈円墳〉となり、一九一二年（明治四五・大正一）死去の明治天皇からは天皇墓が神葬祭による〈円墳〉となった。そして、中世・近世では、死去した天皇・皇族は、仏教的死者供養により「西方極楽」往生し、「黒戸」で仏教供養の対象となっていたにもかかわらず、これらは廃止され、明治維新後は、死去した天皇・皇族は、宮中三殿において、新造された霊魂観念により「皇霊」となることになった。

このような概括だけでも、天皇墓の近世が、中世と近現代とでは、どちらにその性格が近接するのか明確であろう。近世天皇墓は中世に近く、あるいは、中世天皇墓の変形であり、いっぽう、近現代天皇墓は近世天皇墓とは断絶していた。天皇墓にのみ限定してだが、日本の近世は、近世 Early modern period として近現代 Modern period に近いのではなく、逆に、中世 Medieval period に近い。これについては、他の天皇の儀礼においても、通時的な比較・分析による検証が必要であろうが、同様の可能性があろう。

近現代の天皇墓について、アジア太平洋戦争敗戦後、皇族墓はほぼ火葬となった。「今上」天皇についても火葬が予定されているという。仮に、「今上」天皇において火葬が実行されれば、一六五四年（承応三）死去の後光明天皇以来、一九八九年（昭和六四・平成一）死去の昭和天皇まで、近世から近現代を通じて約三五〇年間継続してきた天皇における遺体槨納葬が停止されることになる。この約三五〇年間、近世から近現代にかけて、遺体槨納葬という形態は共通していた。しかし、近世の遺体槨納葬は仏教的死者供養としての中世の火葬の変形であり、いっぽう、「今上」天皇に予定されているという火葬は、秩父宮雍仁など他の皇族がそうであったように、おそらくは近現代の神葬祭による遺体槨納葬の変形となろう。火葬が実行されるからといって、近現代に新造された皇霊祭祀また〈円墳〉は、質的転換を行なうのではなく、そのまま継続するのではないかと予想されるのである。

注記

＊1　なお、この仏教伝来については、五三八年の朝廷への仏教伝来によって、それが豪族などへ拡大したのではなく、逆に、渡来人などによって豪族・地域社会への仏教伝来が先行しており［松本解雄　一九四〇：六〇―六二頁］、それによって、豪族による氏寺建立が一般的であったとする理解もある［林屋　一九五五：二三―三二頁］。

＊2　「殯宮」は、遺体を死後すぐに墓におさめるのではなく、一定期間、天皇の宮の近隣地に建物を造営し、そこに安置し、参拝をする場所のこと。「殯宮」の設置期間は、数ヶ月間から約一年間程度が多いが、天武天皇のように二年以上におよんだ例もある。この「殯宮」では、死去した天皇の皇后・近親者などが籠もり参拝した。日本の「殯宮」儀礼は、中国からの導入の可能性が高いが、死者の霊魂との交流だけではなく、「殯宮」に参拝する官人の政治性の発露の場であったとされる［和田萃　一九六九：五八―五九頁］。

「殯宮」の読み方については、古代のそれは、ここでは、やまとことばで「もがりのみや」と読んでおく。近現代、一九一二年（明治四五・大正一）死去の明治天皇から、その葬儀の前に約三〇日間の「殯宮」設置があり、そこに遺体が置かれているが、この近現代の「殯宮」は「ひんきゅう」と読んでいるので、ここでは、古代の「殯宮」は「もがりのみや」、近現代の「殯宮」は「ひんきゅう」と読み、区別する。

＊3　「誄」は、死去した天皇の皇子・近親者などが、「殯宮」で、天皇の遺体に対して述べる慰霊の言葉。官人による「誄」もあり、それは「誄」を述べる官人の政治姿勢の表明とも考えられている［和田萃　一九六九：五九―六四頁］。

「誄」の読み方については、古代のそれは、ここでは、やまとことばで「しのひこと」と読んでおく。近現代、一九一二年（明治四五・大正一）死去の明治天皇から、その葬儀に際して、天皇の遺体に対して「誄」が述べられるようになるが、近現代では「るい」と読まれているので、ここでは、古代の「誄」は「しのひこと」、近現代の「誄」は「るい」と読み、区別する。

なお、管見の限りでは、古代では、死去した天皇に対して、次の天皇が「誄（しのひこと）」を読むことはないように思われるが、近現代では、死去した天皇に対して、次の天皇が「誄（るい）」を読んでいる。また、古代の「誄（しのひこと）」儀礼は主に「殯宮（もがりのみや）」で行なわれたが、近現代の「誄（るい）」儀礼は、「殯宮（ひんきゅう）」ではなくその葬儀（「御大喪（ごたいそう）」）において、天皇が述べることが中心となっている。

＊4　死去した天皇の遺体が「殯宮」に置かれているときに行なわれ慟哭（どうこく）儀礼のこと。『日本書紀』では「慟哭」「発哀」「挙哀（こあい）」などと記される。

*5　安井良三によれば、天武天皇の「殯」期間が約二年間以上と長期におよぶが、これについては、大津皇子（六六三―六八六）の反乱が原因とされる。また、『日本書紀』記載の「殯」期間は平均で約六ヶ月余なので［安井 一九六四：二〇一頁］、約一年間の持統天皇の「殯」期間も平均の二倍の期間となる。

*6　安井良三によれば、『日本書紀』による限りでは、天皇の葬送儀礼に仏教的性格がつけ加わった最初が天武天皇のそれであり、それには、持統天皇の配慮もあるが、天武天皇自身が国家鎮護を仏教に求めていたとされる［安井 一九六四：二〇二―二〇八頁］。この安井の天武天皇の葬送儀礼に仏教的性格をみとめる指摘については、網干善教が全面的に批判・否定をしている［網干 一九七八：二六―三三頁］。しかし、ここでは、『日本書紀』の記述にある僧尼の関与をもって、そこに仏教的性格をみとめておきたい。

*7　これについては、仏教一般の受容とするのではなく、新羅仏教の影響とする理解もある［網干 一九七九ａ：八―二〇頁］。

*8　「殯」の終焉と火葬の導入の関連については、すでに、和田萃の研究がある［和田萃 一九六九］。ただし、天武系の孝謙（称徳）天皇のあと、天智系の弘仁天皇（七〇九―七八一、在位七七〇―七八一）・桓武天皇（七三七―八〇六、在位七八一―八〇六）・平城天皇（七七四―八二四、在位八〇六―八〇九）・淳和天皇（七八六―八四〇、在位八二三―八三三）の四天皇は「殯宮」を設営していないが、「誄」を行なっている［表1］。

*9　このように、古代末一一世紀までに、天皇の火葬骨を寺院堂塔へと納骨することは一般化されたが、その寺院は、生前の天皇の「御願」寺また天皇家とゆかりの深い寺院であるので、この納骨所となった寺院は、「陵墓」としての機能を果たしているという指摘もある［大石 一九九〇：六三―七〇頁］

*10　この『日本霊異記』の僧智光の説話は、『日本往生極楽記』［井上他編 一九七四：一六―一九頁］、『大日本国法華経験記』［井上他編 一九七四：五一―五四頁］、『今昔物語集』巻第十一「行基菩薩学仏法導人語」にも、元興寺僧智光の説話として同様の話が簡略化されて所収されている［池上校注 一九九三：一二―一三頁］。

*11　この『日本霊異記』の衣女蘇生譚は、『今昔物語集』巻第二十「讃岐国女行冥途、其魂還付他身語第十八」にも、ほぼ同じ内容で所収されている［小峯校注 一九九四：二六四―二六六頁］。

*12　中世の火葬において、六道銭が蔵骨器ではなく、火葬地から出土する事例に注目して、火葬後こそが「死後の世界」ではなかったか、と指摘されている［嶋谷 二〇〇四：一五一頁］。これについては、近世の火葬でも同様であったとされる［嶋谷 一九九八：六二―六四頁］。現在でも、死者が持たされることのある「三途の川の渡し賃」、「この世」と「あの世」の境界の六道銭が、火葬以

前に遺体に持たされ、遺体とともに火葬されていたとすれば、火葬時点で遺体とともにあった六道銭の存在は、火葬が「西方極楽」往生のための境界に位置し、そのための条件であったことを傍証するものといえよう。

*13 天皇墓に限定せず、納骨儀礼の一般化についていえば、院政期から鎌倉幕府の時期、高野山への納骨が成立してくるという［田中久夫 一九七八：一四四―一六三頁］。天皇墓における寺院堂塔への納骨の形成時期とほぼ一致すると考えてよいだろう。

*14 古代末から中世はじめにかけて、納骨信仰が盛んになり、それが浄土信仰とも深く関係することについては、すでに、指摘されている［佐藤 二〇〇八：九三―一二八頁］。そこでは、納骨信仰を重視する霊魂観の形成を重視するとともに、それが天皇における火葬骨処理とも関連するとされている。

*15 里内裏の表現は、たとえば、「堀河殿」と末尾を「殿」とするばあいと、「堀河院」と末尾を「院」とするばあいとがあるが、この時代、堀河天皇が「堀河院」と追号されたように、「院」は里内裏としての宮殿と天皇の追号と、二つの意味を持つ語彙として使用されているので、ここでは実際の語彙での使用と、実態と分別するために、里内裏については「堀河殿」というように「殿」を使用し、天皇については「堀河天皇」と「天皇」を使用する。

*16 中世前半、火葬地が墓として認識されていたことについて、管見の限りでは、近年の研究では指摘がないように思われるが、先駆的研究において、「記録に御墓所とある中には火葬所のことを指した場合が少なくない」と指摘されている［宮地 一九一四：六六頁］。

また、このような天皇墓の仏教的多重死者供養の形成については、一九二六年（大正一五）一〇月二一日公布の皇室陵墓令制定過程において、帝室制度審議会第六特別委員会でその現実が把握され、特に、第四回（一九二四年一二月一一日）・第五回（同年一二月二六日）では、火葬地の位置づけについての議論がくりかえされた［東京大学法学部近代法政史料センター原資料部所蔵―岡本愛祐関係文書第1部［2］7「帝室制度審議会ニ於ケル皇室陵墓令案議事要録」］。その結果、皇室陵墓令「補則」第四〇条で「従前諸陵寮ニ於テ管理シタル分骨所火葬塚及灰塚ハ陵ニ準ス」［『官報号外』一九二六年一〇月二一日］とされ、「陵」に「準」じる天皇墓とされている。

天皇墓における火葬地の意味については、現在では課題とされることはないが、このように、一九一〇年代から二〇年代にかけて、先駆的な解明が行なわれていた。

*17 院政期から平氏政権の時期、天皇以外でも、火葬地が墓として認識されていた事例があることはすでに指摘されている［田中久夫 一九七八：一二六―一二八頁］。

なお、古代末から中世前半にかけて、火葬骨処理地としての寺院堂塔だけではなく、火葬地についても「山陵」とされる、二ヶ所の墓の認識については、やがて、火葬地については「山陵」として認識されなくなり、納骨された寺院堂塔だけが天皇墓として認識されるようになるという。そして、この火葬骨納骨地点は、鎌倉時代から室町時代にかけて、多様な寺院堂塔から深草法華堂のような法華堂に固定化されてくると指摘されている［大石 一九九〇：七一―七二頁］。

＊18 ここでは詳論は控えるが、中世の被差別民がケガレを背負った存在であったことはよく知られている。天皇墓における「西方極楽」往生観念とケガレ観念の表裏一体性に即していえば、天皇と被差別民との連続性は、仏教観念に基づいていたことになる。また、概括的にいえば、死去した天皇の「西方極楽」往生のためには、いっぽうでの、そのケガレを引き受ける被差別民の存在が必要であったと考えることができる。

したがって、天皇墓に即していえば、明治維新後、神仏分離の政策的強行にともない、近現代の天皇墓、また、天皇の儀礼から仏教が排除され神道式になったことは、死去した天皇からケガレ観念が排除されたことであり、それはおのずと、天皇と被差別民とをめぐる表裏一体性を解消させたということができる。

＊19 これらのほかに、『醍醐雑事記』では、九三〇年（延長八）九月二九日に死去し、火葬ではなく、一〇月一〇日に遺体処理葬であった醍醐天皇の葬送でも、「山作所」という語彙が使われている。醍醐天皇は、一〇月一〇日、「醍醐寺北笠取山西方」に、「深九尺方広三丈」（深さ約一m七〇cm×広さ約九m）の穴を掘り、そこに「高四尺三寸縦広各一丈」（約一m三〇cm×約三m）の「校倉」を作り遺体がおさめられた。一二日、「山作所」の「山陵」に「率都波」三基を立てた［中島編 一九三一：八〇頁］。この醍醐天皇の例は火葬ではないので、遺体処理のばあいでも、その遺体処理地点が「山作所」とも呼ばれ、「山陵」として天皇墓とされていたことがわかる。

また、一一二〇年（保安一）以降で一二世紀前半成立とされる『今昔物語集』巻二十二、「大職冠、始賜藤原姓語第一」で、藤原鎌足の葬送に言及して「山送」の語彙が見られる［小峯校註 一九九四：三二三頁］。

遺体処理地点もヤマと呼ばれていたことは確実であろう。

＊20 柳田民俗学および柳田系民俗学の民俗語彙の収集における方法論的な欠陥、問題点については、すでに指摘したので、ここでは省略する［岩田 二〇〇三b：一二―一八頁］。

＊21 古代末、源高明（九一四―九八二）の有職故実書『西宮記』の「臨時八」のなかの「天皇崩事」で「陵内事」について、「墻内外東南西面開門。鳥居垂帷」とあり、天皇墓にはこの「鳥居」から入り、「導師呪願後」、「昇御棺安陵中」とあ

る［神道大系編纂会編　一九九三a：八一八―八一九頁］。すでに、古代末には、天皇墓の前面に「鳥居」を設置することが不文律となり、同時に、それが「西方極楽」往生のための仏教的死者供養であったことがわかる。

＊22　『中右記』では、このほかに、一〇九三年（寛治七）一二月二八日、荷前使として仁明天皇墓（「深草山陵」）に行き、「鳥居」下で手を洗ったが、「幣物」が到着しなかったという記事［東京大学史料編纂所編　一九九三：二六七頁］、一一一四年（永久二）一二月二一日、荷前使として仁明天皇墓（「深草山陵」）に行き、「鳥居」を入って手を洗い「幣物」を焼いたという記事がある［増補「史料大成」刊行会編　一九六五b：三八六頁］。

＊23　荷前使および「山陵使」の記事で、天皇墓前面に「鳥居」が存在する事例については、すでに指摘がある［北　二〇一〇：七四頁］［福尾　二〇一〇：一五二、一五八頁］。

＊24　近世中期の国学者、谷川士清（たにがわことすが）（一七〇九―七六）の編纂した『和訓栞（わくんのしおり）』は、その「とりゐ」の項で次のように記している。「大和の国ハ死人を焼なる所に必す鳥居立たり」「紀州の墓所にハ皆鳥居あり」［谷川士清　一九六八b：六〇一頁］とあり、近世中期には、大和国（奈良県）・紀伊国（和歌山県）で、火葬地の入り口、墓の入り口に「鳥居」があることが記されている。

＊25　このような、仏教的死者供養としての堂塔内への火葬骨の槨納、三重塔または九重塔など堂塔の建立については、天皇墓についての先駆的先行研究のひとつが、この堀河天皇・白河天皇を嚆矢として、実に、約七三〇年後、近世後期、一八四六年（弘化（こうか）三）死去の仁孝天皇（にんこう）（一八〇〇―四六、在位一八一七―四六）まで継続するとして、それを「堂塔式山陵時代」と名づけている［和田軍一　一九三四：一四―一六頁］。

＊26　「両墓制」研究はたいへん多い。しかし、もっとも中心的課題となるべき、なぜ、このような墓制が形成されたのか、また、そもそも如何なる墓制であるのか、それらについては未解決のままである。概括的な研究史整理と問題点の摘出については、すでに行ない［岩田：二〇〇六：九四―一〇八頁］、また、近代に形成された「両墓制」解明視点からの研究史整理もあるので［前田　二〇一〇：一一一―一二四頁］、ここでは、これ以上の研究史整理は省略する。また、空間論的な研究があるが、それについては、「両墓制」を村落空間論にあてはめただけの研究として、「両墓制」研究とは似て非なるものと考える。

＊27　浄土真宗地域の葬送儀礼・墓制研究のなかで、浄土真宗地域の火葬墓制を中世納骨儀礼の継承ととらえ、それを近世の石塔墓地形成以前の残存ととらえる指摘がある［蒲池　一九九三：三四―七四、二五六―二五七頁］。重要な問題提起であり、中世墓制における火葬が、浄土真宗地域以外でも一般的であったことが論証されつつある現在では、浄土真宗地域の火葬墓制研究の重要性を示唆した先駆的指摘であった。

＊28　筆者も、かつて、「両墓制」の遺体埋葬地を非仏教的存在ととらえてきたが［岩田 二〇〇六：七六―九二頁］、ここでは、そのような理解を修正したい。

＊29　奈良県宇陀地方の考古学的調査により、「両墓制」の形成を、近世墓地の成立としてとらえている重要な研究がある［白石 一九九三：一二八頁］。火葬および遺体埋葬の儀礼論的意味については、その議論が控えられ、また、中世の火葬と近世の「両墓制」との関係性（連続面あるいは非連続面）についても明確な議論はないが、「両墓制」とは近世形成の墓制ではないかと指摘されている。

＊30　近世以降の石塔建立については、すでにくりかえし論じているので［岩田 二〇〇三b：三九―四〇、四六、七四頁］［岩田 二〇〇六：六七―九二頁］、ここでは詳細は省略する。概括的にいえば、近世では板碑状（頭部は楕円形・三角形など）の塔（スツーパ stūpa）が、死者の戒名を刻み、死者ひとりひとりの仏教的死者供養として建立する形態で展開した。形状は板碑状から徐々に四角柱（頭部も徐々に扁平となる）に変形するとともに、「〇〇家之墓」という先祖代々墓へと変容し現在に至っている。

＊31　石塔を建立していない墓制については、愛知県の浄土真宗地域の事例から［村瀬 一九六四：三一頁］、「無墓制」という用語が使われることがあったが、厳密にいえば、「無墓制」ではなく、石塔を建立しない事例にすぎないので、あえて「無墓制」という用語を使う必要はないと思われる。「無墓制」とされた墓制は、民俗的火葬墓制、また、遺体埋葬墓制により、石塔を建立していないだけの墓制であり、「無墓」ではない。

＊32　滋賀県高島市は、二〇〇五年（平成一七）、高島町・安曇川町・新旭町・今津町・マキノ町・朽木村の五町・一村の合併によって誕生した。そのために面積はきわめて広域に及ぶ。ここで扱うのは、そのうちでも、その南部の旧高島町・旧安曇川町の事例である。

＊33　琵琶湖の湖西・湖東地域の遺体埋葬墓制と火葬との関係については、明治初年までは、この地域の浄土真宗の集落では火葬であった可能性がある。明治初年、明治新政府の火葬禁止令（一八七三年、一八七五年撤廃）による影響が強いのではないかと推測される［橋本 一九七九：一四―一五頁］。

＊34　北朝（持明院統）と南朝（大覚寺統）の墓制の違いについては、管見の限りでは、近年の研究では言及がないように思われる。しかし、先駆的研究においては、北朝が深草法華堂への火葬骨納骨であるが、南朝が天皇によって墓域が異なるとして［宮地 一九一四：七四頁］［岡部 一九一四：二一七頁］［和田軍一 一九三四：一六―一七頁］、すでにその違いが指摘されている。

＊35　こうした状況については、一の谷中世墳墓群遺跡だけではなく、一の谷中世墳墓群遺跡を含めた、静岡県内中世墓の全体的検討

からも指摘されている［山崎 一九九七：六―七頁］［木村弘之 一九九七：一三頁］。

＊36 天皇墓の地上施設という視点から、この九重塔の建立をみれば、後陽成天皇までの火葬骨を深草法華堂におさめた法華堂形式からの変容ととらえることも可能である。同じく仏教式とはいえ、火葬骨処理地点における法華堂形式から、遺体槨納地点における九重塔形式への変容であった。

＊37 この後水尾天皇への香奠は、香奠と香奠帳のごく初期の一例と考えることができよう。後水尾天皇死去の二年前、一六七八年（延宝六）死去の中宮東福門院の葬儀でも、公家だけではなく諸大名からの香奠がとどけられている［総本山御寺泉涌寺編 一九八四ａ：三九九―四〇〇頁］。管見の限りでは、それまでは、天皇および皇族の葬儀では香奠を見ることができないので、江戸幕府二代将軍徳川秀忠の娘でもあった中宮東福門院の香奠は、その習慣が武家社会からはじまり拡大した可能性を示唆してくれる。

なお、管見の限りでは、香奠のはじまりについての研究はないと思われる。管見の限りで、もっとも古い記録は、『万松院殿穴太記』における一五五〇年（天文一九）五月四日死去の室町幕府一二代将軍足利義晴の遺体が慈照寺に移された日、五月七日の次のようなものである。「けふ穴太の御所では所々より香奠を参らせらる。細川右京太夫かたぎぬ。こばかま。百貫文を持参す。佐々木左京兆義賢は烏帽子上下にて三百貫を持参す。細川播磨守元常。同名右馬頭晴賢。佐々木民部少輔徳綱は皆十貫文を持参し侍りぬ」［太田編 一九五五：四一四頁］。

＊38 ただし、岡山藩池田家では、明治維新後、旧岡山藩主池田慶政（いけだよしまさ）（一八二三―九三）・池田茂政（いけだもちまさ）（一八三九―九九）など合計六名が和意谷池田家墓所に埋葬されている。その墓の形状は光政時代の同じ前後に長い墳丘状である。また、曹源寺境内裏の池田家墓所でも、明治期から大正期にかけて同様の墳丘状の墓がみられる。

尾張藩でも、明治維新後に死去した旧藩主徳川慶勝（とくがわよしかつ）（一八二四―八三）は、最初、西光庵（さいこうあん）（東京都新宿区新宿）境内裏に埋葬され、上部を円錐形に造営されている（現在は改葬されて墳丘のみ残る。定光寺境内尾張徳川家墓所に改葬されている）。

岡山藩・尾張藩のばあい、明治維新後、旧藩主によって、墓制に限ってのみ、かつての儒葬の形態が復活しているともいえる。これらは神葬祭ではないかと考えられるが、明治維新後、これらの藩では、墓制における藩祖への回帰とでもいえる現象があったことを指摘しておきたい。

＊39 もっとも、徳川光圀は、神葬祭を行なおうとしたが、神葬祭の形態じたいが存在しなかったため、儒葬にその代替物を求め、儒葬による儒葬墓を造営したという［近藤啓吾 一九九〇：一二、一三二頁］。

＊40　近世の儒学は、明らかに、火葬否定論であった。代表的作品をあげれば、山崎闇斎（一六一八―八二）の『帰全山記』（一六五二）、熊沢蕃山（一六一九―九一）の『葬祭辨論』（一六六七）などをあげることができる［近藤啓吾　一九九〇：九三―九六頁］。ただし、年代的には、いずれも一六五〇年代以降であり、その主張は、あたかも儒葬による「馬鬣封」または円錐形の墓が、本格的に造営される時期と一致する。したがって、このような儒学の火葬否定論があるからといって、火葬廃止の一要因の可能性を捨て去ることはできないとはいえ、中世の火葬からの転換の主要因とすることはできないだろう。

＊41　厳密にいえば、豊臣秀吉死去より二〇年前、一五七八年（天正六）死去の上杉謙信（一五三〇―七八）も火葬ではない。春日山城内不識院へおさめたときの状況を、『上杉家御年譜』は次のように記している。「御尊骸ヲハ甕内ニ納メ　平生ノ御武威ヲ不変甲冑ヲ着サシメ　不識院内ニ葬埋シ　奉リケル」［米沢温故会編　一九八八：四九六頁］［闕字―原文］。その甕棺におさめられた遺体は、最初は春日山城内に安置され、上杉家の移封により、会津を経て米沢藩になり、米沢城内に「御堂」が建築され、そこに安置され米沢藩主・家臣の跪拝の対象となっていた［今福　二〇一三：六九―一三七頁］。明治維新後は、米沢城内から、さらに、米沢市内の他の米沢藩主墓のある上杉家御廟所に移され現在に至っている。

＊42　このような、遺体を神体として神社を建立する形態は、豊臣秀吉を豊国大明神とした吉田神道による創出であった可能性が高い。吉田兼倶（一四三五―一五一一）は吉田神社（京都府京都市左京区吉田神楽岡町）境内の神龍社に祀られたが、この神龍社はその遺体埋葬地点に建立されている。『神業類要』（一七五六―一七七九ごろ成立）の「吉田社之事」に、「兼倶卿の霊社は、（中略）岡の西つらに鎮座、すなはち、遺骸は社下の地中に奉葬て、今猶社壇のあるところ也、年々の祭儀、神龍院にてとり行はれければ、今猶此院代々の祭場とはなりき」とある［吉田神社編　一九六五：三〇五頁］。この記録の通りであるとすれば、遺体をケガレとしないこの墓制＝神社創出の起点は、唯一神道の吉田兼倶にあったと考えることができる。

＊43　この死去した家康を神にするための「遷座」式を概観すると、この段階では、吉田神道家出身の僧梵舜が行事全体を執行しているので、吉田神道的な神葬祭であったと推測される。ただし、僧梵舜の兄吉田兼見（一五三五―一六一〇）の『唯一神道葬祭次第』における神葬祭次第には、鏡を重視する記述はない［國學院大学日本文化研究所編　一九九五：八一―九八頁］。ここでの鏡は、神鏡としての意味を持ち、儀礼的には中心に位置すると思われるが、『唯一神道葬祭次第』にそれがないので、久能山における家康の「遷座」式をもって、吉田神道的神葬祭であったと確定することは難しいように思われる。

　しかし、吉田神道的ではない可能性もあるが、その「遷座」式が神葬祭であることは間違いないと思われる。

＊44　池田忠雄は、初代姫路藩主池田輝政の三男であった。輝政の長男が、二代姫路藩主俊隆（光政の父）、次男が池田忠継で、近世

初頭の岡山藩主であった。忠継死去後、三男の忠雄が岡山藩を継承したが、一六三二年（寛永九）その死去の時点で継嗣池田光仲（一六三〇—九三）が幼少であったために、光仲は鳥取藩主として転封され、岡山藩には、姫路藩主池田光政が入封した。ここでは、便宜的に、光政を初代岡山藩主とした。

*45　これまで紹介してきた事例でいえば、泉涌寺霊明殿、真田信之の「霊屋」、伊達政宗の「霊屋」瑞鳳殿など、近世の仏教的死者供養のための建造物を一括して、ここでは霊廟としておく。厳密にいえば、霊廟には、⑴真田信之の「霊屋」、泉涌寺霊明殿のように、墓の隣接地に位牌所として造営されるばあいと、⑵伊達政宗の瑞鳳殿、池田忠継の「霊屋」、深溝松平家の東御廟所・西御廟所などのように、墓の地上施設じたいが霊廟となっているばあいとがある。

⑵のような、墓の地上施設が霊廟となっている大名墓の事例として、正確に確認できるのは、清凉寺（曹洞宗。滋賀県彦根市古沢町石ケ崎）境内の彦根藩主井伊家墓所がある。現在では、無縫塔などの石塔が剥き出しになっているが、近世の絵図によれば、無縫塔などの石塔は「霊屋」によっておおわれていた［彦根市教育委員会文化財部文化財課編 二〇〇九：口絵図版一一、二二—二三頁］。ただし、井伊家の墓所は、このほかに、豪徳寺（曹洞宗。東京都世田谷区豪徳寺）と永源寺（臨済宗。滋賀県東近江市永源寺高野町）にあり、現在、これらの石塔は、「霊屋」によっておおわれてはいない。他に、米沢藩主上杉家廟所（山形県米沢市御廟）の第九代米沢藩主上杉治憲（鷹山。一七五一—一八二二）も、その内棺と外棺によっておさめられた墓の上部に霊廟が造営されている［文化財建造物保存技術協会編 二〇〇四：九二—一一七頁］。

*46　大樹寺は、ふつうは「たいじゅじ」と表記されこのように読まれるが、地元の愛知県岡崎市では「たいじゅうじ」と読まれることが多いので、地元の発音によった。

*47　高野山には、その奥の院への道の前後に、多くの墓が林立している。そのなかには、五輪塔などによる戦国大名・近世大名の墓が多数存在している。織田信長・明智光秀（一五二八—八二）・石田三成（一五六〇—一六〇〇）・豊臣秀吉の墓さえもあり、彼らのばあい、墓じたいが複数存在していることになるが、実質的には、これらは供養塔といってよいだろう。霊廟は墓に比べて少ないが、上杉謙信・結城秀康（一五七四—一六〇七）の霊廟がある。なお、家康と秀忠の「霊屋」は、他の墓や霊廟のように、奥の院への道に位置するのではなく、高野山に現存する唯一の女人堂に隣接する内側にある。

*48　近世における位牌などへの物神崇拝の形成については、すでに指摘したが［岩田 二〇一四：一三九—一四七頁］、それだけではなく、生者にとって、「位牌」が死者の代替物にさえなっている。たとえば、歌舞伎の一七五三年（宝暦三）初演、並木正三（一七三〇—七三）『幼稚子敵討』では、父母を殺害されたお松・梅吉の姉弟がその父の奴であった随戸平と出会い。お松が取り

出したその父母の位牌に対する、随戸平の様子は次のようであった。「随戸平、位牌を二つ共に上座へ直し、其側（そば）へ兄弟が手を取（とり）、連れ行据（ゆきす）へ、下座に直り手を突て」、次のように語りかける。「旦那様、奥様、随戸平めでござります。四角な形リ（なり）に成りなされたのふ」［浦山他校注 一九六〇：二三八頁］。随奴平は、あたかも、生者に向かい、また、語りかけるように、「位牌」を扱っている。

*49 他地域の近世都市として、近世伊丹の光明寺（浄土宗。兵庫県伊丹市宮ノ前）境内墓地は、近世を通じて、遺体埋葬と火葬骨埋葬が並存していた。ただし、一七世紀半ばから一八世紀半ばまでは、遺体埋葬による個人墓の割合が多く、一八世紀後半から火葬骨埋葬による家墓の割合が増加するとされる［岡田 二〇〇三：六五一―六五五、六五八―六五九頁］。また、一八世紀以降の大坂では、火葬の割合の方が多かったとされる［谷川章雄 二〇一三a：二七六頁］。地域差が存在しているのもいっぽうでの事実であった。

また、奈良県宇陀地方をフィールドとして考古学的調査によれば、中世の火葬から遺体埋葬への変化が、早い時期では一五世紀には起こっている事例が報告されている。しかし、その棺と遺体の体位は、近世に一般化する桶状の円形木棺・方形木棺による座位ではなく、方形の箱型棺による「側臥屈葬」であった［白石 一九九三：一二六―一二七頁］。

中世から近世への墓制の変化については、全体的には、中世は火葬が中心で、近世が遺体埋葬が中心であるという理解で間違いないと思われるが、このような、各地域における地域的特徴が顕著であることも留意されなければならないと思われる。

*50 近世の農村部の庶民墓が、遺体埋葬だけではなく、火葬骨埋葬もあり、地域差があったことについては、考古学的発掘調査からも指摘されている［田口 二〇一三：二九〇―二九三頁］。

*51 近世では、庶民墓の木棺を含め、将軍墓以外の全階層（天皇墓は確認できないため不明）から六道銭副葬が確認されている［谷川章雄 一九九七：一七六―一七九頁］。「この世」と「あの世」の境の六道銭は、庶民クラスだけではなく、武士クラスでも一般的であったといってよいだろう。

*52 柳田民俗学の生まれかわり論の特徴は、生まれかわりを、「固有信仰」としての祖霊信仰により説き起こし、さらには、アジア太平洋戦争中、盛んに喧伝された「七生報国」（七回生まれて国に報いる）という戦争遂行宣伝文句を説明することにあった［岩田 二〇〇三a：七八―八八頁］。アジア太平洋戦争最末期という時期、「七生報国」の説明という特定の目的をもって提出された一学説にすぎないと考える必要があろう。

*53 すでに指摘したように、お盆の期間中、墓また家の入口で、松明が焚かれる事例は多く、それらをして単純に先祖霊の去来のための迎え火・送り火とすることはできない［岩田 二〇〇三b：一〇〇―一〇五頁］［岩田 二〇〇六：一一―一三頁］。すくなくとも、

迎え火・送り火と語られることをそのまま学説上の結論として横滑りさせることはできないだろう。

*54　南北朝期から室町期、「位牌」が禅宗寺院のなかから誕生したことについては、すでに指摘したが、この時期の禅宗が、儒教の影響を受けた南宋の禅宗の受容であったことを考えると、儒教の神主（しんしゅ）との関連性も考慮に入れられなければならない。儒教では、死者の霊魂はこの世にとどまり、再生すると考えられているというが［加地 一九九四：二一、二二一頁］、その儒教における死者の形代が神主である。「位牌」と同じくして、神主でも、そこに死者の霊魂が来訪すると考えられている。

*55　甕棺については、三代仙台藩主伊達綱宗はじめ、瑞昌寺境内墓地でも、それらは常滑製であった。近世の甕棺が常滑製であることについては、すでに、先行研究による整理がある［赤羽 一九九八：三三九―三四六頁］［常滑市民俗資料館編 一九九一：六―八頁］。

なお、一五七八年（天正六）死去の上杉謙信の遺体は「甕」、一五九八年（慶長三）死去の豊臣秀吉の遺体は「壺」におさめられていた。謙信の「甕」と秀吉の「壺」の産地は明らかではなく、常滑製であるかどうかは不明であるが、謙信は上杉家「御堂」に祀られ、秀吉は豊国大明神として祀られたので、甕に遺体をおさめることは、近世はじめから遺体保存の方法として知られていたと推測される。

*56　戸田忠至のもとで、一八六七年（慶応三）の孝明天皇墓造営にたずさわった宇都宮藩士新恒蔵（しんつねぞう）が、それから二六年後の一八九三年（明治二六）、次のような回想を残している。「幕府は　先帝の旧例を追ひまして、夫々請持の掛が極つて居りますから、御葬送迄に御調度を拵（こしら）へませねばなりませぬ、従前の御郡代と申す大津の石原精一郎、信楽（しがらき）の多羅尾民部は御調度掛り、御代官小堀数馬は御賄掛、木村總左衛門は御道具掛、御大工頭中井保三郎は御車掛、此者は何れも（地付の麾下（きか）なり）手を分けまして着手し、御仏葬の支度で御座ります」［史談会編 一八九三：八五頁］［闕字―原文］。ここでいう「先帝」とは一八四六年（弘化三）死去の仁孝天皇のことである。仁孝天皇までの葬儀と天皇墓造営については、幕府側ではその作業のための役割分担が、おそらくはほぼ世襲的に決まっていたことがわかる。それほどまでに、天皇の葬儀と遺体槨納葬は形式化していた。

*57　仁孝天皇の死亡原因については、「御熱気」「御風気」という表現がされているので、風邪などを悪化させた肺炎あるいはインフルエンザであったのではないかと思われる［藤井他監修 二〇〇六b：一一二〇―一一二二頁］。孝明天皇の死亡原因は、古くから俗説的な毒殺説もあるが、疱瘡による急死であった［宮内庁編 一九六九c：九三〇―九三三頁］［藤井他監修 二〇〇六c：一一五七―一一六六頁］。現代のような医療が整備されていない時代なので、在位中における単なる不測の死去であったともいえるが、幕末の天皇が、仁孝天皇、孝明天皇と二人続けて譲位しないで死去していたことは、明確な事実であった。

*58 「玉体」の単語じたいについては、中国古代の『戦国策』（紀元前一世紀成立）、『文選』（五～六世紀中国南北朝時代成立）にみられる。これらでの使用例は、皇帝の肉体に限定せず貴人・貴婦人などの身体として表現されている［諸橋他編 一九八二a：一一二七頁］。管見の限りでは、日本における「玉体」使用例の最古は、『保元物語』（鎌倉時代中期成立）「後白河院御即位ノ事」のなかで鳥羽天皇についてのところで、その壮年の身体を「玉体」と表現している［栃木他校注 一九九二：五頁］。もっとも、『太平記』では、巻第三・巻第四で後醍醐天皇の肉体を、巻第九で光厳天皇の肉体を、「玉体」とするいっぽうで［後藤他校注 一九九三：一〇九、一一二、一二七、二八八頁］、巻第一では、後醍醐天皇の中宮藤原禧子（一三〇三—一三三三）の身体を「玉体」と表現しているので［後藤他校注 一九九三：四二頁］、日本でも、すくなくとも中世までは、中国における「玉体」と同じく、天皇に限定せず貴人・貴婦人の肉体を「玉体」と表現していたものと推定される。

なお、「玉体」の意味が天皇の身体であるために、近現代では、その使用例は、おのずと天皇が病気・事故など不慮の事態にあるときに増加する傾向がある。たとえば、大正天皇の侍従武官（一九一七—一九二三）であった四竈孝輔（一八七六—一九三七）の『侍従武官日記』では、一九二二年（大正一一）四月二八日「玉体は左の御屈曲のままにて御漫歩」というように［四竈 一九八〇：三一〇頁］、大正天皇が体調不良のときその身体をくりかえし「玉体」と記している

*59 『山科言成日記』のタイトルについては、『大日本維新史料稿本』が『山科言成日記』、『孝明天皇実録』が『山科言成卿記』とするが、ここでは、『山科言成日記』に統一する。

*60 ここでは、用語として、文久天皇墓改築事業としておきたい。「文久陵墓修復」「文久陵墓修陵」という用語が使われていることが多いようであるが、この事業は、天皇墓と認定された存在を、旧に「復」したのではなく改装し整備したものであり、また、「陵墓」の「陵」の文字そのものに、特定の価値基準、敬意が込められていると考えられるので、価値基準を含ませない用語として、文久天皇墓改築事業とした。

*61 「奉行」は幕府の役職であるが、改築事業建議書が京都所司代と武家伝奏を通じて朝廷に伝えられ、新たに朝廷で設けられた「山陵御用掛」が「山陵奉行」戸田忠至を任命する形式をとった［戸原 一九六四：六一頁］。したがって、「山陵奉行」とは幕府の役職であると同時に、朝廷の「山陵御用掛」の任命であるという、幕府と朝廷との間の二重性を帯びた役職ということになる［大平一九八四：八五—八九頁］。天皇墓の改築という役職の内容と、公武合体期という時代性がこのような形態を生み出したものと思われる。

*62 ここで、用語として人格神を使うばあいには、一神教的で絶対的な God ではなく、その人格神が多数存在し、ひとりひとりはそ

のうちのひとつ、強いていえば a man god という意味である。たとえ、一九四五年（昭和二〇）アジア太平洋戦争敗戦まで、近現代の天皇が絶対的存在であっても、他の人格神を含めたなかでのひとつにすぎなかったと考えている。

＊63 『孝明天皇御凶事』のタイトルについては、『大日本維新史料稿本』が『孝明天皇御凶事』とし、『孝明天皇実録』が『孝明天皇御凶事公事附録』とするが、ここでは、『孝明天皇御凶事』に統一する。

＊64 「御槽」は遺体を直接入れた棺であり、記録上では、光格天皇からそれを確認することができる［上野 一九二五：三二三―三二四頁］。ただし、光格天皇のときには、死去後、この「御槽」に遺体を入れているが、この「御槽」には蓋をしていない。無蓋なので、その形状からして、名称も「御槽」であった。しかし、孝明天皇の「御槽」については、「御槽」と称しつつも、それに蓋をしている。

＊65 増上寺から発掘調査された徳川家墓地では、その遺体の体位は基本的には座位であり、男子が蹲踞、女子は正座または両立膝座位の姿勢であった。しかし、唯一の例外が、孝明天皇の異母妹、一四代将軍徳川家茂（一八四六―六六、将軍在職一八五八―六六）夫人で、一八七七年（明治一〇）死去の静寛院親子（和宮）（一八四六―七七）である［鈴木 一九八五：一一七頁］。寝棺による伸展位であった。明治維新後の死去であったので伸展位であったのか、それとも、静寛院親子が皇族であったので伸展位であったのかは確定できないが、増上寺徳川家墓地で唯一の伸展位は明治維新後に死去した皇族の静寛院親子であった。寛永寺徳川家墓地のばあいは、一八八五年（明治一八）死去の本壽院（一八〇七―八五、徳川家定生母）、一九〇四年（明治三七）死去の実成院（一八二一―一九〇四、徳川家茂生母）が伸展位である［今野 二〇一三：一〇六―一〇九頁］。徳川将軍家のばあいは、明治維新後に座位から伸展位に変化したと考えてよいだろう。

＊66 この建議書については、特定の一般化している用語はないようなので、ここでも、価値判断を含まない用語として、孝明天皇墓造営建議書とした。

＊67 将軍徳川慶喜および主要な幕閣のうち、慶喜は清涼殿には行ったものの、慶喜に対する襲撃の流言があったため、病気を理由として葬列には参列せず、あとから泉涌寺に赴いたという［渋沢 一九一八：四六七頁］。

＊68 葬儀後、同年五月以降の孝明天皇墓造営、「山陵」造営については、神道式であったとしても、葬儀じたいに神葬祭的性格を認めることは難しいのではないか。これについては、この一月二七日の遺体槨納をもってして「神祇式祭典」とする指摘もあるが［武田 一九九六：一三九―一四〇頁］、「龕前堂」「山頭作法」を欠如した仏教的死者供養の残存はあっても、そこに「神祇式祭典」の要素はみられない。

*69　四十九日までの中陰の法事も、公家の「参勤」によって、泉涌寺と般舟院で行なわれている。初七日（二月四日）・二七日（二月六日）・三七日（二月八日）・四七日（二月一〇日）・五七日（二月一三日）・六七日（二月一六日）・尽七日（二月一八日）であり、これらは、それまでの中陰の継承であったと考えられる［東京大学史料編纂所所蔵『大日本維新史料稿本』（慶応三年二月四日部分）］。同じく、泉涌寺と般舟院では四月五日・六日に百ヶ日法要が行なわれ、これで忌明けとなっている［東京大学史料編纂所所蔵『大日本維新史料稿本』（慶応三年四月六日部分）］。

*70　孝明天皇の葬儀と遺体槨納後において、その「山陵」造営から泉涌寺が排除される経過については、すでに先行研究による整理があり、そこでは、泉涌寺側のそれに対する抵抗があったとされる［武田 一九九六：一四〇―一五〇頁］。

*71　『中山忠能日記』の一八六七年（慶応三）一〇月二一日に次のような記述がある。「申刻戸田入来面会（中略）山陵五畿内御修復出来書画一二筥二帖荒蕪之元形修理之新形並御由緒書二筥泉山一筥等納長櫃合五筥被見」［日本史籍協会編 一九一六b：三七三頁］。「山陵奉行」戸田忠至が中山忠能のもとにきて、提出すべき「山陵図」を内覧してもらったという記述である。その上で、二七日、それが正式に朝廷に提出された［日本史籍協会編 一九一六b：三八一頁］［宮内庁編 一九六八：五三八頁］。なお、中山は文久天皇墓改築事業開始当時、朝廷側の「山陵御用掛」（一八六二年一〇月一七日―一八六三年一月二三日）［戸原 一九六四：六二頁］であるが、この時点では、「山陵御用掛」ではなかった。

*72　この意見書は、プリントされていて、その表紙にはタイトルとともに「山口帝室制度審議会御用掛提出」とある。「山口帝室制度審議会御用掛」とは、山口鋭之助（やまぐちえいのすけ）（一八六二―一九四五）ではないかと考えられる。また、その末尾に記された日付は「大正元年十月二十五日」であるが、帝室制度審議会発足が一九一六年（大正五）一一月であるので、帝室制度審議会に提出された意見書とはいえ、文書そのものの作成は審議会発足前に作成されたものであったことになる。

*73　近現代の天皇墓造営が天智天皇墓を模範としていたことについては、すでに、指摘がある［武田 一九九六：一四二頁］［高木博志 二〇一〇：一七一頁］。

*74　天武天皇・持統天皇墓については、すでにみたように、その盗掘記録、一二三五年（文暦二）の「阿不幾乃山陵記」において、「件陵（くだんのりょうけい）形八角」とあるので［近藤瓶城編 一九〇二：三五五頁］、中世のこの時点では、外見上からもその八角台形はわかる状態であったと考えられる。

*75　一木喜徳郎の「一木」は、ふつう「いちき」とルビが振られているが、出身地の静岡県掛川市などでは、現在でも「いっき」と発音されている。

*76 勢多章甫については、『日本随筆大成 新装版 第一期 第一三巻』の「解題」による。勢多は、有職故実に精通し、明治維新後、皇学所・大学校・宮内省などに勤務したという［日本随筆大成編輯部編 一九七五b：一―二頁］。『日本随筆大成 新装版 第一期 第一三巻』に『思ひの儘の記』が所収されている。

*77 この「沙汰」書は『法令全書』によった。同時に、『復古記』を参考とし、『復古記』引用文には句読点が振られているので、ここでの句読点は『復古記』による。なお、引用文正中には、『法令全書』と『復古記』を照合して、文言の異同がある箇所がある。そのようなばあいは、『法令全書』の文言を採用した。以下、『法令全書』と『復古記』を照合しつつ引用した文章については、同じ引用方法をとった。

*78 この行政官布告は、その四日前の八月二九日出された行政官布告の変更であり、二九日の行政官布告では、月命日の「精進」を指示しているのに対して、この九月三日の行政官布告ではそれを削除し、死去日には「精進」ではなく「祭典」を行なうように指示している。使う言葉からも仏教色を排除しようとしているのがわかる。

*79 これらのほかに、昭和期の大正天皇皇后九条節子の「大宮御所」でも、盆花を飾り提灯を下げ、宮中から供えられた鯉二匹を池に放つのが習慣であったという［主婦の友社編 一九七一：一八一頁］。

*80 高松宮宣仁の「御舟入り」では、「般若心経」の紙片を入れたという次のような記録がある。「宮さまがお舟入り（納棺）の際には、喜久子妃殿下をはじめ皇太子ご夫妻ら皇族方が一人一行ずつ「般若心経」の写経をお入れになった。これは広く仏教徒の行っているもの。神道一辺倒ではない皇室の現状がかいま見える」［『朝日新聞』一九八七年二月一一日朝刊第二二面「伝統形式と人間的温かさ」］。

*81 なお、一月七日の白馬の節会も一八七〇年（明治三）から行なわれなくなる。その代わりに、旧江戸城西之丸、東京に移転していた皇居で、一八七一年（明治四）一月八日から「講武始」と称する明治天皇臨席の閲兵式（ただし、明治天皇病気のため欠席）が行なわれ、一八七二年（明治五）からは、一月七日が「講書始」、八日が、「講武始」を拡大させた「陸軍始」、九日が「海軍始」となる［宮内庁編 一九六九a：九、二五一、三九一、六二四―六二七頁］。宮中の年中行事全体が再編成されている。

*82 皇霊殿とは別に、天皇と女官の日常生活空間である「御内儀」に、「み霊さま」と呼ばれる祭壇があったという。これは幼児のうちに死去した天皇の子供たちを祀っているところで、女官によって祭祀されていた。「御幼少で薨ぜられた皇子、皇女の御霊を祭ってある「み霊さま」という場所へ（皇霊殿とは別にお内儀にあって、仏教の家なら仏様に当るのでしょう）毎月お日柄（命日）には、白木のお三宝にのせたお食事をお供えいたしました。御八束の上へお供えするのは内侍の役でしたが、命婦一人と御膳掛

一人を連れてまいることになっておりました」［山川 一九六〇：一五九頁］。

＊83 小松宮彰仁は、明治維新前は仁和寺門跡であったが、一八六七年（慶応三）一二月、還俗し仁和寺宮嘉彰となった。したがって、この祭主のときの名前は、正確には、仁和寺宮嘉彰である。一八七〇年（明治三）二月、東伏見宮嘉彰となり、一八八二年（明治一五）から小松宮彰仁と改名する［霞会館家族家系大成編輯委員会編 一九九六：三九頁］。一般的には、小松宮彰仁として知られるので、ここでもこの氏名を使った。

＊84 時期的にはあとになるが、一九〇九年（明治四二）から一九一四年（大正三）まで女官として宮中での生活をした山川三千子（一八九二―？）によれば、「内儀」と呼ばれた明治宮殿の天皇・皇后などの私生活空間では、神事は「お清いこと」と呼ばれ、生理中の女官はそれに出ることができなかった［山川 一九六〇：一四五、一五八頁］。また、一九一二年（明治四五・大正一）から一九三〇年（昭和五）まで、大正天皇およびその皇后の女官として生活をした坂東登女子（一八九二―一九八〇）の回想でも、生理・忌引きのときには、女性は神事に携わることができず、また、神事の前には、かならずキヨチョーズ（清手水）で手を洗い、手が肌や腕などに触れると「はだつぎ」と呼ばれ、ケガレされていたという［山口幸洋 二〇〇〇：五九―六〇頁］。

＊85 一八七三年（明治六）一月一日元旦の四方拝では、宮中に賢所・「皇霊」・神殿が並祀されていたので、この三殿を参拝している［宮内庁編 一九六九b：一頁］。

＊86 現実の八角台形については、その意味の断定が難しいものが多い。もっとも典型的な事例をあげれば、その生前、みずからの神格化をはかったとされる織田信長（一五三四―八二）築城の安土城がそうであろう。安土城は、その発掘調査がすすみ、全容がほぼ明らかにされ、それによれば、第六層は八角台形であった。みずからを神として跪拝させようとした信長が八角台形を採用したことには矛盾がないが、その八角台形の内部は、神道空間ではなく仏教画による仏教空間であった。また、この第六層の上には第七層（最上階）があり、これは四角台形であり、その内部は儒教画であった。仏教色にいろどられた八角台形のさらに上部に四角台形の儒教空間が位置していたことになる（滋賀県近江八幡市、安土城文芸の郷振興事業団「信長の館」展示による）。

＊87 この「告文」については、『明治天皇紀 第七巻』および『憲法義解』（岩波文庫、一九四〇年初版）を参照しつつ、『帝国憲法 皇室典範 義解』増補第一五版によった。一八八九年（明治二二）初版の『帝国憲法 皇室典範 義解』では、この「告文」は所収されておらず、所収が確実な増補第一五版を底本とした。増補第一五版では、途中の「皆」と「洵ニ」が平出であるが、『明治天皇紀 第七巻』および『憲法義解』（岩波文庫、一九四〇年初版）ではこれらは平出ではなく前行に続いている。そのような細かな異同はあるが、ここでは、国家学会による正式な編集であった『帝国憲法 皇室典範 義解』増補第一五版を底本とした。

＊88　正確にいえば、近世の江戸では、天皇の子供・孫を葬った皇族墓地が他に二ヶ所あった。上野墓地（東京都台東区上野桜木、上野寛永寺内、三人）・二本榎墓地（東京都港区高輪、廣岳院内、一人）である［東京市役所編　一九一三ａ：一九七―一九九、二六六頁］［岩崎　二〇〇五：八一―八三頁］。

＊89　北白川宮能久は、一九〇一年（明治三四）建立の台湾神社の祭神とされた。豊島岡墓地での葬儀・墓制は神葬祭で神とする形態をとるとともに、軍人としての死地台湾、植民地でも、台湾神社の人格神とされていた。すでにみたように、一八六八年（慶応四・明治一）五月一〇日、京都東山の招魂社造営と豊臣秀吉を祭神とする豊国神社・豊国廟再建が太政官布告により指示されていた。翌一八六九年（明治二）六月二八日には神祇官での「神座」の設営があり、翌日二九日の戊辰戦争戦死者招魂場祭典があった。靖国神社の原型、招魂社造営における戦死者祭祀と近現代の人格神の生成は関連が深い。北白川宮能久が台湾神社の祭神となることができたことは、近現代に創られた天皇および皇族・宮家の葬送・墓制が神道的なそれによって行なわれていることが前提条件であると考える必要があろう。

なお、台湾神社は一九四四年（昭和一九）天照大神を合祀し台湾神宮と改称し、一九四五年（昭和二〇）アジア太平洋戦争敗戦後廃絶される。台湾神社の建立から廃絶までについては、すでに多くの研究が明らかにしている［横森　一九八二：一九三―一九九、二〇〇八―二一〇頁］［蔡　一九九四：一九―二四頁］［本康　二〇〇二：二五五―二七二頁］［菅　二〇〇四：二三三―二五九頁］［辻子・金編　二〇一一：二四―二五頁］。

＊90　国立国会図書館憲政資料室―平沼騏一郎文書Ｒ32・分類番号240―14「国葬令案定本　伊藤帝室制度調査局総裁上奏」による。この文書には、表紙裏に、「帝室制度審議会　配布第87号6．8．4」の印が押されている。「6．8．4」は「大正六年八月四日」であると考えられる。また、この文書は、一九一六年（大正五）の帝室制度審議会発足後、明治期の帝室制度調査局作成の国葬令原案が提示されたものと考えられる。

＊91　国立国会図書館資料室―平沼騏一郎文書Ｒ31・分類番号240―1「皇室喪儀令定本　伊藤帝室制度調査局総裁上奏」による。この文書には、表紙裏に、「帝室制度審議会　配布第82号6．7．25」の印が押されている。「6．7．25」は「大正六年七月二五日」であると考えられる。また、この文書は、一九一六年（大正五）の帝室制度審議会発足後、国葬令再審議と同じく、帝室制度調査局の皇室喪儀令原案が提示されたものと考えられる。

＊92　皇室喪儀令原案に限定していえば、細部に至る多くの点で議論が多く、未制定になったともいえる。たとえば、天皇の葬儀における礼拝の順番を決定することができなかったという［栗原　一九四一：二五―二七頁］。また、大正期の帝室制度審議会では、「石

槨」造営方法だけではなく、一九二〇年（大正九）八月二日の帝室制度審議会総会では、天皇の葬儀では庶民のような「喪主」という用語を使うべきか否か、そうしたことがらも議論の対象となっている［東京大学法学部近代法政史料センター原資料部所蔵─岡本愛祐関係文書・第1部［2］9「帝室制度審議会ニ於ケル喪儀令案・国葬令案 議事要録」］。

＊93 国立国会図書館資料室─平沼騏一郎文書R34・分類番号245─17「皇室陵墓令案定本 伊藤帝室制度調査局総裁上奏」による。この文書には、表紙裏に、「帝室制度審議会 配布第84号6．7．25」の印が押されている。「6．7．25」は「大正六年七月二五日」であると考えられる。また、この文書も、一九一六年（大正五）の帝室制度審議会発足後、国葬令・皇室喪儀令再審議と同じく、帝室制度調査局の原案が提示されたものと考えられる。ただし、この文書では、国葬令原案・皇室喪儀令原案とは異なり、伊藤博文の「上奏」年月日がないために、この文書から判断したばあいには、正確な原案作成年月日および伊藤「上奏」年月日については不明である。

＊94 この天皇墓・皇族墓の面積については、一九二六年（大正一五・昭和一）一〇月二一日制定の皇室陵墓令では、天皇墓が二五〇〇平方メートル（一坪三・三平方メートルとして約七五七坪）、太皇太后・皇太后・皇后の墓が一八〇〇平方メートル（約五四五坪。天皇墓を基準とすると七二％の面積）、皇太子など皇族墓は三五〇平方メートル以下（約一〇六坪。天皇墓を基準とすると一四％以内の面積）とされた。一九二一年（大正一〇）度量衡法改正による尺貫法廃止により、単位表示にも変化があったものと思われる。同時に、制定時の皇室陵墓令では、それぞれの面積が原案段階よりもやや大きくなっている。

＊95 明治天皇を日本の近現代国家形成を象徴する「大帝」（The great）として把握し、その視点から、その死去から葬儀までの経過については、政治・社会状況をも含めて、すでに概観されている［飛鳥井 一九八九：一─五一頁］。

＊96 すでに、皇族墓・宮家墓が豊島岡墓地とされ東京に移転しているにもかかわらず、明治天皇墓が京都となった理由は、生前の意志であったと考えられる。明治天皇は京都が好きだった。「陛下は京都が大層（たいそう）御好きでございました。つまり故郷で御懐しいのでございませう。それで京都へ行幸になりますと、何とか彼とか仰（おっ）しやつて、御還（おかえ）りを御延（おの）ばしになりました」［日野西 一九五三：一七三頁］。

一九〇三年（明治三六）四月京都に行った際、明治天皇は、皇后との食事の最中、死去後はその墓を京都桃山に造営してほしいと言ったという［宮内庁編 一九七五：八三〇頁］。また、一九一一年（明治四四）秋、その死去約一年前、やはり食事中に、明治天皇が「わしは京都で生れたから、あの静かさが好きだ。死んでからも京都に行くことにきめたよ。（中略）大演習の帰りに汽車の窓から眺めたら、御陵にはちょうどいい場所が京都にあって、すこし離れて小さめの山と二つならんでいる。小さい方は皇后宮さんが入るのだよ」と言ったという［山川 一九六五：四八頁］。このような明治天皇自身の生前の意志が尊重されたのではないか考えられる。

*97 「殯宮」の読み方は、古代の「殯」はやまとことばは「もがり」と読んでいる。近現代、明治天皇の葬儀での「殯宮」を仮にやまとことばで読めば「もがりのみや」となるが、近現代は「ひんきゅう」と読んでいるので、「ひんきゅう」とした。

*98 「葬場殿」の読み方は、すでにみたように、中世後半では、「そうばどの」と読まれている。しかし、近現代では、この漢字に「そうじょうでん」という読み方をあてているのでも、ここでも近現代については「そうじょうでん」とした。

*99 「誄」の読み方は、古代のそれにのっとれば、やまとことばで「しのびごと」と読むべきであろうが、近現代はふつう訓読みして「るい」と読んでいるので、ここでも「るい」とした。

*100 埴輪は甲冑武人四体で、鎮護の目的で、四方に置かれた［『東京朝日新聞』一九一二年九月八日第四面「桃山御陵に奉安すべき埴輪」］。

*101 このような市民の「謹慎」については、東京市当局を批判する、夏目漱石（一八六七―一九一六）の次のような意見もあった。『日記』の一九一二年（明治四五・大正一）七月二〇日に次のように記す。「晩天子重患の号外を手にす。尿毒症の由にて昏睡状態の旨報ぜらる。川開きの催し差留られたり。天子未だ崩ぜず川開を禁ずるの必要なし。細民是が為に困るもの多からん。当局者の没常識驚ろくべし。演劇其他の興行もの停止とか停止せぬとかにて騒ぐ有様也。天子の病は万臣の同情に価す。然れども万民の営業直接天子の病気に害を与へざる限りは進行して然るべし。当局之に対して干渉がましき事をなすべきにあらず」。新聞紙に対しても次のような批判を行なっている。「新聞紙を見れば彼等異口同音に曰く都下闃寂火の消えたるが如しと。妄りに狼狽して無理に火を消して置きながら自然の勢で火の消えたるが如しと吹聴す。天子の徳を頌する所以にあらず。却つて其徳を傷くる仕業也」［夏目 一九九六：三九八頁］。

*102 江戸時代の大名家藩主夫妻は、藩主とその正室の墓は並列されていることが多い。側室については他の墓域にあるのがふつうなので、近世の武士墓では、すでに、このような夫婦一対墓（側室は別墓域）が実行されている。

*103 明治天皇死去後、一九一三年（大正二）一一月七日、柳原愛子は女官ではなくなり正三位（通称「三位局」。のち従一位）、千種任子・園祥子は大正天皇皇后九条節子付きの典侍となっている［宮内庁編 二〇一四：七二四頁］。

*104 帝室制度審議会設置の正確な年月日については、その設置の趣旨を宮中で演説した「伊東帝室制度審議会総裁演説」［国立国会図書館憲政資料室―倉富勇三郎文書R38・分類番号28―2］が一九一六年（大正五）一一月一四日であるので、この日を設置日と

した。

＊105　この時期、摂政裕仁への「御進講」には、皇室令が多い。各回の内容は不明だが、一〇月一日から一二月三日にかけて、憲法学者・行政法学者で当時宮内省御用掛の清水澄（一八六八―一九四七）が、合計八回（一〇月一日・八日・一五日・二九日、一一月五日・一九日・二六日、一二月三日）、皇室令の「御進講」を行なっている（「清水」と明記されているのは一〇月一日、一一月五日・一九日のみ）［高橋紘他編　一九九三：三一―五四頁］。次期天皇である摂政裕仁に対して、一〇月二一日制定の皇室喪儀令・皇室陵墓令を含めた皇室令についての理解を深めさせようとしていたのではないかと考えられる。

＊106　大正天皇の病気の原因については、幼少期の病気が原因とされるが、比較的よく知られるその次男秩父宮雍仁の回想を看過することはできない。「父上は天皇の位につかれたために確かに寿命を縮められたと思う。東宮御所時代には乗馬をなさっているのを見ても、御殿の中での御動作でも、子供の目にも溌剌としてうつっていた。それが天皇になられて数年で、別人のようになられたのだから」［秩父宮雍仁　二〇〇五：四一―四二頁］。天皇の地位、そこにおける職務などが、心身の変調の原因となったのではないか、という婉曲な指摘である。

＊107　大正天皇の体調不良、特に、その精神的疲労については、すでに、一九一六年（大正五）ごろからあったという［主婦の友社編　一九七一：九八頁］。また、一九一八年（大正七）年末ごろからは、肉体的不調を含めた体調不良を確認できるという［古川　二〇〇七：一八六―一八七頁］。

＊108　一九二一年（大正一〇）三月二八日、総理大臣原敬は、葉山「御用邸」へ出かけ、第四四帝国議会終了など政治的な報告を大正天皇に報告するとともに、そのあと、皇后九条節子と面談している。「葉山に赴き御用邸に伺候し、天皇陛下に拝謁して議会終了の件、並びに皇太子殿下御旅行中の御模様等、奏上したり。（中略）皇后陛下に拝謁したるに、議会中御苦労に思召されたる事、閣僚にも伝ふべき旨御慰労の御詞あり。皇太子殿下御旅行中の御模様を奏上したるに御満足の御詞あり。又英皇室並政府に於て非常の御歓迎に付、却て御疲労あらんかと恐察し奉る程なりと申し上げたるに、左様の事と思ふが、其位の事には耐ゆべき事と思ふ、又左なくては叶はぬ事なりなど御物語りありたり。終つて、反物並に巻煙草入等御下賜ありたり」［原編　一九六五ｂ：三六六頁］。皇后九条節子の強い意志と配慮をうかがうことができる。実質的には、皇后九条節子が大正天皇を代替、また、補助する側面が大きかったものと推測される。

＊109　この〈玄宮〉という言葉が、なにを典拠にして発案されたのかを確認することはできないが、山口鋭之助の主唱であると推測される。ただし、ここでは、「黒キ部屋ノ意ナラン」とあるが、諸橋轍次『大漢和辞典　巻七』（修訂第二版第六刷）では、その用例は

『荘子』など古くからあり、中心的意味は、「天上北方の宮。又、北側にある宮殿」とされる［諸橋 二〇〇一a：七六八頁］。漢語表現における「玄宮」と、帝室制度審議会で認識された〈玄宮〉の意味には、ズレがあったと考えられる。

＊110 この「石槨」の部分は、原文では、割注のようになっていて、字体を小さくとり、一マスに横書きで「石槨」と記している。これは、一九二六年（大正一五・昭和一）一〇月二一日制定の皇室喪儀令「附式」でも同じである。

＊111 大正天皇の葬儀については、民衆統制とでもいうべき視点からの整理［田中伸尚 一九八八：八五―一九〇頁］、葬儀が法制化されているという簡単な指摘がある［F・R・ディキンソン 二〇〇九：一五六頁］。また、その葬儀後の大正天皇墓「多摩陵」への見学・参拝などについての簡潔な整理も行なわれている［古川 二〇〇七：二二六―二三四頁］

＊112 製造方法のうち、内部の材料がかならずしも明確ではないために、石製であるかどうかを明確にすることはできないが、現在、みることのできる外観では石を利用していると考えられる。内部構造には、鉄骨・コンクリートを利用している可能性もあるが、ここでは、横穴式石室とした。

＊113 ほぼ同内容の回想記事を、『東京朝日新聞』一九二七年二月九日夕刊第一面「暗く冷たき玄宮内に御名残惜しき六殿下」としてみることができる。

＊114 天皇の葬儀における警戒に限らず、日常における天皇・皇族に対する警備でも、明治・大正・昭和と警備が徐々に厳重になっていったという秩父宮雍仁の回想がある。「大正、昭和と警衛がますます厳重になっていった時、母上（大正天皇皇后九条節子―引用者）はよくこんなことをもらされた。「明治時代、葉山などで散歩すると、ほんとに気楽だった。私服の角袖が一人か二人ぶらぶらついてくるだけで、道で会う人も別に気をとめるでもなく、あのころのような世の中にまたなるといい」と」［秩父宮 二〇〇五：三二頁］。

＊115 大正天皇墓「多摩陵」の場所には、明治初年までは、堅叔庵（けんしゅくあん）と呼ばれる寺院があり、そこには、近世初頭の仏教思想家鈴木正三（すずきしょうさん）（一五七九―一六五五）の像・石碑があった。明治初年、その堅叔庵が廃寺となり長泉寺（臨済宗）に合併されたため、大正天皇墓「多摩陵」造営による改葬・移転により、長泉寺・旧堅叔庵およびその関係の墓などがすべて移転された。改葬・移転以前の東照寺（曹洞宗）の場所は、大正天皇墓「多摩陵」およびその付近であったという［八王子市史編さん委員会編 一九六七：一五〇一、一五二一―一五二二頁］。一八三〇年（文政一三）完成の『新編武蔵風土記稿』巻之百三「多摩郡之十五」「下長房村」にはその寺院の項に、堅叔庵が「小名中郷にあり」鈴木正三の起立でその像・石碑があること、長泉寺も「小名中郷にあり」、東照寺が「小名柳臥にあり」と記載されている［蘆田編 一九五七：二三七頁］。

*116 正確にいえば、大正天皇墓「多摩陵」の見学・参拝が許可される以前、その造営のなかで、この地域は急激な変貌をとげるようになっていた。『東京朝日新聞』一九二六年一月八日朝刊第七面「寒村が忽ち天下の名地に」は次のように伝える。「名もなき一寒村であつた府下南多摩の浅川、横山両村も大行天皇の御陵所をこの地に定められてからは一躍天下の浅川となり横山となつた、世は諒闇の沈みがちなのに引かへてこゝばかりは何かしら力強い生気がうごめいてゐる様だ、何しろ三千に余る人夫が一時にどやどやといり込んで夜を日に次いで工事を進めてゐるのだから無理もない、（中略）各地から御陵工事の材料が山と積まれてくる、そのどん吐口である浅川駅附近一帯は元来戸数二百余り、人口千余名の土地であつたが、その村人の三倍近い人夫等がところせましとばかり入りこんだのだからたまらない、（中略）この土地でおどろくのは地価の上つた事で、坪一円五十銭位の畑地は三円を越え、坪三円から四円の田地は七八円に暴騰した」。

*117 一九二五年（大正一四）三月二二日、東京放送局でラジオ放送が開始された。大阪・名古屋放送局でも開始され、翌一九二六年（大正一五・昭和一）八月、東京・大阪・名古屋の三放送局を統合して日本放送協会が誕生している。日本放送協会では、同年一二月八日以降は、大正天皇の病状放送を行ない、死去当日には、死去（一二月二五日午前一時二五分）の約一時間半後、午前二時五四分、宮内省発表を受けて臨時放送を行なっている。また、葬儀の当日には、マイクを路上に設置し、アナウンサーがスタジオで実況する形式により、リアルタイムの実況放送が行なわれた［竹山 二〇〇二：七一―一一三頁］。

　ラジオの普及はいまだ少なく、また、音声だけではあるが、これにより、新聞のような活字メディアだけではなく、はじめて、天皇の存在をリアルタイムでじかに市民社会のなかに伝達するメディアが誕生したことになる。

*118 主婦の友社編『貞明皇后』（一九七一）では、「みえでん」とルビが振られているが［主婦の友社編 一九七一：一六九頁］、筧素彦『今上陛下と母宮貞明皇后』（一九八七）では、「御影殿」内の大正天皇の画像「御影」を事務官などは「みえいさん」と呼んでいたという［筧素彦 一九八七：二一五頁］。「御影」を「みえ」と発音していたか、「みえい」と発音していたか、はっきりしないが、ここでは、「みえ」としておきたい。すくなくとも、「御影」は「みかげ」と発音されていなかったことは確認しておきたい。

*119 正確にいえば、大正天皇死去前の一九二六年（大正一五・昭和一）一〇月二一日の日付を持つ遺書があったというが［「高松宮宣仁親王」伝記刊行委員会編 一九九一：五七九―五八〇頁］、これについては、実際の死去から約二五年前のものなので、遺書の意味を持たないと考える。

*120 「殯宮」については、皇室陵墓令また大正天皇の葬儀の段階では、「ひんきゅう」と読んでいるが、この大正天皇皇后九条節子のときには、「あらきのみや」と読まれている。

*121　明治天皇葬儀・大正天皇葬儀では、「御槽」の漢字があてられているが、この大正天皇皇后九条節子の葬儀では「御舟」の漢字があてられている。

*122　たとえば、秩父宮雍仁は一九二八年（昭和三）から一九三一年（昭和六）まで陸軍大学校に在籍しているが、その間、陸軍大学校の仕事（勉学）と皇族としての公務、二つをこなすために、夜間までの激務が続いたことが、その妻秩父宮妃勢津子によって回想されている［秩父宮妃勢津子一九九一：一二〇―一二五頁］。また、その「侍医」によっても、「宮さまは、軍人として一般の将校と同じような生活と同時に皇族としての二重の生活を負われていた。（中略）宮さまは軍人として徹夜の勤務のあと他の将校は翌日休養がおれるときでも宮さまは皇族としての行事がまちかまえている。お疲れのときでも陛下の御名代となったり、宮中の儀式にもお出かけにならねばならなかった」［『朝日新聞』一九五三年一月五日夕刊第七面「闘病十余年の秩父宮様」］。

*123　葬儀の実施は宮内庁が中心となり行なうが、遺体の解剖については昭和天皇の同意を得、また、葬儀全般については、高松宮宣仁の尽力があったという［秩父宮妃勢津子一九九一：三二五―三二六頁］。

*124　一般会葬者の会葬は、葬儀の翌々日二月一四日から一六日までの三日間（午前九時から午後三時まで）、火葬骨槨納後のその墓を開放しても行なわれた。子供連れも多く、初日は、午後一時の段階で五千人を超えていたという［『朝日新聞』一九五三年二月一四日夕刊第三面「けさから一般参拝」］。

*125　葬儀後の一般墓参りも、秩父宮雍仁のときに比べて、日数は一日少なく二日間であったが、同じように行なわれた。葬儀のあと、二月一四日・一五日の二日間、午前一〇時から午後三時まで、豊島岡墓地内の墓への墓参りが開放された［『毎日新聞』一九八七年二月一一日朝刊第一面「一般参拝は一四―一五日に」］［『朝日新聞』一九八七年二月一一日朝刊第二二面「一般墓参は一四、一五日」］。

*126　寛仁は「三笠宮寛仁」と書かれることもあるが、正確には、父の三笠宮家を継承予定であったたが、継承せずに死去したために、「三笠宮」にはなっていない。したがって、皇室の称号「親王」をつけたばあいには、「寛仁親王」となるが、「三笠宮寛仁」また「三笠宮寛仁親王」という呼び方は適切ではない

*127　同様の現象は、昭和天皇の葬儀が行なわれた二月二四日、それをライブ中継し、また、特集番組を組んだテレビ各局に対しても起こった。ＮＨＫへの苦情電話は二〇七一本（午後四時までで）、東京の民放五局合計で一三九七本（午後四時三〇分までで）であった。その苦情電話の内容は、公共電波が昭和天皇一色になることへの批判、中継時間・特集番組時間の長さへの批判などであった［『毎日新聞』一九八九年二月二五日朝刊第二二面「各ＴＶ局に抗議相次ぐ」］。

*128　昭和天皇墓のばあいは、葬儀翌日二月二五日にも、新天皇である「今上」天皇が「斂葬後山陵一日祭」「山陵五十日祭」のために、

昭和天皇墓をおとずれている〔『朝日新聞』一九八九年二月二六日朝刊第三〇面「武蔵野陵墓地で山陵祭」〕。したがって、「今上」天皇は、葬儀当日と翌日の二日連続で、昭和天皇墓をおとずれたことになる。

参考文献

青木和夫他校注
　一九八九　『続日本紀一』（新日本古典文学大系　一二）、東京：岩波書店。
　一九九〇　『続日本紀二』（新日本古典文学大系　一三）、東京：岩波書店。
　一九九二　『続日本紀三』（新日本古典文学大系　一四）、東京：岩波書店。
吾妻重二
　二〇〇八ａ　「池田光政と儒教喪祭儀礼」、大阪：関西大学文化交渉学教育研究拠点編『東アジア文化交渉研究』第一号、七九―一〇四頁。
　二〇〇八ｂ　「水戸徳川家と儒教儀礼――葬礼をめぐって」、東京：早稲田大学東洋哲学会編『東洋の思想と宗教』第二五号、早稲田大学東洋哲学会、一―二五頁。
赤羽一郎
　一九九八　「随考・近世常滑焼と武家の墓制」、京都：楢崎彰一先生古希記念論文集刊行会編『楢崎彰一先生古希記念論文集』、楢崎彰一先生古希記念論文集刊行会、三三九―三四八頁。
赤星直忠
　一九七五　「鎌倉海蔵寺の古位牌」、神奈川：三浦古文化研究会編『三浦古文化』第一七号、六九―七四頁。
『朝日新聞』
蘆田伊人編
　一九五七　『新編武蔵風土記稿　第五巻』、東京：雄山閣。
飛鳥井雅道
　一九八九　『明治大帝』（ちくまライブラリー二〇）、東京：筑摩書房。
跡部直治
　一九三六　「位牌」、後藤守一編『仏教考古学講座　墳墓篇』、東京：雄山閣、一―二八頁。
尼崎市役所編

一九七三　『尼崎市史 第四巻』、兵庫：尼崎市役所。
網干善教
一九七八　「天武天皇の喪礼と大内陵」、大阪：関西大学古代史研究会編『古代史の研究』第一号、二六―三七頁。
一九七九ａ　「日本上代の火葬に関する二、三の問題」、大阪：関西大学史学会編『史泉』第五三号、一―二〇頁。
一九七九ｂ　「八角方墳とその意義」、奈良：橿原考古学研究所編『橿原考古学研究所論集』第五、吉川弘文館、一八一―二二八頁。
荒木繁・山本吉左右編注
一九七三　『説教節――山椒大夫・小栗判官他』（東洋文庫 二四三）、東京：平凡社。
荒木敏夫
一九九五　「即位儀礼と葬送儀礼――古代を中心として」、永原慶二編『講座 前近代の天皇 第四巻』、東京：青木書店、四三―七六頁。
池上洵一校注
一九九三　『今昔物語集 三』（新日本古典文学大系 三五）、東京：岩波書店。
石垣昭雄編
一九八七　『伊達政宗公ゆかりの寺院（仙台編その一）』、宮城：宮城文化協会。
石川日出志
一九九八　「縄文・弥生時代の焼人骨」、東京：駿台史学会編『駿台史学』第七四号、八四―一一〇頁。
石坂善次郎編
一九三二ａ　『池田光政公伝 上巻』、東京：池田家家令石坂善次郎。
一九三二ｂ　『池田光政公伝 下巻』、東京：池田家家令石坂善次郎。
石田瑞麿校注
一九七〇　『源信』（日本思想大系 六）、東京：岩波書店。
石野浩司
二〇〇八　「維新期「宮中三殿」成立史の一考察――毎朝御拝「石灰壇」祭祀の終焉として」、東京：明治聖徳記念学会編『明治聖徳記念学会紀要』復刊第四五号、三五―五三頁。

出雲路修校註
一九九六　『日本霊異記』（新日本古典文学大系 三〇）、東京：岩波書店。
伊勢市編
二〇〇九　『伊勢市史 第八巻 民俗編』、三重：伊勢市。
伊東信雄編
一九七九　『瑞鳳殿 伊達政宗の墓とその遺品』、宮城：瑞鳳殿再建期成会。
伊藤久嗣
一九九三　「中世墓の理解をめぐる一視点」、石井進他編『中世社会と墳墓』、東京：名著出版、三九―六二頁。
伊藤博文
一九三五　『帝国憲法 皇室典範 義解』（増補第一五版）、東京：丸善株式会社。
井上光貞他編
一九七四　『往生伝 法華験記』（日本思想大系 七）、東京：岩波書店。
井之口章次
一九五四　『仏教以前』、東京：古今書院。
今福　匡
二〇一三　『神になった戦国大名――上杉謙信の神格化と秘密祭祀』、東京：洋泉社。
岩崎清美
二〇〇五　「豊島岡墓地設定にみる歴史的空間の変容」、明治維新歴史学会編『明治維新と歴史意識』、東京：吉川弘文館、八〇―一〇八頁。
磐田市教育委員会編
一九九三　『一の谷中世墳墓群遺跡 本文編』、静岡：磐田市教育委員会。
岩田重則
二〇〇三a　『戦死者霊魂のゆくえ――戦争と民俗』、東京：吉川弘文館。
二〇〇三b　『墓の民俗学』、東京：吉川弘文館。

二〇〇六　『「お墓」の誕生――死者祭祀の民俗誌』（岩波新書 新赤版一〇五四）、東京：岩波書店。
二〇一〇　「「葬式仏教」の形成」、末木文美士他編『新アジア仏教史 一三 日本Ⅲ 民衆仏教の定着』、東京：佼成出版社、二七五―三二六、四三五―四四〇頁。
二〇一四　「甦る死者」、末木文美士他編『岩波講座 日本の思想 第八巻』、東京：岩波書店、一三五―一六三頁。

上田長生
二〇一〇　「江戸時代の天皇陵」、高木博志他編『歴史のなかの天皇陵』、京都：思文閣出版、一三一―一五一頁。
二〇一二　『幕末維新期の陵墓と社会』、京都：思文閣出版。

上野竹次郎
一九二五　『山陵』、東京：山陵崇敬会。

上原真人
二〇一三　「古代の墓」、土生田純之編『事典 墓の考古学』、東京：吉川弘文館、一七六―一八二頁。

浦井正明
二〇〇七　『上野寛永寺 将軍家の葬儀』（歴史文化ライブラリー二四三）、東京：吉川弘文館。

浦山政雄他校注
一九六〇　『歌舞伎脚本集 上』（日本古典文学大系五三）、東京：岩波書店。

江間守一
一九九六　『秩父宮妃勢津子の生涯』、神奈川：株式会社ぬぷん。

遠藤廣昭
一九九〇　「黄檗派江戸八ヵ庵の古跡並御免とその機能――深川の黄檗派寺院を事例として」、東京：江東区教育委員会社会教育部社会教育課編『江東区文化財研究紀要』第一号、三一―三五頁。

大石雅章
一九八五　「禅・律・浄土の興隆と葬祭の変化――王家の葬祭を中心として」、黒田俊雄編『中世寺院組織の研究』（昭和五十九年度科学研究費補助金研究成果報告）、大阪：大阪大学、一一五―一三八頁。
一九八八　「顕密体制における禅・律・念仏の位置――王家の葬祭を通じて」、中世寺院史研究会編『中世寺院史の研究 上』（寺院

史論叢二)、京都：法蔵館、一一六―一五八頁。
一九九〇「平安期における陵墓の変遷――仏教とのかかわりを中心に」、大阪大学文学部考古学研究室編『日本古代葬制の考古学的研究』(文部省科学研究費補助金(一般B)成果報告書)、大阪：大阪大学文学部考古学研究室。
太田藤四郎編
一九五二『群書類従 第六輯』、東京：群書類従刊行会。
一九五五『群書類従 第二九輯』、東京：群書類従刊行会。
一九五八『続群書類従 第三十三輯下 雑部』、東京：続群書類従完成会。
大平 聡
一九八四「公武合体運動と文久の修陵」、岡山：考古学研究会編『考古学研究』第三一巻第二号、七九―九六頁。
大間知篤三
一九三六「両墓制の資料」、東京：柳田国男編『山村生活調査 第二回報告書』(非売品)、七二―八〇頁。
岡田章一
二〇〇三「伊丹郷町遺跡における近世墓の変遷――光明寺近世墓の調査成果から」、松藤和人編『同志社大学考古学シリーズⅧ 考古学に学ぶⅡ――考古学研究室開設五十周年記念』、京都：同志社大学考古学シリーズ刊行会、六四七―六六二頁。
岡部精一
一九一四「歴代御葬送の沿革」、東京：日本歴史地理学会編『皇陵』、仁友社、二一一―二七五頁。
岡山県史編纂委員会編
一九八六『岡山県史 第一八巻 考古資料』、岡山：岡山県。
岡山市教育委員会編
一九六四『池田忠雄墓所調査報告書』、岡山：岡山市教育委員会。
角田文衛
一九七九「小治田朝臣安万侶の墓」、京都：財団法人古代学協会編『古代文化』第三一号第七号、一―二四頁。
筧 克彦
一九二六『神ながらの道』、東京：皇学会。

筧　素彦
一九八七　『今上陛下と母宮貞明皇后』、東京：日本教文社。
葛西　勵
二〇〇二　『再葬土器棺墓の研究――縄文時代の洗骨葬』、青森：「再葬土器棺墓の研究」刊行会。
風早八十二編
一九四四　『全国民事慣例類集』、東京：日本評論社。
加地信行
一九九四　『沈黙の宗教――儒教』（ちくまライブラリー九九）、東京：筑摩書房。
梶原正昭他校注
一九九三　『平家物語　下』（新古典文学大系　四五）、東京：岩波書店。
霞会館華族家系大成編輯委員会編
一九九六　『平成新修　旧華族家系大成　上巻』、東京：吉川弘文館。
勝田　至
二〇〇三　『死者たちの中世』、東京：吉川弘文館。
片野真佐子
二〇〇三　『皇后の近代』（講談社選書メチエ）、東京：講談社。
金子光晴校訂
一九六八　『増訂　武江年表　二』（東洋文庫一一八）、東京：平凡社。
金関恕・佐原眞編
一九九六　『弥生文化の研究　第八巻　祭と墓と装い』、東京：雄山閣。
蒲池勢至
一九九三　『真宗と民俗信仰』、東京：吉川弘文館。
鎌倉市編
一九五九　『鎌倉市史　考古編』、東京：吉川弘文館。

川田貞夫
一九七八「幕末修陵事業と川路聖謨」、東京：宮内庁書陵部編『書陵部紀要』第三〇号、一―二一頁。
河内将芳
一九九四「豊国社成立過程について――秀吉神格化をめぐって」、大阪：大阪歴史学会編『ヒストリア』第一六四号、五六―七〇頁。
『官報』
『官報号外』
北川　央
一九八九「神に祀られた秀吉と家康」、佐久間貴士編『よみがえる中世 二』、東京：平凡社、二二〇―二二五頁。
北島正元
一九七四「徳川将軍の神格化について」、東京：国史学会編『国史学』第九四号、一―一三頁。
北　康宏
二〇一〇「奈良平安時代における天皇陵古墳――律令国家の陵墓認識」、高木博志他編『歴史のなかの天皇陵』、京都：思文閣出版、五五―九〇頁。
木村弘之
一九九七「中世墓の種類と変遷」、静岡：静岡県考古学会編『静岡県考古学会シンポジウム一九九六年度 静岡県における中世墓』、静岡県考古学会、一一―一六頁。
木村有作
二〇〇三「尾張徳川家墓所の地下構造」、松藤和人編『同志社大学考古学シリーズⅧ 考古学に学ぶⅡ――考古学研究室開設五十周年記念』、京都：同志社大学考古学シリーズ刊行会、六六三―六七二頁。
京都史蹟会編
一九三〇『林羅山文集』、京都：弘文社。
工藤美代子
二〇〇七『母宮貞明皇后とその時代――三笠宮両殿下が語る思い出』、東京：中央公論新社。
宮内庁編

一九六八　『明治天皇紀 第一巻』、東京：吉川弘文館。
一九六九a　『明治天皇紀 第二巻』、東京：吉川弘文館。
一九六九b　『明治天皇紀 第三巻』、東京：吉川弘文館。
一九六九c　『孝明天皇紀 第五巻』、東京：吉川弘文館。
一九七一　『明治天皇紀 第六巻』、東京：吉川弘文館。
一九七二　『明治天皇紀 第七巻』、東京：吉川弘文館。
一九七三　『明治天皇紀 第九巻』、東京：吉川弘文館。
一九七四　『明治天皇紀 第十巻』、東京：吉川弘文館。
一九七五　『明治天皇紀 第十二巻』、東京：吉川弘文館。
二〇一四　『昭憲皇太后実録 下巻』、東京：吉川弘文館。

宮内庁書陵部陵墓課編
二〇一四　『陵墓地形図集成〈縮小版〉』、東京：學生社。

宮内庁ホームページ

久保常晴
一九八四　「位牌」、石田茂作監修『新版 仏教考古学講座 第三巻 塔・塔婆』、東京：雄山閣、三〇五―三一二頁。

栗原廣太
一九四一　『皇室典範其他皇室法令の制定史に就いて』、東京：憲政史研究会。

黒板勝美編
一九六四　『徳川実紀 第二編』（新訂増補国史大系）、東京：吉川弘文館。
一九六六a　『続史愚抄 中篇』（新訂増補国史大系）、東京：吉川弘文館。
一九六六b　『続史愚抄 後篇』（新訂増補国史大系）、東京：吉川弘文館。
一九七八a　『日本書紀 後篇』（新訂増補国史大系普及版）、東京：吉川弘文館。
一九七八b　『日本後紀』（新訂増補国史大系普及版）、東京：吉川弘文館。
一九七八c　『続日本後紀』（新訂増補国史大系普及版）、東京：吉川弘文館。

一九七八d 『日本三代実録 前篇』(新訂増補国史大系普及版)、東京:吉川弘文館。
一九七九a 『続日本紀 前篇』(新訂増補国史大系普及版)、東京:吉川弘文館。
一九七九b 『続日本紀 後篇』(新訂増補国史大系普及版)、東京:吉川弘文館。
一九七九c 『日本文徳天皇実録』(新訂増補国史大系普及版)、東京:吉川弘文館。
一九七九d 『日本三代実録 後篇』(新訂増補国史大系普及版)、東京:吉川弘文館。
一九八五a 『日本紀略 前篇』(新訂増補国史大系普及版)、東京:吉川弘文館。
一九八五b 『日本紀略 後篇』(新訂増補国史大系普及版)、東京:吉川弘文館。

黒崎 直
一九八〇 「近畿における八・九世紀の墳墓」、奈良:奈良国立文化財研究所編『研究論集』Ⅵ、奈良国立文化財研究所、八五—一二六頁。

警視庁総監官房文書課記録掛編
一九二八 『大正天皇御大喪儀記録』、東京:警視庁。

小井川和夫
二〇〇四 「経ヶ峰伊達家三代墓所の調査」、江戸遺跡研究会編『墓と埋葬と江戸時代』、東京:吉川弘文館、一一〇—一三一頁。

古泉 弘
一九八三 『江戸を掘る——近世考古学への招待』、東京:柏書房。

幸田町教育委員会編
二〇一二 『幸田町社寺文化財調査報告 第一集(考古一)瑞雲山本光寺 松平忠雄墓所発掘調査報告 遺構編』、愛知:幸田町教育委員会。
二〇一三 『幸田町社寺文化財調査報告 第二集 愛知県額田郡幸田町深溝松平家菩提寺 瑞雲山本光寺文化財調査総合報告』、愛知:幸田町教育委員会。

河野眞知郎
二〇一三 「中世都市鎌倉と「やぐら」」、土生田純之編『事典 墓の考古学』、東京:吉川弘文館、二三二—二三四頁。

國學院大学日本文化研究所編

一九九五　『神葬祭資料集成』、東京：ぺりかん社。
小林達雄
二〇〇〇　「縄文時代のムラと社会と世界観」、東京：日本考古学協会編『日本考古学を見直す』学生社、一〇一―一二四頁。
小林宏・島善高編著
一九九六　『明治皇室典範 上』（日本立法資料全集一六）、東京：信山社。
小林義孝
一九九九　「古代墳墓研究の分析視角」、京都：財団法人古代学協会編『古代文化』第五一巻第一二号、二―一二頁。
二〇〇二　「火葬墓はどのように受容され、在地化したか――関東地方の石櫃をもつ火葬墓を例に」、福島：村田文夫先生還暦記念論文集刊行会編『地域考古学の展開――村田文夫先生還暦記念論文集』村田文夫先生還暦記念論文集刊行会。
二〇〇四　「古代の火葬と火葬墓」、大阪：大阪府近つ飛鳥博物館編『古墳から奈良時代墳墓へ――古代律令国家の墓制』大阪府近つ飛鳥博物館、八一―八七頁。
国立国会図書館憲政資料室―伊東巳代治関係文書
国立国会図書館憲政資料室―倉富勇三郎文書
国立国会図書館憲政資料室―平沼騏一郎文書
国立国会図書館憲政資料室―牧野伸顕文書（書類の部）
後藤丹治他編
一九九三　『太平記 一』（日本古典文学大系新装版）、東京：岩波書店。
小峯和明校注
一九九四　『今昔物語集 四』（新日本古典文学大系 三六）、東京：岩波書店。
近藤啓吾
一九九〇　『儒葬と神葬』、東京：国書刊行会。
近藤瓶城編
一九〇二　『改定 史籍集覧 第二十七冊』、東京：近藤出版部。
近藤義郎

一九七七「古墳以前の墳丘墓――楯築遺跡をめぐって」、岡山：岡山大学法文学部編『岡山大学法文学部学術紀要 史学篇』第三七号、一―一五頁。
一九八三『前方後円墳の時代』、東京：岩波書店。
一九九八『前方後円墳の成立』、東京：岩波書店。
今野春樹（坂詰秀一監修）
二〇一三『徳川家の墓制――将軍家・御三家・御三卿の墓所構造』、東京：北隆館。
蔡 錦 堂
一九九四『日本帝国主義下台湾の宗教政策』、東京：同成社。
財団法人瑞鳳殿編
一九八五『感仙殿・善應殿再建の経過』、宮城：財団法人瑞鳳殿。
阪本健一
一九六八「皇室に於ける神仏分離」、東京：神道文化会編『明治維新神道百年史 第四巻』、東京：神道文化会、一九一―二五四頁。
坂本太郎他編
一九六五『日本書紀 下』（日本古典文学大系 六八）、東京：岩波書店。
狭川真一
二〇一一『中世墓の考古学』、東京：高志書院。
佐藤弘夫
二〇〇八『死者のゆくえ』、東京：岩田書院。
四竈孝輔
一九八〇『侍従武官日記』、東京：芙蓉書房。
設楽博己
一九九三「縄文時代の再葬」、千葉：国立歴史民俗博物館編『国立歴史民俗博物館研究報告』第四九集、七―四六頁。
二〇一三「複葬からみた社会」、土生田純之編『事典 墓の考古学』、東京：吉川弘文館、四三―四六七頁。
史談会編

一八九三 『史談会速記録』第一〇輯、東京：史談会（一九七一年原書房復刻本による）。
柴田 實
一九七八 「位牌」、辻村泰圓編『日本仏教民俗基礎資料集成 第四巻 元興寺極楽坊Ⅳ』、東京：中央公論美術出版、一一―三二頁。
渋沢栄一
一九一八 『徳川慶喜公伝 三』、東京：龍門社。
嶋谷和彦
一九九八 「近世の墓と銭――六道銭と葬送墓制」、国立歴史民俗博物館編『お金の不思議――貨幣の歴史学』、東京：山川出版社、五六―六六頁。
二〇〇四 「出土六文銭からみた近世・堺の墓地と火葬場」、江戸遺跡研究会編『墓と埋葬と江戸時代』、東京：吉川弘文館、一三二―一五三頁。
下橋敬長
一九二二 『幕末の宮廷』、東京：図書寮。
主婦の友社編
一九七一 『貞明皇后』、東京：主婦の友社。
春畝公追頌会編
一九四〇 『伊藤博文伝 下巻』、東京：春畝公追頌会。
白石太一郎
一九八二 「畿内における古墳の終末」、千葉：国立歴史民俗博物館編『国立歴史民俗博物館研究報告』第一集、七九―一二〇頁〔『古墳と古墳群の研究』（二〇〇〇、塙書房）所収〕。
一九八六 「後期古墳の成立と展開」、岸俊男編『王権をめぐる戦い』（日本の古代第六巻）、東京：中央公論社、二〇九―二五四頁〔『古墳と古墳時代の文化』（二〇一一、塙書房）所収〕。
一九九三 「奈良県宇陀地方の中世墓地」、千葉：国立歴史民俗博物館編『国立歴史民俗博物館研究報告』第四九集、九三―一二九頁。
神宮司庁編
一九〇〇 『古事類苑 礼式部二』、東京：神宮司庁［一九七〇年吉川弘文館復刻本による］。

一九〇一　『古事類苑 神祇部三』、東京：神宮司庁［一九六八年吉川弘文館復刻本による］。
真言宗泉涌寺派事務所編
一九六一　『御寺泉涌寺』、京都：真言宗泉涌寺派事務所。
新宿区厚生部遺跡調査会編
一九九三　『圓應寺跡』、東京：新宿区厚生部遺跡調査会。
新宿区廢昌寺跡遺跡調査会編
一九九一　『廢昌寺跡』、東京：新宿区廢昌寺跡遺跡調査会。
新宿区南元町遺跡調査会編
一九九一　『廢昌寺――社団法人金融財政事情研究会新館建設に伴う第二次緊急調査報告書』、東京：新宿区南元町遺跡調査会。
神道大系編纂会編
一九八一　『神道大系 首編一 神道集成』、東京：神道大系編纂会。
一九九三a　『神道大系 朝儀祭祀編二 西宮記』、東京：神道大系編纂会。
一九九三b　『神道大系 論説編四 天台神道（下）』、東京：神道大系編纂会。
菅谷文則
一九七〇　「八角堂の建立を通じてみた古墳終末時の一様相」、大阪：関西大学史学会編『史泉』第四〇号、四三―五七頁。
菅　浩二
二〇〇四　『日本統治下の海外神社――朝鮮神宮・台湾神社と祭神』、東京：弘文堂。
鈴木尚他編
一九六七　『増上寺 徳川将軍墓とその遺品・遺体』、東京：東京大学出版会。
鈴木　尚
一九八五　『骨は語る徳川将軍・大名家の人びと』、東京：東京大学出版会。
増補「史料大成」刊行会編
一九六五a　『権記二』（増補史料大成 五）、京都：臨川書店。
一九六五b　『中右記 四』（増補史料大成 一二）、京都：臨川書店。

一九六五c　『中右記　五』（増補史料大成　一三）、京都：臨川書店。
一九六五d　『中右記　六』（増補史料大成　一四）、京都：臨川書店。
一九六五e　『長秋記　一』（増補史料大成　一六）、京都：臨川書店。
一九六五f　『長秋記　二』（増補史料大成　一七）、京都：臨川書店。
総本山御寺泉涌寺編
一九八四a　『泉涌寺史　本文篇』、京都：法藏館。
一九八四b　『泉涌寺史　資料篇』、京都：法藏館。
続群書類従完成会編
一九七六　『史料編纂　義演准后日記　第一』、東京：続群書類従完成会。
一九八三　『史料編纂　舜旧記　第五』、東京：続群書類従完成会。
曽根原理
二〇〇八　『神君家康の誕生――東照宮と権現様』（歴史文化ライブラリー二五六）、東京：吉川弘文館。
大樹寺編
二〇〇六　『改訂版　大樹寺の歴史』、愛知：大樹寺。
台湾教育会編
一九三七　『北白川宮能久親王御事蹟』、台湾：台湾教育会。
太政官編
一九二九a　『復古記　第三冊』、東京：内外書籍。
一九二九b　『復古記　第四冊』、東京：内外書籍。
一九二九c　『復古記　第五冊』、東京：内外書籍。
高木八太郎他編
一九二七　『大正天皇御治世史』、東京：教文社出版。
高木博志
一九九〇　「天皇をめぐる「賤」「穢」の変容――維新変革における陰陽師・芸能賤民・夙の諸相」、東京：歴史科学協議会編『歴史

評論』第四八六号、一四―三〇頁［『近代天皇制の文化史的研究―天皇就任儀礼・年中行事・文化財』（一九九七、校倉書房）所収］。
二〇一〇「天皇陵の近代」、高木博志他編『歴史のなかの天皇陵』、京都：思文閣出版、一六三―一九五頁。
二〇一一「皇室の神仏分離・再考」、明治維新史学会編『明治維新研究の今を問う』、東京：有志舎、九九―一三〇頁。
高久嶺之介
一九八三「大正期皇室法令をめぐる紛争（上）――皇室裁判令案・王公家軌範案・皇室典範増補」、京都：同志社大学人文科学研究所編『社会科学』第三二号、一五九―二〇〇頁。
高野陽子
二〇一三「弥生墳丘墓」、土生田純之編『事典 墓の考古学』、東京：吉川弘文館、一一二―一一三頁。
高橋紘他編
一九九三『昭和初期の天皇と宮中 第一巻』、東京：岩波書店。
高橋昌明
一九八四『清盛以前――伊勢平氏の興隆』（平凡社選書八五）、東京：平凡社。
「高松宮宣仁親王」伝記刊行委員会編
一九九一『高松宮宣仁親王』東京：朝日新聞社。
高柳光寿
一九五三「日光廟の成立――政治は必ずしも純理で行はれない」、東京：日本歴史学会編『日本歴史』第六〇号、四三―四七頁。
田口哲也
二〇一三「村の墓」、土生田純之編『事典 墓の考古学』、東京：吉川弘文館、二九〇―二九三頁。
武田秀章
一九九六『維新期天皇祭祀の研究』、東京：大明堂。
竹山昭子
二〇〇二『ラジオの時代――ラジオは茶の間の主役だった』、東京：世界思想社。
多田好問編

一九六八　『岩倉公実記 中巻』、東京：原書房。
多度町教育委員会編
二〇〇〇　『多度町史 民俗』、三重：多度町。
田中和弘
二〇〇四　「日本古代の墓誌とその周辺」、大阪：大阪府近つ飛鳥博物館編『古墳から奈良時代墳墓へ――古代律令国家の墓制』大阪府近つ飛鳥博物館、九七―一〇三頁。
田中啓爾
一九二七　『多摩御陵附近の地誌――関東西部山麓地帯の研究』、東京：古今書院。
田中久夫
一九七八　『祖先祭祀の研究』、東京：弘文堂。
田中伸尚
一九八八　『大正天皇の「大葬」――「国家行事」の周辺で』、東京、第三書館。
谷川章雄
一九八七　「自證院遺跡における墓標と埋葬施設」、自證院遺跡調査団編『自證院遺跡――新宿区立富久小学校改築に伴う緊急発掘調査報告書』、東京：東京都新宿区教育委員会、一八八―一九四頁。
一九九一　「江戸の墓地の発掘――身分・階層の表徴としての墓」、江戸遺跡研究会編『甦る江戸』、東京：新人物往来社、七九―一一一頁。
一九九七　「江戸の近世墓と六道銭」、永井久美男編『近世の出土銭 I』、兵庫：兵庫埋蔵銭調査会、一七三―一八〇頁。
二〇〇一　「江戸の火葬墓」、朝香勝輔教授退任記念刊行委員会編『歴史と建築のあいだ』、東京：古今書院、三六七―三七五頁。
二〇〇五　『近世火葬墓の考古学的研究』（平成十四年度～十六年度科学研究費補助金 基盤研究C（2）研究成果報告書）、埼玉：早稲田大学人間科学学術院。
二〇一三a　「近世の墓」、土生田純之編『事典 墓の考古学』、東京：吉川弘文館、二七六―二八一頁。
二〇一三b　「江戸の墓」、土生田純之編『事典 墓の考古学』、東京：吉川弘文館、二八二―二八五頁。
谷川士清

一九六八a　『増補語林 倭訓栞 上巻』、東京：名著刊行会。
一九六八b　『増補語林 倭訓栞 中巻』、東京：名著刊行会。
田原嗣郎他編
一九七三　『平田篤胤 伴信友 大国隆正』（日本思想大系五〇）、東京：岩波書店。
田村圓澄
一九八一　「八角墳と舒明天皇一家の仏教信仰」、京都：仏教史学会編『仏教史学研究』第二三巻第一号、八九―一〇四頁。
秩父宮家
一九七二　『雍仁親王実紀』、東京：吉川弘文館。
秩父宮妃勢津子
一九九一　『銀のボンボニエール』、東京：主婦の友社。
秩父宮雍仁
二〇〇五　『皇族に生まれて――秩父宮随想集』、東京：渡辺出版。
千葉　栄
一九五五　「豊国社成立の意義」、東京：東洋大学学術研究会編『東洋大学紀要』第七輯、一七五―一八五頁。
辻子実・金丞垠編
二〇一一　『図版で見る侵略神社・靖国』、東京：民研。
辻善之助編
一九三九　『空華日用工夫略集』、東京：大洋社。
辻善之助
一九五三　『日本仏教史 第八巻 近世篇之二』、東京：岩波書店。
辻達也編
一九九一　『天皇と将軍』（日本の近世二）、東京：中央公論社。
都出比呂志
一九七九　「前方後円墳出現期の社会」、岡山：考古学研究会編『考古学研究』第二六巻第三号。

一九九一 「日本古代の国家形成論序説――前方後円墳体制の提唱」、京都：日本史研究会編『日本史研究』第三四三号、五―三九頁。
二〇一一 『古代国家はいつ成立したか』（岩波新書 新赤版一三二五）、東京：岩波書店。
常松幹雄
二〇一三 「王墓とよばれるもの」、土生田純之編『事典 墓の考古学』、東京：吉川弘文館、八六―九〇頁。
鉄道省
一九二八 『大正天皇大喪記録』、東京：鉄道省。
寺沢 薫
二〇〇〇 『王権誕生』（日本の歴史02）、東京：講談社。
外池昇編
二〇〇五 『文久山稜図』、東京：新人物往来社。
『東京朝日新聞』
東京市役所編
一九一三a 『東京市史稿 御墓地篇』、東京：博文館。
一九一三b 『明治天皇 御大葬奉送始末』、東京：東京市役所。
一九二七 『大正天皇御大葬奉送誌』、東京：東京市役所。
東京大学史料編纂所編
一九六六 『明治史要 全』（一九三三年版の復刻）、東京：東京大学出版会。
一九六七 『言経卿記 五』（大日本古記録）、東京：岩波書店。
一九六八 『殿暦 四』（大日本古記録）、東京：岩波書店。
一九八四 『後愚昧記 二』（大日本古記録）、東京：岩波書店。
一九九三 『中右記 一』（大日本古記録）、東京：岩波書店。
一九九四 『二水記 三』（大日本古記録）、東京：岩波書店。
二〇一〇 『愚昧記 上』（大日本古記録）、東京：岩波書店。
二〇一四 『中右記 七』（大日本古記録）、東京：岩波書店。

東京大学史料編纂所所蔵『大日本維新史料稿本』
東京大学法学部近代日本法政史料センター原資料部所蔵―岡本愛祐関係文書
東京帝国大学編
一九三五『大日本史料 第一編之九』、東京：東京帝国大学文学部史料編纂所。
一九三九『大日本史料 第三編之九』、東京：東京帝国大学文学部史料編纂所。
一九四三『大日本史料 第二編之七』、東京：東京帝国大学文学部史料編纂所。
東京帝国大学史料編纂所編
一九五七『大日本史料 第三編之十四』、東京：東京大学出版会。
東京帝国大学文学部史料編纂掛編
一九二五『史料綜覧 巻二』、東京：朝陽会。
一九二六『史料綜覧 巻三』、東京：朝陽会。
東京都港区教育委員会編
一九八六『港区三田済海寺 長岡藩主牧野家墓所発掘調査報告書』、東京：東京都港区教育委員会。
遠山茂樹
一九五一『明治維新』（岩波全書一二八）、東京：岩波書店。
徳川斉正・常陸太田市教育委員会編
二〇〇七『常陸太田市内遺跡調査報告書 水戸徳川家墓所』、茨城：常陸太田市教育委員会。
徳富猪一郎編
一九一四『戸田左門覚書』、東京：民友社。
徳富蘆花
一九三八『みみずのたはこと 下』（岩波文庫）、東京：岩波書店。
常滑市民俗資料館編
一九九一『図録 武家の浄土と常滑焼』、愛知：常滑市教育委員会。
栃木孝惟他校注

一九九二　『保元物語 平治物語 承久記』（新日本古典文学大系四三）、東京：岩波書店。
戸原純一
一九六四　「幕末の修陵について」、東京：宮内庁書陵部編『書陵部紀要』第一六号、六〇―七九頁。
虎尾俊哉編
二〇〇〇　『延喜式 上』、東京：集英社。
内閣記録局編
一八八九　『法規分類大全 官職門七』、東京：内閣記録局。
一八九二　『法規分類大全 社寺門』、東京：内閣記録局。
一九七八　『明治職官沿革表 合本二』、東京：原書房（復刻本）。
内閣官報局編
一八八七ａ　『法令全書 自慶応三年十月至明治元年十二月』、東京：博聞社。
一八八七ｂ　『法令全書 明治二年』、東京：博聞社。
直木孝次郎
一九七八　「古代天皇の地位と八角墳」、『朝日新聞』一九七八年三月二五日夕刊第五面。
長佐古真也
二〇〇四　「発掘事例にみる多摩丘陵周辺の近世墓制」、江戸遺跡研究会編『墓と埋葬と江戸時代』、東京：吉川弘文館。
中島俊司編
一九三一　『醍醐雑事記』、京都：総本山醍醐寺。
中村　大
一九九九　「墓制から読む縄文社会の階層化」、小林達雄編『最新縄文学の世界』、東京：朝日新聞社、四八―六〇頁。
中山太郎編
一九四二　『校註 諸国風俗問状答』、東京：東洋堂。
名古屋市見晴台考古資料館編
一九八四　『東区筒井一丁目あずま中学校所在 尾張藩御廟所遺跡発掘調査概要報告書』、愛知：名古屋市教育委員会。

二〇〇二　『名古屋市文化財調査報告五六　埋蔵文化財調査報告書四三』、愛知：名古屋市教育委員会。
梨本伊都子
一九七五　『三代の天皇と私』、東京：講談社。
夏目漱石
一九九六　『漱石全集　第二〇巻』、東京：岩波書店。
奈良国立文化財研究所飛鳥資料館編
一九七九　『日本古代の墓誌』、京都：同朋舎。
奈良武次
二〇〇〇　『侍従武官長　奈良武次日記・回顧録　第二巻』、東京：柏書房。
西川　誠
一九九八　「大正後期皇室制度整備と宮内省」、近代日本研究会編『年報・近代日本研究』第二〇号、東京：山川出版社、八八―一二二頁。
西木浩一
一九九八　「葬送墓制からみた都市江戸の特質」、都市史研究会編『年報都市史研究』第六号、東京：山川出版社、二九―四一頁。
西口順子
一九八八　「「天皇の往生」おぼえがき――堀河天皇の死をめぐって」、京都：京都女子大学史学会編『史窓』第四五号、三三―四五頁。
一九八九　「天皇の死と葬送」、藤原成一編『仏教　別冊二』、京都：法藏館、八三―八九頁。
西田長男
一九七八　『日本神道史研究　第八巻』、東京：講談社。
西山良平
一九九七　「〈陵寺〉の誕生――嘉祥寺再考」、大山喬平教授退官記念会編『日本国家の史的特質』、京都：思文閣出版、三六一―三八四頁。
日本国語大辞典第二版編集委員会編

二〇〇一　『日本国語大辞 第二版 第十二巻』、東京：小学館。
日本史籍協会編
一九一六a　『中山忠能日記 第二』、東京：日本史籍協会。
一九一六b　『中山忠能日記 第三』、東京：日本史籍協会。
一九二一　『続再夢紀事 第一』、東京：日本史籍協会。
一九二七　『大久保利通日記 上巻』、東京：日本史籍協会。
一九三〇　『木戸孝允文書 第二』、東京：日本史籍協会。
一九三二　『尾崎忠征日記 第一』、東京：日本史籍協会。
一九三四　『中山忠能履歴資料 第八』、東京：日本史籍協会。
日本随筆大成編輯部編
一九七五a　『日本随筆大成 新装版 第一期 第一〇巻』、東京：吉川弘文館。
一九七五b　『日本随筆大成 新装版 第一期 第一三巻』、東京：吉川弘文館。
一九七八　『日本随筆大成 新装版 第三期 第一九巻』、東京：吉川弘文館。
根井　浄
二〇〇七　「熊野比丘尼の理解」、根井浄他編『熊野比丘尼を絵解く』、京都：法蔵館、三七七―四四八頁。
野村　玄
二〇〇六　『日本近世国家の確立と天皇』、京都：清文堂。
二〇一五　『天下人の神格化と天皇』、京都：思文閣出版。
羽賀祥二
一九八二　「明治神祇官制の成立と国家祭祀の再編（下）」、京都：京都大学人文科学研究所編『人文学報』第五一号、京都大学人文科学研究所、五一―一〇〇頁〔『明治維新と宗教』（一九九四、筑摩書房）所収〕。
橋本鉄男
一九七九　「ムシロヅケノ溜――真宗門徒火葬習俗覚書」、岡山：岡山県民俗学会編『岡山民俗 創立三十周年記念特集号』、岡山県民俗学会、一―一五頁。

八王子市史編さん委員会編
一九六七　『八王子史 下巻』、東京：八王子市役所。
原奎一郎編
一九六五a　『原敬日記 第三巻』、東京：福村出版。
一九六五b　『原敬日記 第五巻』、東京：福村出版。
早川純三郎編
一九一二　『明月記 第三』、東京：国書刊行会。
林　幹彌
一九八〇　『太子信仰の研究』、東京：吉川弘文館。
林屋辰三郎
一九五五　『古代国家の解体』、東京：東京大学出版会。
彦根市教育委員会文化財部文化財課編
二〇〇九　『彦根市文化財調査報告書第一集 国指定史跡 清凉寺「彦根藩主井伊家墓所」調査報告書』、滋賀：彦根市教育委員会文化財部文化財課。
久水俊和
二〇〇三　「天皇家の葬送儀礼と室町殿――御幸供奉を中心に」、東京：國學院大学大学院編『國學院大学大学院紀要――文学研究科』第三四輯、三〇七―三三一頁。
二〇〇九　「東坊城和長の『明応凶事記』――マニュアルとしての「凶事記」」、東京：明治大学大学院文学研究科編『文化継承学論集』第五号、八三―九六頁。
尾藤正英他編
一九七三　『水戸学』（日本思想大系五三）、東京：岩波書店。
日野西資博
一九五三　『明治天皇の御日常』、京都：祖国社。
平田篤胤・子安宣邦校注

二〇〇〇　『仙境異聞・勝五郎再生記聞』（岩波文庫青四六―三）、東京：岩波書店。
平塚篤編
一九二九　『伊藤博文秘録』、東京：春秋社。
一九三〇　『続伊藤博文秘録』、東京：春秋社。
平本嘉助
二〇〇四　「江戸時代人の身長と棺の大きさ」、江戸遺跡研究会編『墓と埋葬と江戸時代』、東京：吉川弘文館。
福尾正彦
二〇一〇　「綏靖天皇陵前東側所在の石燈籠について」、高木博志他編『歴史のなかの天皇陵』、京都：思文閣出版、一五二―一五九頁。
福永伸哉
一九八九　「古墳時代の共同墓地――密集型土壙墓群の評価について」、大阪：大阪大学文学部編『待兼山論叢 史学篇』第二三号、八三―一〇三頁。
藤井貞文
一九三一　「明治維新と山陵の措置」、東京：国史学会編『国史学』第六号、三七―五九頁。
藤井譲治他監修
二〇〇六a　『後桃園天皇実録 第二巻』（天皇皇族実録一二五）、東京：ゆまに書房。
二〇〇六b　『仁孝天皇実録 第二巻』（天皇皇族実録一三二）、東京：ゆまに書房。
二〇〇六c　『孝明天皇実録 第二巻』（天皇皇族実録一三五）、東京：ゆまに書房。
藤岡忠美他校注
一九九四　『和泉式部日記 紫式部日記 更級日記 讃岐典侍日記』（新編日本古典文学全集二六）、東京：小学館。
藤田　覚
二〇一一　『江戸時代の天皇』（天皇の歴史06巻）、東京：講談社。
藤田大誠
二〇〇五　「幕末維新期における宮門跡の還俗に関する一考察――「中央の神仏分離」研究の一環として」、東京：國學院大学日本

文化研究所編『國學院大学日本文化研究所紀要』第九六輯、六三―一一六頁。
仏書刊行会編
一九八三『塵添壒嚢鈔』（大日本仏教全書 第一五〇冊）、東京：名著普及会。
文化財建造物保存協会編
二〇〇四『史跡 米沢藩主上杉家墓所保存修理工事報告書 上巻』、東京：文化財建造物保存協会。
古川隆久
二〇〇七『大正天皇』（人物叢書）、東京：吉川弘文館。
細川涼一
一九八七『中世の律宗寺院と民衆』（中世史研究選書）、東京：吉川弘文館。
細谷惠志
二〇〇三「水戸の儒葬に見る『朱子家礼』の受容について」、千葉：聖徳大学短期大学部国語国文学会編『文学研究』第一八号、
三三―四二頁。
堀田啓一
一九七四「江戸時代「山陵」の捜索と修補について」、岡山：考古学研究会編『考古学研究』第二一巻第一号、三九―五五頁。
堀 裕
一九九八「天皇の死の歴史的位置――「如在之儀」を中心に」、京都：京都大学文学部内史学研究会編『史林』第八一巻第一号、
三八―六九頁。
『毎日新聞』
前田俊一郎
二〇一〇『墓制の民俗学――死者儀礼の近代』、東京：岩田書院。
松浦辰男編
一九二九『熾仁親王行実 巻下』、東京：高松宮。
松浦秀光
一九六九『禅家の葬法と追善供養の研究』、東京：山喜房仏書林。

松尾剛次
一九九八　『中世の都市と非人』、京都：法蔵館。
二〇一〇　『中世律宗と死の文化』、東京：吉川弘文館。
松村博司他編
一九六五　『栄花物語 下』（日本古典文学大系 七六）、東京：岩波書店。
松本解雄
一九四〇　「仏教の伝来と其の受容」、京都：京都帝国大学文学部編『史林』第二五巻第三号、六〇―七一頁。
松本　健
一九九〇　「江戸の墓制――埋葬施設にみられる武家社会」、東京：東京都教育委員会編『文化財の保護』第二二号、東京都教育庁社会教育部文化課、一五三―一六八頁。
三鬼清一郎
一九八七　「豊国社の造営に関する一考察」、愛知：名古屋大学文学部編『名古屋大学研究論集 史学』第三三号、一九五―二〇九頁。
宮沢俊義校註
一九四〇　『憲法義解』（岩波文庫）、東京：岩波書店。
宮地直一
一九一四　「中古以降の陵墓」、東京：日本歴史地理学会編『皇陵』、仁友社、四三―八二頁。
一九二六　『神祇と国史』、東京：古今書院。
一九五七　『神道史序説』、東京：理想社。
民俗学研究所編
一九五六　『綜合日本民俗語彙 第四巻』、東京：平凡社。
村磯良美編
二〇〇八　『護国寺とぶんきょう――将軍家の祈りから地域文化へ』、東京：財団法人文京アカデミー。
村上専精他編
一九二六　『明治維新神仏分離史料 上巻』、東京：東方書院。

一九二九　『明治維新神仏分離史料 下巻』、東京：東方書院。
村上直次郎訳
一九二七　『耶蘇会士日本通信 上巻』、東京：雄松堂書店。
村瀬正章
一九六四　「墓のない家がある」、東京：地方史研究協議会編『地方史研究』第一四巻第六号、二七—三一頁。
最上孝敬
一九五六　『詣り墓』、東京：古今書院。
茂木雅博
一九九〇　『天皇陵の研究』、東京：同成社。
本康宏史
二〇〇二　『軍都の慰霊空間——国民統合と戦死者たち』、東京：吉川弘文館。
森岡秀人
二〇一三　「弥生の墓」、土生田純之編『事典 墓の考古学』、東京：吉川弘文館、七〇—七九頁。
諸橋轍次
二〇〇一a　『大漢和辞典 巻七』（修訂第二版第六刷）、東京：大修館書店。
二〇〇一b　『大漢和辞典 巻十一』（修訂第二版第六刷）、東京：大修館書店。
諸橋轍次他編
一九八二a　『広漢和辞典 中巻』、東京：大修館書店。
一九八二b　『広漢和辞典 下巻』、東京：大修館書店。
安井良三
一九六四　「天武天皇の葬礼考——『日本書紀』記載の仏教関係記事」、三品彰英編『日本書紀研究』第一冊、東京：塙書房、一九九—二一六頁。
靖国神社編
一九八三　『靖国神社百年史 資料篇上』、東京：靖国神社。

一九八七　『靖国神社百年史 事歴年表』、東京：靖国神社。
安村俊史
二〇〇八　『群集墳と終末期古墳の研究』、大阪：清文堂。
柳田国男
一九二九　「葬制の沿革について」、東京：東京人類学会編『人類学雑誌』第四四巻第六号、二九五―三一八頁〔『柳田国男全集 第二八巻』（二〇〇一、筑摩書房）所収〕。
一九三七　『葬送習俗語彙』、東京：民間伝承の会。
一九四六　『先祖の話』、東京：筑摩書房〔『柳田国男全集 第一五巻』（一九九八、筑摩書房）所収〕。
山川三千子
一九六〇　『女官』、東京：実業之日本社。
山口鋭之助
一九二三　『山稜の研究』、東京：明治聖徳記念学会。
山口幸洋
二〇〇〇　『椿の局の記』（近代文芸社新書）、東京：近代文芸社。
山崎克巳
一九九三　「一の谷中世墳墓群遺跡とその周辺」、石井進他編『中世社会と墳墓』、東京：名著出版、七―三七頁。
一九九七　「静岡県における中世墓研究の現状」、静岡：静岡県考古学会編『静岡県考古学会シンポジウム一九九六年度 静岡県における中世墓』、静岡県考古学会、一―一〇頁。
山田邦和
一九九六　「京都の都市空間と墓地」、京都：日本史研究会編『日本史研究』第四〇九号、日本史研究会、三―二五頁。
山村　宏
一九九七　「一の谷遺跡について」、網野善彦他編『中世都市と一の谷中世墳墓群』、東京：名著出版、三〇三―三二三頁。
山本　彰
二〇〇七　『終末期古墳と横口式石槨』、東京：吉川弘文館。

雄松堂『太政類典』マイクロフィルム
横森久美
一九八二「台湾における神社――皇民化政策との関連において」、東京：台湾近現代史研究会編『台湾近現代史研究』第四号、緑蔭書房、一八七―二三二頁。
義江彰夫
一九九七「国府から宿町へ――一の谷遺跡を手懸りに見る中世都市見付の構成と展開」、網野善彦他編『中世都市と一の谷中世墳墓群』、東京：名著出版、一三一―二九三頁。
吉田神社編
一九六五『吉田叢書 第三編』、東京：理想社。
吉永町史刊行委員会編
二〇〇六『吉永町史 通史編Ⅱ』、岡山：備前市。
米沢温故会編
一九八八『上杉家御年譜 一』、東京：原書房。
和田軍一
一九三四『皇陵』、国史研究会同人代表黒板勝美編『岩波講座 日本歴史 第五回配本五』、東京：岩波書店。
和田 萃
一九六九「殯の基礎的考察」、京都：京都大学文学部内史学研究会編『史林』第五二巻第五号、三三―九〇頁〔『日本古代の儀礼と祭祀・信仰 上』（一九九五、塙書房）所収〕。
一九八二「飛鳥・奈良時代の喪葬儀礼」、井上光貞他編『東アジア世界における日本古代史講座 第九巻』、東京：學生社：一四三―一七八頁〔『日本古代の儀礼と祭祀・信仰 上』（一九九五、塙書房）所収〕。
渡辺 仁
一九九〇『縄文式階層化社会』、東京：六興出版。
F・R・ディキンソン
二〇〇九『大正天皇――一躍五大洲を雄飛す』（ミネルヴァ日本評伝選）、京都：ミネルヴァ書房。

＊中国語文献

張乃立編
一九八八『朱氏舜水談綺』（上海文献叢書）、上海：華東師範大学出版社。

あとがき

約一〇年ぶりで墓制についてまとまったものを書いてみた。半ば意図的に、書くことを避け、全体像がおのずと浮かんでくるのを待ちながら、文献読みとフィールドを続けてきた。構想が浮かんでくるにつけ、もう書いてもよいのではないかと思い、古い時代から新しい時代へと、順番に書きすすめた。現代まで到達したので、いちおうの擱筆とする。

それにしても、旧著『墓の民俗学』（二〇〇三年）・『「お墓」の誕生――死者祭祀の民俗誌』（二〇〇六年）は不十分さが目立つ。フィールドが狭く、また、少なく、文献の読み込みも不足している。それらを点検しながら、いったん解体し、新たに構成してみた。本書では、既成宗教、仏教・神道・儒教との関係を重視するとともに、文献資料のみ、あるいは、民俗事象のみの限定的把握といった一面的な資料操作ではなく、資料の組み合わせを行ない、通時的かつ階層横断的に、総合的把握につとめた。

フィールドワークについても独学、古代・中世・近世の文献読解についても独学である。教室という空間で学んだのは、近現代の文献読解だけであるので、本書のもっとも根幹となる資料の提出が、不正確でないことを祈っている。文献資料については、出典を明示することは当然ながら、ひらがなでルビを振り、その文献をどう読んでいるのかをわかるようにした。文献読解についての誤りがあれば、ご教示をいただきたく思う。フィールドについていえば、本書は、モノグラフではなく特定の分析基準により対象を限定しているので、そのフィールドについての網羅的情報を提示するにはおのずと無理がある。しかし、対象と機能的に連続すると思われる情報については概観した。基本的な調査ミスはないと思うが、誤りがあれば、これについてもご教示をいただきたく思う。

本書は二〇一六年（平成二八）一〇月中旬に脱稿した。折しも、その直後、一〇月二七日、三笠宮崇仁が死去した。加筆も考えたが、死去後、すくなくとも一年を経過しなければ、現代の天皇・皇族の葬送・墓制は完了しないので、本書ではそれについての加筆は控えた。

三笠宮崇仁の葬儀は一一月四日、豊島岡墓地で行なわれた。同日火葬され、その火葬骨は豊島岡墓地のその墓におさめられた。六日・七日が一般墓参で、通常は立ち入り禁止の豊島岡墓地へ入ることができた。正門から入ると、その前方が平坦な広場である。ここが、今回の三笠宮崇仁だけではなく、皇族の葬儀が行なわれてきた空間であった。その東側から北側にかけて、なだらかな丘陵となっている。江戸時代、東照宮を祀り、権現山と通称されたことが思い浮かんだ。東側へと樹木の茂った坂道を上ると、皇族墓が並んでいる。目についたのは、秩父宮雍仁夫妻・高松宮宣仁夫妻の墓である。小規模な〈円墳〉であった。これらには〈鳥居〉がなかった。もっとも、アジア太平洋戦争敗戦前の造営と推測される他の皇族墓では〈鳥居〉を見ることができた。

本書の刊行にあたっては、有志舎・永滝稔氏にご尽力をいただいた。吉川弘文館時代からご配慮をいただき、出版事情の厳しさが続くなか、このようなやや長いものでも、刊行していただくことになった。厚く御礼申しあげる。

二〇一七年立春

岩田重則

索　引

※〈事項〉〈人名（天皇）〉〈人名（天皇以外）〉に分けて作成した。

〈事　項〉

あ行

か行

さ行

た行

〈人名（天皇）〉

さ行

た行

な行

は行

〈人名（天皇以外）〉

な行

は行

ま行

や行

わ行

岩田　重則（いわた　しげのり）
1961年静岡県生まれ。早稲田大学大学院文学研究科史学（日本史）博士後期課程単位取得退学。博士（社会学。慶応義塾大学社会学研究科）。
現在：中央大学総合政策学部教授。
専攻：歴史学／民俗学。
主要著書：『ムラの若者・くにの若者――民俗と国民統合』（未來社、1996年）、『戦死者霊魂のゆくえ――戦争と民俗』『墓の民俗学』（以上、吉川弘文館、2003年）、『〈いのち〉をめぐる近代史――堕胎から人工妊娠中絶へ』（吉川弘文館、2009年）、『「お墓」の誕生――死者祭祀の民俗誌』（岩波新書、2006年）、『宮本常一――逸脱の民俗学者』（河出書房新社、2013年）、『日本人のわすれもの――宮本常一『忘れられた日本人』を読み直す』（現代書館、2014年）。

天皇墓（てんのうはか）の政治民俗史

2017年5月30日　第1刷発行

著　者　岩田重則
発行者　永滝　稔
発行所　有限会社　有　志　舎
〒166-0003　東京都杉並区高円寺南4-19-2、クラブハウスビル1階
電話　03(5929)7350　　FAX　03(5929)7352
http://yushisha.sakura.ne.jp
振替口座　00110-2-666491
DTP　言海書房
装　幀　奥定泰之
印　刷　モリモト印刷株式会社
製　本　モリモト印刷株式会社

ISBN978-4-908672-12-5